ENTRE AMIS

An Interactive Approach

Fifth Edition
Worktext Advantage Edition
Volume I

Michael D. Oates

Emeritus, University of Northern Iowa

Larbi Oukada

Indiana University, Indianapolis

HEINLE
CENGAGE Learning™

Australia • Brazil • Canada • Japan • Korea • Mexico • Singapore • Spain • United Kingdom • United States

HEINLE
CENGAGE Learning™

Components of *Entre amis*, Fifth Edition
■ **Student Text with In-text Audio CDs**
■ **Student Activities Manual (SAM)**
   (*Cahier d'activités*)
■ **SAM Audio CDs**
■ **E-SAM powered by Quia**
■ ***Pas de problème!* Video**
■ ***Entre amis* Student CD-ROM**
■ ***Entre amis* Student Companion Website**

Publisher: Roland Hernández

Sponsoring Editor: Van Strength

Development Manager: Glenn A. Wilson

Executive Marketing Director: Eileen
Bernadette Moran

Associate Marketing Manager: Claudia Martínez

Development Editor: Katherine Gilbert

Senior Project Editor: Florence Kilgo

Production Editorial Assistant: Kristen Truncellito

Art and Design Manager: Gary Crespo

Photo Editor: Jennifer Meyer-Dare

Composition Buyer: Sarah Ambrose

Senior Manufacturing Manager: Chuck Dutton

Cover photo: ©Photodisc Royalty Free

For product information and technology assistance, contact us at
Cengage Learning Customer & Sales Support, 1-800-354-9706

For permission to use material from this text or product, submit all requests online at **cengage.com/permissions**
Further permissions questions can be e-mailed to
permissionrequest@cengage.com.

Library of Congress Catalog Card Number: 2009936516

ISBN 10: 0-495-90902-5

ISBN 13: 978-0-495-90902-6

Heinle
20 Channel Center Street
Boston, MA 02210
USA

Cengage Learning is a leading provider of customized learning solutions with office locations around the globe, including Singapore, the United Kingdom, Australia, Mexico, Brazil, and Japan. Locate your local office at: **international.cengage.com/region**

Cengage Learning products are represented in Canada by Nelson Education, Ltd.

Visit Heinle online at **www.cengage.com/heinle**
Visit our corporate website at **cengage.com**

Printed in the United States of America
1 2 3 4 5 6 7 13 12 11 10 09

Table des matières

Chapitre 15   *Qu'est-ce que je devrais faire?*   **407**

Références

To the Student

Entre amis is a first-year college French program centered around the needs of a language learner like you. Among these needs is the ability to communicate in French and to develop insights into French culture and language. You will have many opportunities to hear French spoken and to interact with your instructor and classmates. Your ability to read and write French will improve with practice. The functions and exercises are designed to enable you to share information about your life—your interests, your family, your tastes, your plans.

Helpful Hints

While you will want to experiment with different ways of studying the material you will learn, a few hints, taken from successful language learners, are in order:

En français, s'il vous plaît! Try to use what you are learning with anyone who is able to converse in French. Greet fellow students in French and see how far you can go in conversing with each other.

Enjoy it. Be willing to take off the "wise-adult" mask and even to appear silly to keep the communication going. Everybody makes mistakes. Try out new words, use new gestures, and paraphrase, if it helps. Laugh at yourself; it helps.

Bring as many senses into play as possible. Study out loud, listen to the taped materials, use a pencil and paper to test your recall of the expressions you are studying. Anticipate conversations you will have and prepare a few French sentences in advance. Then try to work them into your conversations.

Nothing ventured, nothing gained. One must go through lower-level stages before reaching a confident mastery of the language. Study and practice, including attentive listening, combined with meaningful interaction with others will result in an ability to use French to communicate.

Where there's a will, there's a way. Be resourceful in your attempt to communicate. Seek alternative ways of expressing the same idea. For instance, if you are stuck in trying to say, *«Comment vous appelez-vous?»* ("What is your name?"), don't give up your attempt and end the conversation. Look for other ways of finding out that person's name. You may want to say, *«Je m'appelle John/Jane Doe. Et vous?»* or *«John/Jane Doe»* (pointing to yourself). *«Et vous?»* (pointing to the other person). There are often numerous possibilities!

Use your imagination. Some of the exercises will encourage you to play a new role. Add imaginary details to these situations, to your life story, etc., to enliven the activities.

Organization of the Text

The text is divided into fifteen chapters, plus a brief preliminary chapter. Each chapter is organized around a central cultural theme with three major divisions: *Coup d'envoi, Buts communicatifs,* and *Intégration.*

All presentation material—the *Prise de contact* and the *Conversation* or *Lettre* in the *Coup d'envoi,* plus the introduction to each *But communicatif*—are recorded on the In-Text (Student) Audio CDs shrink-wrapped with your text. Listen to these to prepare for your French class or to review by yourself afterwards.

Coup d'envoi

> **Coup d'envoi** = *Kickoff.*
> **Prise de contact** = *Initial Contact.* See pp. 8, 29, etc.
> **Buts communicatifs** = *Communicative goals.* See pp. 13, 34, etc

This section starts the cycle of listening, practicing, and personalizing which will make your learning both rewarding and enjoyable. You will often be asked to reflect and to compare French culture to your own culture.

Prise de contact is a short illustrated presentation of key phrases. In this section you are encouraged to participate and to respond to simple questions about your family, your life, or your recent activities.

*Conversation (*or *Lettre)* typically shows a language learner in France adapting to French culture. You will often find this person in situations with which you can identify: introducing him- or herself or asking for directions, for example. Then you will be asked what you would do or say in a similar situation.

The *À propos* section describes particular aspects of French culture closely tied to the *Conversation* or *Lettre.* These cultural sections will help you understand why, for example, the French do not usually say "thank you" when responding to a compliment or how meals are structured in France.

The *Il y a un geste* section is a special feature of **Entre amis** and an integral part of every chapter. It consists of photos and descriptions of common French gestures. The primary purpose of the gestures is to reinforce the meaning of the expressions associated with them that you will learn and use throughout the year.

The *À vous* and *Entre amis* activities in the *Coup d'envoi* provide initial opportunities for personalized practice with another student.

The *Prononciation* section helps you to imitate correctly general features of French pronunciation as well as specific sounds. It is important that your speech be readily understandable so that you can communicate more easily with people in French. The In-Text Audio CDs also practice the pronunciation lesson for each chapter.

Buts communicatifs

As is the case in the *Coup d'envoi* section, each of the *Buts communicatifs* sections begins with a presentation that includes key phrases that you will use to interact with your instructor and classmates. Material from the *Coup d'envoi* is recycled in the *Buts communicatifs.* The section is divided according to specific tasks, such as asking for directions, describing your weekend activities, or finding out where things are sold. Within this context, there are grammar explanations, exercises, vocabulary, and role-play activities. The vocabulary is taught in groups of words directly related to each of the functions you are learning. All of these words are then listed at the end of each chapter in the *Vocabulaire actif* section.

Each section of the *Buts communicatifs* ends with an *Entre amis* activity that encourages you to put to use what you have just learned. These *Entre amis* activities involve negotiating a real-life situation (ordering a meal, discussing your schedule, finding out what your partner did) and practicing it until you are comfortable with your performance. Your spoken French will improve by preparing for and participating in this type of interaction.

Intégration

This final section provides an opportunity to review vocabulary and grammar studied in the chapter. It features a *Début de rédaction* (initial composition) activity that is the first step in a writing process that culminates in the *Rédaction* activity found in the Workbook portion of the Student Activities Manual (SAM). It also features a *Négociations* (Information Gap) activity, which encourages students to work together, exchanging information to complete a task. Finally, it includes one or more reading selections (*Lectures*). These readings are from authentic French materials, such as excerpts from newspapers, magazines, literary texts, or poems. (The poems are recorded on your In-Text Audio CDs.) There are activities both before and after each reading to relate the material to your own experience and to help increase your understanding. A list of all the active vocabulary of the chapter (*Vocabulaire actif*) is included at the end of this section.

Réalités culturelles

Throughout the text, an effort has been made to provide you with an appreciation of French culture and the extent and diversity of the French-speaking world in the twenty-first century. In English during the first part of the text, the *Réalités culturelles* will increase your cultural literacy with respect to the places where French is spoken, the achievements of French-speaking people, and why French is relevant to your daily life.

Appendices

The reference section contains verb conjugations, an appendix of phonetic symbols, a list of professions, a glossary of grammatical terms, the "Student B" information for the *Négociations* activities, French-English and English-French glossaries, and an index.

Ancillaries

Student Activities Manual (*Cahier d'activités*)

The Student Activities Manual includes the Workbook, Lab Manual, and Video Worksheets.

The Workbook activities provide you with additional practice for each section of vocabulary and grammar. A final activity, *Rédaction*, is part of the writing process that begins in the *Intégration* section of the text.

The Lab Manual and SAM Audio CDs combine to help you practice your pronunciation and your listening and speaking skills. You will listen to the recordings and instructions of the SAM Audio CDs. The Lab Manual will provide you with cues to answer the questions. Each chapter of the Lab Manual includes activities *(Vignettes, À vous)* that allow you to check your readiness for tests.

The Video Worksheets help you to understand the *Pas de problème!* Video (see below). A *Vocabulaire à reconnaître* lists new words spoken in the Video and their meanings. The worksheets provide simple activities that reinforce the links between the Video and what you learned in your textbook.

Pas de problème! Video

The video *Pas de problème!* was filmed in France. Each module introduces young people—French native speakers from different countries—living in France, interacting with each other, and encountering everyday problems that you might experience if you visit France. Between the modules, the video includes *Impressions,* short sections shot in France and in Guadeloupe, that provide insights into the culture and way of life of people in these countries. The themes presented expand on topics addressed in the video or in the textbook. In Guadeloupe, native speakers express their opinion or talk about their own experience as it applies to the chosen themes.

Entre amis Student CD-ROM

This multimedia CD-ROM provides immediate feedback while helping you to practice each chapter's vocabulary and grammar. It offers a grammar reference and French-English glossary. Each chapter includes art- and listening-based activities to help you develop your reading, writing, listening, and speaking skills. The CD-ROM also contains clips from the *Pas de problème!* Video.

Entre amis Student Companion Web Site

You can access this site through the Houghton Mifflin web site. Icons in the textbook will direct you to the site. At the beginning of the *Intégration* section, an icon indicates Web-Search activities you can do by accessing the links described. Likewise, links are provided for all of the *Réalités culturelles* notes found in the text that allow you to locate quickly additional information on the web. In addition, the web site offers interactive ACE Practice Tests that will enable you to check your understanding of the chapter grammar and vocabulary, as well as vocabulary Flashcards and other helpful resources.

Acknowledgments

We, the authors, are indebted to the editorial staff of Houghton Mifflin for giving us the opportunity to develop and produce the text. Their encouragement and guidance made **Entre amis,** Fifth Edition possible. We are especially grateful for the guidance and friendship of our developmental editor, Katherine Gilbert, our project editor, Florence Kilgo, and our native reader, Micheline Moussavi.

Michael Oates specifically wishes to thank his wife, Maureen O'Leary Oates, for her patience during the development and editing of **Entre amis.** He is grateful for the support of Joye Lore-Lawson, of Indian Hills CC, Linda Quinn Allen of Iowa State University, Jean-Marie Salien, of Fort Hays State University, and Deirdre Bucher Heistad and Lowell Hoeft of the University of Northern Iowa. Larbi Oukada also wishes to express his gratitude to the following individuals:

Rosalie Vermette
France Agnew
Liz Barnard

We would also like to express our sincere appreciation to the following people for their thoughtful reviews of *Entre amis.*

Patricia Han, Skidmore College
Dori Seider, Mercer County College
Catherine Dowling, USDA
Maura Nelson, Des Moines Area Community College
Moses Hardin, Valdosta State University
Marion Yudow (Language Lab), Rutgers University
S. Pascale Dewey, Kutztown University
Katherine Kurk, Northern Kentucky University
Sylvie Vanbaelen, Butler University
Tim Wilkerson, Wittenberg University
Eileen McDonald, Marquette University
Marion Hines, Howard University
Jacqueline Klaassen, Laney College
Elizabeth Emery, Montclair State University
Leanne Wierenga, Wittenberg University
Anne Carlson, Utah State University
Elizabeth Guthrie, University of California-Irvine
Hedwige Meyer, University of Washington
Marian Brodman, University of Central Arkansas
Claude Fouillarde, New Mexico State University
Nathalie Porter, Vanderbilt University
Sarah Dodson, Colorado State University
Juliette Parnell-Smith, University of Nebraska at Omaha
Annie Duménil, University of South Carolina

FRANCE

- Londres ★
- **ANGLETERRE**
- *Manche*
- Dunkerque •
- • Calais
- • Bruxelles ★
- **BELGIQUE**
- **ALLEMAGNE**
- Lille ◉
- Valenciennes •
- **ARTOIS**
- **LUXEMBOURG**
- • Luxembourg ★
- • Amiens
- Le Havre •
- Rouen ◉
- **PICARDIE**
- • Reims
- • Metz
- **LORRAINE**
- • Caen
- **CHAMPAGNE**
- Nancy •
- Strasbourg •
- **NORMANDIE**
- ★ PARIS
- Versailles •
- Brest
- Chartres •
- **ALSACE**
- **BRETAGNE**
- • Rennes
- • Le Mans
- • Orléans
- **BOURGOGNE**
- **FRANCHE-COMTÉ**
- **PAYS DE LA LOIRE**
- **ANJOU**
- • Angers
- • Tours
- Dijon •
- • Besançon
- Nantes •
- **JURA**
- ★ Berne
- **SUISSE**
- **TOURAINE**
- • Lausanne
- **POITOU-CHARENTES**
- **BOURBONNAIS**
- *Loire*
- *Saône*
- • Genève
- *OCÉAN ATLANTIQUE*
- • La Rochelle
- • Limoges
- Clermont-Ferrand •
- Lyon ◉
- • Annecy
- **LIMOUSIN**
- **MASSIF CENTRAL**
- St-Étienne •
- Grenoble ◉
- **ALPES**
- **ITALIE**
- Bordeaux ◉
- *Garonne*
- **AUVERGNE**
- *Rhône*
- **MONACO**
- Avignon •
- Nice ★
- **PROVENCE**
- **CÔTE D'AZUR**
- Aix-en-Provence •
- **AQUITAINE**
- Toulouse ◉
- Montpellier ◉
- Toulon ◉
- Marseille ◉
- **GASCOGNE**
- **LANGUEDOC**
- **PYRÉNÉES**
- **MIDI-PYRÉNÉES**
- • Perpignan
- **ANDORRE**
- *Mer Méditerranée*
- **ESPAGNE**

Scale:
0 50 100 150 200 mi
0 100 200 300 km

Légende
- ★ Capitale
- Population des unités urbaines
- ◉ plus de 300.000 habitants
- • de 100.000 à 300.000 habitants
- • de 50.000 à 100.000 habitants

CORSE
- Corte •
- • Ajaccio

L'EUROPE

Le français est la langue officielle

Le français est une des langues officielles

NORVÈGE
ESTONIE
GRANDE-BRETAGNE
IRLANDE
Mer du Nord
SUÈDE
DANEMARK
LETTONIE
RUSSIE
LITUANIE
RUSSIE
OCÉAN ATLANTIQUE
PAYS-BAS
BIÉLORUSSIE
BELGIQUE
ALLEMAGNE
POLOGNE
LUXEMBOURG
FRANCE
RÉPUBLIQUE TCHÈQUE
UKRAINE
SLOVAQUIE
SUISSE
AUTRICHE
MOLDAVIE
HONGRIE
SLOVÉNIE
ROUMANIE
PORTUGAL
ANDORRE
CROATIE
BOSNIE-HERZÉGOVINE
ESPAGNE
Mer Méditerranée
CORSE
ITALIE
YOUGOSLAVIE
BULGARIE
MACÉDOINE
ALBANIE
GRÈCE
TURQUIE

0   100   200 milles
0   100 200 kilomètres

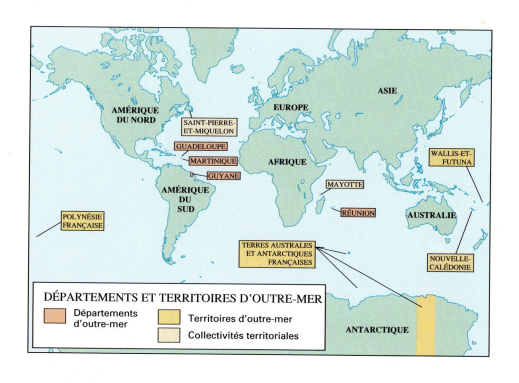

DÉPARTEMENTS ET TERRITOIRES D'OUTRE-MER

Départements d'outre-mer

Territoires d'outre-mer

Collectivités territoriales

AMÉRIQUE DU NORD
ASIE
EUROPE
SAINT-PIERRE-ET-MIQUELON
GUADELOUPE
MARTINIQUE
AFRIQUE
WALLIS-ET-FUTUNA
GUYANE
MAYOTTE
AMÉRIQUE DU SUD
RÉUNION
AUSTRALIE
POLYNÉSIE FRANÇAISE
TERRES AUSTRALES ET ANTARCTIQUES FRANÇAISES
NOUVELLE-CALÉDONIE
ANTARCTIQUE

Au départ

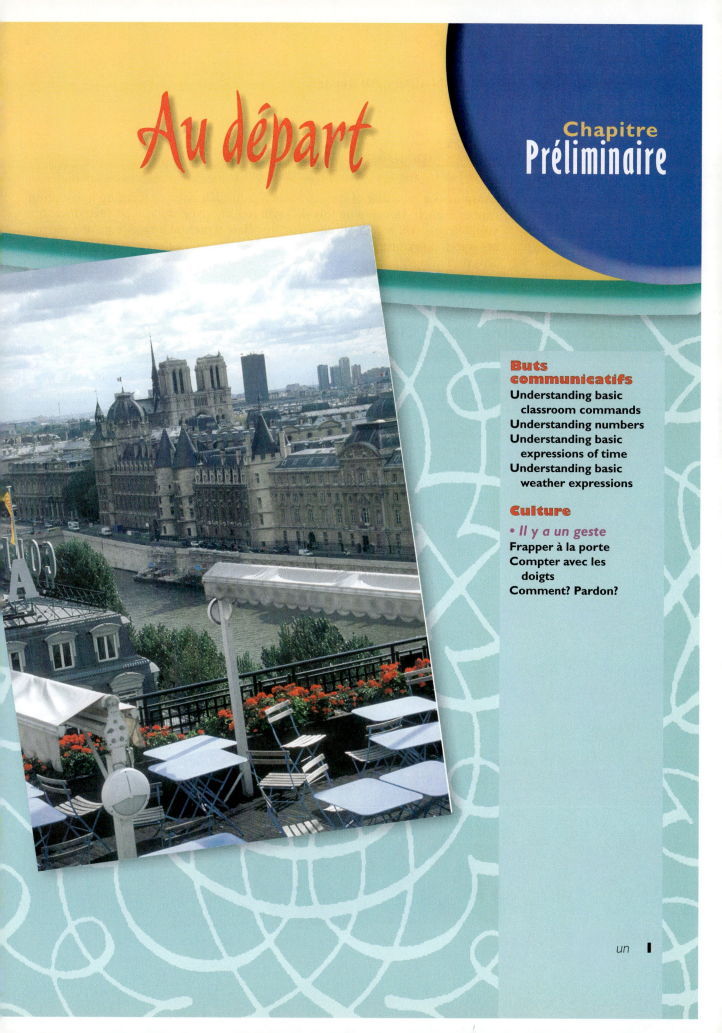

Buts communicatifs
Understanding basic
  classroom commands
Understanding numbers
Understanding basic
  expressions of time
Understanding basic
  weather expressions

Culture
• *Il y a un geste*
Frapper à la porte
Compter avec les
  doigts
Comment? Pardon?

Buts communicatifs

This material is recorded on the Student Audio that accompanies your text. Practice with the recording as part of your homework.

Grasping the meaning of spoken French is fundamental to learning to communicate in French. Developing this skill will require patience and perseverance, but your success will be enhanced if you associate a mental image (e.g., of a picture, an object, a gesture, an action, the written word) with the expressions you hear. This preliminary chapter will focus on establishing the association of sound and symbol in a few basic contexts: classroom expressions, numbers, time, and weather.

1. Understanding Basic Classroom Commands

Dans la salle de classe

 ■ Listen carefully and watch the physical response of your teacher to each command. Once you have learned to associate the actions with the French sentences, you may be asked to practice them.

Levez-vous!
Allez à la porte!
Ouvrez la porte!
Sortez!
Frappez à la porte!
Entrez!
Fermez la porte!

Allez au tableau!
Prenez la craie!
Écrivez votre nom!
Mettez la craie sur la table!
Donnez la craie à ... !
Donnez-moi la craie!
Asseyez-vous!

le tableau

la craie

la porte

la table

Il y a un geste

Frapper à la porte. When knocking on a door (**toc, toc, toc**), the French often use the back of the hand (open or closed).

2. Understanding Numbers

0 1 2 3 4 5 6 7 8 9

Les nombres

0 zéro	16 seize
1 un	17 dix-sept
2 deux	18 dix-huit
3 trois	19 dix-neuf
4 quatre	20 vingt
5 cinq	21 vingt et un
6 six	22 vingt-deux
7 sept	23 vingt-trois
8 huit	24 vingt-quatre
9 neuf	25 vingt-cinq
10 dix	26 vingt-six
11 onze	27 vingt-sept
12 douze	28 vingt-huit
13 treize	29 vingt-neuf
14 quatorze	30 trente
15 quinze	

Il y a un geste

Compter avec les doigts. When counting, the French normally begin with the thumb, then the index finger, etc. For instance, the thumb, index, and middle fingers are held up to indicate the number three, as a child might indicate when asked his/her age.

3. Understanding Basic Expressions of Time

Quelle heure est-il?

Il est une heure.

Il est une heure dix.

Il est une heure quinze.

Il est une heure trente.

Il est deux heures moins vingt.

Il est deux heures moins dix.

Il est deux heures.

Il est trois heures.

Masculin ou féminin?

■ Nouns do not have gender in English, but they do in French. You will learn to identify nouns and adjectives as masculine or feminine.

Often, the feminine form ends in a consonant sound while the masculine form ends in a vowel sound.

▶ **Listen and repeat:**

Féminins		*Masculins*	
Françoise	Louise	François	Louis
Jeanne	Martine	Jean	Martin
Laurence	Simone	Laurent	Simon
chaude	froide	chaud	froid
française	intelligente	français	intelligent
anglaise	petite	anglais	petit

L'alphabet français

Practice the French alphabet with the expressions you have learned so far. Read an expression out loud; spell it in French; close your book and try to write it from memory.

	prononciation
A	*ah*
B	*bé*
C	*sé*
D	*dé*
E	*euh*
F	*effe*
G	*jé*
H	*ashe*
I	*i*
J	*ji*
K	*ka*
L	*elle*
M	*emme*
N	*enne*
O	*oh*
P	*pé*
Q	*ku*
R	*erre*
S	*esse*
T	*té*
U	*u*
V	*vé*
W	*double vé*
X	*iks*
Y	*i grec*
Z	*zed*

Comment est-ce qu'on écrit **merci?**
Merci s'écrit M-E-R-C-I.

How do you spell "merci"?
"Merci" is spelled M-E-R-C-I.

4. Understanding Basic Weather Expressions

 Quel temps fait-il?

Il fait beau.
Il fait du soleil.

Il fait du vent.

Il fait froid.

Il fait chaud.

Il pleut.

Il neige.

Réalités culturelles

Le français: la langue de toutes les saisons

When we think of where the French language is spoken, we often think of France. But actually, France's territory extends beyond **l'Hexagone** (the hexagon-shaped mainland of France). In the forthcoming chapters, we will examine many French-speaking countries, but for now, here are some selected French-speaking regions from around the world, representing various climate zones during the month of October.

À Tahiti (en Polynésie), il pleut.
À Bruxelles (en Belgique), il fait du vent.
En Antarctique, il neige.
En Guyane (en Amérique du Sud), il fait du soleil.
À Québec (au Canada), il fait froid.
À Port-au-Prince (en Haïti), il fait beau.
À Dakar (au Sénégal), il fait chaud.

Source: www.meteo.fr

Il y a un geste

> **Comment? Pardon?** An open hand, cupped behind the ear, indicates that the message has not been heard and should be repeated.

VOCABULAIRE

Quelques expressions pour la salle de classe

Pardon? *Pardon?*
Comment? *What (did you say)?*
Répétez, s'il vous plaît. *Please repeat.*
Encore. *Again.*
En français. *In French.*
Ensemble. *Together.*
Tout le monde. *Everybody, everyone.*

Fermez le livre. *Close the book.*
Écoutez. *Listen.*
Répondez. *Answer.*

Comment dit-on «*the teacher*»? *How do you say "the teacher"?*
On dit «le professeur». *You say **"le professeur."***

Que veut dire «le tableau»? *What does **"le tableau"** mean?*
Ça veut dire «*the chalkboard*». *It means "the chalkboard."*

Je ne sais pas. *I don't know.*
Je ne comprends pas. *I don't understand.*

www Réalités culturelles

La France

"Every man has two countries: his own and France." (Thomas Jefferson)

Official name	**République française**
Capital	**Paris**
Area (continental France)	**544,435 square kilometers**
Area (with other territories)	**639,761 square kilometers**
Population (continental France)	**59,500,000**
Population (including overseas territories)	**61,000,000**
Monetary unit	**Euro**
Official religion	**None**
National holiday	**July 14**

Bonjour!

Buts communicatifs
Exchanging personal
information
Identifying nationality
Describing physical
appearance

Structures utiles
Les pronoms sujets
Le verbe **être**
L'accord des adjectifs
La négation
L'accord des adjectifs
(suite)

Culture
• *À propos*
**Monsieur, Madame
et Mademoiselle**
Le premier contact
La politesse
Le prénom
• *Il y a un geste*
Le contact physique
Le téléphone
Assez
• *Lecture*
Manchettes

Coup d'envoi

Prise de contact   ## Les présentations

This material is recorded on the Student Audio that accompanies your text. Practice with the recording as part of your homework.

Mademoiselle Becker

Je m'appelle°
   Lori Becker.
J'habite à° Boston.
Je suis° américaine.
Je suis célibataire°.

Monsieur Davidson

Je m'appelle
   James Davidson.
J'habite à San Francisco.
Je suis américain.
Je suis célibataire.

My name is

I live in
I am
single

Review the Helpful Hints found in the *To the Student* section in the front of your text.

Be sure to learn the vocabulary on the first two pages of each chapter.

Madame Martin

Je m'appelle
   Anne Martin.
J'habite à Angers.
Je suis française.
Je suis mariée°.

Monsieur Martin

Je m'appelle
   Pierre Martin.
J'habite à Angers.
Je suis français.
Je suis marié.

married

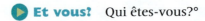 **Et vous?**   Qui êtes-vous?°

And you? Who are you?

Conversation

Dans un hôtel à Paris

The *Conversation* is recorded on the Student Audio that accompanies your text.

Listen carefully to your instructor and/or the Student Audio. Will you be able to recall any words immediately after the presentation?

Deux hommes sont au restaurant de l'hôtel Ibis à Paris.

PIERRE MARTIN:	Bonjour°, Monsieur! Excusez-moi de vous déranger.°
JAMES DAVIDSON:	Bonjour. Pas de problème.°
PIERRE MARTIN:	Vous permettez?°
	(He touches the empty chair.)
JAMES DAVIDSON:	Certainement. Asseyez-vous là°.
PIERRE MARTIN:	Vous êtes anglais?°
JAMES DAVIDSON:	Non, je suis américain. Permettez-moi de me présenter.° Je m'appelle James Davidson.
	(They stand up and shake hands.)
PIERRE MARTIN:	Martin, Pierre Martin.
	(A receptionist comes into the room.)
LA RÉCEPTIONNISTE:	Le téléphone, Monsieur Davidson. C'est pour vous.° Votre communication de Californie.°
JAMES DAVIDSON:	Excusez-moi, s'il vous plaît, Monsieur.
PIERRE MARTIN:	Oui, certainement. Au revoir, Monsieur.
	(They shake hands again.)
JAMES DAVIDSON:	Bonne journée°, Monsieur.
PIERRE MARTIN:	Merci°, vous aussi°.

Glosses (right margin):
Hello
Excuse me for bothering you.
No problem.
May I?

there; here
Are you English?

Let me introduce myself.

It's for you.
Your call from California.

Have a good day
Thank you / also; too

▶ **Jouez ces rôles.** Role-play the conversation with a partner. Use your own identities.

À propos

Why does Pierre Martin say Bonjour, Monsieur instead of just Bonjour?

a. He likes variety; either expression will do.
b. **Bonjour** alone is a bit less formal than **Bonjour, Monsieur.**
c. He is trying to impress James Davidson.

Only one answer is culturally accurate. Read the information below to find out which one.

Monsieur, Madame et Mademoiselle

A certain amount of formality is in order when initial contact is made with French speakers. It is more polite to add **Monsieur, Madame,** or **Mademoiselle** when addressing someone than simply to say **Bonjour.** James Davidson catches on toward the end of the conversation when he remembers to say **Bonne journée, Monsieur.**

Le premier contact *(Breaking the ice)*

Pierre Martin asks if he can sit at the empty seat. However, the French are usually more reticent than Americans to "break the ice." This may present a challenge to the language learner who wishes to meet others, but as long as you are polite, you should not hesitate to begin a conversation.

La politesse

According to Polly Platt, the five most important words in French are **Excusez-moi de vous déranger.** This is a polite way to interrupt someone in France and a valuable formula for students and tourists who need to ask for directions or get permission to do something.

Remaining polite, even in the face of adversity, is an important survival technique.

Le prénom *(first name)*

It is not unusual to have the French give their last name first, especially in professional situations. Americans are generally much quicker than the French to begin to use another's first name. Rather than instantly condemning the French as "colder" than Americans, the wise strategy would be to refrain from using the first name when you meet someone. It is important to adapt your language usage to fit the culture. "When in Rome, do as the Romans do."

VOCABULAIRE

La politesse

Au revoir, Monsieur. *Good-bye, sir.*	Je vous demande pardon … *I beg your pardon …*
Bonjour, Madame. *Hello, ma'am.*	Merci. Vous aussi. *Thanks. You too.*
Bonne journée, Madame. *Have a good day, ma'am.*	Pardon. *Pardon me.*
Enchanté(e). *Delighted (to meet you).*	Permettez-moi de me présenter … *Please allow me to introduce myself …*
Excusez-moi. *Excuse me.*	
Excusez-moi de vous déranger. *Excuse me for bothering you.*	S'il vous plaît. *Please.*
	Vous permettez? *May I?*

Il y a un geste

Le contact physique. James Davidson and Pierre Martin shake hands during their conversation, a normal gesture for both North Americans and the French when meeting someone. However, the French would normally shake hands with friends, colleagues, and their neighbors each time they meet and, if they chat for a while, at the end of their conversation as well. Physical contact plays a very important role in French culture and forgetting to shake hands with a friend would be rude.

Le téléphone. The French indicate that there is a telephone call by spreading the thumb and little finger of one hand and holding that hand near the ear.

 À vous. How would you respond to the following?

1. Je m'appelle Alissa. Et vous?
2. Vous êtes français(e)?
3. J'habite à Paris. Et vous?
4. Excusez-moi, s'il vous plaît.
5. Bonne journée.

ENTRE AMIS

Permettez-moi de me présenter.

1. Greet your partner.
2. Find out if s/he is French.
3. Give your name and tell where you live.
4. Can you say anything else? (Be sure to shake hands when you say good-bye.)

Use the ACE practice test on the *Entre amis* web site to review this *Coup d'envoi* section, pp. 8–11.

Prononciation

🎧 This pronunciation lesson is recorded on the Student Audio that accompanies your text. Use it to practice pronunciation at home.

L'accent et le rythme

■ There is an enormous number of related words in English and French. We inherited most of these after the Norman Conquest, but many are recent borrowings. With respect to pronunciation, these are the words that tend to reveal an English accent the most quickly.

▶ **Compare:**

Anglais	*Français*	*Anglais*	*Français*
CER-tain	cer-TAIN	MAR-tin	Mar-TIN
CER-tain-ly	cer-taine-MENT	a-MER-i-can	a-mé-ri-CAIN

■ Even more important than mastering any particular sound is the development of correct habits in three areas of French intonation.

1. *Rhythm:* French words are spoken in groups, and each syllable but the last is said very evenly.
2. *Accent:* In each group of words, the last syllable is lengthened, thus making it the only accented syllable in the group.
3. *Syllable formation:* Spoken French syllables end in a vowel sound much more often than English ones do.

▶ Counting is an excellent way to develop proper French rhythm and accent. Repeat after your instructor:

un DEUX	*un deux TROIS*	*un deux trois QUATRE*
mon-SIEUR	s'il vous PLAÎT	le té-lé-PHONE
mer-CI	cer-taine-MENT	A-sse-yez-VOUS
fran-ÇAIS	té-lé-PHONE	Mon-sieur Mar-TIN

Les consonnes finales

■ A final (written) consonant is normally not pronounced in French.

Françoi$	permette$	s'il vou$ plaî$
George$	françai$	troi$
Il fai$ froi$	américai$	deu$

■ There are some words whose final consonant is always pronounced (many words ending in **c, f, l,** or **r,** for instance).

Frédéri**c**   neu**f**   Miche**l**   bonjou**r**

These are the same as the consonants in the English word CaReFuL.

■ When a consonant is followed by **-e** within the same word, the consonant is always pronounced. A single **-s-** followed by **-e** is pronounced as [z]. Two **-ss-** followed by **-e** are pronounced [s].

françai**s**e   sui**ss**e   américai**n**e   j'habi**t**e   je m'appe**ll**e

■ When a final silent consonant is followed by a word beginning with a vowel, it is often pronounced with the next word. This is called **liaison.**

vou$ *(silent)*	vou$ [z]êtes
deu$ *(silent)*	deu$ [z]hommes

Buts communicatifs

1. Exchanging Personal Information

Learn all the words in each *But communicatif.*

Pronounce **appelle** [apεl] and **appelez** [aple]. Practice with the Student Audio at home.

Comment vous appelez-vous?°
  Je m'appelle Nathalie Lachance.

What is your name?

Où habitez-vous?°
  J'habite à Laval. J'habite près de° Montréal.

Where do you live?
near

Êtes-vous célibataire?
  Non, je suis mariée.

▶ **Et vous, Monsieur (Madame, Mademoiselle)?**

REMARQUES

1. **Je m'appelle** and **Comment vous appelez-vous?** should be memorized for now. Note that in **Comment vous appelez-vous?** there is only one **l,** while in **Je m'appelle,** there are two.
2. Use **J'habite à** to identify the city in which you live.
3. Use **J'habite près de** to identify the city you live *near.*
4. **M., Mme,** and **Mlle** are the abbreviations for **Monsieur, Madame,** and **Mademoiselle.**

1 **Les inscriptions** (*Registration*). You are working at a conference in Geneva. Greet the following people and find out their names and the city where they live. Your partner will provide the answers.

MODÈLE: M. Robert Perrin (Lyon)

—**Bonjour, Monsieur. Comment vous appelez-vous?**
—**Je m'appelle Perrin, Robert Perrin.**
—**Où habitez-vous?**
—**J'habite à Lyon.**

On the *Entre amis* web site there is a practice test for each *But communicatif* in this text.

1. Mlle Marie Dupont (Metz)
2. Mme Anne Vermette (Montréal)
3. M. Joseph Guy (Lausanne)
4. Mlle Jeanne Delon (Paris)
5. le professeur de français
6. le président français
7. le président américain
8. le premier ministre canadien

A. Les pronoms sujets

See Appendix C, *Glossary of Grammatical Terms,* for an explanation of any terms with which you are not familiar.

■ The subject pronouns in French are:

singular forms		plural forms	
je (j')	*I*	**nous**	*we*
tu	*you*		
vous	*you*	**vous**	*you*
il	*he; it*	**ils**	*they*
elle	*she; it*	**elles**	*they*
on	*one; someone; people; we*		

■ Before a vowel sound at the beginning of the next word, **je** becomes **j'.** This happens with words that begin with a vowel, but also with most words that begin with **h-,** which is silent.

J'adore Québec, mais **j'habite** à New York.

■ **Tu** is informal. It is used to address one person with whom you have a close relationship. **Vous** is the singular form used in other cases. To address more than one person, one always uses **vous.**

Tu es à Paris, Michel?
Vous êtes à Lyon, Monsieur?
Marie! Paul! **Vous** êtes à Bordeaux!

> NOTE ── Whether **vous** is singular or plural, the verb form is always plural.

■ There are two genders in French: masculine and feminine. All nouns have gender, whether they designate people or things. **Il** stands for a masculine person or thing, **elle** for a feminine person or thing. The plural **ils** stands for a group of masculine persons or things, and **elles** stands for a group of feminine persons or things.

le tableau = **il**
la porte = **elle**
les tables = **elles**
les téléphones = **ils**

■ For a group that includes both masculine and feminine nouns **(Nathalie, Karine, Paul et Marie), ils** is used, even if only one of the nouns is masculine.

Karine et Éric? **Ils** sont à Marseille.

■ **On** is a subject pronoun used to express generalities or unknowns, much as do the English forms *one, someone, you, people.* In informal situations, **on** can sometimes be used to mean *we.*

On est à San Francisco.   *We are in San Francisco.*
On est riche en Amérique?   *Are people in America rich?*

B. Le verbe *être*

Il est à Québec.
Je suis à Strasbourg.
Nous sommes à Besançon.

■ The most frequently used verb in French is **être** *(to be).*

je	suis	*I am*	nous	sommes	*we are*
tu	es	*you are*	vous	êtes	*you are*
il	est	*he is; it is*	ils	sont	*they are (m. or m. + f.)*
elle	est	*she is; it is*	elles	sont	*they are (f.)*
on	est	*one is; people are; we are*			

Review the use of **liaison** on p. 12.

■ Before a vowel sound at the beginning of the next word, the silent final consonant of many words (but not all!) is pronounced and is spoken with the next word. This is called **liaison. Liaison** is necessary between a pronoun and a verb.

Vous [z]êtes à Montréal. On [n]est où?

■ **Liaison** is possible after all forms of **être,** but is common *only* with **est** and **sont.**

Il est [t]à Paris.   Elles sont [t]à Marseille.

2 **Où sont-ils?** *(Where are they?)* Identify the cities where the following people are. Use a subject pronoun in your answer.

MODÈLES: tu (Los Angeles) **Tu es à Los Angeles.**
vous (Québec) **Vous êtes à Québec.**

1. Lori (Boston)
2. Lise et Elsa (Bruxelles)
3. Thierry (Monte Carlo)
4. je (...)
5. Pierre et Anne (Angers)
6. nous (...)
7. Sylvie (Paris)

Réalités culturelles

Paris

Paris, the "city of lights," has always been a crossroads of ideas, a large financial center, and a tourist destination of choice. Paris is home to some of the most renowned art museums of the world. A visit to Paris would not be complete without a visit to the **Louvre,** the largest museum in the world. In addition, there are 101 other museums in

Paris, from the medieval **Cluny** to the ultra-modern **Centre Georges-Pompidou.** Paris has been and continues to be home to large numbers of artists, many of whom display their works on the banks of the Seine or in front of the **Sacré-Cœur** basilica.

Paris offers an amazing array of things to see and do: there are large public squares, such as the **Place Beaubourg,** where singers, jugglers, dancers, and mimes entertain audiences; large avenues, such as the **Champs-Élysées** and the **Boulevard Saint-Michel,** where shops, theaters, and cafes keep people strolling through the night; open-air markets, where Parisians buy flowers, fresh vegetables, meat, and cheese; and extensively landscaped parks, such as the **jardin du Luxembourg,** where people of all ages can escape from the hectic pace of life in a busy city. A visitor can also take a ride on a **bateau-mouche,** explore student life in the **Quartier latin,** or simply observe the great diversity of people who live, study, and work in Paris.

C. L'accord des adjectifs

Review *Prononciation*, p. 4.

■ Most adjectives have two pronunciations: one when they refer to a feminine noun and one when they refer to a masculine noun. From an oral point of view, it is usually better to learn the feminine form first. The masculine pronunciation can often be found by dropping the last consonant *sound* of the feminine.

Barbara est **américaine.**　　Bob est **américain** aussi.
Christine est **française.**　　David est **français** aussi.

■ Almost all adjectives change their spelling depending on whether the nouns they refer to are masculine or feminine, singular or plural. These spelling changes may or may not affect pronunciation.

Il est américain.　　　　Elle est américain**e.**
Ils sont américain**s.**　　Elles sont américain**es.**

Il est marié.　　　　　　Elle est mari**ée.**
Ils sont marié**s.**　　　　Elles sont mari**ées.**

■ The feminine adjective almost always ends in a written **-e.** A number of masculine adjectives end in **-e** also. In this case, masculine and feminine forms are identical in pronunciation and spelling.

célibataire　　　fantastique　　　optimiste

■ The plural is usually formed by adding a written **-s** to the singular. However, since the final **-s** of the plural is silent, the singular and the plural are pronounced in the same way.

américain　　　　　　américain**s**
américaine　　　　　　américaine**s**

NOTE | If the masculine singular ends in **-s,** the masculine plural is identical.

un homme français　　　deux hommes français

■ Adjectives that describe a group of both masculine and feminine nouns take the masculine plural form.

Bill et Judy sont **mariés.**

VOCABULAIRE

L'état civil (marital status)

With the exception of **veuve(s)** [vœv] and **veuf(s)** [vœf], the spelling changes in the adjectives listed to the right do not affect pronunciation.

Femmes	Hommes	Women/men
célibataire(s)	célibataire(s)	*single*
mariée(s)	marié(s)	*married*
fiancée(s)	fiancé(s)	*engaged*
divorcée(s)	divorcé(s)	*divorced*
veuve(s)	veuf(s)	*widowed*

3 **Quelle coïncidence!** *(What a coincidence!)* State that the marital status of the second person or group is the same as that of the first.

MODÈLES: Léa est fiancée. Et Marc?   Pierre est marié. Et Zoé et Max?
Il est fiancé aussi.   **Ils sont mariés aussi.**

1. Anne et Paul sont fiancés. Et Marie?
2. Nous sommes mariés. Et Monique?
3. Nicolas est divorcé. Et Sophie et Thérèse?
4. Je suis célibataire. Et Georges et Sylvie?
5. Madame Beaufort est veuve. Et Monsieur Dupont?

4 **Qui est-ce?** *(Who is it?)* Answer the following questions. Try to identify real people or famous fictional characters. Can you name more than one person? Make sure that the verbs and adjectives agree with the subjects.

MODÈLE: Qui est fiancé?
Olive Oyl est fiancée.   ou
Olive Oyl et Popeye sont fiancés.

1. Qui est célibataire?   5. Qui est veuf?
2. Qui est fiancé?   6. Qui est français?
3. Qui est marié?   7. Qui est américain?
4. Qui est divorcé?

5 **Carte de débarquement** *(Arrival form).* When you travel overseas you are usually given an arrival form to fill out. Identify yourself by providing the information requested in the form below in French.

Carte de débarquement

Nom de famille: _____

Prénom(s): _____

Âge: _____ ans

Nationalité: _____

État civil: _____

Adresse: _____

_____

_____

Code postal: _____

Numéro de passeport: _____

Motif du voyage: ❑ touristique   ❑ professionnel
❑ transit   ❑ visite privée

ENTRE AMIS

Dans un avion *(In an airplane)*

Complete the following interaction with as many members of the class as possible.

1. Greet your neighbor in a culturally appropriate way.
2. Find out if s/he is French.
3. Find out each other's name.
4. Find out the city in which s/he lives.
5. What else can you say?

2. Identifying Nationality

Learn all the words in each *But communicatif.*

 Quelle est votre nationalité?° *What is your nationality?*

Moi, je suis canadienne.

▶ **Et vous?** Vous êtes chinois(e)°?   *Chinese*
         Pas du tout!° Je suis …   *Not at all!*

Remember to pronounce the final consonant in the feminine (see p. 4).

	Féminin	**Masculin**	
GB	anglaise	anglais	*English*
F	française	français	*French*
J	japonaise	japonais	*Japanese*
SN	sénégalaise	sénégalais	*Senegalese*
USA	américaine	américain	*American*
MA	marocaine	marocain	*Moroccan*
MEX	mexicaine	mexicain	*Mexican*
CDN	canadienne	canadien	*Canadian*
I	italienne	italien	*Italian*
S	suédoise	suédois	*Swedish*
D	allemande	allemand	*German*
E	espagnole	espagnol	*Spanish*
B	belge	belge	*Belgian*
CH	suisse	suisse	*Swiss*
RUS	russe	russe	*Russian*

REMARQUE

In written French, some feminine adjectives are distinguishable from their masculine form not only by a final **-e,** but also by a doubled final consonant.

un homme canadien   *a Canadian man*
une femme canadie**nne**   *a Canadian woman*

6 **Quelle est votre nationalité?** The customs agent needs to know each person's nationality. Your partner will play the role of the customs agent and ask the question. You take the role of each of the following people, and answer.

MODÈLES: Madame Jones et Mademoiselle Jones (GB)
        —**Quelle est votre nationalité?**
        —**Nous sommes anglaises.**

        Maria Gomez (MEX)
        —**Quelle est votre nationalité?**
        —**Je suis mexicaine.**

1. Jean-François (CDN)
2. Monsieur et Madame Smith (USA)
3. Mademoiselle Nakasone (J)
4. Madame Colon et Mademoiselle Colon (E)
5. Mademoiselle Balke (D)

6. Bruno (SN)
7. Madame Volaro (I)
8. Marie-Christine (F)
9. votre professeur de français
10. vous

Ces trois amis habitent à Paris.

7 **Qui êtes-vous?** *(Who are you?)* Assume the identity of each one of the following people and introduce yourself, indicating your name, your nationality, and the city you are from.

MODÈLE: Mademoiselle Brigitte Lapointe/Paris (F)
Je m'appelle Brigitte et je suis française. J'habite à Paris.

1. Monsieur Pierre La Vigne/Québec (CDN)
2. Madame Margaret Jones/Manchester (GB)
3. Madame Anne Martin/Angers (F)
4. Monsieur Yasuhiro Saya/Tokyo (J)
5. Madame Mary O'Leary/Boston (USA)
6. Monsieur Ahmed Zoubir/Casablanca (MA)
7. votre professeur de français
8. vous

Réalités culturelles

L'Agence de la francophonie

The French language is spoken on all the continents of the globe. In 1970, several French-speaking countries created the **Agence de la francophonie** *(Agency for French-speaking communities)*. The word **francophonie** was coined in 1880 by geographer Onésime Reclus to describe the areas of the world where French is spoken by a significant part of the population. The chief purpose of the **Agence de la francophonie** is to use the universality of the French language in the service of peace and to promote cultural and economic cooperation among French-speaking countries. Today, the agency, which consists of some fifty states and governments, focuses its efforts on the promotion of the French language. It sponsors a French-language television station, **TV5,** which those living in North America can subscribe to through cable. It has also created a French-speaking university, **l'université Senghor,** in Alexandria, Egypt.

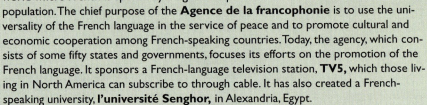

D. La négation

James Davidson **n'est pas** français. Il est américain.
Il **n'**habite **pas** à Paris. Il habite à San Francisco.

■ Two words, **ne** and **pas,** are used to make a sentence negative: **ne** precedes the conjugated verb and **pas** follows it.

Guy et Zoé **ne** sont **pas** mariés.	*Guy and Zoé aren't married.*
Il **ne** fait **pas** très beau.	*It's not very nice out.*

■ Remember that both **ne** and **pas** are necessary in standard French to make a sentence negative.

ne + conjugated verb + **pas**

■ **Ne** becomes **n'** before a vowel sound.

Je **n'**habite **pas** à Paris.   *I don't live in Paris.*
Nathalie **n'**est **pas** française.   *Nathalie is not French.*

8   **Ils sont français?** Ask your partner whether the following people are French. Choose the correct form of **être** and make sure that the adjective agrees. Your partner will first respond with a negative, and then state the correct information.

MODÈLE: —**Elles sont françaises?**
          —**Non, elles ne sont pas françaises. Elles sont anglaises.**

1.    2.    3.

4.    5.    6.

7.    8.

ENTRE AMIS

Je ne suis pas suisse.

Pick a new nationality (from the list on page 18), but don't tell your partner which one you have chosen.

1. Your partner will try to guess your new nationality by asking you questions.
2. Respond **"Pas du tout! Je ne suis pas …"** if the guess is incorrect.
3. Once your partner has guessed your nationality, switch roles.

3. Describing Physical Appearance

Voilà° Christine.
Elle est jeune°.
Elle est assez grande°.
Elle n'est pas grosse°.
Elle est assez jolie°.

Voilà le Père Noël.
Il est assez° vieux°.
Il est assez petit°.
Il n'est pas très° mince°.

There is; Here is
young / rather / old
tall / short; small
fat / very / thin
pretty

▶ **Et vous?** Vous êtes …

jeune	*ou*	vieux (vieille)?
petit(e)	*ou*	grand(e)?
gros(se)	*ou*	mince?
beau (belle)	*ou*	laid(e)?°

Décrivez votre meilleur(e) ami(e).°

attractive or ugly?
Describe your best friend.

Il y a un geste

Assez *(sort of, rather; enough).*   The gesture for **assez** is an open hand rotated back and forth (palm down).

E. L'accord des adjectifs (*suite*)

■ The masculine forms of some adjectives are not like their feminine forms in either pronunciation or spelling, and so they must be memorized.

belle   **beau**   vieille   **vieux**

■ The masculine plural of some adjectives is formed by adding **-x.** Pronunciation of the plural form remains the same as the singular.

Robert et Paul sont très **beaux.**

■ Masculine singular adjectives that end in **-s** or **-x** keep the same form (and pronunciation) for the masculine plural.

Bill est **gros.** Roseanne et John sont **gros** aussi.
Je suis **vieux.** Georges et Robert sont très **vieux.**

Synthèse: l'accord des adjectifs

féminin		masculin	
singulier	pluriel	singulier	pluriel
petite	petites	petit	petits
grande	grandes	grand	grands
jolie	jolies	joli	jolis
belle	belles	beau	beaux
laide	laides	laid	laids
jeune	jeunes	jeune	jeunes
vieille	vieilles	vieux	vieux
mince	minces	mince	minces
grosse	grosses	gros	gros

9 **Oui, il n'est pas très grand.** The French often tone down what they wish to say by stating the opposite with a negative and the word **très**. Agree with each of the following descriptions by saying the opposite in a negative sentence.

MODÈLE: Michael J. Fox est petit.
Oui, il n'est pas très grand.

1. Abraham et Sarah sont vieux.
2. Marie-Christine est mince.
3. Goofy est laid.
4. Alissa est petite.
5. Dumbo l'éléphant est gros.
6. L'oncle Sam est vieux.
7. James et Lori sont jeunes.

10 **Décrivez ...** Describe the following people. If you don't know what they look like, guess. Pay close attention to adjective agreement.

MODÈLE: Décrivez James Davidson. **Il est grand, jeune et assez beau.**

1. Décrivez votre meilleur(e) ami(e).
2. Décrivez votre professeur de français.
3. Décrivez une actrice.
4. Décrivez un acteur.
5. Décrivez Minnie Mouse et Daisy Duck.
6. Décrivez le (la) président(e) de votre université.
7. Décrivez-vous.

ENTRE AMIS

Une personne célèbre

1. Choose a famous person and describe him/her.
2. If your partner agrees with each description s/he will say so.
3. If your partner disagrees, s/he will correct you.

Intégration www ◎

Révision

A) Il y a plus d'une façon (*There's more than one way*).

1. Give two ways to break the ice in French.
2. Give two ways to find out someone's name.
3. Give two ways to find out where someone lives.
4. Give two ways to find out someone's nationality.

B) L'Inspecteur Clouseau.

A bumbling inspector is asking all the wrong questions. Correct him. Invent the correct answer if you wish. Use subject pronouns.

MODÈLES: Vous êtes Madame Perrin?
Non, pas du tout, je ne suis pas Madame Perrin; je suis Mademoiselle Smith.

Madame Perrin est française?
Non, pas du tout, elle n'est pas française; elle est canadienne.

> Notice that #1 & 2 are plural.
> Use **nous** in your answer.

1. Vous êtes Monsieur et Madame Martin?
2. Vous *(pl.)* êtes belges?
3. Madame Martin est veuve?
4. Monsieur et Madame Martin sont divorcés?
5. James et Lori sont mariés?
6. Lori est italienne?
7. James est français?

C) Début de rédaction.

Choose three people and give as complete a description as you can of each of them. Include at least one famous person.

MODÈLE: **James Davidson est grand, jeune et assez beau. Il est aussi célibataire. Il est américain et il habite à San Francisco.**

D) À vous.

How would you respond to the following?

1. Bonjour, Monsieur (Madame, Mademoiselle).
2. Excusez-moi de vous déranger.
3. Vous êtes Monsieur (Madame, Mademoiselle) Dupont?
4. Comment vous appelez-vous?
5. Vous n'êtes pas français(e)?
6. Quelle est votre nationalité?
7. Vous habitez près d'Angers?
8. Où habitez-vous?
9. Vous êtes marié(e)?
10. Bonne journée!

Négociations: **Identifications.** Work with your partner to prepare a new identity. First, decide with your partner whether you are describing a man or a woman. Then, complete the first half of the following form; your partner will complete the second half, using the form in Appendix D. Each will ask questions in French to complete the form.

MODÈLE: **Comment vous appelez-vous? Quel est votre nom de famille?**
Êtes-vous français(e)? Êtes-vous jeune?

A

Nom de famille:

Prénom:

Nationalité:

B

État civil: _____

Description 1: _____

_____

Description 2: _____

_____

Lecture

This first reading is a series of headlines **(manchettes)** taken from the French-language media. It is not vital that you understand every word in order to grasp the general meaning of what you read. The context will often help you guess the meaning.

A **Trouvez les mots apparentés** *(cognates).* In French and English, many words with similar meanings have the same or nearly identical spelling. These words are called cognates. Scan the headlines that follow and find at least fifteen cognates.

B **Sigles** *(Acronyms).* Acronyms are used frequently in French. They are abbreviations made of the first letter of each word in a title and may involve the same letters in their French and English forms. However, the order of the letters is normally different because in French, adjectives usually follow a noun, e.g., **la Croix-Rouge** *(the Red Cross).* Can you guess the meaning of the following French acronyms?

MODÈLE: ONU (a group of countries)
UN, the United Nations (Organization)

1. OTAN (an alliance)
2. SIDA (a disease)
3. UE (a group of European countries)
4. TVA (a special tax)
5. ADN (a way to identify)
6. FIV (a way to conceive)
7. FMI (lends money to poor countries)
8. VIH (a virus)
9. IRM (a body scan to detect illness)
10. SRAS (a type of pneumonia)

Manchettes

1. **Le traité d'Athènes: ratification de l'élargissement de l'UE**

2. **Un homme innocenté par des tests d'ADN**

3. **Washington a l'ambition de reconstruire l'Irak en un an**

4. **Un Allemand pour remplacer le Français à la tête du FMI?**

5. *Le Conseil de sécurité, unanime, réactive «Pétrole contre nourriture»*

6. **Mise au point aux États-Unis d'un test prédicatif pour le cancer héréditaire**

7. *Un nouveau président français pour Euro Disney en difficultés*

8. **Un observatoire national du SIDA va être mis en place**

9. **Ottawa a entrepris de renforcer son dispositif de défense dans le Grand Nord**

10. *Le camp de la paix ne renonce pas*

C **Les manchettes.** Read the above headlines and decide which ones apply to any of the following categories.

1. Canada
2. the United States
3. Europe
4. health and medicine
5. war and peace
6. the United Nations

D **Dans ces contextes** *(In these contexts).* Study the above headlines to help you guess the meaning of the following expressions.

1. élargissement
2. homme
3. reconstruire
4. tête
5. nourriture
6. pour
7. nouveau
8. mis en place
9. renforcer
10. paix

Practice this vocabulary with the flashcards on the *Entre amis* web site.

VOCABULAIRE ACTIF

Pour identifier les personnes
Noms
un acteur / une actrice *actor / actress*
une femme *woman*
un homme *man*
un(e) meilleur(e) ami(e) *best friend*
le Père Noël *Santa Claus*
une personne *person (male or female)*
un professeur *teacher (male or female)*
la nationalité *nationality*
un nom *name*
un nom de famille *family name*
un prénom *first name*

Description physique
beau (belle) *handsome (beautiful)*
grand(e) *big; tall*
gros(se) *fat; large*
jeune *young*
joli(e) *pretty*
laid(e) *ugly*
mince *thin*
petit(e) *small; short*
vieux (vieille) *old*

D'autres noms
un hôtel *hotel*
une porte *door*
un restaurant *restaurant*
une table *table*
un tableau *chalkboard*
un téléphone *telephone*
l'université f. *university*

Prépositions
à *at; in; to*
de *from, of*
en *in*
près de *near*

Adjectifs de nationalité
allemand(e) *German*
américain(e) *American*
anglais(e) *English*

belge *Belgian*
canadien(ne) *Canadian*
chinois(e) *Chinese*
espagnol(e) *Spanish*
français(e) *French*
italien(ne) *Italian*
japonais(e) *Japanese*
marocain(e) *Moroccan*
mexicain(e) *Mexican*
russe *Russian*
sénégalais(e) *Senegalese*
suédois(e) *Swedish*
suisse *Swiss*

Pronoms sujets
je *I*
tu *you*
il *he, it*
elle *she, it*
on *one, people, we, they*
nous *we*
vous *you*
ils *they*
elles *they*

État civil
célibataire *single*
divorcé(e) *divorced*
fiancé(e) *engaged*
marié(e) *married*
veuf (veuve) *widowed*

Nombres
un *one*
deux *two*
trois *three*
quatre *four*

À propos de l'identité
Comment vous appelez-vous? *What is your name?*
Je m'appelle ... *My name is ...*
Madame (Mme) *Mrs.*
Mademoiselle (Mlle) *Miss*
Monsieur (M.) *Mr.; sir*
Permettez-moi de me présenter. *Allow me to introduce myself.*
Quelle est votre nationalité? *What is your nationality?*

Vous habitez ... *You live, you reside ...*
Où habitez-vous? *Where do you live?*
J'habite ... *I live, I reside ...*

La politesse
Au revoir. *Goodbye.*
Bonjour. *Hello.*
Bonne journée. *Have a good day.*
Enchanté(e). *Delighted (to meet you).*
Excusez-moi. *Excuse me.*
Excusez-moi de vous déranger. *Excuse me for bothering you.*
Je vous demande pardon ... *I beg your pardon ...*
Merci. Vous aussi. *Thanks. You too.*
Pardon. *Pardon me.*
S'il vous plaît. *Please.*
Vous permettez? *May I?*

Verbe
être *to be*

Adverbes
assez *sort of, rather; enough*
aussi *also, too*
certainement *surely, of course*
là *there; here*
ne ... pas *not*
où *where*
très *very*

D'autres expressions utiles
Asseyez-vous. *Sit down.*
C'est ... *It is ...; This is ...*
C'est pour vous. *It's for you.*
entre amis *between friends*
Et moi? *And me?*
Oui ou non? *Yes or no?*
Pas du tout! *Not at all!*
qui *who*
Voilà ... *There is (are) ...; Here is (are) ...*
votre communication de ... *your call from ...*

Chapitre 2

Qu'est-ce que vous aimez?

Buts communicatifs
Asking and responding to "How are you?"
Giving and responding to compliments
Offering, accepting, and refusing
Expressing likes and dislikes

Structures utiles
Le verbe **aller**
Les verbes en **-er**
L'article défini: **le, la, l'** et **les**
Les questions avec réponse **oui** ou **non**

Culture
• *À propos*
Les compliments
Merci
Le kir

• *Il y a un geste*
À votre santé
Non, merci
Ça va

• *Lecture*
Seul(e) et las(se) de l'être

Coup d'envoi

Prise de contact   ## Quelque chose à boire?

Est-ce que is often placed at the start of a sentence to make it a question.

Est-ce que vous aimez ...°
   le café? le coca? le vin? le thé?°

J'aime° le coca.
J'aime beaucoup° le thé.
Je n'aime pas le café.

Voulez-vous boire quelque chose?°

Non, merci.
Oui, je veux bien.°

Je voudrais ...°
   une tasse° de café.
   une tasse de thé.
   un verre° de coca.
   un verre de vin.

▶ **Et vous?**   Voulez-vous boire quelque chose?
   Qu'est-ce que vous voulez?°

Do you like ...

coffee? Coca-Cola? wine? tea?

I like (love)
very much; a lot

Do you want to drink something?

Gladly; Yes, thanks.

I'd like ...
a cup

a glass

What do you want?

Conversation

Listen carefully to your instructor and/or the Student Audio while the conversation is presented. As soon as the presentation has ended, try to recall as many words as you can.

Une soirée à Besançon

James Davidson étudie le français à Besançon. Mais il vient de° San Francisco. Au cours d'une soirée°, il aperçoit° Karine Aspel, qui est assistante au laboratoire de langues.

    he comes from / During a party / notices

JAMES: Bonsoir.° Quelle° bonne surprise! Comment allez-vous?°

    Good evening. / What a / How are you?

KARINE: Ça va bien°, merci. Et vous-même°?

    Fine / yourself

JAMES: Très bien ... Votre prénom, c'est Karine, n'est-ce pas?°

    isn't it?

KARINE: Oui, je m'appelle Karine Aspel.

JAMES: Et moi, James Davidson.

KARINE: Est-ce que vous êtes américain? Votre français est excellent.

JAMES: Merci beaucoup.

KARINE: Mais c'est vrai!° Vous êtes d'où?°

    But it's true! / Where are you from?

JAMES: Je viens de° San Francisco. Au fait°, voulez-vous boire quelque chose? Un coca?

    I come from / By the way

KARINE: Merci°, je n'aime pas beaucoup le coca.

    No thanks

JAMES: Alors°, un kir, peut-être°?

    Then / perhaps

KARINE: Je veux bien. Un petit kir, pourquoi pas°? *(James hands a glass of kir to Karine.)*

    why not

JAMES: À votre santé°, Karine.

    To your health

KARINE: À la vôtre°. Et merci, James.

    To yours

▶ **Jouez ces rôles.** Role-play the above conversation with a partner. Use your own identities. Choose something else to drink.

Il y a un geste

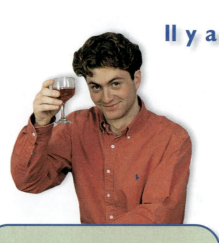

À votre santé. The glass is raised when saying *To your health.* Among friends, the glasses are lightly touched as well.

Non, merci. The French often raise the index finger and move it from side to side to indicate *no.* They also may indicate *no* by raising a hand, palm outward, or by shaking their heads as do English speakers. In France, however, the lips are usually well rounded and often are pursed when making these gestures.

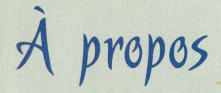 # À propos

Why does Karine say Mais c'est vrai! when James says Merci beaucoup?

a. She misunderstood what he said.
b. She doesn't mean what she said.
c. She feels that James doesn't really believe her when she tells him his French is good.

Les compliments

While certainly not averse to being complimented, the French may respond by playing down a compliment, which may be a way of encouraging more of the same. While Americans are taught from an early age to accept and respond *thank you* to compliments, **merci,** when used in response to a compliment, is often perceived by the French as saying "you don't mean it." It is for this reason that Karine Aspel responds **Mais c'est vrai!,** insisting that her compliment was true. It is culturally more accurate, therefore, and linguistically enjoyable, to develop a few rejoinders such as **Oh, vraiment?** *(Really?)* or **Vous trouvez?** *(Do you think so?),* which one can employ in similar situations. In this case, a really French response on James's part might be **Mais non! Je ne parle pas vraiment bien. Mon accent n'est pas très bon.** *(Oh, no! I don't speak really well. My accent's not very good.)*

Merci

The word **merci** is, of course, one of the best ways of conveying politeness, and its use is, by all means, to be

encouraged. Its usage, however, differs from that of English in at least one important way: when one is offered something to eat, to drink, etc., the response **merci** is somewhat ambiguous and is often a way of saying *no, thank you.* One would generally say **je veux bien** or **s'il vous plaît** to convey the meaning *yes, thanks.* **Merci** is, however, the proper polite response once the food, the drink, etc., has actually been served.

Le kir

A popular drink in France, four parts white wine and one part black currant liqueur, **kir** owes its name to **le Chanoine Kir,** a French priest and former mayor of Dijon. It is often served as an **apéritif** *(before-dinner drink).*

Use the ACE practice test on the *Entre amis* web site to review this *Coup d'envoi* section, pp. 29–31.

 À vous. How would you respond to the following questions?

1. Comment allez-vous?
2. Est-ce que vous êtes français(e)?
3. Votre prénom, c'est ... ?
4. Vous êtes d'où?
5. Voulez-vous boire quelque chose?

ENTRE AMIS

À une soirée *(At a party)*

1. Greet another "invited guest."
2. Find out his/her name.
3. Find out his/her nationality.
4. Find out where s/he comes from.
5. What else can you say?

Prononciation

Review the alphabet on p. 4 before doing this activity.

Review what was said about **l'accent et le rythme,** p. 12.

L'alphabet français (*suite*)

■ English and French share the same 26-letter Latin alphabet, and although this is useful, it is also potentially troublesome.

■ First, French and English cognates may not be spelled the same. French spellings must, therefore, be memorized.

   adresse   personne   appartement

■ Second, because the alphabet is the same, it is tempting to pronounce French words as if they were English. Be very careful, especially when pronouncing cognates, not to transfer English pronunciation to the French words.

   téléphone   conversation   professeur

■ Knowing how to say the French alphabet is not only important in spelling out loud. It is also essential when saying the many acronyms used in the French language.

   le TGV   les USA   la SNCF

▶ **Quelques sigles.** Read out loud the letters that make up the following acronyms.

1.	**SVP**	S'il vous plaît
2.	**RSVP**	Répondez, s'il vous plaît
3.	**La SNCF**	La Société nationale des chemins de fer français *(French railroad system)*
4.	**La RATP**	La Régie autonome des transports parisiens *(Paris subway and bus system)*
5.	**Les BD**	Les bandes dessinées *(comic strips)*
6.	**Les USA**	Les United States of America (= Les États-Unis)
7.	**La BNP**	La Banque nationale de Paris
8.	**La CGT**	La Confédération générale du travail *(a French labor union)*
9.	**BCBG**	Bon chic bon genre *(a French yuppy)*
10.	**Le RER**	Le Réseau Express Régional *(a train to the suburbs)*

Les accents

■ French accents are part of spelling and must be learned. They can serve:

1. to indicate how a word is pronounced

   ç → [s]: français

   é → [e]: marié

   è → [ɛ]: très

   ê → [ɛ]: être

   ë → [ɛ]: Noël

2. or to distinguish between meanings

   ou *or*   la *the (feminine)*
   où *where*   là *there*

	French names	**Examples**
´	**accent aigu**	am**é**ricain; t**éléphone**
`	**accent grave**	**à**; tr**è**s; o**ù**
^	**accent circonflexe**	**â**ge; **ê**tes; s'il vous pla**î**t; h**ô**tel; s**û**r
¨	**tréma**	No**ë**l; co**ï**ncidence
₎	**cédille**	fran**ç**ais
-	**trait d'union**	Jean-Luc
'	**apostrophe**	J'aime

Crème s'écrit C–R–E accent grave–M–E.

▶ **Comment est-ce qu'on écrit … ?** Your partner will ask you to spell the words below. Give the correct spelling.

MODÈLE: être

      VOTRE PARTENAIRE: **Comment est-ce qu'on écrit «être»?**
                VOUS: **«Être» s'écrit E accent circonflexe–T–R–E.**

1. français
2. monsieur
3. belge
4. mademoiselle
5. professeur
6. vieux
7. hôtel
8. très
9. téléphone
10. j'habite
11. canadienne
12. asseyez-vous

Réalités culturelles

Besançon

Besançon, the capital of the Franche-Comté region, is located in the eastern part of France. It is an important industrial town, two and a half hours from Paris by the TGV. Besançon is home to the **Université de Franche-Comté,** which is noted for its applied sciences program and for its center for applied linguistics.

Besançon has historical significance for France. In 58 B.C., recognizing its strategic importance, Julius Caesar captured the city, and during the five-century-long Roman occupation, Besançon became a crossroads for travel from Switzerland and Italy to Paris. **La Porte noire,** an old Roman archway, is a favorite of tourists who visit the city. Besançon was heavily bombed by the German forces during World War II. **La Citadelle,** a fort built by the architect Vauban during the reign of Louis XIV in the seventeenth century, is a noteworthy historical sight and has a museum dedicated to the World War II Resistance.

Today, Besançon has a population of about 120,000. It is France's clock- and watch-making capital and has a high-tech chronometry center that designed and manufactured resonators for the *Voyager* space probe. It also has research centers in microtechnology and biomedical engineering.

Buts communicatifs

1. Asking and Responding to "How are you?"

Salutations et questions

more formal

Bonjour, Madame (Monsieur, Mademoiselle).
Comment allez-vous?
Vous allez bien?

first-name basis

Salut°, Lori (James, etc.).
Comment ça va?°
Ça va?

Hi
How's it going?

Réponses

Je vais très bien°, merci.	*Very well; I'm fine*
Ça va bien.	
Ça ne va pas mal°.	*Not bad.*
Oh! Comme ci comme ça.°	*So-so.*
Oh! Pas trop bien.°	*Not too great.*
Je suis assez fatigué(e).°	*I'm rather tired.*
Je suis un peu malade.°	*I'm a little sick.*

▶ **Et vous?** Comment allez-vous?

REMARQUES

1. It is very important to try to tailor your language to fit the situation. For example, with a friend or another student, you would normally ask **Ça va?** or **Comment ça va?** For someone whom you address as **Monsieur, Madame,** or **Mademoiselle,** you would normally say **Comment allez-vous?**
2. **Bonjour** and **bonsoir** are used for both formal **(Monsieur, Madame,** etc.**)** and first-name relationships.
3. The family name **(le nom de famille)** is not used in a greeting. For example, when saying hello to Madame Martin, one says **Bonjour, Madame.**
4. **Salut** is used only in first-name relationships.

Il y a un geste

Ça va. This gesture implies "so-so" and is very similar to **assez.** Open one or both hands, palms down, and slightly rotate them. This is often accompanied by a slight shrug, and the lips are pursed. One may also say **comme ci comme ça.**

VOCABULAIRE

À quel moment de la journée? *(At what time of day?)*

le jour	*day, daytime*
le matin	*morning, in the morning*
l'après-midi	*afternoon, in the afternoon*
le soir	*evening, in the evening*
la nuit	*night, at night*

■ **Attention au style.** Greet the following people at the indicated time of day and find out how they are. Adapt your choice of words to fit the time and the person being greeted. Be careful not to be overly familiar. If there is more than one response possible, give both.

MODÈLES: M. Talbot (le matin à 8 h)
Bonjour, Monsieur. Comment allez-vous?

Anne (le soir à 7 h)
Salut, Anne. Comment ça va?   ou
Bonsoir, Anne. Comment ça va?

1. Paul (le soir à 7 h)
2. Mademoiselle Monot (le matin à 9 h 30)
3. Monsieur Talbot (l'après-midi à 4 h)
4. le professeur de français (le matin à 11 h)
5. votre meilleur(e) ami(e) (le soir à 10 h)
6. le (la) président(e) de votre université (l'après-midi à 1 h)

2 **Vous allez bien?** Ask the following people how they are doing. Be careful to choose between the familiar and the formal questions. Your partner will provide the other person's answer.

MODÈLE: Marie (a little sick)
VOUS: **Comment ça va, Marie?**
MARIE: **Oh! je suis un peu malade.**

1. Mme Philippe (tired)
2. Paul (not too great)
3. M. Dupont (sick)
4. Mlle Bernard (very well)
5. Anne (so-so)
6. votre professeur de français (...)
7. votre meilleur(e) ami(e) (...)
8. le (la) président(e) de l'université (...)

A. Le verbe *aller*

■ One of the uses of the verb **aller** *(to go)* is to talk about one's health.

Nous **allons** bien.   *We are fine.*
Comment **vont** vos parents?   *How are your parents?*

aller *(to go)*			
je	**vais**	nous	**allons**
tu	**vas**	vous	**allez**
il/elle/on	**va**	ils/elles	**vont**

See Appendix C, *Glossary of Grammatical Terms*, for an explanation of any terms with which you are not familiar.

■ You will study the verb **aller** again in Chapter 5. It is used, for example, with the infinitive to express the future.

Je **vais boire** une tasse de café.   *I am going to drink a cup of coffee.*

3 **À vous.** Respond.

MODÈLE: Comment vont vos parents?
Ils vont bien. ou
Ils ne vont pas trop bien.

1. Comment va votre professeur?
2. Comment vont les étudiants?
3. Comment allez-vous?
4. Comment va votre meilleur(e) ami(e)?

ENTRE AMIS

Au café

Practice the following situation with as many members of the class as possible. You are in a sidewalk café at one o'clock in the afternoon.

1. Greet your partner in a culturally appropriate manner.
2. Inquire how s/he is doing.
3. Offer him/her something to drink.
4. What else can you say?

2. Giving and Responding to Compliments

Quelques° compliments   *A few*

Vous parlez très bien le français.°   *You speak French very well.*
Vous dansez très bien.
Vous chantez° bien.   *sing*
Vous skiez vraiment° bien.   *really*
Vous nagez comme un poisson.°   *You swim like a fish.*

Quelques réponses

Vous trouvez?°   *Do you think so?*
Pas encore.°   *Not yet.*
Oh! pas vraiment.°   *Not really.*
Oh! je ne sais pas.°   *I don't know.*
C'est gentil mais vous exagérez.°   *That's nice but you're exaggerating.*
Je commence seulement.°   *I'm only beginning.*
Je n'ai pas beaucoup d'expérience.°   *I don't have a lot of experience.*

REMARQUE · There are several ways to express an idea. For instance, there are at least three ways to compliment someone's French:

Votre français est excellent.   *Your French is excellent.*
Vous parlez bien le français.   *You speak French well.*
Vous êtes bon (bonne) en français.   *You are good in French.*

4 **Un compliment.** Give a compliment to each of the people pictured below. Another student will take the role of the person in the drawing and will provide a culturally appropriate rejoinder.

MODÈLE: —**Vous parlez bien le français.**
—**Vous trouvez? Oh! je ne sais pas.**

1.   2.   3.   4.

B. Les verbes en -er

■ All verb infinitives are made up of a **stem** and an **ending.** To use verbs in the present tense, one removes the ending from the infinitive and adds new endings to the resulting stem. Verbs that use the same endings are often classified according to the last two letters of their infinitive. By far the most common class of verbs is the group ending in **-er.**

parler *(to speak)*	stem	endings
je	parl	**e**
tu	parl	**es**
il/elle/on	parl	**e**
nous	parl	**ons**
vous	parl	**ez**
ils/elles	parl	**ent**

tomber *(to fall)*	stem	endings
je	tomb	**e**
tu	tomb	**es**
il/elle/on	tomb	**e**
nous	tomb	**ons**
vous	tomb	**ez**
ils/elles	tomb	**ent**

■ Whether you are talking to a friend (**tu**), or about yourself (**je**), or about one or more other persons (**il, elle, ils, elles**), the verb is pronounced the same because the endings are silent.

Est-ce que tu **patines** bien?	*Do you skate well?*
Non, je ne **patine** pas du tout.	*No, I don't skate at all.*
Anne et Pierre **patinent** bien, n'est-ce pas?	*Anne and Pierre skate well, don't they?*
Elle **patine** bien.	*She skates well.*
Mais Pierre **tombe** souvent.	*But Pierre falls often.*

■ If you are using the **nous** or **vous** form, the verb is pronounced differently. The **-ez** ending is pronounced [e] and the **-ons** ending is pronounced [ɔ̃].

Vous **dansez** avec Marc?	*Do you dance with Marc?*
Nous ne **dansons** pas très souvent.	*We don't dance very often.*

■ Remember that the present tense has only *one* form in French, while it has several forms in English.

je **danse**	*I dance, I do dance, I am dancing*
j'**habite**	*I live, I do live, I am living*

Remember to change **je** to **j'** before a vowel sound. See p. 14.

■ Before a vowel sound, the final **-n** of **on** and the final **-s** of **nous, vous, ils,** and **elles** are pronounced and linked to the next word.

On [n]écoute la radio?	*Is someone listening to the radio?*
Nous [z]étudions le français.	*We are studying French.*
Vous [z]habitez ici?	*Do you live here?*

VOCABULAIRE

Activités

chanter (une chanson)	*to sing (a song)*
chercher (mes amis)	*to look for (my friends)*
danser (avec mes amis)	*to dance (with my friends)*
écouter (la radio)	*to listen to (the radio)*
enseigner (le français)	*to teach (French)*
étudier (le français)	*to study (French)*
jouer (au tennis)	*to play (tennis)*
manger	*to eat*
nager	*to swim*
parler (français)	*to speak (French)*
patiner	*to skate*
pleurer	*to cry*
regarder (la télé)	*to watch, to look at (TV)*
skier	*to ski*
travailler (beaucoup)	*to work (a lot)*
voyager (souvent)	*to travel (often)*

NOTE

Verbs ending in **-ger** add an **-e-** before the ending in the form used with **nous: nous mangeons, nous nageons, nous voyageons.**

5 **Comparaisons.** Tell what the following people do and then compare yourself to them. Use **Et moi aussi, ...** or **Mais moi, ...** to tell whether or not the statement is also true for you.

MODÈLE: Pierre et Anne/habiter à Angers
Ils habitent à Angers. Mais moi, je n'habite pas à Angers.

1. vous/nager comme un poisson
2. James/parler bien le français
3. Monsieur et Madame Dupont/danser très bien
4. tu/étudier le français
5. vous/chanter vraiment bien
6. tu/regarder souvent la télévision
7. le professeur/enseigner le français
8. Karine et James/travailler beaucoup
9. Sébastien/patiner/mais/il/tomber souvent

6 **Non, pas du tout.** Respond to each question with a negative and follow up with an affirmative answer using the words in parentheses. Supply your own responses for items 5 and 6.

MODÈLES: Je danse *mal*, n'est-ce pas? (bien)
Non, pas du tout. Vous ne dansez pas mal; vous dansez bien.

Vous *écoutez la radio?* (regarder la télé)
Non, pas du tout. Je n'écoute pas la radio; je regarde la télé.

1. Vous *enseignez* le français? (étudier)
2. Le professeur *voyage* beaucoup? (travailler)
3. Est-ce que je chante *très mal?* (assez bien)
4. Vous *chantez* avec le professeur? (parler français)
5. Vous habitez *à Paris?* (...)
6. Est-ce que nous étudions *l'espagnol?* (...)

V O C A B U L A I R E

Des gens que je connais bien *(People that I know well)*

mon ami	*my (male) friend*
mon amie	*my (female) friend*
mes amis	*my friends*
ma mère	*my mother*
mon père	*my father*
le professeur	*the (male or female) teacher*
les étudiants	*the students*
ma camarade de chambre	*my (female) roommate*
mon camarade de chambre	*my (male) roommate*
ma petite amie	*my girlfriend*
mon petit ami	*my boyfriend*

7 **Mes connaissances.** Tell about your family and your acquaintances by choosing an item from each list to create as many factual sentences as you can. You may make any of them negative.

MODÈLES: **Nous ne dansons pas mal.**
Mon amie Mary n'étudie pas le français.

	chanter bien
les étudiants	travailler beaucoup
le professeur	écouter souvent la radio
je	étudier le français
nous	skier bien
ma mère	danser mal
mon père	patiner beaucoup
mes amis	habiter en France
mon ami(e) _____	parler français
mon petit ami	nager comme un poisson
ma petite amie	voyager souvent
	pleurer souvent
	regarder souvent la télévision

8 **Tu parles bien le français!** Pay compliments to the following friends. Use **tu** for each individual; use **vous** for more than one person.

MODÈLES: Éric skie bien.
Tu skies bien!

Yann et Sophie dansent bien.
Vous dansez bien!

1. Alissa est très jolie.
2. Christophe parle très bien l'espagnol.
3. David est bon en français.
4. François et Michel parlent bien l'anglais.
5. Ils travaillent beaucoup aussi.
6. Anne et Marie sont vraiment bonnes en maths.
7. Elles chantent bien aussi.
8. Olivier est vraiment très beau.
9. Luc skie comme un champion olympique.

9 **Identification.** Answer the following questions as factually as possible.

MODÈLE: Qui parle bien le français?
Le professeur parle bien le français.
Mes amis parlent bien le français.

1. Qui étudie le français?
2. Qui enseigne le français?
3. Qui ne skie pas du tout?
4. Qui chante très bien?
5. Qui joue mal au tennis?
6. Qui regarde souvent la télévision?
7. Qui écoute souvent la radio?

ENTRE AMIS

Avec un(e) ami(e)

Practice the following situation with as many members of the class as possible.

1. Pay your partner a compliment.
2. Your partner will give a culturally appropriate response to the compliment and then pay you a compliment in return.
3. Give an appropriate response.

3. Offering, Accepting, and Refusing

Pour offrir une boisson°	*To offer a drink*
Voulez-vous boire quelque chose?	
Voulez-vous un verre d'orangina°?	*orange soda*
Voulez-vous un verre de (d') ... ?	
bière°?	*beer*
eau°?	*water*
jus d'orange°?	*orange juice*
lait°?	*milk*
Voulez-vous une tasse de ... ?	
café?	
chocolat chaud°?	*hot chocolate*
Qu'est-ce que° vous voulez?	*What*
Pour accepter ou refuser quelque chose°	*To accept or refuse something*
Je veux bien.	
Volontiers.°	*Gladly.*
S'il vous plaît.	
Oui, avec plaisir.°	*Yes, with pleasure.*
Oui, c'est gentil à vous.°	*Yes, that's nice of you.*
Merci.	
Non, merci.	

NOTE CULTURELLE

Les jeunes Américains aiment beaucoup le lait. Mais, en général, les jeunes Français n'aiment pas le lait.

Review the gesture for **Non, merci** on p. 30.

▶ **Et vous?**   Est-ce que vous voulez boire quelque chose?

10 **Voulez-vous boire quelque chose?** Use the list of words below to create a dialogue in which one person offers a glass or a cup of something to drink and the other responds appropriately.

MODÈLES: Coca-Cola
—**Voulez-vous un verre de coca?**
—**Volontiers.**

coffee
—**Voulez-vous une tasse de café?**
—**Non, merci.**

1. water	4. wine	7. hot chocolate
2. tea	5. milk	8. beer
3. orange soda	6. orange juice	

Réalités culturelles

Le café

A time-honored tradition in France is the outdoor café, a place with small tables on the sidewalk (**la terrasse**) where friends spend time talking and having drinks. Others come to the café to read their newspaper, write letters, or just watch people passing by. The French cafés are like mini-restaurants. You can order a drink and sometimes a sandwich or snack, but usually not a full meal. The cafés are open from early morning to very late in the evening. In the winter, large cafés enclose the **terrasse** in glass partitions so that one can still enjoy watching life on the street.

For the French, especially Parisians, the cultural tradition of meeting others at the café is most likely due to the cramped nature of urban living in Paris, where apartments are usually small, and the privacy the French reserve for their homes. Often even friends may not be invited "inside," but are met in cafés instead.

Le Procope, founded in 1686, is reputed to be the oldest café in Paris, having served such well-known figures as Voltaire, Balzac, Victor Hugo, and Benjamin Franklin. Other cafés popular with tourists are **Café de Flore** and **Deux Magots**, gathering spots in the early twentieth century for intellectuals and poets.

11 **Qu'est-ce que vous voulez?** Examine the drink menu of **La Bague d'or** *(The Golden Ring)* and order something.

MODÈLES: **Je voudrais une tasse de thé.**
Je voudrais un verre de coca-cola, s'il vous plaît.

La Bague d'or
BRASSERIE ALSACIENNE

Boissons

Vin rouge

Riesling (Vin d'Alsace)

Jus de fruits

Bière (pression)

Café

Thé

Chocolat chaud

Coca-cola

Orangina

Eau minérale (Perrier)

C. L'article défini: *le, la, l'* et *les*

■ You have already learned that all nouns in French have gender — that is, they are classified grammatically as either masculine or feminine. You also know that you need to remember the gender for each noun you learn. One of the functions of French articles is to mark the gender (masculine or feminine) and the number (singular or plural) of a noun.

forms of the definite article	when to use	examples
le (l')	before a masculine singular noun	**le** thé
la (l')	before a feminine singular noun	**la** bière
les	before all plural nouns, masculine or feminine	**les** boissons

■ **Le** and **la** become **l'** when followed by a word that begins with a vowel sound. This includes many words that begin with the letter **h.**

le professeur
   but **l'**étudiant, **l'**ami, **l'**homme
la femme
   but **l'**étudiante, **l'**amie

■ When they are used to refer to specific things or persons known to both the speaker and the listener, **le, la, l',** and **les** all correspond to the English definite article *the.*

Le professeur écoute **les** étudiants. *The teacher listens to the students.*
L'université de Paris est excellente. *The University of Paris is excellent.*

■ **Le, la, l',** and **les** are also used before nouns that have a generic meaning, even when in English the word *the* would not be used.

Le lait est bon pour **la** santé. *Milk is good for your health.*
Elle regarde souvent **la** télé. *She often watches TV.*
J'étudie **le** chinois. *I'm studying Chinese.*

Review nationalities, p. 18.

■ All languages are masculine. Many are derived from the adjective of nationality. All verbs except **parler** require **le** before the name of a language. With **parler, le** is normally kept if there is an adverb directly after the verb, but is normally omitted if there is no adverb directly after the verb.

Ils **étudient le** russe. *They are studying Russian.*
Ma mère **parle bien le** français. *My mother speaks French well.*
Mon père **parle** français **aussi.** *My father speaks French too.*

V O C A B U L A I R E

Pour répondre à Comment? *(How?)*

très bien	*very well*
(vraiment) bien	*(really) well*
assez bien	*rather well*
un peu	*a bit*
assez mal	*rather poorly*
(vraiment) mal	*(really) poorly*
ne ... pas du tout	*not at all*

12 **Parlez-vous bien le français?** For each language, describe how well you and a friend of yours (**mon ami(e) _____**) speak it.

Modèle: l'allemand
Je ne parle pas du tout l'allemand mais mon ami Hans parle très bien l'allemand.

   1. le russe   2. l'espagnol   3. l'anglais   4. le français

13 **À vous.** Practice asking and answering the following questions with your partners.

Remember that **Est-ce que ...?** just signals a question; **Qu'est-ce que ...?** means **What ...?**

   1. Qu'est-ce que vous étudiez?
   2. Étudiez-vous le français le matin, l'après-midi ou le soir?
   3. Étudiez-vous aussi l'anglais?
   4. Parlez-vous souvent avec le professeur de français?
   5. Est-ce que le professeur chante avec la classe?
   6. Est-ce que le professeur de français parle anglais?
   7. Parlez-vous bien le français?
   8. Parlez-vous un peu l'espagnol?

ENTRE AMIS

Une réception

You are at a reception at the French consulate.

1. Greet your partner and inquire how s/he is.
2. Offer him/her something to drink.
3. S/he will accept appropriately.
4. Toast each other.
5. Compliment each other on your ability in French.
6. Respond appropriately to the compliment.

4. Expressing Likes and Dislikes

Qu'est-ce que tu aimes, Sophie?
  J'aime beaucoup le vin blanc°.   *white wine*
  J'adore voyager.
  J'aime bien danser.
Moi aussi°, j'aime voyager et danser.   *Me too*
Et qu'est-ce que tu n'aimes pas?
  Je n'aime pas le vin rosé.
  Je déteste le coca.
  Je n'aime pas chanter.
  Je n'aime pas beaucoup travailler.
Moi non plus°, je n'aime pas travailler.   *Me neither*

▶ **Et vous?** Qu'est-ce que vous aimez?
                Qu'est-ce que vous n'aimez pas?

REMARQUES

1. When there are two verbs in succession, the second is not conjugated. It remains in the infinitive form.

   Mon ami **déteste nager** dans l'eau   *My friend hates to swim in cold water.*
     froide.
   Les étudiants **aiment parler**   *The students like to speak French.*
     français.
   Francis **désire danser.**   *Francis wants to dance.*

2. The use of **le, la, l',** and **les** to express a generality occurs particularly after verbs expressing preferences.

   Marie adore **le** chocolat chaud.   *Marie loves hot chocolate.*
   Elle aime **les** boissons chaudes.   *She likes hot drinks.*
   Mais elle déteste **la** bière.   *But she hates beer.*
   Et elle n'aime pas **l'**eau minérale.   *And she doesn't like mineral water.*

3. Be careful to distinguish between **j'aime** and **je voudrais**. Use **je voudrais** *(I would like)* when choosing something. Use **j'aime** or **je n'aime pas** to express whether or not you like it.

   Je **voudrais** une tasse de thé.   *I'd like a cup of tea.*
   Je n'**aime** pas le café.   *I don't like coffee.*

14 **Qu'est-ce qu'ils aiment?** Tell, as truthfully as possible, what the following people like and don't like by combining items from each of the three lists. Guess, if you don't know for certain. How many sentences can you create?

MODÈLES: **Mes amis détestent le lait.**
          Je n'aime pas du tout skier.

skier
travailler
la bière
le français
la télévision

mes amis	adorer	chanter
le professeur	aimer beaucoup	patiner
je	ne pas aimer vraiment	danser
nous	ne pas aimer du tout	le lait
	détester	l'université

voyager
nager
enseigner

15 **Vous aimez danser?** Use the words below to interview the person sitting next to you. Find out if s/he likes to dance, to swim, etc. Use **aimer** in every question.

MODÈLE: dance

VOUS: **Vous aimez danser?**
VOTRE PARTENAIRE: **Oui, j'aime (beaucoup) danser.** ou
Non, je n'aime pas (beaucoup) danser.

1. sing	5. study	8. travel
2. swim	6. study French	9. play tennis
3. watch television	7. work	10. speak French
4. ski		

VOCABULAIRE

Quelques boissons populaires

le café	*coffee*	le coca	*cola*
le café au lait	*coffee with milk*	la limonade	*lemon-lime soda*
le café crème	*coffee with cream*	l'orangina *m.*	*orangina (an orange soda)*
le chocolat chaud	*hot chocolate*		
le citron pressé	*lemonade*	la bière	*beer*
l'eau minérale *f.*	*mineral water*	le kir	*kir*
le jus d'orange	*orange juice*	le vin	*wine*
le thé	*tea*		

NOTE CULTURELLE
La limonade française ressemble beaucoup à la boisson *7-Up*. La boisson américaine *lemonade* est **le citron pressé** en France.

Le café au lait est moitié *(half)* café, moitié lait chaud.

16 **Vous aimez le café?** First use the preceding list of **boissons populaires** to order something. Then take an (imaginary) sip. Finally, your partner will ask if you like it. Respond.

MODÈLE: le café
VOUS: **Je voudrais une tasse de café.**
VOTRE PARTENAIRE: **Est-ce que vous aimez le café?**
VOUS: **Oui, j'aime le café.** ou
Non, je n'aime pas le café.

Remember to distinguish between **un verre** and **une tasse.**

17 **En général, les étudiants ...** Decide whether you agree (**C'est vrai**) or disagree (**C'est faux**) with the following statements. If you disagree, correct the statement.

MODÈLE: En général, les étudiants détestent voyager.
C'est faux. En général, ils aiment beaucoup voyager.

1. En général, les étudiants n'aiment pas du tout danser.
2. En général, les étudiants détestent la pizza.
3. En général, les étudiants aiment beaucoup étudier.
4. En général, les étudiants n'aiment pas beaucoup regarder la télévision.
5. En général, les étudiants aiment nager.
6. En général, les étudiants aiment skier.
7. En général, les étudiants aiment beaucoup patiner.
8. En général, les étudiants détestent chanter.
9. En général, les étudiants aiment parler français avec le professeur.
10. En général, les étudiants désirent habiter à New York.

18 **Comment trouvez-vous le café français?** *(What do you think of French coffee?)* Your partner will ask you to give your opinion about something you have tasted. Use **aimer, adorer,** or **détester** in an answer that reflects your own opinion. Or make up an imaginary opinion. You might also say **Je ne sais pas, mais ...** and offer an opinion about something else that is related, instead.

MODÈLE: les tamalis mexicains
VOTRE PARTENAIRE: **Comment trouvez-vous les tamalis mexicains?**
VOUS: **J'aime beaucoup les tamalis mexicains.** ou
Je ne sais pas, mais j'adore les enchiladas.

1. le thé anglais
2. le chocolat suisse
3. la pizza italienne
4. l'eau minérale française
5. le jus d'orange de Floride
6. le café de Colombie
7. la limonade française
8. la bière allemande
9. le vin français

D. Les questions avec réponse *oui* ou *non*

■ In spoken French, by far the most frequently used way of asking a question that can be answered *yes* or *no* is by simply raising the voice at the end of the sentence.

Vous parlez français? — *Do you speak French?*

Lori est américaine? — *Is Lori American?*

Hélène danse bien? — *Does Hélène dance well?*

■ **Est-ce que** is often placed at the beginning of a sentence to form a question. It becomes **Est-ce qu'** before a vowel sound.

Est-ce que vous parlez français?	*Do you speak French?*
Est-ce que Lori est américaine?	*Is Lori American?*
Est-ce qu'Hélène danse bien?	*Does Hélène dance well?*

■ The phrase **n'est-ce pas?** (*right?, aren't you?, doesn't he?,* etc.), added at the end of a sentence, expects an affirmative answer.

Vous parlez français, **n'est-ce pas?**	*You speak French, don't you?*
Lori est américaine, **n'est-ce pas?**	*Lori is American, isn't she?*
Hélène danse bien, **n'est-ce pas?**	*Hélène dances well, doesn't she?*

■ Another question form, which is used more often in written French than in speech and which is characteristic of a more formal speech style, is *inversion* of the verb and its *pronoun* subject. When inversion is used, there is a hyphen between the verb and the pronoun.

Parlez-vous français?	*Do you speak French?*
Aimez-vous chanter?	*Do you like to sing?*
Êtes-vous américain(e)?	*Are you American?*

NOTE If the third person **(il, elle, on, ils, elles)** is used in inversion, there is always a **[t]** sound between the verb and the subject pronoun. If the verb ends in a vowel, a written **-t-** is added between the final vowel of the verb and the initial vowel of the pronoun. If the verb ends in **-t,** no extra **-t-** is necessary.

	Enseigne-**t-**il le français?	*Does he teach French?*
	Aime-**t-**elle voyager?	*Does she like to travel?*
But:	Aimen**t-ils** voyager?	*Do they like to travel?*
	Es**t-elle** française?	*Is she French?*
	Son**t-ils** américains?	*Are they American?*

FOR RECOGNITION ONLY

If the subject is a noun, the inversion form can be produced by adding the pronoun of the same number and gender after the verb.

noun + verb + pronoun

Karen est-elle américaine?	*Is Karen American?*
Thierry aime-t-il la bière?	*Does Thierry like beer?*
Nathalie et Stéphane aiment-ils danser?	*Do Nathalie and Stéphane like to dance?*

Review the gesture for
Comment?, p. 6.

19 **Comment?** *(What did you say?)* We are often obliged to repeat a question when someone doesn't hear or understand us. For each question with inversion, ask a question beginning with **Est-ce que** and a question ending with **n'est-ce pas.**

MODÈLES: James habite-t-il à San Francisco?
VOTRE PARTENAIRE: **Comment?**
VOUS: **Est-ce que James habite à San Francisco?**
VOTRE PARTENAIRE: **Comment?**
VOUS: **James habite à San Francisco, n'est-ce pas?**

1. James est-il américain?
2. Étudie-t-il le français?
3. Parle-t-il bien le français?
4. Aime-t-il Karine Aspel?
5. Karine est-elle française?
6. Allez-vous bien?

20 **Une enquête entre amis** *(A survey among friends).* Use the following list to determine the likes and dislikes of two classmates. Be prepared to report back the results of your "survey" to the class. Are there any items on which all the students agree completely?

MODÈLES: skier   —**Est-ce que tu aimes skier?**
—**Oui, j'adore skier.**

le jogging   —**Est-ce que tu aimes le jogging?**
—**Non, je n'aime pas le jogging.**   ou
Non, je déteste le jogging. Je n'aime pas les sports.

1. parler français
2. parler avec le professeur de français
3. voyager
4. regarder la télévision
5. chanter en français
6. la politique
7. l'université
8. étudier le français
9. nager dans l'eau froide
10. travailler beaucoup

21 **Les Dupont.*** Here are a few facts about the Dupont family. Interview a classmate to find out if this information is also true for him/her.

MODÈLES: Les Dupont habitent à Marseille.
VOUS: **Habites-tu à Marseille aussi?**
VOTRE PARTENAIRE: **Non, je n'habite pas à Marseille.**

Review the verb **être**, p. 14,
and **-er** verbs, p. 38.

Gérard et Martine sont mariés.
VOUS: **Es-tu marié(e) aussi?**
VOTRE PARTENAIRE: **Non, je ne suis pas marié(e).**   ou
Oui, je suis marié(e) aussi.

1. Martine adore voyager.
2. Gérard Dupont aime la limonade.
3. Les Dupont sont malades.
4. Martine Dupont parle un peu l'espagnol.
5. Monsieur et Madame Dupont aiment beaucoup danser.
6. Les Dupont voyagent beaucoup.

*An **-s** is not added to family names in French; the article **les** indicates the plural.*

ENTRE AMIS

À un bal

Practice the following situation with as many members of the class as possible. You are at a dance and are meeting people for the first time. Use **vous**.

1. Say good evening and introduce yourself.
2. Find out if your partner likes to dance.
3. Ask your partner if s/he wants to dance. (S/he does.)
4. Tell your partner that s/he dances well.
5. Offer your partner something to drink.
6. Toast each other.
7. Compliment each other on your ability in French.
8. Respond appropriately to the compliment.

Intégration

Révision

Ⓐ Trouvez quelqu'un qui ... (*Find someone who ...*). Interview your classmates in French to find someone who ...

MODÈLE: speaks French **Est-ce que tu parles français?**

1. likes coffee
2. swims often
3. doesn't like beer
4. sings poorly
5. studies a lot
6. doesn't ski
7. is tired
8. hates to work
9. likes to travel
10. cries often
11. skates

Ⓑ Début de rédaction. Choose three people you know. Tell where they live (city), describe their language ability, and indicate their likes and dislikes.

MODÈLE: **Mon amie Barbara habite à Chicago. Elle étudie le français et elle parle un peu l'espagnol. Elle adore voyager, mais elle n'aime pas beaucoup travailler. Elle déteste la bière.**

Ⓒ À vous. How would you respond to the following questions and comments?

1. Parlez-vous français?
2. Comment allez-vous?
3. Où habitez-vous?
4. Voulez-vous boire quelque chose?
5. Si oui, qu'est-ce que vous désirez boire?
6. Vous parlez très bien le français!
7. Vous étudiez l'espagnol, n'est-ce pas?
8. Aimez-vous voyager?
9. Est-ce que vous aimez danser?
10. Qu'est-ce que vous n'aimez pas?

Négociations: **Les activités.** Use the form below to interview as many students as possible. Other students will use one of the forms in Appendix D. Try to find people who answer the questions affirmatively, then write their initials in the appropriate boxes. No student's initials should be used more than twice.

MODÈLE: **Est-ce que tu détestes les hot-dogs?**

A

écouter la radio le matin	jouer au tennis	parler espagnol
chanter une chanson française	aimer patiner	étudier l'anglais
tomber quelquefois	détester les hot-dogs	être célibataire
adorer skier	pleurer quelquefois	aimer étudier le français

Lecture

The following reading selection is taken directly from the *Gab*, a weekly newspaper published in Besançon. It is not vital that you understand every word.

A **Étude du vocabulaire.** There are words in French that we refer to as **faux amis** *(false friends, false cognates),* since they mean something different from the English word they seem to resemble. Study the following sentences and match the **faux ami,** in bold print, with the correct meaning in English: *understanding, reading, sensitive.*

La lecture est mon passe-temps préféré.
Florence est timide et très **sensible.**
Nous aimons les professeurs **compréhensifs.**

B **Familles de mots** *(Word families).* Can you guess the meanings of the following words? One member of each word family is found in the reading.

1. comprendre, compréhensif, compréhensive, la compréhension
2. recevoir, une réception
3. sortir, une sortie
4. lire, un lecteur, une lectrice, la lecture

SEUL(E) ET LAS(SE) DE L'ÊTRE*

VOUS ASPIREZ À NOUER UNE RELATION SENTIMENTALE DURABLE

Simplement, facilement, vous pouvez connaître quelqu'un
qui comme vous est motivé par une vie de couple stable.

Depuis 1975
ANDRÉE MOUGENOT CONSEILLÈRE DIPLÔMÉE
10 RUE DE LA RÉPUBLIQUE BESANÇON

fait des heureux

*Retournez tout simplement le bon ci-dessous, vous recevrez gratuitement sans aucune
marque extérieure un exemple de proposition de mise en relation.*

JE SUIS

Nom et prénom...........................	Célibataire ☐ Veuf(ve)☐ Divorcé(e) ☐
Adresse	J'aime recevoir ☐ Sortir ☐ Danser ☐
....	Le sport ☐ La nature ☐ Bricoler ☐
Âge .... Taille	Jardiner ☐ Voyager ☐ La lecture ☐
Profession	La musique ☐

JE CHERCHE

Célibataire ☐ Veuf(ve)☐ Divorcé(e) ☐	Simple☐ Gai(e)☐ Loyal(e)☐ Calme ☐
Âgé(e) de .... à.........ans	Amusant(e) ☐ Tendre ☐ Sensible ☐
Études souhaitées	Compréhensif(ve)☐ Affectueux(se)☐
Profession souhaitée	Sincère ☐ Tolérant(e)☐ Conciliant(e) ☐
	Passionné(e) ☐Dynamique☐

Autres caractéristiques ....
....

*Alone and tired of it.

Le Gab n° 648 (Besançon)

C **Autoportrait** *(Self-portrait).* Describe *yourself* using five adjectives from the **Je cherche** section of the reading.

MODÈLE: célibataire, loyal(e), ...

> Practice this vocabulary with the flashcards on the ***Entre amis*** web site.

VOCABULAIRE ACTIF

Quelque chose à boire
la bière *beer*
une boisson *drink*
le café *coffee*
le café au lait *coffee with milk*
le café crème *coffee with cream*
le chocolat chaud *hot chocolate*
le citron pressé *lemonade*
le coca *cola*
l'eau *f.* (minérale) *(mineral) water*
le jus d'orange *orange juice*
le kir *kir*
le lait *milk*
la limonade *lemon-lime soda*
l'orangina *m.* orangina *(an orange soda)*

le thé *tea*
le vin (rouge, blanc, rosé) *(red, white, rosé) wine*

Des gens que je connais bien
les étudiants *the students*
ma camarade de chambre *my (female) roommate*
ma mère *my mother*
ma petite amie *my girlfriend*
mes amis *my friends*
mon ami(e) *my friend*
mon camarade de chambre *my (male) roommate*
mon père *my father*
mon petit ami *my boyfriend*

D'autres noms et pronoms
une chanson *song*
le jogging *jogging*
la pizza *pizza*
un poisson *fish*
la politique *politics*
quelque chose *something*
quelqu'un *someone*
la radio *radio*
une soirée *an evening party*
une tasse *cup*
la télévision (la télé) *television (TV)*
un verre *glass*

Adjectifs

bon (bonne) *good*
chaud(e) *hot*
cher (chère) *dear*
excellent(e) *excellent*
fatigué(e) *tired*
faux (fausse) *false; wrong*
froid(e) *cold*
malade *sick*
vrai(e) *true*

Pour répondre à un compliment

Vous trouvez? *Do you think so?*
Pas encore. *Not yet.*
Oh! Pas vraiment. *Not really.*
Je ne sais pas. *I don't know.*
C'est gentil mais vous exagérez.
    That's nice but you're exaggerating.
Je commence seulement. *I'm only
    beginning.*
Je n'ai pas beaucoup d'expéri-
    ence. *I don't have a lot of
    experience.*

Articles définis

le, la, l', les *the*

Verbes

aller *to go; to be + adverb (health)*
chanter *to sing*
chercher *to look for*
danser *to dance*
désirer *to want*
écouter *to listen to*
enseigner *to teach*
étudier *to study*
habiter *to live; to reside*
jouer (au tennis) *to play (tennis)*
manger *to eat*
nager *to swim*
parler *to speak*
patiner *to skate*
pleurer *to cry*
regarder *to watch; to look at*
skier *to ski*
tomber *to fall*
travailler *to work*
trouver *to find; to be of the opinion*
voyager *to travel*

Mots invariables

alors *then, therefore, so*
avec *with*
beaucoup *a lot*
bien *well; fine*
comme *like*
en général *in general*
ensemble *together*
mais *but*
mal *poorly; badly*
peut-être *maybe; perhaps*
pour *for; in order to*
pourquoi *why*
seulement *only*
souvent *often*
un peu *a little bit*
vraiment *really*

À quel moment de la journée?

à … heure(s) *at … o'clock*
le jour *day, daytime*
le matin *morning, in the morning*
l'après-midi *afternoon, in the
    afternoon*
le soir *evening, in the evening*
la nuit *night, at night*

Pour demander à quelqu'un comment il va

Comment allez-vous? *How are
    you?*
Vous allez bien? *Are you well?*
(Comment) ça va? *How is it going?*
Je vais très bien. *Very well.*
Ça va bien. *(I'm) fine.*
Comme ci, comme ça. *So-so.*
Assez bien. *Fairly well.*
Je suis fatigué(e). *I am tired.*
Je suis un peu malade. *I am a little
    sick.*
Pas trop bien. *Not too well.*
Ça ne va pas mal. *I'm not feeling
    bad.*

Pour offrir, accepter et refuser quelque chose

Voulez-vous boire quelque
    chose? *Do you want to drink
    something?*

Je veux bien. *Gladly. Yes, thanks.*
Volontiers. *Gladly.*
S'il vous plaît. *Please.*
Oui, avec plaisir. *Yes, with pleasure.*
Oui, c'est gentil à vous. *Yes, that's
    nice of you.*
Merci. *No, thank you.*
Non, merci. *No, thank you.*
Je voudrais … *I would like …*

Verbes de préférence

adorer *to adore; to love*
aimer *to like; to love*
détester *to hate; to detest*

D'autres expressions utiles

Bonsoir. *Good evening.*
Comment? *What (did you say)?*
est-ce que … ? *(question marker)*
n'est-ce pas? *right? are you? don't
    they? etc.*
Comment est-ce qu'on écrit … ?
    How do you spell … ?
Comment trouvez-vous … ?
    What do you think of … ?
Qu'est-ce que vous aimez? *What
    do you like?*
Qu'est-ce que vous voulez? *What
    do you want?*
Vous êtes d'où? *Where are you
    from?*
Quelle bonne surprise! *What a
    good surprise!*
À votre santé! *(Here's) to your
    health!*
À la vôtre! *(Here's) to yours!*
Au fait … *By the way …*
Je ne sais pas. *I don't know.*
Je viens de … *I come from …*
… s'écrit … … *is spelled …*
même(s) *-self (-selves)*
moi aussi *me too*
moi non plus *me neither*
Salut! *Hi!; Bye!*

Chez nous

Buts communicatifs
Identifying family and friends
Sharing numerical information
Talking about your home

Structures utiles
L'article indéfini: **un, une** et **des**
Le verbe **avoir**
Les nombres (suite)
Les expressions **il y a** et **voilà**
Les adjectifs possessifs **mon, ton, notre** et **votre**
La négation + **un (une, des)**
La possession avec **de**
Les adjectifs possessifs **son** et **leur**

Culture
• *À propos*
La langue et la culture
Les pronoms **tu** et **vous**
La famille et les amis
Pour gagner du temps

• *Il y a un geste*
Voilà

• *Lectures*
Maisons à vendre
Céline Dion et sa famille

Coup d'envoi

Prise de contact   ## Une photo de ma famille

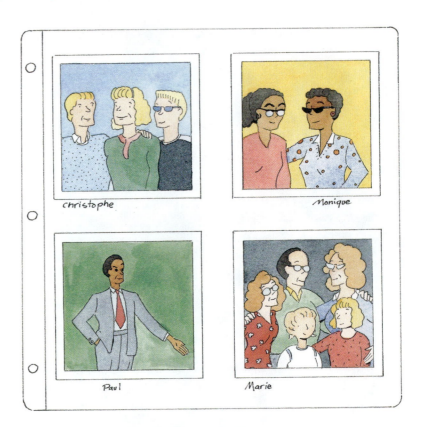

MARIE:	Avez-vous des frères ou des sœurs?°
CHRISTOPHE:	J'ai° un frère et une sœur.
MONIQUE:	J'ai une sœur, mais je n'ai pas de° frère.
PAUL:	Moi, je n'ai pas de frère ou de sœur.
MARIE:	Dans° ma famille il y a° cinq personnes. Il y a trois enfants°, deux filles° et un garçon°. Ma sœur s'appelle° Chantal et mon frère s'appelle Robert. Mes parents s'appellent Bernard et Sophie.

Do you have any brothers or sisters? / I have

I don't have any

.

In / there are
children / girls
boy / My sister's name is

▶ **Et vous?**   Avez-vous des frères ou des sœurs?
Avez-vous une photo de votre famille?
Qui est sur la photo?°

Who is in the picture?

Conversation

L'arrivée à la gare

Lori Becker est une étudiante américaine qui vient en France pour passer un an° dans une famille française. Elle descend du train à la gare° Saint-Laud à Angers. Anne Martin et sa fille°, Émilie, attendent° son arrivée.

year
railroad station
daughter / are waiting for

MME MARTIN: Mademoiselle Becker?

LORI: Oui. Bonjour, Madame. Vous êtes bien Madame Martin?°

You're Mme Martin, aren't you?

MME MARTIN: Oui. Bonjour et bienvenue°, Mademoiselle. Vous êtes très fatiguée, sans doute°?

welcome

probably

LORI: Pas trop°. J'ai dormi° un peu dans le train.

too much / I slept

MME MARTIN: Mademoiselle Becker, voilà ma fille.

LORI: Bonjour, tu t'appelles comment?

LA PETITE FILLE: Émilie.

LORI: Et tu as quel âge?°
The child holds up her thumb and two fingers.

And how old are you?

MME MARTIN: Elle a trois ans.

LORI: Elle est charmante.° Vous avez d'autres enfants°, Madame Martin?

She's charming.
other children

MME MARTIN: Oui, nous avons six enfants.

LORI: Comment? Combien dites-vous?°

How many do you say?

MME MARTIN: Six.

LORI: Mon Dieu°! Vraiment?

God

MME MARTIN: Pourquoi? Qu'est-ce qu'il y a?°

What's the matter?

LORI: Euh ... rien°. J'aime beaucoup les enfants.

nothing

▶ **Jouez ces rôles.** Role-play the conversation exactly as if you were Lori Becker and Mme Martin. Once you have practiced it several times, role-play the conversation using one partner's identity in place of Lori's.

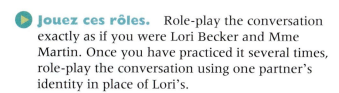

Il y a un geste

Voilà. The open hand is extended, palm up, to emphasize that some fact is evident. **Voilà** is also used to conclude something that has been said or to express that that's how things are.

À propos

Why does Lori say "Mon Dieu!"?

a. She is swearing.
b. She is praying.
c. She is expressing surprise.

Why does Lori use tu with Émilie Martin?

a. They have met before and are good friends.
b. She is speaking to a child.
c. Lori considers Émilie an inferior.

La langue et la culture

Each language has its own unique way of expressing reality. The fact that French uses the verb **avoir** *(to have)* when expressing age, whereas English uses the verb *to be,* is only one of many examples that prove that languages are not copies of each other. Similarly, the expression **Mon Dieu!** *(Wow!)* is milder in French than its literal English equivalent *My God!* The French way is not right or wrong, nor is it more or less logical than its English counterpart. In addition, one language may have separate expressions to convey two concepts, while another language uses the same expression for both.

English	French
girl/daughter	**fille** (see pp. 56–57)
there are	**voilà/il y a** (see p. 70)

Les pronoms *tu et vous*

French has two ways of saying *you.* The choice reflects the nature of the relationship, including degree of formality and respect. **Tu** is typically used when speaking to one's family and relatives as well as to close friends, fellow students, children, and animals. **Vous** is normally used when speaking to someone who does not meet the above criteria (e.g., in-laws, employers, teachers, or business acquaintances). It expresses a more formal relationship or a greater social distance than **tu.** In addition, **vous** is always used to refer to more than one person.

Visitors to French-speaking countries would be well advised to use **vous** even if first names are being used, unless they are invited to use the **tu** form. In the *Conversation,* Lori correctly uses **vous** with Madame Martin and **tu** with Émilie.

La famille et les amis

Very attached to home, family, and friends, the French are usually fond of family reunions, picnics, and gatherings with close friends, which provide an opportunity to nurture these relationships. They are often equally attached to the region in which they live. It is common to find homes that have been lived in by successive generations of the same family.

Pour gagner du temps *(To stall for time)*

A helpful strategy for the language learner is to acquire and use certain expressions and gestures that allow him or her to "buy time" to think without destroying the conversational flow or without resorting to English. Like the cup of coffee we sip during a conversation to give us a chance to organize our thoughts, there are a number of useful expressions for "buying time" in French. The number one gap-filler is **euh,** which is the French equivalent of the English *uh* or *umm.* Some useful expressions follow.

continued

VOCABULAIRE

Euh rhymes with **deux**. Ben
[bɛ̃] is derived from **bien**.

Pour gagner du temps *(To stall for time)*

alors	*then; therefore, so*	euh	*uh; umm*
ben	*well*	hein?	*huh?*
bon	*good*	mais ...	*but ...*
comment?	*what (did you say)?*	oui ...	*yes ...*
eh bien	*well then*	tiens!	*well, well!*
et ...	*and ...*	voyons	*let's see*

▶ **À vous.** How would you respond to the following?

1. Comment s'appellent vos parents?
2. Vous avez des frères ou des sœurs?
3. (Si oui) Comment s'appellent-ils (elles)?
4. Où habitent-ils (elles)?

ENTRE AMIS

Des frères ou des sœurs?

1. Introduce yourself and tell what you can about yourself.
2. Find out what you can about your partner.
3. Find out if your partner has brothers or sisters.
4. If so, find out their names.

Prononciation

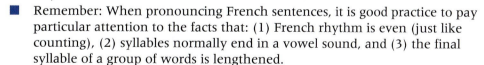

L'accent et le rythme *(suite)*

■ Remember: When pronouncing French sentences, it is good practice to pay particular attention to the facts that: (1) French rhythm is even (just like counting), (2) syllables normally end in a vowel sound, and (3) the final syllable of a group of words is lengthened.

Review the *Prononciation* section of Ch. 1.

▶ Count before repeating each of the following expressions.

un, deux, trois, quatre, cinq, **SIX**

Je suis a-mé-ri-CAIN.
Elle est cé-li-ba-TAIRE.
Vous tra-va-illez beau-COUP?

un, deux, trois, quatre, cinq, six, **SEPT**

Je m'a-ppelle Ka-rine As-PEL.
Vous ha-bi-tez à Pa-RIS?
Je n'aime pas beau-coup le VIN.

Les sons [e], [ɛ], [ə], [a] et [wa]

■ The following words contain some important and very common vowel sounds.

▶ Practice saying these words after your instructor, paying particular attention to the highlighted vowel sound.

[e]   • **é**crivez, z**é**ro, r**é**p**é**tez, **é**coutez, nationalit**é**, t**é**l**é**phone, divorc**é**

   • ouvr**ez**, entr**ez**, ferm**ez**, ass**ez**, assey**ez**-vous, excus**ez**-moi

   • présent**er**, habit**er**, écout**er**, arrêt**er**, commenc**er**, continu**er**

   • **et**

[ɛ]   • p**e**rsonne, prof**e**sseur, hôt**e**l, univ**e**rsité, **e**spagnol, **e**lle, canadi**e**nne

   • cr**è**me, fr**è**re, ch**è**re, discr**è**te

   • **ê**tre, **ê**tes

   • angl**ai**se, franç**ai**se, célibat**ai**re, l**ai**de, cert**ai**nement

[ə]   • l**e**, l**e**vez-vous, pr**e**nez, r**e**gardez, qu**e**, d**e**, j**e**, n**e**, votr**e** santé, m**e**

NOTE ─┤encor~~e~~, heur~~e~~, femm~~e~~, homm~~e~~, un~~e~~, ami~~e~~, famill~~e~~, entr~~e~~ amis

[a]   • l**a**, **a**llez, **a**mie, **a**méricain, **a**ssez, m**a**tin, c**a**n**a**dien, qu**a**tre, s**a**lut, d'**a**ccord

   • **à**, voil**à**

[wa]   • Franç**oi**s, m**oi**, tr**oi**s, v**oi**là, Madem**oi**selle, au rev**oi**r, bons**oi**r

   • v**oy**age

▶ Now go back and look at how these sounds are spelled and in what kinds of letter combinations they appear. What patterns do you notice?

▶ It is always particularly important to pronounce **la** [la] and **le** [lə] correctly since each marks a different gender, and the meaning of a word may depend on which is used. Listen and repeat:

la tour=*tower*
la tour Eiffel

le tour=*tour, turn*
le Tour de France

Buts communicatifs

1. Identifying Family and Friends

—Je vous présente° mon amie, Anne Martin.
  Elle a° une sœur qui habite près d'ici.
—Votre sœur, comment s'appelle-t-elle?
—Elle s'appelle Catherine.
—Et vous êtes d'où?
—Je suis de Nantes.
—Tiens! J'ai des cousins à Nantes.
—Comment s'appellent-ils?
—Ils s'appellent Dubois.

I introduce to you
has

▶ **Et vous?** Présentez un(e) ami(e).

 REMARQUE ─┌ When you use **qui,** the verb that follows agrees with the person(s) to whom **qui** refers.

Elle a des cousins **qui habitent** à Nantes.

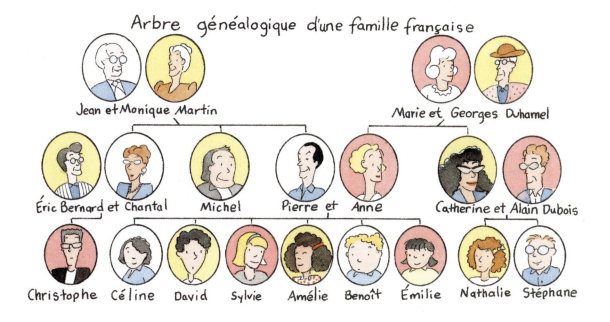

Arbre généalogique d'une famille française

Jean et Monique Martin   Marie et Georges Duhamel

Éric Bernard et Chantal   Michel   Pierre et Anne   Catherine et Alain Dubois

Christophe Céline David Sylvie Amélie Benoît Émilie Nathalie Stéphane

V O C A B U L A I R E

Une famille française

des parents	*parents; relatives*
un mari et une femme	*a husband and a wife*
un père et une mère	*a father and a mother*
un(e) enfant	*a child (male or female)*
un fils et une fille	*a son and a daughter*
un frère et une sœur	*a brother and a sister*
des grands-parents	*grandparents*
un grand-père	*a grandfather*
une grand-mère	*a grandmother*
des petits-enfants	*grandchildren*
un petit-fils et une petite-fille	*a grandson and a granddaughter*
un oncle et une tante	*an uncle and an aunt*
un neveu et une nièce	*a nephew and a niece*
un(e) cousin(e)	*a cousin (male or female)*
des beaux-parents	*stepparents* (or *in-laws*)
un beau-père	*a stepfather* (or *father-in-law*)
une belle-mère	*a stepmother* (or *mother-in-law*)
un beau-frère	*a brother-in-law*
une belle-sœur	*a sister-in-law*
un demi-frère	*a stepbrother*
une demi-sœur	*a stepsister*

> Add **arrière-** before **petit** or **grand** to convey the meaning *great:* **un arrière-petit-fils; une arrière-grand-mère.**

NOTES

1. Most plurals of nouns are formed by adding **-s.** In compound words for family members, an **-s** is added to both parts of the term: **des grands-pères, des belles-mères.**
2. The words **neveu** and **beau** form their plurals with an **-x: des neveux, des beaux-frères.**
3. The word **fils** is invariable in the plural: **des fils, des petits-fils.**
4. **C'est** (*He/She/It is*) and **Ce sont** (*They are/These are*) are often used with a noun phrase to identify someone or something.

   C'est la grand-mère d'Amélie.   *It's (She's) Amélie's grandmother.*
   Ce sont les grands-parents de Stéphane.   *They're Stéphane's grandparents.*

I **Ce sont les parents de Pierre.** Study the genealogical chart on p. 61 and then use **C'est** and **Ce sont** to explain how the following people are related to Pierre.

MODÈLE: David?
C'est le fils de Pierre.

1. Anne?
2. Jean et Monique Martin?
3. Christophe?
4. Céline et Sylvie?
5. Marie et Georges Duhamel?

A. L'article indéfini: *un, une* et *des*

■ The French equivalent of the English article *a (an)* is **un** for masculine nouns and **une** for feminine nouns.

un frère	**un** train	**un** orangina
une sœur	**une** table	**une** limonade

■ The final **-n** of **un** is normally silent. Liaison is required when **un** precedes a vowel sound.

un [n]étudiant

■ The consonant **-n-** is always pronounced in the word **une**. If it precedes a vowel sound, it is linked to that vowel.

	une femme	[yn fam]
But:	une étudiante	[y ne ty djãt]

■ The plural of **un** and **une** is **des**.

singulier:	un frère	une sœur
pluriel:	**des** frères	**des** sœurs

■ **Des** corresponds to the English *some* or *any*. However, these words are often omitted in English. **Des** is not omitted in French.

J'ai **des** amis à Paris.   *I have (some) friends in Paris.*

■ Liaison is required when an article precedes a vowel sound.

un [n]enfant	un [n]étudiant	un [n]homme
des [z]enfants	des [z]étudiants	des [z]hommes

■ In a series, the article *must* be repeated before each noun.

un homme et **une** femme	*a man and (a) woman*
une mère et **des** enfants	*a mother and (some) children*

2   **Présentations.** How would you introduce the following people?

MODÈLE: Mademoiselle Blondel / F / frère à New York
Je vous présente Mademoiselle Blondel.
Elle est française.
Elle a un frère qui habite à New York.

Review nationalities on p. 18.

1. Madame Brooks / GB / sœur à Toronto
2. Mademoiselle Jones / USA / parents près de Chicago
3. Monsieur Callahan / CDN / frère à Milwaukee
4. Monsieur Lefont / B / fils près d'ici
5. Madame Perez / MEX / petits-enfants près d'El Paso
6. Mademoiselle Keita / SN / cousins à New York
7. un ami
8. une amie
9. votre père ou votre mère

3 **Quelque chose à boire?** Order the following items.

MODÈLE: citron pressé
Je voudrais un citron pressé, s'il vous plaît.

Review the list of **boissons** on p. 47.

1. thé
2. café
3. bière
4. verre d'eau
5. jus d'orange
6. chocolat
7. coca
8. limonade
9. orangina
10. café crème

B. Le verbe *avoir*

J'ai des cousins à Marseille.
Tu as un(e) camarade de chambre?
Nous avons un neveu qui habite près de Chicago.

I have cousins in Marseille.
Do you have a roommate?
We have a nephew who lives near Chicago.

avoir (to have)	
j'	ai
tu	as
il/elle/on	a
nous	avons
vous	avez
ils/elles	ont

■ Liaison is required in **on a, nous avons, vous avez, ils ont,** and **elles ont.**

on [n]a

nous [z]avons

■ Do not confuse **ils ont** and **ils sont.** In liaison, the **-s** in **ils** is pronounced [z] and is linked to the following verb.

Ils [z]ont des enfants.　　*They **have** children.*

But: **Ilś sont** charmants.　　*They **are** charming.*

■ Use **Je n'ai pas de (d') ...** to say *I don't have a ...* or *I don't have any ...*

Je n'ai pas de père.　　*I don't have a father.*

Je n'ai pas de frère.　　*I don't have any brothers.*

Je n'ai pas d'enfants.　　*I don't have any children.*

4 **Un recensement (*A census*).** These people are being interviewed by the census taker. Work with a partner to complete each interview, following the model.

MODÈLE: Mademoiselle Messin / 2 sœurs, 0 frère / Jeanne et Perrine (frères ou sœurs?)

LE RECENSEUR: **Avez-vous des frères ou des sœurs, Mademoiselle?**

MLLE MESSIN: **J'ai deux sœurs mais je n'ai pas de frère.**

LE RECENSEUR: **Comment s'appellent-elles?**

MLLE MESSIN: **Elles s'appellent Jeanne et Perrine.**

1. Monsieur Dubois / 2 frères, 0 sœur / Henri et Luc (frères ou sœurs?)
2. Madame Bernard / 1 enfant: 1 fils, 0 fille / Christophe (enfants?)
3. Monsieur Marot / 2 enfants: 1 fils, 1 fille / Pascal et Hélène (enfants?)
4. vos parents (enfants?)
5. votre meilleur(e) ami(e) (frères ou sœurs?)
6. vos grands-parents (petits-enfants?)
7. vous (?)

5 **La famille de David.** Use the genealogical chart on page 61 to create sentences describing David's family ties.

MODÈLE: **David a des parents qui s'appellent Pierre et Anne.**

ENTRE AMIS

Votre famille

1. Find out if your partner has brothers or sisters.
2. If so, find out their names.
3. Find out where they live.
4. Find out if your partner has children and, if so, what their names are.
5. Introduce your partner to another person and share the information you have just found out.

2. Sharing Numerical Information

Combien de personnes y a-t-il dans ta famille, Christelle?

Il y a quatre personnes: mes parents, ma sœur et moi.

Quel âge ont tes parents?

Ils ont cinquante ans et quarante-sept ans.

Quel âge a ta sœur?

Elle a dix-huit ans.

Quel âge as-tu?

J'ai vingt ans.

En quelle année es-tu née?

Je suis née°   *I was born*
en mille neuf cent
quatre-vingt-six.

▶ **Et vous?** Combien de personnes y a-t-il dans votre famille? Quel âge ont les membres de votre famille? Quel âge avez-vous?

REMARQUES

1. The verb **avoir** is used when asking or giving someone's age.

   Quel âge **a** ta camarade de chambre?   *How old is your roommate?*
   Quel âge **a** ton petit ami?   *How old is your boyfriend?*

2. In inversion, remember to insert a **-t-** before the singular forms **il, elle,** and **on.**

	Quel âge ont-elles?	*How old are they?*
But:	Quel âge a-**t**-elle?	*How old is she?*

3. The word **an(s)** must be used when giving someone's age.

   J'ai vingt et un **ans.**   *I am twenty-one.*

C. Les nombres (*suite*)

Review the numbers 0–29 on p. 3.

30	trente	75	soixante-quinze
31	trente et un	76	soixante-seize
32	trente-deux	77	soixante-dix-sept
33	trente-trois	78	soixante-dix-huit
	etc.	79	soixante-dix-neuf
		80	quatre-vingts
40	quarante	81	quatre-vingt-un
41	quarante et un	82	quatre-vingt-deux
42	quarante-deux	83	quatre-vingt-trois
43	quarante-trois		*etc.*
	etc.		
		90	quatre-vingt-dix
50	cinquante	91	quatre-vingt-onze
51	cinquante et un	92	quatre-vingt-douze
52	cinquante-deux		*etc.*
53	cinquante-trois		
	etc.	100	cent
		101	cent un

Numbers above 101 repeat the same pattern: cent vingt *et* un, cent quatre-vingt-un, deux cent vingt *et* un, etc.

60	soixante	200	deux cents
61	soixante et un	1.000	mille
62	soixante-deux	1.999	mille neuf cent quatre-vingt-dix-neuf
63	soixante-trois	2.000	deux mille
	etc.	2.006	deux mille six

Numbers from 70 to 99 show a different pattern:
70 = 60 + 10;
80 = 4 × 20;
90 = 80 + 10.

70	soixante-dix	100.000	cent mille
71	soixante et onze		
72	soixante-douze	1.000.000	un million
73	soixante-treize		
74	soixante-quatorze	1.000.000.000	un milliard

■ All numbers are invariable except **un.** Remember to replace the number **un** with **une** before a feminine noun, even in a compound number.

un oncle	trois oncles	vingt et un cousins
une tante	trois tantes	**vingt et une** cousines

■ When numbers from 1 to 10 stand alone, the final consonants of **un, deux,** and **trois** are silent, but all others are pronounced. The **-x** at the end of **six** and **dix** is pronounced [s].

	un	deux	trois					
But:	quatre	cinq	six	sept	huit	neuf	dix

■ Certain numbers have a different pronunciation when they precede a noun:

- The final consonant of **six, huit,** and **dix** is not pronounced before a consonant.

  six personnes   huit jours   dix verres

- When the following noun begins with a vowel sound, the final consonant is always pronounced and linked to the noun. Note that with **quatre,** both final consonants are linked and the final **-e** is not pronounced.

  un [n]homme   cinq [k]hommes   huit [t]hommes
  deux [z]hommes   six [z]hommes   neuf [f]hommes
  trois [z]hommes   sept [t]hommes   dix [z]hommes
  quatre [tR]hommes   vingt [t]hommes

- The **-f** in **neuf** is pronounced as [v] only before the words **ans** *(years)* and **heures** *(hours)*.

	neuf [v]ans	neuf [v]heures
But:	neuf [f]enfants	neuf [f]hommes

- The final **-t** in **vingt** is silent when the number stands alone, but is pronounced in the compound numbers built on it.

  vingt   [vɛ̃]
  vingt et un   [vɛ̃ te ɛ̃]
  vingt-deux   [vɛ̃t dø]

■ For numbers ending in 1, from 21 to 71, **et** is used. From 81 to 101 **et** is not used.

vingt **et** un   *But:*   quatre-vingt-un

■ **Vingt** and **cent** do not add an **-s** if they are *followed* by a number.

| quatre-vingt**s** personnes | *But:* | quatre-vingt-un |
| trois cent**s** personnes | *But:* | trois cent cinq |

■ **Mille** never adds an **-s.**

mille personnes deux **mille** personnes

■ The words **million** and **milliard** are nouns and take an **s** in the plural. If they are followed by another noun, **de** is inserted between the nouns.

deux millions d'euros

NOTE ⎯ In France, commas and periods used with numbers are the reverse of the system used in North America.

L'état a besoin de **2.000.000,00** d'euros. (deux millions)

■ There are five pairs of numbers in a French telephone number: **02.42.83.21.14.** The first pair indicates the general area of France.

6 **Les numéros de téléphone.** Pronounce the following phone numbers.

MODÈLE: 02.81.88.40.01
zéro deux / quatre-vingt-un / quatre-vingt-huit / quarante / zéro un

1. 02.41.93.21.80
2. 04.77.63.06.97
3. 04.42.08.98.89
4. 02.31.86.15.96
5. 04.71.83.61.91
6. 04.67.85.76.90
7. 05.61.10.99.02
8. 02.51.81.95.12
9. 03.88.19.82.43
10. 04.78.87.03.92

7 **Parlez-moi de votre famille** *(Tell me about your family).* Describe the people listed below. Use the model as a guide. If you don't have a brother, etc., say so.

MODÈLE: un frère
J'ai un frère qui s'appelle Bill.
Il habite à Boston.
Il est grand et assez beau.
Il a vingt-trois ans.

1. une sœur
2. un frère
3. un oncle
4. une tante
5. des cousins
6. une cousine
7. un grand-père ou une grand-mère
8. des parents

www **Réalités culturelles**

Find the places mentioned in this section on the map on the inside front cover.

Les départements et les territoires d'outre-mer

France is divided into 100 **départements,** administrative units created by the revolutionary government in 1790 to replace the old provinces. Included in the 100 are four overseas departments: **la Guadeloupe** and **la Martinique** (both in the Caribbean), **la Guyane** (in South America), and **la Réunion** (in the Indian Ocean). These **départements d'outre-mer** (DOM) have the same legal status as the continental departments, and their inhabitants enjoy the same rights of French citizenship.

France also has a number of overseas possessions or territories, **les territoires d'outre-mer** (TOM), which do not have the same legal status as the departments. Their residents are, however, French citizens. These territories are **la Nouvelle-Calédonie**, **Wallis-et-Futuna**, and **la Polynésie** (all in the Pacific Ocean), **Mayotte** (off the eastern coast of Africa), **Saint-Pierre-et-Miquelon** (off the coast of Canada), and French Antarctica. Mayotte and Saint-Pierre-et-Miquelon have a special status that is close to that of a department.

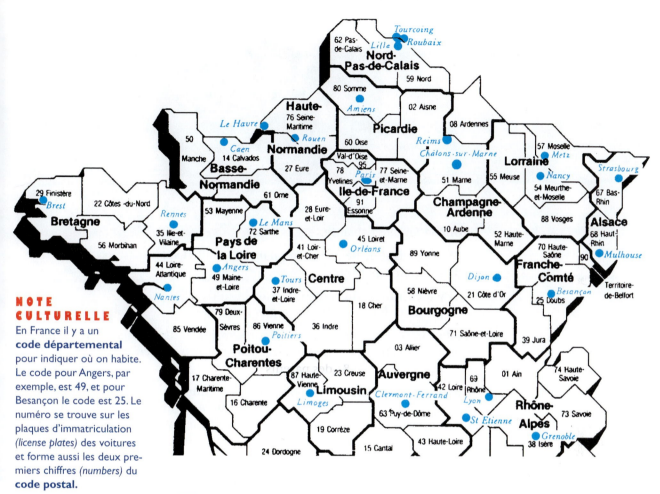

En France il y a un **code départemental** pour indiquer où on habite. Le code pour Angers, par exemple, est 49, et pour Besançon le code est 25. Le numéro se trouve sur les plaques d'immatriculation *(license plates)* des voitures et forme aussi les deux premiers chiffres *(numbers)* du **code postal**.

8 **Codes postaux.** The map above shows major cities and the first two numbers of the zip code for several French **départements**. Give the general zip code for the following cities.

MODÈLE: Nantes
Le code postal pour Nantes est quarante-quatre mille (44000).

1. Dijon
2. Amiens
3. Tours
4. Besançon
5. Angers
6. Le Mans
7. Orléans
8. Nantes
9. Paris
10. Brest
11. Rouen
12. Strasbourg

D. Les expressions *il y a* et *voilà*

Voilà la famille Laplante.

> **Il y a combien de** personnes dans la famille Laplante?
> **Il y a** quatre personnes.

> **Il y a combien de** garçons et **combien de** filles?
> **Il y a** deux filles mais **il n'y a pas de** garçon.

■ **Voilà** can mean either *there is (are)* or *here is (are)*. **Il y a** means *there is (are)*. While **voilà** and **il y a** are both translated *there is* or *there are* in English, they are used quite differently.

■ **Voilà** and **voici** *(here is, here are)* point something out. They bring it to another person's attention. There is usually an accompanying physical movement—a nod of the head, a gesture of the hand toward the person or object, or a pointing of the finger to identify a specific object.

Voici mon fils et ma fille.	*Here are my son and daughter.*
Voilà ma voiture.	*There's my car.*

■ **Il y a** simply states that something exists or tells how many there are.

Il y a un livre sur la table.	*There is a book on the table.*
Il y a quatre filles et deux garçons dans la famille Martin.	*There are four girls and two boys in the Martin family.*

■ The negative of **il y a un (une, des)** is **il n'y a pas de**.

Il n'y a pas de voiture ici.	*There aren't any cars here.*

ATTENTION — Do not use **de** if **il n'y a pas** is followed by a number.

Il n'y a pas trois voitures dans le garage; il y a quatre voitures.	*There aren't three cars in the garage; there are four cars.*

■ There are several ways to use **il y a** in a question.

Il y a un livre sur la table?	
Est-ce qu'il y a un livre sur la table?	*Is there a book on the table?*
Y a-t-il un livre sur la table?	

■ **Il y a** is often used with **combien de.**

Il y a combien de garçons?
Combien de garçons **est-ce qu'il y a?**
Combien de garçons **y a-t-il?**

9 **Lori parle avec Anne Martin.** Complete the following sentences using either **il y a** or **voilà.**

MODÈLE: <u>Voilà</u> ma fille Émilie.

1. _____ deux enfants dans votre famille?
2. Non, Mademoiselle, _____ six enfants.
3. _____ une photo de ma famille.
4. _____ ma mère. Elle est jolie, n'est-ce pas?
5. _____ combien de filles dans votre famille?
6. Où sont-elles? Ah! _____ vos filles!

10 **À vous.** Answer the following questions as factually as possible.

1. Quel âge avez-vous?
2. Combien de personnes y a-t-il dans votre famille?
3. Quel âge ont les membres de votre famille?
4. Combien d'étudiants y a-t-il dans votre classe de français? Combien d'hommes et combien de femmes y a-t-il?
5. Quel âge a votre professeur de français? (Imaginez!)
6. Combien d'oncles et combien de tantes avez-vous? Quel âge ont-ils?

E. Les adjectifs possessifs *mon, ton, notre* et *votre*

—Comment s'appellent **tes** parents?
—**Mes** parents s'appellent Marcel et Jacqueline.
—Combien d'enfants y a-t-il dans **ta** famille?
—Il y a trois enfants dans **ma** famille: deux garçons et une fille.
—Quel âge a **ton** frère? Quel âge a **ta** sœur?
—**Mon** frère a dix-huit ans et **ma** sœur a douze ans.
—Où habitent **vos** grands-parents?
—**Nos** grands-parents habitent à Saumur.

adjectifs possessifs

en anglais	masculin	féminin	pluriel (m. et f.)
my	**mon**	**ma**	**mes**
your	**ton**	**ta**	**tes**
our	**notre**	**notre**	**nos**
your	**votre**	**votre**	**vos**

(masculin: père*; féminin:* mère*; pluriel:* parents*)*

■ Possessive adjectives agree in gender and number with the nouns they modify (the "possessions"). **Notre** and **votre** are used for both masculine and feminine singular nouns.

Denise, **ton** père est gentil.	*Denise, your father is nice.*
Alain, **ta** mère est gentille aussi!	*Alain, your mother is nice also!*
Nathalie, **tes** parents sont très gentils.	*Nathalie, your parents are very nice.*

■ In the singular, **ma** and **ta** become **mon** and **ton** when used directly before a feminine word beginning with a vowel sound.

        ma meilleure amie
But: **mon** amie

        ta tante
But: **ton** autre tante

■ Liaison occurs if the word following **mon, ton, mes, tes, nos,** or **vos** begins with a vowel sound.

      mon petit ami   vos bons amis

But: mon [n]ami   vos [z]amis

■ As with **quatre,** the final **-e** of **notre** and **votre** is not pronounced before a vowel sound, but the final consonants are linked to the next word.

notre [tR]ami

11 **Qui?** Try to identify people from among your friends and relatives who "fit" the following questions. Use possessive adjectives in each response. Be sure that verbs agree with subjects, and that adjectives agree with nouns.

MODÈLE: Qui chante bien?
Mes parents chantent bien.   ou
Notre ami chante bien.

1. Qui est grand?
2. Qui parle français?
3. Qui ne skie pas?
4. Qui adore le sport?
5. Qui n'aime pas beaucoup la bière?
6. Qui aime être étudiant(e)?

12 **À vous.** Show a real (or imaginary) picture of your family and point out parents, brothers, sisters, cousins, uncles, and aunts. Give each person's age as well.

MODÈLE: **Voilà ma sœur, Kristen. Elle a seize ans.**

ENTRE AMIS

Dans ta famille

Use possessive adjectives whenever possible.

1. Ask your partner how many people there are in his/her family.
2. Find out the names of his/her brother, sister, etc.
3. Find out how old they are.
4. Find out where they live.
5. Ask if his/her brother, sister, etc. speaks French or studies French.
6. What else can you find out about his/her family members?

3. Talking about Your Home

Habitez-vous dans une maison° ou dans
    un appartement°, Lori?
      Nous habitons dans une maison.

house
apartment

Et combien de pièces° y a-t-il dans votre
    maison?
      Il y a sept pièces.

rooms

Et qu'est-ce qu'il y a chez vous°?
    Chez moi° il y a ...

at your house
at my house

Bureau can mean either *desk* or *office*. The teacher's office = **le bureau du professeur**. **Chambre** normally implies *bedroom*, not *room* in general.

... dans ma salle de séjour.

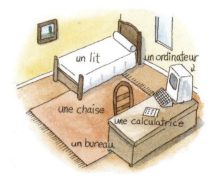

... dans ma chambre.

... dans ma cuisine.

... dans mon garage.

▶ **Et vous?** Qu'est-ce qu'il y a chez vous?

13 **Les renseignements** *(Information).* Olivier is giving some information about people in his neighborhood. Help him to complete the sentences. Use the verb **avoir** and a number. Where no number is indicated, use **un, une,** or **des** as appropriate.

MODÈLE: Les Dufoix / deux enfants / chat
Les Dufoix ont deux enfants et un chat.

1. Charles / radio antique
2. Je / enfants extraordinaires
3. Les Dubois / trois télévisions / stéréo / ordinateur
4. Madame Martin / mari / six enfants
5. Nous / petit appartement / voiture
6. Mes grands-parents / grande maison / quatre chambres
7. Les Martin / chat / chien / deux réfrigérateurs / cuisinière à gaz / lave-vaisselle
8. Madame Davis / voiture japonaise / vélo français

F. La négation + *un (une, des)*

Review the negative of **il y a,** p. 70.

■ After a negation, indefinite articles *(un, une, des)* usually become *de (d')*.

Vous avez **un** ordinateur?	Non, je n'ai pas **d'**ordinateur.
Vous avez **une** voiture?	Non, je n'ai pas **de** voiture.
Vous avez **des** frères ou **des** sœurs?	Non, je n'ai pas **de** frère ou **de** sœur.
Y a-t-il **un** lave-vaisselle?	Non, il n'y a pas **de** lave-vaisselle.

NOTE

This rule does not apply after **être.**

Christophe n'est pas **un** enfant.	*Christophe isn't a child.*
La voiture n'est pas **une** Ford.	*The car is not a Ford.*
Ce ne sont pas **des** amis.	*They're not friends.*

■ Also, definite articles **(le, la, l', les)** and possessive adjectives **(mon, ma, mes,** etc.) do not change after a negation.

Je n'aime pas **le** thé.   Mon frère n'aime pas **notre** chien.

■ When contradicting a negative statement or question, use **si** instead of **oui.**

Il n'y a pas de sandwichs ici.	**Si,** il y a des sandwichs.
Vous n'avez pas d'ordinateur?	**Si,** j'ai un ordinateur.
Vous n'aimez pas le café?	**Si,** j'aime le café.

14 **Un riche et un pauvre.** Guy has everything, but Philippe has practically nothing. Explain how they differ.

MODÈLE: voiture
Guy a une voiture, mais Philippe n'a pas de voiture.

1. appartement
2. lave-linge
3. petite amie
4. ordinateur
5. amis
6. chien

15 **Bavardages (*Gossip*).** Someone has made up gossip about you and your neighbors. Correct these falsehoods.

MODÈLE: Monsieur Dupont a des filles.
Mais non! Il n'a pas de fille.

1. Marie a un petit ami.
2. Il y a une moto dans votre garage.
3. Vous détestez le café.
4. Jean-Yves a des enfants.
5. Christophe et Alice ont un chien.
6. Votre voiture est une Renault.

16 **As-tu ... ?** Your partner will interview you according to the model. If you really do have the item in question, say so. If not, give a negative answer and then name something that you do have.

MODÈLE: une voiture
VOTRE PARTENAIRE: As-tu une voiture?
VOUS: Non, je n'ai pas de voiture mais j'ai une moto.

1. une maison
2. un chien
3. un cousin à Lyon
4. un ordinateur
5. des amis qui habitent à Paris
6. un frère ou une sœur qui parle français

17 **Une diseuse de bonne aventure.** A fortune teller has made the following statements about you. Affirm or deny them. Be careful to use **si** if you wish to contradict a negative statement.

MODÈLE: Vous n'avez pas de frère.
Si, j'ai un frère (des frères). ou
Oui, c'est vrai, je n'ai pas de frère.

1. Vous n'avez pas de sœur.
2. Vous n'habitez pas dans un appartement.
3. Vous n'avez pas de stéréo.
4. Vous n'étudiez pas beaucoup.
5. Le professeur n'est pas gentil.
6. Vous n'aimez pas étudier le français.

VOCABULAIRE

Les pièces d'une maison

un bureau	*office*	les toilettes	*restroom*
une chambre	*bedroom*	un salon	*living room*
une cuisine	*kitchen*	une salle de séjour	*den; living room*
une salle à manger	*dining room*	un sous-sol	*basement*
une salle de bain	*bathroom*	une véranda	*porch*

18 **À vous.** Answer the following questions.

1. Où habitez-vous?
2. Combien de pièces y a-t-il chez vous?
3. Quelles pièces est-ce qu'il y a?
4. Y a-t-il un fauteuil dans votre chambre?
5. Combien de chaises y a-t-il dans votre chambre?
6. Y a-t-il un chien ou un chat dans votre maison?
7. Qu'est-ce qu'il y a dans votre chambre?
8. Qu'est-ce qu'il y a dans le garage du professeur? (Imaginez!)

G. La possession avec *de*

C'est le mari **de** Mme Martin.	*It's Mme Martin's husband.*
Ce n'est pas la maison **de** René.	*It's not René's house.*
C'est la maison **des** parents **de** René.	*It's René's parents' house.*

■ The preposition **de (d')** is used to indicate possession or relationship. French has no possessive *-'s* ending: *Marie's sister* has to be expressed in French as *the sister of Marie.*

la sœur **de** Marie	*Marie's sister*
la voiture **d'**Alain	*Alain's car*

■ If the "owner" is indicated with a proper name, **de (d')** is used without article or possessive adjective. When the word referring to the "owner" is not a proper name, an article or a possessive adjective precedes it: *The grandmother's room* has to be expressed as *the room of the grandmother.*

la chambre de **la** grand-mère	*the grandmother's room*
la moto de **mon** ami	*my friend's motorcycle*

$$\text{possession} + \textbf{de} + \left\{ \begin{array}{c} \text{article} \\ \text{possessive adjective} \end{array} \right\} + \text{"owner"}$$

■ The preposition **de** contracts with the articles **le** and **les,** but there is no contraction with the articles **la** and **l'**.

de + le	→	**du**	du professeur
de + les	→	**des**	des étudiants
de + la	→	**de la**	de la femme
de + l'	→	**de l'**	de l'enfant

Remember that **de l'** could be masculine or feminine.

C'est une photo **du** professeur.   *It's a picture of the teacher.*
C'est la maison **des** parents d'Éric.   *It's Éric's parents' house.*
C'est le chat **de la** mère de Céline.   *It's Céline's mother's cat.*
C'est la voiture **de l'**oncle de Pascal.   *It's Pascal's uncle's car.*

Remember to use only de (d') with a proper name.

19 **J'ai trouvé une radio** *(I found a radio).* A number of objects have been found. Ask a question to try to identify the owners. Your partner will answer negatively and will decide who *is* the owner.

MODÈLE: J'ai trouvé une radio. (Jeanne)

> VOUS: **J'ai trouvé une radio. C'est la radio de Jeanne?**
> VOTRE PARTENAIRE: **Non, ce n'est pas la radio de Jeanne. C'est la radio de Kévin.**

1. J'ai trouvé une voiture. (Madame Dufour)
2. J'ai trouvé une radio. (professeur)
3. J'ai trouvé un chat. (Karine)
4. J'ai trouvé une moto. (l'ami de Michèle)
5. J'ai trouvé un chien. (les parents de Denis)
6. J'ai trouvé une calculatrice. (Frédérique)
7. J'ai trouvé un vélo. (la sœur de Sophie)

20 **Nos possessions.** Complete the following sentences by filling in the blanks.

1. Le vélo _____ Laurence est dans le garage.
2. La voiture _____ père _____ Anne est bleue.
3. La photo _____ oncle et _____ tante _____ Guy est sur le bureau _____ grands-parents _____ Guy.
4. Le chat _____ frère _____ Chantal est sur le lit _____ parents _____ Chantal.
5. Où est la calculatrice _____ sœur _____ Sandrine?
6. C'est la stéréo _____ enfants _____ professeur.
7. La moto _____ mon frère est dans notre garage.

21 **Où est-ce?** Patrick's family has a number of possessions. Ask where each item is.

MODÈLE: La sœur de Patrick a un vélo.   **Où est le vélo de la sœur de Patrick?**

1. Les sœurs de Patrick ont une télévision.
2. Le frère de Patrick a une voiture.
3. L'oncle de Patrick a un chien.
4. Les cousins de Patrick ont une stéréo.
5. Les enfants de Patrick ont un ordinateur.
6. La cousine de Patrick a un appartement.
7. Les parents de Patrick ont une voiture allemande.
8. Le père de Patrick a un bureau.
9. La tante de Patrick a un petit chat.
10. Les parents de Patrick ont une belle maison.

H. Les adjectifs possessifs *son* et *leur*

As-tu une photo de la famille de Léa?	Voilà une photo de **sa** famille.
Où est le père de Léa?	Voilà **son** père.
Où est la mère de Léa?	Voilà **sa** mère.
Où sont les grands-parents de Léa?	Voilà **ses** grands-parents.
Où est la fille de M. et Mme Dupont?	Voilà **leur** fille. C'est Léa!
Où sont les cousins des Dupont?	Voilà **leurs** cousins.

■ **Son, sa,** and **ses** can mean either *his* or *her.* As with **mon, ma,** and **mes,** the choice of form depends on whether the "possession" is masculine or feminine, singular or plural. It makes no difference what the gender of the "owner" is.

son lit	*his bed* or *her bed*
sa chambre	*his room* or *her room*
ses chaises	*his chairs* or *her chairs*

■ **Leur** and **leurs** mean *their* and are used when there is more than one "owner." Both forms are used for either masculine or feminine "possessions."

leur lit	**leur** chambre
leurs lits	**leurs** chambres

> **NOTE**
>
> Be sure not to use **ses** when you mean **leurs.**
>
> | | |
> |---|---|
> | **ses** parents | *his parents* or *her parents* |
> | **leurs** parents | *their parents* |

■ In the singular, **sa** becomes **son** when used directly before a feminine word beginning with a vowel sound.

> **sa** meilleure amie

But: **son** amie

■ Liaison occurs if the word following **son, ses,** or **leurs** begins with a vowel sound.

> son petit ami   ses bons amis   leurs parents

But: son [n]ami   ses [z]amis   leurs [z]amis

■ Sometimes the identity of the "owner" would be unclear if a possessive adjective were used. In such cases, it is better to use the possessive construction with **de.**

Robert et Marie habitent avec **sa** mère.	*(Robert's mother? Marie's mother?)*
Robert et Marie habitent avec **la** mère de **Marie.**	*(clearly Marie's mother)*

Synthèse: les adjectifs possessifs				
pronom	*masculin*	*féminin*	*pluriel (m. et f.)*	
je	**mon**	**ma**	**mes**	*my*
tu	**ton**	**ta**	**tes**	*your*
il/elle/on	**son**	**sa**	**ses**	*his/her*
nous	**notre**	**notre**	**nos**	*our*
vous	**votre**	**votre**	**vos**	*your*
ils/elles	**leur**	**leur**	**leurs**	*their*

22 **La chambre de qui?** Clarify the identity of the "owner" in each of the following phrases by completing the following expressions with the appropriate form of **de** + the definite article.

MODÈLE: sa chambre. La chambre de qui?   La chambre **du** frère de Marc.

1. leur photo. La photo de qui?   La photo _____ enfants de ma tante.
2. son nom. Le nom de qui?   Le nom _____ jeune fille.
3. sa moto. La moto de qui?   La moto _____ mari d'Anne.
4. leurs livres. Les livres de qui?   Les livres _____ étudiants.
5. son chien. Le chien de qui?   Le chien _____ oncle d'Isabelle.
6. sa maison. La maison de qui?   La maison _____ ami de Laurent.
7. ses amies. Les amies de qui?   Les amies _____ sœur de Denis.
8. son chat. Le chat de qui?   Le chat _____ petite amie de Jean-Luc.
9. son bureau. Le bureau de qui?   Le bureau _____ professeur.

Be careful to
distinguish
between
son/sa/ses and
leur(s) when
asking these
questions.

23 **Comment s'appellent-ils?** Ask the names of the following people, using a possessive adjective in each question. Your partner will supply the answer.

MODÈLES: le cousin de Nathalie? (Stéphane)
         VOUS: **Comment s'appelle son cousin?**
VOTRE PARTENAIRE: **Il s'appelle Stéphane.**

les cousines de Nathalie? (Christelle et Sandrine)
         VOUS: **Comment s'appellent ses cousines?**
VOTRE PARTENAIRE: **Elles s'appellent Christelle et Sandrine.**

1. le père de Nathalie? (Michel)
2. la sœur d'Éric? (Isabelle)
3. la mère d'Éric et d'Isabelle? (Monique)
4. les frères de Nathalie? (Christophe et Sébastien)
5. les sœurs de Nathalie? (Sylvie et Céline)
6. le chien de Nathalie? (Fidèle)
7. les grands-parents de Nathalie? (Marie et Pierre Coifard; Louis et Jeanne Dupuis)
8. les parents de votre meilleur(e) ami(e)?
9. les amis de vos parents?

24 **À vous.** Ask and answer the questions using possessive adjectives.

MODÈLE: Où est la maison de votre ami(e)?
Sa maison est à Denver.

1. Comment s'appelle votre meilleur(e) ami(e)?
2. Quel âge a votre ami(e)?
3. Combien de personnes y a-t-il dans la famille de votre ami(e)?
4. Comment s'appellent les parents de votre ami(e)?
5. Où habitent les parents de votre ami(e)?
6. Qu'est-ce qu'il y a dans la maison des parents de votre ami(e)?

ENTRE AMIS

Dans ta chambre

Use **tu** with your partner in this interview.

1. Find out where your partner lives.
2. Find out if your partner has a TV in his/her room.
3. Find out two other items that s/he has in his/her room.
4. Find out two other items that s/he does not have.
5. Find out if your partner has a roommate.
6. If so, find out his/her name and two items of information about the roommate.
7. Turn to another person and share what you found out.

Comment s'appellent leurs filles?

Intégration

Révision

A **Chez mon professeur.** Imagine the home, garage, etc. of your French teacher. Make up five different sentences to state what s/he has or does not have.

MODÈLE: **Il y a une moto dans son garage.**

B **Trouvez quelqu'un qui ...** Interview your classmates in French to find someone who ...

MODÈLE: speaks French
Est-ce que tu parles français?

1. has a computer
2. has no brothers or sisters
3. has a dog or a cat or a fish
4. likes children a lot
5. is 21 or older
6. has a sister named Nicole
7. has a brother named Christopher
8. lives in an apartment
9. has grandparents who live in another state or province

C **Début de rédaction.** Think of two people you know and, for each one, write a description of that person's room/house/apartment (all that apply). Where does s/he live? What items does s/he have or not have?

MODÈLE: **Lori Becker habite à Boston chez ses parents. Ils ont une petite maison. Dans la chambre de Lori il y a un lit, un bureau et un ordinateur. Il y a aussi une stéréo, mais il n'y a pas de radio ou de télévision. Lori regarde la télévision dans son salon.**

D **À vous.** Answer the following questions.

1. Combien de personnes y a-t-il dans votre famille?
2. Comment s'appellent deux de vos ami(e)s?
3. Où habitent-ils?
4. Quel âge ont-ils?
5. Sont-ils étudiants? Si oui, ont-ils une chambre à l'université? Étudient-ils le français ou une autre langue?
6. Avez-vous des amis qui ont un appartement? Si oui, qu'est-ce qu'il y a dans leur appartement?
7. Avez-vous un ami qui est marié? Si oui, comment s'appelle sa femme? Quel âge a-t-elle?
8. Avez-vous une amie qui est mariée? Si oui, comment s'appelle son mari? Quel âge a-t-il?
9. Avez-vous des amis qui ont des enfants? Si oui, combien d'enfants ont-ils? Comment s'appellent leurs enfants? Quel âge ont-ils?

Négociations: **C'est la voiture de son frère?** Work with your partner to complete the forms. Your partner's form is in Appendix D. Ask questions to determine the information that is missing.

MODÈLES: **C'est la voiture du frère de David?**
C'est le vélo de ses grands-parents?

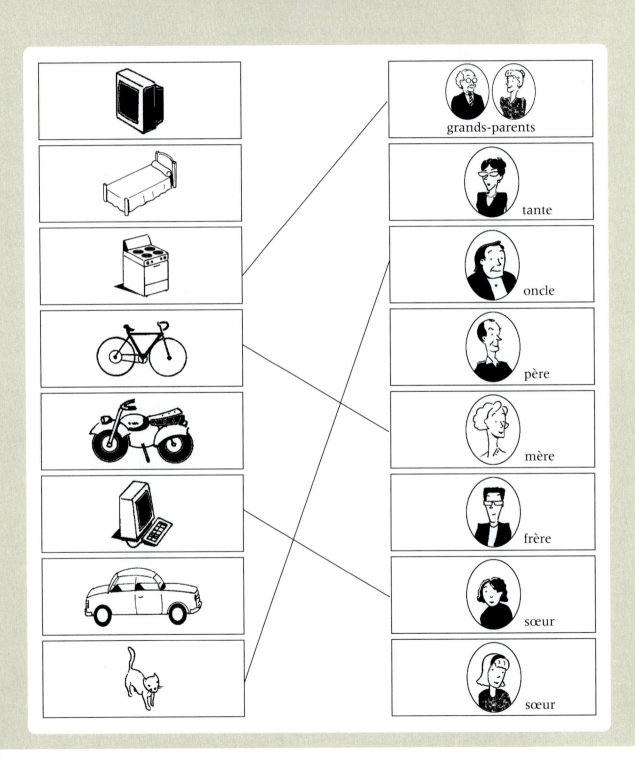

Lecture I

You may wish to consult the vocabulary on page 75 when labeling the rooms.

A **Ma maison idéale.** Draw a sketch of a home that would be ideal for you. Then label each of the rooms in French.

B **Étude du vocabulaire.** Study the following sentences and choose the English words that correspond to the French words in bold print: *square meters, fireplace, planted with trees, in new condition, winter, landscaped lot, approximately, stone, in good taste, on one level, roof, country, house, set up/ ready-to-use.*

1. Le **pavillon** est situé à la **campagne** à **environ** 30 kilomètres de Paris.
2. Près de la maison il y a un jardin **arboré** et un beau **terrain paysager** de 300 **mètres carrés.**
3. En **hiver,** s'il fait froid, il y a une belle **cheminée** en **pierre** dans la salle de séjour.
4. La cuisine est **aménagée** et équipée **avec goût.**
5. La **toiture** de la maison est **à l'état neuf.**
6. Les personnes handicapées n'ont pas de problème avec une maison de **plain-pied.**

C **Les pièces.** Read the four ads in order to:
1. identify the number of rooms in each home, and
2. make a list of the rooms that are mentioned.

MAISONS À VENDRE

Quelques abréviations: m² (mètres carrés); mn (minutes); s. de b. (salle de bain)

CADRE EXCEPTIONNEL

Belle maison récente, agréable séjour-salon en L 45 m² environ, cuisine aménagée équipée, 3 chambres, belle salle de bain, garage et jardin, mérite votre visite !

DE TOUTE BEAUTÉ

Le charme de la campagne à 10 mn de Cholet, belle cuisine aménagée équipée, vaste pièce de réception 90 m² avec superbe cheminée en pierre, salon d'hiver parfaitement exposé, 4 chambres, 2 s. de b., bureau, grand garage, 1 700 m² de terrain paysager, aménagement de goût et de qualité !

ELLE VOUS SÉDUIRA

Aux portes de Cholet, agréable pavillon indépendant sur 500 m² de terrain, cuisine aménagée équipée, beau séjour-salon avec cheminée, 3 chambres, garage 2 voitures et jardin aménagé avec goût.

EXCEPTIONNELLE

Plain-pied indépendant, séjour-salon, 2 chambres, toiture état neuf, garage et jardin arboré. Affaire à saisir !

D **Inférence.** Reread the ads to try to determine the following information. Be ready to justify your answers by quoting the reading.

1. the newest home
2. the biggest home
3. the largest lot
4. the home that has been remodeled
5. the name of the closest French city
6. the home you would choose and why

E **À discuter.** Aimez-vous ces maisons? Pourquoi ou pourquoi pas?

F **Comparaisons culturelles.** What similarities or differences between French homes and those of your country can you infer from what you have read?

www**Réalités culturelles**

Le Québec

Quebec is the largest of the ten Canadian provinces. The vast majority of people in **la belle province**, as the **Québécois** refer to it, speak French, while the majority language in the other provinces is English. However, sizable French-speaking minorities exist in Ontario and New Brunswick, and smaller French-speaking populations can be found in the other provinces. The history of Quebec goes back to the sixteenth century, when Jacques Cartier established a French colonial empire in North America called New France. In 1608, Samuel de Champlain founded the city of Quebec. In 1763, at the end of the Seven Years' War, England was granted possession of the whole province. Quebec's French-speaking population now faced the challenge of maintaining its distinct language and cultural heritage under British rule. Over the course of the next two centuries, the **Québécois'** tenacity has resulted in a vibrant French-speaking culture. By the beginning of the 1960s, French Canadians considered themselves not so much a *minority* in the Canadian Confederation as the Francophone *majority* in the province of Quebec. This situation culminated in the passage of the Charter of the French Language in 1997, which established French as the sole official language in the province of Quebec. Its goal was to "ensure the quality and influence of the French language" in North American civilization.

Lecture II

NOTE LEXICALE
Les douze mois de l'année *(months of the year)* sont janvier, février, mars, avril, mai, juin, juillet, août, septembre, octobre, novembre et décembre.

A **Étude du vocabulaire.** Study the following sentences and choose the English words that correspond to the French words in bold print: *for, already, takes place, birth, today, the most, later, illness, to stay, joy.*

1. La **naissance** d'un enfant est une **joie** pour sa famille.
2. **Aujourd'hui** le SIDA est la **maladie** la plus dangereuse et **la plus** mortelle.
3. Il est 4 heures. Tu étudies **déjà**, n'est-ce pas?
4. Non, j'étudie **plus tard**, à 7 heures.
5. Et je ne veux pas **rester** dans ma chambre **pendant** trois heures.
6. Mais le match de football **a lieu** à 7 heures!

B **Parcourez la lecture** *(Skim the reading).* Skim the following reading to identify:

1. the number of musical instruments played by members of Céline's family.
2. the number of people who were invited to her wedding.
3. two examples that confirm that English is not her native language.

Céline Dion et sa famille

La plus jeune d'une famille francophone modeste de quatorze enfants, Céline Dion est aujourd'hui une superstar internationale. Elle est nommée meilleure interprète Pop des années quatre-vingt-dix. Elle gagne tous les prix[1] musicaux imaginables: les Grammy Awards aux États-Unis, les Junos et les prix Félix au Canada et les World Music Awards en Europe.

Née le trente mars 1968 à Charlemagne, un petit village canadien près de Montréal, Céline a huit sœurs et cinq frères. Et tout le monde adore la musique. Son frère Jacques joue de la guitare, son autre frère Clément joue de la batterie[2] et un troisième, Daniel, joue de l'orgue. Sa mère, Thérèse, joue du violon et son père, Adhémar, joue de l'accordéon. À l'âge de 5 ans, Céline chante déjà avec ses frères et sœurs. C'est une véritable famille de musiciens.

Page suivante

---

1. *wins all the prizes*   2. *drums*

À l'âge de 12 ans, avec sa mère et un de ses frères, Céline compose une chanson en français et une cassette démo avec la chanson est envoyée[3] à René Angélil, un imprésario très respecté. René est captivé par la voix[4] de la jeune fille et décide de faire[5] de Céline une grande artiste. Son premier spectacle a lieu le trois mai à la place des Arts à Montréal et les bénéfices sont donnés directement à l'Association de la Fibrose Kystique. Sa nièce Karine Ménard, fille de sa sœur Liette, a la maladie de la fibrose kystique depuis[6] l'âge de neuf mois, une maladie héréditaire et incurable.

Pour avoir une carrière internationale, Céline étudie l'anglais. L'objectif de René Angélil est de propulser Céline dans la grande machine qui est le *show business* américain. Céline, la chanteuse francophone, devient[7] une chanteuse bilingue. Pendant dix-huit ans, elle voyage continuellement. Sa vie[8], c'est les studios d'enregistrement[9], les émissions de télévision, les journalistes, les interviews, les tournages[10] de clips, les promotions, les concerts et les fans. Céline Dion marque l'histoire de la musique avec ses soixante millions d'albums vendus[11]. Elle est aujourd'hui la chanteuse numéro un du monde.

Céline et René se marient le dix-sept décembre 1994, à la basilique Notre-Dame de Montréal. Leur mariage réunit les parents de Céline, ses treize frères et sœurs et cinq cents invités. Céline entre dans la basilique avec ses huit sœurs, Denise, Claudette, Liette, Louise, Ghislaine, Linda, Manon et Pauline.

La plus grande joie de Céline et René est l'arrivée de leur fils, René-Charles Angélil, né le vingt-cinq janvier 2001. Il est baptisé six mois plus tard, le vingt-cinq juillet, à la basilique Notre-Dame. Après la naissance de son fils, Céline décide de rester chez elle et de s'occuper[12] du bébé. Mais en mars 2003, elle signe un contrat avec Caesar's Palace à Las Vegas, une salle de quatre mille places.

D'après les sites web www.sonymusic.fr et www.celinedion.com

The *Entre amis* web site includes a link with information about Céline Dion.

---

3. *sent* 4. *voice* 5. *to make* 6. *since* 7. *becomes* 8. *life* 9. *recording* 10. *filming* 11. *sold*
12. *to take care of*

C **Questions.** Answer the following questions in French.

1. Comment s'appelle le mari de Céline Dion?
2. Comment s'appelle leur fils?
3. Comment s'appellent les parents de Céline?
4. Combien d'enfants est-ce qu'il y a dans leur famille?
5. Où est-ce que Céline est née?
6. Qui est Karine?
7. À quel âge est-ce que la jeune Céline chante pour l'imprésario?
8. À quel âge est-ce qu'elle se marie?
9. Quel âge a-t-elle aujourd'hui?

D **Inférence.** Reread the passage to determine the following. Be ready to quote the reading to justify your answers.

1. Céline's love of family
2. Her strength of character

VOCABULAIRE ACTIF

Possessions

un bureau *desk*
une calculatrice *calculator*
une chaise *chair*
un chat *cat*
un chien *dog*
une cuisinière *stove*
un fauteuil *armchair*
un lave-linge *washing machine*
un lave-vaisselle *dishwasher*
un lit *bed*
un livre *book*
une mobylette *moped, motorized bicycle*
une moto *motorcycle*
un ordinateur *computer*
un réfrigérateur *refrigerator*
un sofa *sofa*
une stéréo *stereo*
un vélo *bicycle*
une voiture *automobile*

La maison ou l'appartement

un appartement *apartment*
un bureau *office*
une chambre *bedroom*
une cuisine *kitchen*
un garage *garage*
une maison *house*
une salle à manger *dining room*
une salle de bain *bathroom*
une salle de séjour *den; living room*
un salon *living room*
un sous-sol *basement*
les toilettes *restroom*
une véranda *porch*

La famille

un beau-père *stepfather (or father-in-law)*
des beaux-parents *(m. pl.) stepparents (or in-laws)*
une belle-mère *stepmother (or mother-in-law)*
une belle-sœur *sister-in-law*

un(e) cousin(e) *cousin*
un(e) enfant *child*
une famille *family*
une femme *wife*
une fille *daughter*
un fils *son*
un frère *brother*
un demi-frère *stepbrother*
une grand-mère *grandmother*
une arrière-grand-mère *great grandmother*
un grand-père *grandfather*
des grands-parents *(m. pl.) grandparents*
un mari *husband*
une mère *mother*
un neveu *nephew*
une nièce *niece*
un oncle *uncle*
des parents *(m. pl.) parents; relatives*
un père *father*
une petite-fille *granddaughter*
un petit-fils *grandson*
des petits-enfants *(m. pl.) grandchildren*
une sœur *sister*
une tante *aunt*

D'autres noms

l'âge *(m.) age*
un an *year*
un(e) étudiant(e) *student*
une fille *girl*
un garçon *boy*
la gare *(train) station*
un membre *member*
une photo *photograph*
un train *train*

Nombres

trente *thirty*
quarante *forty*
cinquante *fifty*
soixante *sixty*
soixante-dix *seventy*

soixante et onze *seventy-one*
soixante-douze *seventy-two*
quatre-vingts *eighty*
quatre-vingt-un *eighty-one*
quatre-vingt-dix *ninety*
quatre-vingt-onze *ninety-one*
cent *one hundred*
mille *one thousand*
un million *one million*
un milliard *one billion*

Adjectifs possessifs

mon, ma, mes *my*
ton, ta, tes *your*
son, sa, ses *his; her*
notre, nos *our*
votre, vos *your*
leur, leurs *their*

D'autres adjectifs

autre *other*
charmant(e) *charming*
gentil(le) *nice*

Verbes

avoir *to have*
passer (un an) *to spend (a year)*

Prépositions

chez *at the home of*
dans *in*
sur *on*

Conjonction

si *if*

Articles indéfinis

un/une *a, an*
des *some; any*

Adverbes

combien (de) *how many; how much*
comment *how; what*
encore *still; again; more*
trop (de) *too much; too many*

Expressions utiles

Bienvenue! *Welcome!*

C'est *He/she/it is*

Ce sont *They are/There are*

chez moi *at my house*

chez nous *at our house; back home*

chez vous *at your house*

Comment s'appelle-t-il (elle)?
What's his (her) name?

Comment s'appellent-ils (elles)?
What are their names?

Il (elle) s'appelle … *His (her) name is …*

Ils (elles) s'appellent … *Their names are …*

il y a *there is (are)*

Je suis né(e) *I was born*

Je vous présente … *Let me introduce you to …*

Qu'est-ce qu'il y a … ? *What is there … ?*

Qu'est-ce qu'il y a? *What's the matter?*

Quel âge avez-vous? (a-t-il?, etc.)
How old are you? (is he?, etc.)

sans doute *probably*

Si! *Yes!*

sur la photo *in the picture*

voici *here is; here are*

vous dites *you say*

L'identité

Coup d'envoi

Qu'est-ce que c'est?
(Quel est ce vêtement?°)

What is this article of clothing?

C'est ...

Ce sont...

▶ **Et vous?** Qu'est-ce que vous portez aujourd'hui?° *What are you wearing today?*
Moi, je porte ...

Lettre

Une carte postale au professeur

Lori Becker adresse une carte postale à son professeur américain, Madame Walter.

> Chère Madame, Angers, le 2 Octobre
>
> Me voilà au pair chez les Martin. J'aime bien cette[1] famille! Je garde[2] deux des enfants et je fais quelquefois le ménage.[3] Ça me donne[4] beaucoup de travail mais c'est Mme Martin qui fait la cuisine.[5] Et puis[6] les enfants font la vaisselle[7] le soir.
>
> Quelle belle ville[8]! Et les gens[9] sont vraiment charmants! Comme chez nous, beaucoup d'étudiants portent un jean et un tee-shirt. Et il y a quatre McDo ici[10]! Je suis heureuse[11] d'être en France, mais il faut[12] étudier beaucoup! Avec mon meilleur souvenir[13],
>
> Lori

1. *this*   2. *look after*   3. *do housework sometimes*   4. *That gives me*   5. *who does the cooking*   6. *then*
7. *do the dishes*   8. *city*   9. *people*   10. *here*   11. *happy*   12. *it is necessary; I have to*   13. *Best regards,*

▶ **Compréhension.**   Taking turns, read the following statements with your partner. Decide whether they are true (**C'est vrai**) or false (**C'est faux**). If a sentence is false, correct it.

1. Lori Becker habite à Angers.
2. Elle habite chez ses parents.
3. Elle travaille pour les Martin.
4. Elle fait la cuisine et la vaisselle.
5. Elle est contente d'être en France.
6. Les vêtements des jeunes Français sont très différents des vêtements des jeunes Américains.

Il y a un geste

Bravo! The "thumbs up" gesture is used in French to signify approval.

À propos

Pourquoi est-ce que Lori fait le ménage et garde les enfants de Madame Martin?

a. Elle est masochiste.
b. Elle est très gentille et désire aider *(help)* la famille Martin.
c. Il y a souvent des jeunes filles qui habitent avec une famille française et qui travaillent pour payer leur chambre et leurs repas *(meals)*.

Au pair

Many young women from foreign countries work as **jeunes filles au pair** *(nannies)* in France. They are able to spend a year abroad by agreeing to work in a French home. In exchange for room and board, but only a token salary, they do some light housework and help to take care of the children. Lori is **au pair chez les Martin.**

Le franglais

Borrowing inevitably takes place when languages come in contact. The Norman conquest in 1066 introduced thousands of French words into English and many English words have been borrowed by the French. While some of these French cognates are obvious in meaning (**le chewing-gum, un tee-shirt, un sweat-shirt**), others may surprise you: **un smoking,** for instance, means a *tuxedo.* Official measures have been adopted in France to try to stem the flow of English expressions into the French language. Currently, for example, the term **le logiciel** is being encouraged rather than the English cognate **le software.**

Les McDo et l'influence américaine

Due in large part to the influence of movies and TV programs, there has been an undeniable "sharing" of popular culture among many countries. Some examples are to be found in the way people dress and in the spread of fast-food restaurants. In France, many claim that this is due to the influence of American culture. Decried by some and praised by others, these changes also reflect the fast-paced life of modern France.

Les cartes postales

When sending postcards, most French people will insert the card in an envelope and put stamp and address on the envelope. This perhaps speeds delivery and ensures privacy.

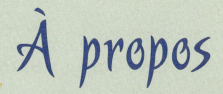

À vous. Describe to your partner what your classmates are wearing.

MODÈLE: VOTRE PARTENAIRE: **Qu'est-ce que Sean porte aujourd'hui?**
                              VOUS: **Il porte ...**

ENTRE AMIS

J'aime beaucoup vos chaussures. Elles sont très belles.

1. Compliment your partner on some article of clothing s/he is wearing.
2. S/he should respond in a culturally appropriate manner.
3. Point to two other articles of clothing and ask what they are.
4. If s/he doesn't know, s/he should say **Je ne sais pas.**
5. If s/he *is* able to name the articles, be sure to say that s/he speaks French well.

Prononciation

Les voyelles nasales: [ɛ̃], [ɑ̃] et [ɔ̃]

■ Note the pronunciation of the following words:

[ɛ̃]
- **im**possible, **im**probable, **in**telligent, c**in**quante, v**in**, v**in**gt, m**in**ce
- s**ym**pathique, s**ym**phonie, s**yn**thèse
- f**aim**, améric**ain**, maroc**ain**, mexic**ain**, tr**ain**
- h**ein**
- canadi**en**, itali**en**, bi**en**, je vi**en**s, chi**en**, combi**en**, ti**en**s

[ɑ̃]
- ch**am**bre, **an**, fr**an**çais, ch**an**ter, m**an**ger, gr**an**d, pend**an**t, étudi**an**te, t**an**te, dem**an**dent
- **en**sem**ble**, m**em**bre, par ex**em**ple, **en**, **en**core, comm**en**t, souv**en**t

EXCEPTION — exam**en** [ɛgzamɛ̃]

[ɔ̃]
- t**om**ber, c**om**bien, n**om**, prén**om**, **on**, **on**t, c**on**versati**on**, n**on**, **on**cle, **on**ze

▶ Now go back and look at how these sounds are spelled and in what kinds of letter combinations they appear. What patterns do you notice?

■ When **-m-** or **-n-** is followed by a consonant or is at the end of a word, it is usually not pronounced. It serves instead to indicate that the preceding vowel is nasal.

c**in**qu**an**te   **en**s**em**ble   c**om**bien   **im**possible

■ When **-m-** or **-n-** is followed by a written vowel (pronounced or not pronounced), the preceding vowel is *not* nasal.

c**a**nadien   cr**è**me   téléph**o**ne
br**u**ne   in**é**vitable   im**a**ginaire

NOTE — The vowel preceding a written **-mm-** or **-nn-** is also not nasal.

innocent   **i**mmobile   c**o**mme   pers**o**nne

▶ Practice saying the following words after your instructor, paying particular attention to the highlighted vowel sound. In these words, the highlighted vowel sound is *not* nasal.

américain	m**ê**me	lim**o**nade	c**o**mme	**u**ne
Mad**a**me	**ai**me	cous**i**ne	c**o**mment	l**u**nettes
ex**a**men	améric**ai**ne	**i**nactif	pers**o**nne	f**u**me

▶ In each of the following pairs of words, one of the words contains a nasal vowel and one does not. Pronounce each word correctly.

1. impossible / immobile
2. minuit / mince
3. faim / aime
4. marocain / marocaine
5. canadienne / canadien
6. une / un
7. ambulance / ami
8. anglaise / année
9. crème / membre
10. dentiste / Denise
11. combien / comment
12. bonne / bon

Buts communicatifs

1. Describing Personal Attributes

Comment est votre meilleur(e) ami(e)? Est-il (elle) ...

calme	ou	nerveux (nerveuse)?	
charmant(e)	ou	désagréable?	
compréhensif			
(compréhensive)°	ou	intolérant(e)°?	*understanding / intolerant*
discret (discrète)	ou	bavard(e)°?	*talkative*
généreux (généreuse)	ou	avare°?	*stingy*
gentil(le)	ou	méchant(e)°?	*mean*
heureux (heureuse)	ou	triste°?	*sad*
intelligent(e)	ou	stupide?	
intéressant(e)	ou	ennuyeux (ennuyeuse)°?	*boring*
optimiste	ou	pessimiste?	
patient(e)	ou	impatient(e)?	
travailleur			
(travailleuse)°	ou	paresseux (paresseuse)°?	*hard-working / lazy*

▶ **Et vous?** Comment êtes-vous? Comment sont vos professeurs?

I **La famille de Sandrine.** Correct the following false impressions, beginning with **Mais pas du tout!** Make sure each adjective agrees with the noun it modifies.

MODÈLE: Le frère de Sandrine est désagréable.
Mais pas du tout! Il est charmant.

1. Sandrine est paresseuse.
2. Ses parents sont ennuyeux.
3. Leurs enfants sont très stupides.
4. La mère de Sandrine est triste et pessimiste.
5. Ses frères sont désagréables.
6. La sœur de Sandrine est méchante.
7. Son père est impatient.
8. Sa famille est bavarde.

Il y a un geste

Paresseux. The thumb and index finger of one hand "caress" an imaginary hair in the palm of the other hand. This gesture signifies that someone is so lazy that a hair could grow in his/her palm.

Ennuyeux. The gesture for **ennuyeux** is made by rubbing the knuckles back and forth on the side of the jaw. This rubbing of the "beard" is used to indicate that something is so boring that one could grow a beard while it is happening.

A. Quelques groupes d'adjectifs

féminin	masculin
discrète(s)	discret(s)
ennuyeuse(s)	ennuyeux
généreuse(s)	généreux
heureuse(s)	heureux
nerveuse(s)	nerveux
paresseuse(s)	paresseux
travailleuse(s)	travailleur(s)
gentille(s)	gentil(s)
intellectuelle(s)	intellectuel(s)
active(s)	actif(s)
compréhensive(s)	compréhensif(s)
sportive(s)	sportif(s)
naïve(s)	naïf(s)
veuve(s)	veuf(s)

■ The **-l** in the masculine form **gentil** is not pronounced. The final consonant sound of the feminine form **gentille** is [j], like the English **y** in *yes*.

gentil   [ʒᾶti]   gentille   [ʒᾶtij]

■ Many feminine adjectives in written French follow the pattern **-è-** + consonant + **-e**. Their masculine forms omit the final **-e** and the accent on the initial **e**. This may or may not affect pronunciation.

chère   cher *(no change in pronunciation)*
discrète   discret *(pronunciation varies)*

■ Some French adjectives are invariable. There is no change to indicate gender or number.

deux femmes **snob**   des chaussures **chic**

2 **Qui est comme ça?** Answer the following questions. Make sure each adjective agrees with the subject.

Modèle: Qui est patient dans votre famille?
Ma mère est patiente.
Mes sœurs sont patientes aussi.

1. Qui est travailleur dans votre famille?
2. Qui est bavard dans votre cours de français?
3. Qui est quelquefois triste?
4. Qui est généreux et optimiste?
5. Qui est sportif?
6. Qui est discret?
7. Qui est snob?
8. Comment sont vos parents?
9. Avez-vous des amis qui sont naïfs?
10. Et vous? Comment êtes-vous?

B. *Ne ... jamais*

Review the formation of the negative in Ch. 1, p. 20.

Mon amie **n'**est **jamais** méchante.　　*My friend is never mean.*
Mon petit ami **ne** porte **jamais**　　*My boyfriend never wears socks.*
　de chaussettes.

■ **Ne ... jamais** *(never)* is placed around the conjugated verb just like **ne ... pas.** It is one of the possible answers to the question **Quand?** *(When?).*

Quand est-ce que tu étudies?　　*When do you study?*
Je **n'**étudie **jamais!**　　*I never study.*

NOTE

Jamais can be used alone to answer a question.

Quand est-ce que tu pleures?　　*When do you cry?*
Jamais!　　*Never!*

V O C A B U L A I R E

Quand? *(Adverbes de fréquence)*

toujours	*always*
d'habitude	*usually*
généralement	*generally*
souvent	*often*
quelquefois	*sometimes*
rarement	*rarely*
(ne ...) jamais	*never*

3 **Comment sont-ils?** Describe the following people with as many true sentences as you can create. Use items from the lists below (or their opposites). Make all necessary changes, paying special attention to the form of the adjectives.

MODÈLE: **Mes parents ne sont jamais impatients.**
Ils sont toujours patients.

		intolérant
mes parents		méchant
je	ne ... jamais	triste
mon petit ami	rarement	paresseux
ma petite amie	quelquefois	bavard
mes amis	souvent	impatient
mon professeur	d'habitude	pessimiste
nous (les étudiants)	toujours	ennuyeux
le (la) président(e) de l'université		désagréable
		avare

4 **Un test de votre personnalité.** Complete the questionnaire by answering **oui** or **non**. Then read the analysis that follows and write a paragraph to describe yourself.

	oui	non
1. Vous parlez beaucoup avec certaines personnes, mais vous refusez de parler avec tout le monde.	———	———
2. Vous aimez beaucoup les sports, mais vous détestez étudier et travailler.	———	———
3. Vous détestez jouer, danser ou chanter avec les autres, mais vous aimez bien étudier.	———	———
4. Vous avez beaucoup d'argent *(money)*, mais vous donnez rarement de l'argent à vos amis.	———	———
5. Vous n'avez pas d'argent, mais vous n'êtes jamais triste.	———	———
6. Votre conversation est toujours agréable et vous parlez avec tout le monde.	———	———
7. Vous étudiez beaucoup, vous aimez parler français et vous êtes certain(e) que votre professeur de français est charmant.	———	———

Une analyse de vos réponses

1. Si vous répondez **oui** au numéro 1, vous êtes extroverti(e) et bavard(e), mais vous êtes aussi un peu snob.
2. Si vous répondez **oui** au numéro 2, vous êtes sportif (sportive), mais aussi paresseux (paresseuse). Vous n'avez probablement pas de bonnes notes *(good grades)*.
3. Un **oui** au numéro 3, et vous êtes introverti(e), mais aussi travailleur (travailleuse). Vous avez probablement des notes excellentes.
4. Un **oui** au numéro 4, et vous êtes avare et pessimiste. Vous n'avez probablement pas beaucoup d'amis.
5. Si vous répondez **oui** au numéro 5, vous êtes d'habitude optimiste et heureux (heureuse), mais peut-être aussi un peu naïf (naïve).
6. Si vous répondez **oui** au numéro 6, vous n'êtes pas du tout ennuyeux (ennuyeuse). Vos amis sont contents d'être avec vous.
7. Enfin *(finally)*, si votre réponse est **oui** au numéro 7, vous êtes certainement très intelligent(e), charmant(e) et intéressant(e). Les professeurs de français adorent les étudiant(e)s comme vous.

5 **Cinq personnes que j'aime.** Write a description of five people you like. How much can you tell about each one?

MODÈLE: **Charles Thomas est mon ami.**
Charles est petit et un peu gros.
Il est très gentil et intelligent.
Mais il est aussi un peu paresseux.
Voilà pourquoi il n'est pas du tout sportif.

ENTRE AMIS

Qui est la personne sur la photo?

1. Show your partner a picture (real or imaginary) of someone.
2. Identify that person (name, age, address).
3. Describe his/her personality.
4. Give a physical description as well.
5. Your partner will try to recall what you have shared.

2. Describing Clothing

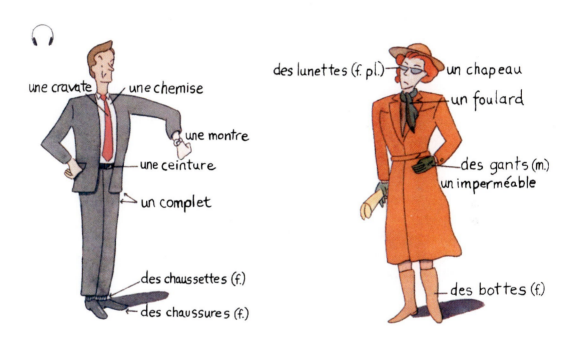

The plural of **chapeau** is **chapeaux.**

Voilà Jean-Pierre.

Qu'est-ce qu'il porte?

Il porte un complet, une chemise, une cravate, une montre, une ceinture, des chaussettes et des chaussures.

Voilà Marie-Claire.

Qu'est-ce qu'elle porte?

Elle porte un chapeau, un foulard, un imperméable, des gants et des bottes. Elle porte aussi des lunettes.

▶ **Et vous?** Qu'est-ce que vous portez aujourd'hui?

6 **Qu'est-ce que c'est?** Identify the following items.

MODÈLES:

—Qu'est-ce que c'est?
—C'est une ceinture.

—Qu'est-ce que c'est?
—Ce sont des chaussures.

1.

2.

3.

4.

5.

6.

7.

8.

9.

7 **Qu'est-ce qu'ils portent?** Describe the clothing tastes of several people you know. What items of clothing do they wear often, rarely, never?

MODÈLES: **Mon professeur de français ne porte jamais de jean.**
Je porte souvent un tee-shirt mais je porte rarement un chapeau.

1. mon professeur de français
2. les étudiants de mon cours de français
3. une actrice/un acteur de Hollywood
4. mon/ma meilleur(e) ami(e)
5. les musiciens d'un groupe rock
6. les membres de ma famille
7. moi

Réalités culturelles

Le foulard islamique

A heated debate in France has focused on the decision of a number of Muslim girls to wear the Islamic head scarf (**le foulard** or **le voile islamique**) while in school. According to a recent survey (ifop.com), sixty-five percent of the French questioned would be in favor of a law that would forbid any sign of religious belief in public schools. They cite the **principe de laïcité** (separation of church and state) as their main reason. Such a law was passed in March 2004. It forbids religious apparel and signs that "conspicuously show" a student's religious affiliation.

A number of girls have been suspended from school for covering their hair with the scarf while in class. Two sisters (Lila, 18, and Alma, 16), were expelled from their high school at Aubervilliers in the suburbs of Paris after repeatedly refusing to remove their head scarves.

Source: IFOP and Agence France Presse

C. Les adjectifs de couleur

De quelle couleur est le pantalon de Jean-Pierre?
Il est **gris.** C'est un pantalon **gris.**

De quelle couleur est sa chemise?
Elle est **bleue.** C'est une chemise **bleue.**

De quelle couleur sont ses chaussures?
Elles sont **noires.** Ce sont des chaussures **noires.**

▶ **Et vous?** De quelle couleur sont vos vêtements?

VOCABULAIRE

Quelques couleurs

	Féminin	*Masculin*		*Féminin*	*Masculin*
	blanche	blanc		marron	marron
	grise	gris		jaune	jaune
	verte	vert		orange	orange
	violette	violet		rose	rose
	bleue	bleu		rouge	rouge
	noire	noir		beige	beige

NOTE

Plurals of colors are formed by adding **-s.** Exceptions in this list are **gris,** (which already ends in **-s**) and **marron** and **orange,** which are invariable: **des cheveux** *orange,* **des chaussettes** *marron.*

8 **De quelle couleur sont leurs vêtements?** Ask your partner about the color of the following articles of clothing.

MODÈLES: les chaussures de Jérôme (noir)

> VOUS: **De quelle couleur sont ses chaussures?**
> VOTRE PARTENAIRE: **Elles sont noires. Ce sont des chaussures noires.**

le pull de Martine (bleu)

> VOUS: **De quelle couleur est son pull?**
> VOTRE PARTENAIRE: **Il est bleu. C'est un pull bleu.**

1. la cravate de Denis (jaune et bleu)
2. la robe de Françoise (vert)
3. la veste de Jean (gris)
4. l'imperméable d'Annette (blanc)
5. les chaussettes d'un(e) autre étudiant(e)
6. la chemise d'une autre personne
7. les chaussures de votre partenaire
8. les vêtements du professeur

VOCABULAIRE

Pour décrire *(to describe)* les vêtements

bon marché	*inexpensive*	ou	cher (chère)	*expensive*
chic	*stylish*	ou	confortable	*comfortable*
élégant(e)	*elegant*	ou	ordinaire	*ordinary, everyday*
propre	*clean*	ou	sale	*dirty*
simple	*simple, plain*	ou	bizarre	*weird, funny-looking*

Il y a un geste

Cher! Similar to its English equivalent, the gesture for **cher!** is made by rubbing the thumb, index, and middle fingers together.

Chic and **bon marché** are invariable. They do not change in the feminine or in the plural: **Ce sont des chaussures** *chic,* **mais elles sont** *bon marché.*

Confortable is not used to describe how a person feels. It is used to describe *a thing:* **une chemise confortable, une vie confortable.**

Synthèse: les adjectifs invariables				
bon marché	chic	marron	orange	snob

9 **Au contraire!** Your partner will make a series of statements with which you will disagree. Provide the corrections by following the model.

MODÈLE: la robe de Simone (cher)
VOTRE PARTENAIRE: **La robe de Simone est chère.**
VOUS: **Non, elle n'est pas chère. C'est une robe bon marché.**

1. la veste de Martin (élégant)
2. le sweat-shirt de Monsieur Dupont (propre)
3. la robe de Pascale (chic)
4. les chaussettes du professeur (?)
5. l'imperméable de l'inspecteur Colombo (?)
6. les vêtements de deux autres étudiants (?)

Supply the adjectives for #4–6.

10 **À vous.** Answer the following questions.

1. Qu'est-ce que vous portez aujourd'hui?
2. De quelle couleur sont vos vêtements?
3. Décrivez les vêtements que vous portez.
4. Décrivez les vêtements d'un(e) autre étudiant(e).
5. Qu'est-ce que le professeur porte d'habitude?
6. De quelle couleur sont ses vêtements?
7. Qui ne porte jamais de jean dans votre classe de français?
8. Qui porte rarement des chaussures bon marché?
9. Qu'est-ce qu'on porte quand il fait froid?

D. L'adjectif démonstratif

Cette femme est très intelligente.   *That (this) woman is very intelligent.*

Ce vin est excellent!   *This (that) wine is excellent!*

Vous aimez **cet** appartement?   *Do you like this (that) apartment?*

Qui sont **ces** deux personnes?   *Who are those (these) two people?*

	singulier	pluriel
masculin:	ce (cet)	ces
féminin:	cette	ces

■ The demonstrative adjectives are the equivalent of the English adjectives *this (that)* and *these (those)*.

ce garçon	*this boy*	or	*that boy*
cet ami	*this (male) friend*	or	*that (male) friend*
cette amie	*this (female) friend*	or	*that (female) friend*
ces amis	*these friends*	or	*those friends*
ces amies	*these (female) friends*	or	*those (female) friends*

■ **Cet** is used before masculine singular words that begin with a vowel sound. It is pronounced exactly like **cette.**

cet homme	*this man*	or	*that man*
cet autre professeur	*this other teacher*	or	*that other teacher*

■ If the context does not distinguish between the meanings *this* and *that* or *these* and *those*, it is possible to make the distinction by adding **-ci** (for *this/these*) or **-là** (for *that/those*) to the noun.

J'aime beaucoup cette chemise**-ci**.   *I like this shirt a lot.*
Ces femmes**-là** sont françaises.   *Those women are French.*

11 **Au grand magasin** *(At the department store).* While shopping, you overhear a number of comments but are unable to make out all the words. Try to complete the following sentences using one of the demonstrative adjectives **ce, cet, cette,** or **ces,** as appropriate.

1. Vous aimez _____ chaussures? Oui, mais je déteste _____ chemise.
2. _____ pantalon est beau. Mais _____ jupes sont très chères.
3. _____ jean est trop petit pour _____ homme-là.
4. Je ne sais pas comment s'appelle _____ vêtement-là.
5. _____ robes sont jolies, mais _____ sweat-shirt est laid.
6. J'aime beaucoup _____ pull-là, mais je trouve _____ veste trop longue.

12 **Non, je n'aime pas ça.** Your shopping has made you tired and grouchy. Respond to your friend's questions or comments by saying that you dislike the item(s) in question. Use a demonstrative adjective in each response and invent a reason for your disapproval.

MODÈLE: Voilà une robe rouge.
Je n'aime pas beaucoup cette robe; elle est bizarre.

1. Voilà une belle cravate.
2. Voilà un ordinateur!
3. Oh! la petite calculatrice!
4. C'est un beau chapeau!
5. Tu aimes les chaussures vertes?
6. Voilà des chaussettes blanches intéressantes.
7. J'adore le chemisier bleu.
8. Tu aimes la veste de ce monsieur?

13 **Qui est-ce?** Describe as completely as possible the clothing of a fellow classmate.

MODÈLE: **Cette personne porte un pull jaune et un pantalon vert. Elle porte des chaussures marron. Elle ne porte pas de chaussettes. Ses vêtements ne sont peut-être pas très élégants mais ils sont confortables.**

The French answer the phone by saying «**Allô!**».

ENTRE AMIS

Au téléphone

You are meeting a friend for dinner in twenty minutes.

1. Call to find out what s/he is wearing.
2. Find out the colors of his/her clothing.
3. Describe what you are wearing as completely as possible.

3. Describing People and Things

De quelle couleur sont les yeux° et les cheveux° de Michèle?   *eyes / hair*

Elle a les yeux bleus.

Elle a les cheveux blonds.

De quelle couleur sont les yeux et les cheveux de Thierry?

Il a les yeux verts et les cheveux roux°.   *red*

De quelle couleur sont les yeux et les cheveux de Monsieur Monot?

Il a les yeux noirs, mais il n'a pas de cheveux.

Il est chauve°.   *bald*

▶ **Et vous?** De quelle couleur sont vos yeux et vos cheveux?

REMARQUES

Remember that the masculine plural adjective is used with the words **yeux** and **cheveux: les yeux bleus, les cheveux noirs.**

1. Use the definite article **les** with the verb **avoir** to describe the color of a person's hair and eyes.

   Thierry **a les** yeux verts et **les** cheveux roux.

2. The word **cheveu** is almost always used in the plural, which is formed by adding **-x.**

   Michèle a **les cheveux** blonds.

3. Note that the adjective used to describe red hair is **roux** (**rousse**), never **rouge.**

   Il a les cheveux **roux.**

   Notre petite-fille est **rousse.**

4. Use the adjective **brun**(**e**) to describe brown hair, never **marron.**

   Alissa a les cheveux **bruns.**

   Elle est **brune.**

14 **Leurs yeux et leurs cheveux.** Complete the following sentences with a form of the verb **être** or **avoir,** as appropriate.

1. Mon père _____ les yeux bleus. Il _____ chauve.
2. Brigitte et Virginie _____ les cheveux roux.
3. Vous _____ les yeux noirs.
4. De quelle couleur _____ les yeux de votre mère?
5. Elle _____ les yeux verts.
6. Mes oncles _____ les cheveux blonds, mais ils _____ aussi un peu chauves.

15 **De quelle couleur … ?** Ask and answer questions with a partner based on the list below. If you don't know the answer, guess.

MODÈLES: vos yeux
> VOUS: **De quelle couleur sont vos yeux?**
> VOTRE PARTENAIRE: **J'ai les yeux verts.**

les cheveux de votre oncle
> VOUS: **De quelle couleur sont ses cheveux?**
> VOTRE PARTENAIRE: **Il n'a pas de cheveux. Il est chauve.**

1. vos yeux
2. vos cheveux
3. les yeux de votre meilleur(e) ami(e)
4. les cheveux de votre meilleur(e) ami(e)
5. les yeux et les cheveux d'un(e) autre étudiant(e)
6. les cheveux de vos grands-parents
7. les yeux et les cheveux de vos frères et sœurs (ou de vos amis)

E. La place de l'adjectif

un livre **intéressant**	*an interesting book*
une femme **charmante**	*a charming woman*
un **bon** livre	*a good book*
l'**autre** professeur	*the other teacher*

■ Most adjectives (including colors and nationalities) follow the noun they modify.

un homme **charmant**	un garçon **bavard**
une femme **intelligente**	une fille **sportive**
une robe **bleue**	une voiture **française**

■ Certain very common adjectives, however, normally precede the noun.

1. Some that you already know are:

autre	grand	joli
beau	gros	petit
bon	jeune	vieux

2. Two others that usually precede the noun are:

masculin singulier	féminin singulier	masculin pluriel	féminin pluriel	équivalent anglais
mauvais	**mauvaise**	**mauvais**	**mauvaises**	*bad*
nouveau	**nouvelle**	**nouveaux**	**nouvelles**	*new*

> Remember that **nouveau**, like **beau** and **chapeau**, forms the plural by adding **-x.**

3. **Beau, vieux,** and **nouveau** each have a special masculine singular form (**bel, vieil, nouvel**) for use when they precede a noun beginning with a vowel sound. These special forms are pronounced exactly like the feminine forms.

   un **bel** homme   un **vieil** ami   un **nouvel** appartement

4. Adjectives ending in a silent consonant are linked by liaison to words beginning with a vowel sound. When linked, a final **-s** or **-x** is pronounced [z] and a final **-d** is pronounced [t].

   un mauvais [z]hôtel   deux vieux [z]amis   un grand [t]hôtel

5. A few adjectives can be used either before or after the noun. Their position determines the exact meaning of the adjective.

un **ancien** professeur	*a former teacher*
un château **ancien**	*an ancient castle*
le **pauvre** garçon	*the unfortunate boy*
le garçon **pauvre**	*the boy who has no money*

In formal spoken and written French, **des** is replaced by **de** if a plural adjective comes *before* the noun:

des professeurs intelligents	**des** voitures françaises
Mais: **de** bons professeurs intelligents	**d'**autres voitures françaises

16 **C'est vrai.** Restate the following sentence.

MODÈLES: Les chaussures de Monsieur Masselot sont sales.
C'est vrai. Il a des chaussures sales.

L'appartement de Monsieur Masselot est vieux.
C'est vrai. Il a un vieil appartement.

1. L'appartement de Monsieur Masselot est beau.
2. Les enfants de Monsieur Masselot sont jeunes.
3. La femme de Monsieur Masselot est intelligente.
4. Les parents de Monsieur Masselot sont charmants.
5. Le chat de Monsieur Masselot est gros.
6. Le chien de Monsieur Masselot est méchant.
7. La voiture de Monsieur Masselot est mauvaise.
8. L'ordinateur de Monsieur Masselot est nouveau.
9. L'appartement de Monsieur Masselot est grand.
10. Le réfrigérateur de Monsieur Masselot est petit.
11. La cravate de Monsieur Masselot est bleue.
12. Les chaussettes de Monsieur Masselot sont bizarres.

17 **Quelques compliments.** Select items from each of the lists to pay a few compliments. How many compliments can you create? Make all necessary changes.

MODÈLES: **C'est une jolie robe.**
Tu as des chaussures chic.

		robe	joli
		maison	élégant
		appartement	bon
tu as	un	vêtements	magnifique
c'est	une	chemise	intéressant
ce sont	des	chemisier	superbe
		chaussettes	beau
		chaussures	chic
		jean	

Review pp. 22, 94 & 105.

18 **Une identité secrète.** Choose the name of someone famous that everyone will recognize. The other students will attempt to guess the identity of this person by asking questions. Answer only **oui** or **non**.

MODÈLE: **C'est une femme?**
Est-ce qu'elle est belle?
A-t-elle les cheveux roux?
Est-ce qu'elle porte souvent des vêtements élégants? etc.

ENTRE AMIS

Mon ami(e)

1. Find out the name and age of your partner's best friend.
2. Find out that friend's hair and eye color.
3. Inquire about the clothing that that friend usually wears.
4. What else can you find out about that friend?
5. Repeat the information you obtained in order to verify it.

4. Describing What You Do at Home

Que fais°-tu chez toi°, Catherine?   *do / at home*
    Je regarde la télé ou j'écoute la radio.
    J'étudie et je fais mes devoirs°.   *homework*
    Je fais souvent la cuisine°.   *the cooking*
    Je parle avec mes parents.
    Je fais quelquefois la vaisselle°.   *the dishes*
    Je fais rarement le ménage°.   *housework*

▶ **Et vous?** Que faites-vous chez vous?

VOCABULAIRE

Des choses qu'on fait

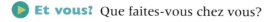

les courses	*errands; shopping*	une promenade	*walk; ride*
la cuisine	*cooking; food*	les provisions	*groceries*
les devoirs	*homework*	la sieste	*nap*
la lessive	*wash; laundry*	la vaisselle	*dishes*
le ménage	*housework*		

F. Le verbe *faire*

Je déteste **faire** les courses, mais j'aime **faire** la liste.	*I hate doing the shopping, but I like making the list.*
Ma mère **fait** des provisions.	*My mother does the grocery shopping.*
Mes sœurs **font** la cuisine.	*My sisters do the cooking.*
Et c'est moi qui **fais** la vaisselle.	*And I'm the one who does the dishes.*
Nous **faisons** tous la lessive.	*We all do the wash.*

faire *(to do; to make)*			
je	**fais**	nous	**faisons**
tu	**fais**	vous	**faites**
il/elle/on	**fait**	ils/elles	**font**

■ The **-ai-** in **nous faisons** is pronounced [ə] as in **le, de,** etc.

■ The plural **les devoirs** means *homework.* The singular **la vaisselle** means *the dishes.* The plural **les courses** means *the shopping.*

Je fais **mes devoirs.**	*I do my homework.*
Qui aime faire **la vaisselle?**	*Who likes to do the dishes?*
Nous faisons **nos courses** ensemble.	*We do our shopping together.*

■ There are a number of idiomatic uses of the verb **faire.**

Je ne **fais** jamais **la sieste.**	*I never take a nap.*
Veux-tu **faire une promenade?**	*Would you like to take a walk?*
Quel temps fait-il?	*What is the weather like?*
Il fait chaud.	*It's hot out.*
Faites attention!	*Pay attention!* or *Watch out!*

■ A question using **faire** does not necessarily require the verb **faire** in the response.

Que **faites**-vous?
Je *patine,* je *chante,* je *regarde* la télé, j'*écoute* la radio, etc.

19 **Nous faisons beaucoup de choses.** Use the list below to create as many factual sentences as you can.

MODÈLES: **Mon petit ami ne fait jamais de promenade.**
Ma mère ne fait jamais la sieste.
Nous faisons souvent les courses.

mes amis			la lessive
mon petit ami		toujours	la vaisselle
ma petite amie		d'habitude	la sieste
ma mère	faire	souvent	les courses
mon père		quelquefois	la cuisine
nous (ma famille)		rarement	une promenade
je		ne ... jamais	le ménage
			des provisions
			attention

20 **À vous.** Answer the following questions.

1. Faites-vous toujours vos devoirs?
2. Faites-vous la sieste l'après-midi?
3. Faites-vous souvent des promenades?
4. Faites-vous quelquefois la cuisine pour vos amis?
5. Est-ce que vous aimez la cuisine italienne?
6. Qui fait le ménage d'habitude dans votre famille?
7. Qui fait généralement la lessive?

ENTRE AMIS

Chez toi

1. Find out where your partner lives.
2. Find out who does the grocery shopping and who does the cooking at his/her house.
3. How much can you find out about what your partner does or does not do at home?

En France, on aime faire ses courses au marché.

5. Identifying Someone's Profession

—Chantal, qu'est-ce que tu veux faire dans la vie?° *what do you want to do in life?*
—Je voudrais être journaliste. Et toi?
—Je ne sais pas encore.° *I don't know yet.*

> A more extensive list of professions can be found in Appendix B at the end of this book.

▶ **Et vous?** Qu'est-ce que vous voulez faire dans la vie?

VOCABULAIRE

Quelques professions

architecte		*ingénieur	*engineer*
artiste		interprète	
assistant(e) social(e)	*social worker*	journaliste	
athlète		*médecin	*doctor*
avocat(e)	*lawyer*	ménagère	*housewife*
*cadre	*executive*	*militaire	*serviceman (-woman)*
comptable	*accountant*	ouvrier (ouvrière)	*laborer*
cuisinier (cuisinière)	*cook*	patron(ne)	*boss*
*écrivain	*writer*	pharmacien(ne)	
employé(e)		*professeur	
fermier (fermière)	*farmer*	programmeur	
fonctionnaire	*civil servant*	(programmeuse)	
homme (femme) d'affaires	*businessman (-woman)*	secrétaire	
homme (femme) politique	*politician*	vendeur (vendeuse)	*salesperson*
infirmier (infirmière)	*nurse*		

*Certain professions are used only with masculine articles and adjectives (**un, mon, ce**) for a woman, as well as a man:* **Elle est médecin. C'est un médecin.**

> Nouns of profession, nationality, and religion all act like adjectives when used this way.

REMARQUES

1. There are two ways to identify someone's profession:

   • One can use a name or a subject pronoun + **être** + profession, without any article.

Céline **est artiste.**	*Céline is an artist.*
Je **suis pharmacienne.**	*I am a pharmacist.*
Il **est ouvrier.**	*He is a factory worker.*

   • For *he, she,* and *they,* one can also say **c'est (ce sont)** + indefinite article + profession.

C'est un professeur.	*He (she) is a teacher.*
Ce n'est pas un employé; c'est le patron.	*He isn't an employee; he's the boss.*
Ce sont des fonctionnaires.	*They are civil servants.*

2. To give more detail, one can use a possessive adjective or an article with an adjective. **C'est (ce sont)**, not **il/elle est (ils/elles sont)**, is used.

C'est ton secrétaire?	*Is he your secretary?*
Monique est une athlète **excellente.**	*Monique is an excellent athlete.*
Ce sont des cuisiniers **français.**	*They are French cooks.*

21 **Que voulez-vous faire?** Use the vocabulary list above to select professions that you would like and professions that you would not like.

MODÈLE: **Je voudrais être journaliste mais je ne voudrais pas être écrivain.**

22 **Qu'est-ce qu'il faut faire?** *(What do you have to do?)* The following sentences tell what preparation is needed for different careers. Complete the sentences with the name of the appropriate career(s).

MODÈLE: Il faut étudier la biologie pour être **médecin, dentiste** ou **infirmier.**

1. Il faut étudier la pédagogie pour être ...
2. Il faut étudier la comptabilité pour être ...
3. Il faut étudier le commerce pour être ...
4. Il faut étudier le journalisme pour être ...
5. Il faut étudier l'agriculture pour être ...
6. Il faut parler deux ou trois langues pour être ...
7. Il faut désirer aider les autres pour être ...
8. Il faut avoir une personnalité agréable pour être ...
9. Il faut faire très bien la cuisine pour être ...

Réalités culturelles

Jean Piaget, psychologue et pédagogue suisse

Jean Piaget, well-known researcher in cognitive psychology, was born in the French-speaking part of Switzerland on August 9, 1896. While still in secondary school, he wrote a short paper on an albino sparrow that started him on a brilliant scientific career. He later obtained a doctorate in natural science from the University of Neuchâtel and moved to France, where he developed an interest in psychoanalysis and standardized intelligence tests.

Piaget wrote over sixty books and several hundred articles. Among Piaget's contributions is his attempt to map out the various cognitive stages through which children move as they transition from childhood to adolescence. For instance, Piaget noticed that during the first years of children's cognitive development, they do not realize that an object still exists if it moves out of sight ("object permanence"); that they see things only from their own perspectives ("egocentrism"); and that prior to the age of seven, children fail the "conservation" test and believe that, for instance, a liter of water increases in quantity if it is poured into a skinny, tall container and loses quantity if it is poured into a flat, larger container. Piaget's keen observations have contributed immensely to our understanding of child psychology. Educators in Europe and the United States have used his research to build effective and responsive primary education curricula. Jean Piaget died in Geneva on September 16, 1980.

G. Les mots interrogatifs *qui, que* et *quel*

Qui fait la cuisine dans votre famille?	*Who does the cooking in your family?*
Que faites-vous après le dîner?	*What do you do after dinner?*
À **quelle** heure dînez-vous?	*At what time do you eat dinner?*

■ **Qui** *(who, whom)* is a pronoun. Use it in questions as the subject of a verb or as the object of a verb or preposition.

Qui est-ce?	*Who is it?*
Qui regardez-vous?	*At whom are you looking?*
Avec **qui** parlez-vous?	*With whom are you talking?*

■ **Que** *(what)* is also a pronoun. Use it in questions as the object of a verb. It will be followed either by inversion of the verb and subject or by **est-ce que.** There are therefore two forms of this question: **Que ... ?** and **Qu'est-ce que ... ?**

Que font-ils?	
Qu'est-ce qu'ils font?	*What do they do?*

■ Don't confuse **Est-ce que ... ?** (simple question) and **Qu'est-ce que ... ?** *(What?).*

Est-ce que vous voulez danser?	*Do you want to dance?*
Qu'est-ce que vous voulez faire?	*What do you want to do?*
Qu'est-ce qu'il y a?	*What is it? What's the matter?*

■ **Quel** *(which, what)* is an adjective. It is always used with a noun and agrees with the noun.

Quel temps fait-il?	*What is the weather like?*
Quelles actrices aimez-vous?	*Which actresses do you like?*

	singulier	pluriel
masculin	**quel**	**quels**
féminin	**quelle**	**quelles**

NOTE

The noun may either follow **quel** or be separated from it by the verb **être.**

Quels vêtements portez-vous?	*Which clothes are you wearing?*
Quelle est votre **adresse?**	*What is your address?*

23 **Quelles questions!** Ask questions using the appropriate form of **quel** with the words provided below.

MODÈLE: votre profession
Quelle est votre profession?

1. heure/il est
2. à/heure/vous mangez
3. temps/il fait
4. votre nationalité
5. âge/vous avez
6. vêtements/vous portez/quand il fait chaud
7. votre numéro *(m.)* de téléphone
8. de/couleur/vos yeux

24 *Qui, que ou quel?* Complete the following sentences.

1. _____ fait le ménage chez toi?
2. _____ font tes parents?
3. _____ âge ont tes amis?
4. De _____ couleur sont les cheveux du professeur?
5. Avec _____ parles-tu français?
6. À _____ heure dînes-tu d'habitude?
7. _____ désires-tu faire dans la vie?
8. _____ fais-tu après le dîner?

25 **À vous.** Answer the following questions.

1. Avez-vous des frères ou des sœurs? Si oui, que font-ils à la maison? Qu'est-ce qu'ils désirent faire dans la vie?
2. Que voulez-vous faire dans la vie?
3. Qu'est-ce que vous étudiez ce semestre?
4. Qu'est-ce que votre meilleur(e) ami(e) désire faire dans la vie?
5. Qui fait la cuisine chez vous?
6. À quelle heure faites-vous vos devoirs d'habitude?
7. Que font vos amis après le dîner?
8. Qui ne fait jamais la vaisselle?

ENTRE AMIS

Dans un avion *(In an airplane)*

1. Greet the person sitting next to you on the plane.
2. Find out his/her name and address.
3. Find out what s/he does.
4. What can you find out about his/her family?
5. Find out what the family members do.

Intégration www ⊙

Révision

Ⓐ **Portraits personnels.** Provide the information requested below.

1. Décrivez les membres de votre famille.
2. Décrivez votre meilleur(e) ami(e).
3. Décrivez une personne dans la salle de classe. Demandez à votre partenaire de deviner *(guess)* l'identité de cette personne.

Ⓑ **Trouvez quelqu'un qui ...** Interview your classmates in French to find someone who ...

MODÈLE: wants to be a doctor
Est-ce que tu désires être médecin?

1. likes to wear jeans and a sweatshirt
2. is wearing white socks
3. never wears a hat
4. has green eyes
5. likes to cook
6. likes French food
7. hates to do housework
8. wants to be a teacher
9. takes a nap in the afternoon

Ⓒ **Début de rédaction.** Write a description of two people you know. Describe their personality, hair and eye color, and taste in clothing. Indicate what they like to do. Can you also describe their (future) profession?

MODÈLE: **Anne Smith est étudiante. C'est une jeune fille travailleuse et très gentille. Elle est assez grande et elle a les cheveux bruns et les yeux noirs. Anne porte d'habitude des vêtements simples et confortables. Elle fait bien la cuisine et elle adore la cuisine française. Elle désire être femme d'affaires.**

Ⓓ **À vous.** Answer the following questions.

1. De quelle couleur sont les vêtements que vous portez aujourd'hui?
2. Qu'est-ce que vos amis portent en classe d'habitude?
3. Quels vêtements aimez-vous porter quand il fait chaud?
4. De quelle couleur sont les yeux de votre meilleur(e) ami(e)?
5. De quelle couleur sont les cheveux de votre meilleur(e) ami(e)?
6. Que faites-vous à la maison?
7. Que font les autres membres de votre famille chez vous?
8. Que voulez-vous faire dans la vie?
9. Qu'est-ce que votre meilleur(e) ami(e) désire faire?

Négociations: **Nos amis.** Work with your partner to complete the forms. Your partner's form is in Appendix D. Ask questions to determine the information that is missing.

MODÈLE: **Est-ce que Marie a les yeux bleus?**

A

nom	yeux	cheveux	description	à la maison	dans la vie	vêtement
Marie	verts			vaisselle	avocate	
Alain		bruns	calme		professeur	cravate
Chantal	marron		extrovertie			lunettes
Éric		chauve		cuisine		veste
Karine		blonds				
Pierre	bleus		sportif	ménage	vendeur	
Sylvie	gris					chaussures
Jean		noirs	travailleur	sieste	ingénieur	

Lecture 1

Ⓐ **Parcourez les petites annonces.** Glance at the classified ads below to find out what kind of job each one is advertising. Guess which one would pay the most. Which ones require a car? Which ones do not require experience? Which ones are for summer employment only?

Offres d'emploi

1 _____

Bébé, un an et demi, cherche fille au pair de nationalité américaine ou canadienne, expérience avec enfants. Appelez Cunin en fin de matinée 02.43.07.47.26.

2 _____

Nous recherchons des secrétaires bilingues. Appelez l'Agence bilingue Paul Grassin au 02.42.76.10.14.

3 _____

Professeurs anglophones pour enseigner l'anglais aux lycéens étrangers en France, école internationale, château. Deux sessions: du 30 juin au 21 juillet; du 25 juillet au 14 août. Tél. 02.41.93.21.62.

4 _____

Famille offre logement et repas en échange de baby-sitting le soir et certains week-ends. Les journées sont libres. Écrivez BP 749, 49000 Angers.

5 _____

Opportunité de carrière. Compagnie internationale, établie depuis 71 ans, est à la recherche de jeunes personnes ambitieuses pour compléter son équipe commerciale. Si vous avez une apparence soignée, si vous êtes positif(ve), si vous possédez une voiture, appelez-nous au 02.41.43.00.22.

6 _____

Vous cherchez un job d'été (juillet et août) bien rémunéré, vous aimez discuter et vous possédez une voiture: venez rejoindre notre équipe de commerciaux. Formation assurée. Débutants acceptés. Tél. 02.41.43.15.80.

B **Cela vous intéresse?** *(Does this interest you?)* Reorder the classified ads above according to how much they appeal to you (which ones you would apply for and in what order). Be prepared to explain your reasons.

C **Votre petite annonce.** Write a classified ad to say you are looking for work in France. Mention your personal description and experience and include the fact that you speak French. Be sure to tell how you can be contacted.

Lecture II

A **Étude du vocabulaire.** Study the following sentences and choose the English words that correspond to the French words in bold print: *knits, killed, no more, war, nothing.*

1. Cet étudiant paresseux **ne** travaille **plus**.
2. Oui, il **ne** fait **rien**.
3. Ma grand-mère **tricote** souvent des vêtements. Elle **fait du tricot** quand elle regarde la télévision.
4. Il y a des militaires qui sont **tués** pendant la **guerre**.

B **Correspondances.** The poet associates each of the family members with specific activities. Read the poem and then identify the person(s) that the poet associates with the activities in the right-hand column.

	___ fait la guerre
	___ fait des affaires
a. le fils	___ fait du tricot
b. la mère	___ est tué
c. le père	___ est ménagère
	___ est homme d'affaires
	___ est militaire
	___ vont au cimetière

Familiale

La mère fait du tricot
Le fils fait la guerre
Elle trouve ça tout naturel la mère
Et le père qu'est-ce qu'il fait le père?
Il fait des affaires
Sa femme fait du tricot
Son fils la guerre
Lui[1] des affaires
Il trouve ça tout naturel le père

---

1. *him*

Et le fils et le fils
Qu'est-ce qu'il trouve le fils?
Il ne trouve rien absolument rien le fils
Le fils sa mère fait du tricot son père des affaires lui la guerre
Quand il aura fini[2] la guerre
Il fera[3] des affaires avec son père
La guerre continue la mère continue elle tricote
Le père continue il fait des affaires
Le fils est tué il ne continue plus
Le père et la mère vont au cimetière
Ils trouvent ça naturel le père et la mère
La vie continue la vie avec le tricot la guerre les affaires
Les affaires la guerre le tricot la guerre
Les affaires les affaires et les affaires
La vie avec le cimetière.

Jacques Prévert, Éditions Gallimard

2. *will have finished*   3. *will do*

C **Questions.** Answer the following questions in French.

1. Qui sont les personnages du poème?
2. Quel est le rôle de chaque personnage?
3. Qu'est-ce que le père et la mère trouvent naturel?

D **Discussion.**

1. Prévert wrote this poem shortly after the Second World War. What does the poem reveal about his experience of war?
2. What words are repeated in the poem? How does the poet use repetition to reinforce his message?

E **Familles de mots.** Can you guess the meaning of the following words? At least one member of each word family is found in the reading.

1. tricoter, le tricot, un tricoteur, une tricoteuse
2. vivre, vivant(e), la vie
3. la nature, naturel, naturelle, naturellement

VOCABULAIRE ACTIF

Quelques professions

un(e) assistant(e) social(e) *social worker*
un(e) avocat(e) *lawyer*
un cadre *executive*
un(e) comptable *accountant*
un cuisinier/une cuisinière *cook*
un écrivain *writer*
un(e) employé(e) *employee*
un fermier/une fermière *farmer*
un(e) fonctionnaire *civil servant*
un homme d'affaires/une femme d'affaires *businessman/business-woman*
un homme politique/une femme politique *politician*
un infirmier/une infirmière *nurse*
un ingénieur *engineer*
un médecin *doctor*
une ménagère *housewife*
un(e) militaire *serviceman (-woman)*
un ouvrier/une ouvrière *laborer*
un(e) patron(ne) *boss*
un vendeur/une vendeuse *salesman/saleswoman*

Description personnelle

avare *miserly; stingy*
bavard(e) *talkative*
calme *calm*
chauve *bald*
compréhensif (compréhensive) *understanding*
désagréable *disagreeable*
discret (discrète) *discreet; reserved*
ennuyeux (ennuyeuse) *boring*
extroverti(e) *outgoing*
généreux (généreuse) *generous*
gentil (gentille) *nice*
heureux (heureuse) *happy*
impatient(e) *impatient*
intellectuel (intellectuelle) *intellectual*
intelligent(e) *intelligent*
intéressant(e) *interesting*
intolérant(e) *intolerant*
méchant(e) *nasty; mean*
naïf (naïve) *naive*
nerveux (nerveuse) *nervous*

optimiste *optimistic*
paresseux (paresseuse) *lazy*
patient(e) *patient*
pessimiste *pessimistic*
sportif (sportive) *athletic*
stupide *stupid*
travailleur (travailleuse) *hard-working*
triste *sad*

Des choses qu'on fait

les courses (f. pl.) *errands; shopping*
la cuisine *cooking; food*
les devoirs (m. pl.) *homework*
la lessive *wash; laundry*
le ménage *housework*
une promenade *walk; ride*
les provisions (f. pl.) *groceries*
la sieste *nap*
la vaisselle *dishes*

D'autres noms

une adresse *address*
une carte postale *postcard*
les cheveux (m. pl.) *hair*
une chose *thing*
une couleur *color*
le dîner *dinner*
les gens *people*
un magasin *store*
une note *note; grade, mark*
un numéro de téléphone *telephone number*
un souvenir *memory, recollection; regards*
le temps *weather*
la vie *life*
une ville *city*
les yeux (m. pl.) *eyes*

Adjectifs de couleur

beige *beige*
blanc (blanche) *white*
bleu(e) *blue*
blond(e) *blond*
brun(e) *brown(-haired)*
gris(e) *grey*
jaune *yellow*
marron *brown*

noir(e) *black*
orange *orange*
rose *pink*
rouge *red*
roux (rousse) *red(-haired)*
vert(e) *green*
violet(te) *purple*

Pour décrire les vêtements

bizarre *weird, funny-looking*
bon marché *inexpensive*
cher (chère) *dear; expensive*
chic *chic; stylish*
confortable *comfortable*
élégant(e) *elegant*
ordinaire *ordinary, everyday*
propre *clean*
sale *dirty*
simple *simple, plain*

Vêtements

des baskets (f.) *high-top sneakers*
un blouson *windbreaker, jacket*
des bottes (f.) *boots*
une ceinture *belt*
un chapeau *hat*
des chaussettes (f.) *socks*
des chaussures (f.) *shoes*
une chemise *shirt*
un chemisier *blouse*
un complet *suit*
une cravate *tie*
un foulard *scarf*
des gants (m.) *gloves*
un imperméable *raincoat*
un jean *(pair of) jeans*
une jupe *skirt*
des lunettes (f. pl.) *eyeglasses*
un manteau *coat*
une montre *watch*
un pantalon *(pair of) pants*
un pull-over (un pull) *sweater*
une robe *dress*
un short *(pair of) shorts*
un sweat-shirt *sweatshirt*
un tee-shirt *tee-shirt*
des tennis (f.) *tennis shoes*
une veste *sportcoat*
un vêtement *an article of clothing*

D'autres adjectifs

ce/cet (cette) *this; that*
ces *these; those*
mauvais(e) *bad*
nouveau/nouvel (nouvelle) *new*

Pronoms

cela (ça) *that*
toi *you*
tous (*m. pl.*) *all*

Verbes

dîner *to eat dinner*
donner *to give*
faire *to do; to make*
garder *to keep; to look after*
porter *to wear; to carry*

Quand? (Adverbes de fréquence)

aujourd'hui *today*
d'habitude *usually*
généralement *generally*
jamais (ne ... jamais) *never*
quand *when*
quelquefois *sometimes*
rarement *rarely*
toujours *always*

Mots invariables

ici *here*
puis *then; next*

Mots interrogatifs

que ... ? *what ... ?*
qu'est-ce que ... ? *what ... ?*
quel(le) ... ? *which ... ? what ... ?*

Expressions utiles

Au contraire! *On the contrary!*
avec mon meilleur souvenir *with my best regards*
Comment est (sont) ... ? *What is (are) ... like?*
De quelle couleur est (sont) ... ? *What color is (are) ... ?*
en classe *in class; to class*
faire attention *to pay attention*
Il fait chaud. *It's hot out.*
Il faut ... *It is necessary ...*
Quel temps fait-il? *What is the weather like?*
Qu'est-ce que c'est? *What is this?*

Quoi de neuf?

Buts communicatifs

Expressing future time
Telling time
Explaining your schedule
Telling where to find
    places

Structures utiles

À + article défini
Le verbe **aller** (suite)
L'heure
Les jours de la semaine
Le verbe **devoir**
Quelques prépositions de
    lieu
L'impératif
Les prépositions de lieu
    avec une ville ou un pays
Les mots interrogatifs **où**
    et **quand**

Culture

• *À propos*
Quelques malentendus
    culturels

• *Il y a un geste*
Au revoir/Salut
La bise

• *Lectures*
Vos vacances à Angers
«Village natal»

Coup d'envoi

Prise de contact   ## Qu'est-ce que vous allez faire?

Qu'est-ce que tu vas faire° le week-end prochain°, Sylvie?	*What are you going to do next weekend*
Je vais sortir vendredi° soir.	*I'm going to go out on Friday*
Je vais danser parce que j'adore danser.	
Je vais déjeuner dimanche° avec mes amis.	*I'm going to have lunch on*
Je vais aller à la bibliothèque.°	*Sunday / I'm going to go to the library.*
Je vais étudier et faire mes devoirs.	
Mais je ne vais pas rester° dans ma	*to stay*
chambre tout le week-end°.	*the whole weekend*

▶ **Et vous?**   Qu'est-ce que vous allez faire le week-end prochain? Où allez-vous étudier?

Une sortie

C'est vendredi après-midi. Lori rencontre° son amie Denise — meets
après° son cours de littérature française. — after

LORI:	Salut, Denise. Comment vas-tu?
DENISE:	Bien, Lori. Quoi de neuf?° — *What's new?*
	(Elles s'embrassent° trois fois°.) — *kiss / times*
LORI:	Pas grand-chose°, mais c'est vendredi et je n'ai — *Not much*
	pas l'habitude de passer° tout le week-end — *I'm not used to spending*
	dans ma chambre. Tu as envie d'aller au — *Do you feel like going to the*
	cinéma?° — *movies?*
DENISE:	Quand ça?
LORI:	Ce soir ou demain° soir? — *tomorrow*
DENISE:	Ce soir je ne suis pas libre°. Mais demain — *free*
	peut-être. Tu vas voir° quel film? — *to see*
LORI:	Ça m'est égal.° Il y a toujours un bon film au — *I don't care.*
	cinéma Variétés.
DENISE:	D'accord°, très bien. À quelle heure? — *Okay*
LORI:	Vers 7 heures et demie°. Ça va?° Rendez-vous — *Around 7:30 / Okay?*
	devant° le cinéma? — *in front of*
DENISE:	C'est parfait°. — *perfect*
LORI:	Bonne soirée, Denise, et à demain soir.

▶ **Jouez ces rôles.** Répétez la conversation avec votre partenaire. Utilisez vos noms et le nom d'un cinéma près de chez vous.

Il y a un geste

Au revoir/Salut. When waving goodbye, the open palm, held at about ear level, is normally turned toward the person to whom one is waving. It is often moved toward the other person.

La bise. The French kiss their friends and relatives on both cheeks. This is referred to as **faire la bise.** The number of times that their cheeks touch varies, however, from one region to another: twice in Besançon, three or four times in Angers, and four times in Quimper! In Paris, the number varies from two to four, most likely because people have moved to the capital from different regions.

À propos

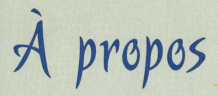

Pourquoi est-ce que Lori et Denise s'embrassent trois fois?

  a. Elles sont superstitieuses.
  b. Denise habite à Angers et elle a l'habitude d'embrasser ses amis trois fois.
  c. En France on embrasse tout le monde.

Quelques malentendus culturels

A possible misunderstanding may result from the use of expressions that seem to be equivalent in two languages. In the United States, for example, the expression *see you later* is often used as an alternate to *goodbye,* without necessarily implying any real meeting in the near future. This has proven to be frustrating for French visitors, for whom *see you later* is interpreted as meaning *see you soon.* Likewise, any North American who uses the French expression **À tout à l'heure** should realize that this implies that the people in question will be meeting again very soon.

This example is perhaps a useful springboard to understanding one of the basic differences between North Americans and the French: while typically more hesitant to extend an invitation to their home and certainly more reluctant to chat with strangers, once an invitation is extended or a conversation begun, the French take it seriously. North Americans may complain about not being invited to French homes right away, but they themselves have readily and casually extended invitations to "come and see us" and have then been surprised when French acquaintances write to say they are actually coming.

Another source of error for English speakers is the attempt to translate expressions such as *good morning* and *good afternoon* literally when greeting someone. **Bon**

après-midi is used only when taking leave of someone. When saying hello, the only common expressions in French are **bonjour, bonsoir,** and **salut.** When saying good-bye, however, the range of possible expressions is much more extensive, as can be seen in the list below.

VOCABULAIRE

Pour dire *au revoir*

à bientôt	*see you soon*	bon après-midi	*have a good afternoon*
à demain	*see you tomorrow*	bonne journée	*have a good day*
à la prochaine	*until next time, be seeing you*	bonne nuit	*pleasant dreams* (lit. *good night*)
à tout à l'heure	*see you in a little while*	bonne soirée	*have a good evening*
au plaisir (de vous revoir)	*(I hope to) see you again*	bonsoir	*good evening, good night*
		salut	*bye(-bye)* (fam.)
au revoir	*goodbye, see you again*	tchao	*bye* (fam.)

▶ **À vous.** Répondez.

1. Comment allez-vous?
2. Allez-vous rester dans votre chambre ce soir?
3. À quelle heure allez-vous faire vos devoirs?
4. Qu'est-ce que vous allez faire demain soir?
5. Avez-vous envie d'aller au cinéma?

ENTRE AMIS

Le week-end prochain

1. Greet your partner.
2. Find out how s/he is doing.
3. Find out what s/he is going to do this weekend.
4. Find out if s/he wants to go to a movie.
5. If so, agree on a time.
6. Be sure to vary the way you say goodbye.

Prononciation

Les syllabes ouvertes

■ There is a strong tendency in French to end spoken syllables with a vowel sound. It is therefore important to learn to link a pronounced consonant to the vowel that follows it.

il a	[i la]	votre ami	[vɔ tʀa mi]
elle a	[ɛ la]	femme américaine	[fa ma me ʀi kɛn]

■ The above is also true in the case of liaison. Liaison must occur in the following situations.

Synthèse: les liaisons obligatoires

	Alone	*With liaison*
1. when a pronoun is followed by a verb	nou**s** vou**s**	nou**s** [z]a vons vou**s** [z]êtes
2. when a verb and pronoun are inverted	es**t** on**t** son**t**	es**t**-[t]elle on**t**-[t]ils son**t**-[t]ils
3. when an article or adjective is followed by a noun	u**n** de**s** deu**x** troi**s** mo**n** peti**t**	u**n** [n]homme de**s** [z]en fants deu**x** [z]heures troi**s** [z]ans mo**n** [n]a mi peti**t** [t]a mi
4. after one-syllable adverbs or prepositions	trè**s** e**n** dan**s**	trè**s** [z]im por tant e**n** [n]A mé rique dan**s** [z]une fa mille

Buts communicatifs

1. Expressing Future Time

Qu'est-ce que tu vas faire samedi° prochain, Julien? — *Saturday*

D'abord° je vais jouer au tennis avec mes amis. — *First (of all)*

Ensuite° nous allons étudier° à la bibliothèque. — *Next / we're going to study*

Je n'aime pas manger seul°, alors après°, nous allons dîner ensemble au restaurant universitaire. — *alone / so after(wards)*

Enfin°, nous allons regarder la télé. — *Finally*

> **Et vous?** Qu'est-ce que vous allez faire?

NOTE CULTURELLE

Le restaurant universitaire, qu'on appelle d'habitude **le Resto U,** est très bon marché. C'est parce qu'en France on subventionne *(subsidizes)* en partie les repas *(meals)* des étudiants. Si on a une carte d'étudiant, on bénéficie d'une réduction du prix des repas.

A. À + article défini

Céline ne travaille pas **à la** bibliothèque. — *Céline doesn't work at the library.*

Elle travaille **au** restaurant universitaire. — *She works in the dining hall.*

> Remember to consult Appendix C, the Glossary of Grammatical Terms, at the end of the book to review any terms with which you are not familiar.

■ The preposition **à** can mean *to, at,* or *in,* depending on the context. When used with the articles **la** and **l',** it does not change, but when used with the articles **le** and **les,** it is contracted to **au** and **aux.**

à	+	le	**au**	au restaurant
à	+	les	**aux**	aux toilettes
à	+	la	**à la**	à la maison
à	+	l'	**à l'**	à l'hôtel

■ Liaison occurs when **aux** precedes a vowel sound:

aux [z]États-Unis.

V O C A B U L A I R E

Quelques endroits *(A few places)*

Sur le campus

un bâtiment	*building*	une librairie	*bookstore*
une bibliothèque	*library*	un parking	*parking lot, garage*
une cafétéria	*cafeteria*	une piscine	*swimming pool*
un campus	*campus*	une résidence	
un couloir	*hall, corridor*	(universitaire)	*dormitory*
un cours	*course, class*	une salle de classe	*classroom*
un gymnase	*gymnasium*	les toilettes *(f. pl.)*	*restroom*

En ville

un aéroport	*airport*	une école	*school*
une banque	*bank*	une église	*church*
un bistro	*bar and café*	une épicerie	*grocery store*
une boulangerie	*bakery*	une gare	*railroad station*
un bureau de poste	*post office*	un hôtel	*hotel*
un bureau de tabac	*tobacco shop*	un musée	*museum*
un centre	*shopping center,*	une pharmacie	*pharmacy*
commercial	*mall*	un restaurant	*restaurant*
un château	*chateau, castle*	une ville	*city*
un cinéma	*movie theater*		

Do not pronounce the **c** in the word **tabac**.

I **Qu'est-ce que c'est?** Identifiez les endroits suivants.

MODÈLE: **C'est une église.**

1.

2.

3.

4.

5.

6.

2 **Où vas-tu?** Posez la question. Votre partenaire va répondre d'après le modèle *(according to the model)*.

MODÈLE: restaurant (bibliothèque)
—**Tu vas au restaurant?**
—**Non, je ne vais pas au restaurant; je vais à la bibliothèque.**

1. bureau de poste (pharmacie)
2. église (centre commercial)
3. restaurant (cinéma)
4. librairie (bibliothèque)
5. hôtel (appartement de ma sœur)
6. gare (aéroport)

3 **Qu'est-ce que vous allez faire?** Indiquez vos projets avec **Je vais à** + article défini et les mots donnés *(given)*. Utilisez aussi les mots **d'abord, ensuite** et **après**.

MODÈLE: banque, centre commercial, épicerie
D'abord je vais à la banque, ensuite je vais au centre commercial et après je vais à l'épicerie.

1. école, bibliothèque, librairie
2. banque, restaurant, aéroport
3. bureau de poste, pharmacie, cinéma
4. église, campus, résidence

ENTRE AMIS

D'abord, ensuite, après

1. Tell your partner that you are going to go out.
2. S/he will try to guess three places where you are going.
3. S/he will try to guess in what order you are going to the three places.

B. Le verbe *aller* (*suite*)

Je vais en classe à 8 heures.	*I go to class at eight o'clock.*
Allez-vous en ville ce soir?	*Are you going into town this evening?*
Où **allons-nous** dîner?	*Where are we going to eat dinner?*
Les petits Français ne **vont** pas à l'école le mercredi.	*French children don't go to school on Wednesday.*

■ The fundamental meaning of **aller** is *to go.*

Où **vas-tu?**   *Where are you going?*

Review the conjugation of **aller** on p. 36.

■ As you have already learned, the verb **aller** is also used to discuss health and well-being.

Comment allez-vous?	*How are you?*
Je vais bien, merci.	*I'm fine, thanks.*
Ça va, merci.	*Fine, thanks.*

■ The verb **aller** is also very often used with an infinitive to indicate the future, especially the near future.

Qu'est-ce que **tu vas faire** ce soir?	*What are you going to do this evening?*
Je vais étudier, comme d'habitude.	*I'm going to study, as usual.*
Nous allons passer un test demain.	*We are going to take a test tomorrow.*
Thierry **ne va pas déjeuner** demain.	*Thierry won't eat lunch tomorrow.*

4 **Comment vont-ils?** Utilisez le verbe **aller** pour poser des questions. Votre partenaire va répondre.

MODÈLE: ton frère
> VOUS: **Comment va ton frère?**
> VOTRE PARTENAIRE: **Il va très bien, merci.**   ou
>   **Quel frère? Je n'ai pas de frère.**

1. tes amis du cours de français
2. tu
3. ton professeur de français
4. ta sœur

5. ton ami(e) qui s'appelle _____
6. tes grands-parents
7. ta nièce
8. tes neveux

VOCABULAIRE

Quelques expressions de temps (futur)

Several of these expressions can be preceded by **à** to mean *"See you ..."* or *"Until ...,"* e.g., **à ce soir, au week-end prochain.**

tout à l'heure	*in a little while*
dans une heure	*one hour from now*
ce soir	*tonight*
avant (après) le dîner	*before (after) dinner*
demain (matin, soir)	*tomorrow (morning, evening)*
dans trois jours	*three days from now*
le week-end prochain	*next weekend*
la semaine prochaine	*next week*
la semaine suivante	*the following week*

5 **Que vont-ils faire ce soir?** Qu'est-ce qu'ils vont faire et qu'est-ce qu'ils ne vont pas faire? Si vous ne savez pas, devinez. *(If you don't know, guess.)*

MODÈLE: mes parents / jouer au tennis ou regarder la télévision
Ce soir, ils vont regarder la télévision; ils ne vont pas jouer au tennis.

1. je / sortir ou rester dans ma chambre
2. le professeur / dîner au restaurant ou dîner à la maison
3. mes amis / étudier à la bibliothèque ou étudier dans leur chambre
4. je / regarder la télévision ou faire mes devoirs
5. mon ami(e) _____ / travailler sur ordinateur ou aller au centre commercial
6. les étudiants / rester sur le campus ou aller au bistro

6 **À vous.** Répondez.

1. Qu'est-ce que vous allez faire ce soir?
2. Qu'est-ce que vos amis vont faire?
3. Qui va passer un test cette semaine?
4. Où allez-vous déjeuner demain midi?
5. Où et à quelle heure allez-vous dîner demain soir?
6. Allez-vous dîner seul(e) ou avec une autre personne?
7. Quand allez-vous étudier? Avec qui?
8. Qu'est-ce que vous allez faire samedi prochain?
9. Qu'est-ce que vous allez faire dimanche après-midi?

ENTRE AMIS

Est-ce que tu vas jouer au tennis?

1. Tell your partner that you are not going to stay in your room this weekend.
2. S/he will try to guess three things you are going to do.
3. S/he will try to guess in what order you will do them.

2. Telling Time

Quelle heure est-il maintenant?°	*What time is it now?*
Il est 10 heures et demie.°	*It's half past ten.*
Je vais au cours de français à 11 heures.	
Je déjeune à midi.°	*I eat lunch at noon.*
Je vais à la bibliothèque à une heure.	
Je vais au gymnase à 4 heures.	
J'étudie de 7 heures à 10 heures du soir.	
J'étudie au moins° trois heures par jour°.	*at least / per day*

```
-- cours de français 11 h
-- déjeuner 12 h avec Étienne
-- bibliothèque 13 h
-- gymnase 16 h
```

▶ **Et vous?** À quelle heure déjeunez-vous?
À quelle heure allez-vous à la bibliothèque?
À quelle heure allez-vous au gymnase?
À quelle heure allez-vous au cours de français?
Quelle heure est-il maintenant?

REMARQUE

The word **heure** has more than one meaning.

J'étudie trois **heures** par jour.	*I study three hours a day.*
De quelle **heure** à quelle **heure?**	*From what time to what time?*
De 15 **heures** à 18 **heures.**	*From three until six o'clock.*

C. L'heure

■ You have already learned to tell time in a general way. Now that you know how to count to 60, you can be more precise. There are two methods of telling time. The first is an official 24-hour system, which can be thought of as a digital watch on which the hour is always followed by the minutes. The other is an informal 12-hour system that includes the expressions **et quart** *(quarter past, quarter after),* **et demi(e)** *(half past),* **moins le quart** *(quarter to, quarter till),* **midi,** and **minuit** *(midnight).*

Review *Understanding Basic Expressions of Time,* p. 3, and numbers, pp. 3, 66.

The word **heure(s)** is usually represented as **h** (without a period) on schedules, e.g., **5 h 30.**

	Système officiel	*Système ordinaire*
9 h 01	neuf heures une	neuf heures une
9 h 15	neuf heures quinze	neuf heures et quart
9 h 30	neuf heures trente	neuf heures et demie
9 h 45	neuf heures quarante-cinq	dix heures moins le quart
12 h 30	douze heures trente	midi et demi
13 h 30	treize heures trente	une heure et demie
18 h 51	dix-huit heures cinquante et une	sept heures moins neuf
23 h 45	vingt-trois heures quarante-cinq	minuit moins le quart

■ In both systems, the feminine number **une** is used to refer to hours and minutes because both **heure** and **minute** are feminine.

1 h 21   **une** heure vingt et **une**

■ In the 12-hour system, **moins** is used to give the time from 1 to 29 minutes *before* the hour. For 15 minutes *before* or *after* the hour, the expressions **moins le quart** and **et quart,** respectively, are used. For 30 minutes past the hour, one says **et demie.**

9 h 40   dix heures **moins** vingt

9 h 45   dix heures **moins le quart**

10 h 15   dix heures **et quart**

10 h 30   dix heures **et demie**

NOTE ── After **midi** and **minuit,** which are both masculine, **et demi** is spelled without a final **-e**: midi **et demi.**

■ The phrases **du matin, de l'après-midi,** and **du soir** are commonly used in the 12-hour system to specify A.M. or P.M. when it is not otherwise clear from the context.

trois heures **du matin** (3 h)

trois heures **de l'après-midi** (15 h)

dix heures **du matin** (10 h)

dix heures **du soir** (22 h)

7 **Quelle heure est-il?** Donnez les heures suivantes. Indiquez l'heure officielle et l'heure ordinaire s'il y a une différence.

MODÈLE: 13 h 35

système officiel: **Il est treize heures trente-cinq.**
système ordinaire: **Il est deux heures moins vingt-cinq de l'après-midi.**

Remember that these numbers are based on a 24-hour system.

1. 2 h 20	6. 1 h 33
2. 4 h 10	7. 22 h 05
3. 15 h 41	8. 3 h 45
4. 1 h 17	9. 11 h 15
5. 6 h 55	10. 10 h 30

8 **Décalages horaires** *(Differences in time).* Vous êtes à Paris et vous voulez téléphoner à des amis. Mais quelle heure est-il chez vos amis? Demandez à votre partenaire.

Use the maps on the inside covers of this book to locate as many of these places as possible.

Décalages horaires
(calculés par rapport à l'heure de Paris)

Anchorage (USA)	− 10	Montréal (CDN)		− 6
Athènes (Grèce)	+ 1	Mexico (MEX)		− 7
Bangkok (Thaïlande)	+ 6	Nouméa		
Casablanca (MA)	− 1	(Nouvelle-Calédonie)		+ 10
Chicago (USA)	− 7	New York (USA)		− 6
Dakar (SN)	− 1	Papeete (Polynésie)		− 11
Denver (USA)	− 8	Saint-Denis (Réunion)		+ 3
Fort-de-France		San Francisco (USA)		− 9
(Martinique)	− 5	Sydney (Australie)		+ 9
Halifax (CDN)	− 5	Tokyo (J)		+ 8
Le Caire (Égypte)	+ 1	Tunis (Tunisie)		0
Londres (GB)	− 1			

MODÈLE: 3 h à Paris/Bangkok?

VOUS: **S'il est trois heures à Paris, quelle heure est-il à Bangkok?**
VOTRE PARTENAIRE: **Il est neuf heures à Bangkok.**

1. 23 h à Paris/Anchorage?   5. 12 h à Paris/Mexico?
2. 6 h à Paris/Montréal?   6. 3 h 20 à Paris/Chicago?
3. 14 h à Paris/Londres?   7. 15 h 45 à Paris/Saint-Denis?
4. 18 h 30 à Paris/Fort-de-France?   8. 11 h à Paris/Tokyo?

9 **À vous.** Répondez.

1. Quelle heure est-il maintenant?
2. À quelle heure déjeunez-vous d'habitude?
3. Allez-vous faire vos devoirs ce soir? Si oui, de quelle heure à quelle heure?
4. Combien d'heures étudiez-vous par jour?
5. À quelle heure allez-vous dîner ce soir?
6. Allez-vous sortir ce soir? Si oui, à quelle heure? Avec qui?
7. Allez-vous regarder la télévision ce soir? Si oui, de quelle heure à quelle heure? Qu'est-ce que vous allez regarder?

ENTRE AMIS

À l'aéroport

1. Ask your partner what time it is.
2. Ask if s/he is going to Paris. (S/he is.)
3. Ask what time it is in Paris now.
4. Ask at what time s/he is going to arrive in Paris.
5. Find out what s/he is going to do in Paris.

3. Explaining Your Schedule

Quel jour est-ce aujourd'hui?
C'est ...

lundi°	*Monday*
mardi°	*Tuesday*
mercredi	
jeudi°	*Thursday*
vendredi	
samedi	
dimanche	

Quel jour est-ce demain?
Quel est votre jour préféré°?   *favorite*

D. Les jours de la semaine

■ Days of the week are not capitalized in French.

■ The calendar week begins on Monday and ends on Sunday.

			janvier			
lundi	mardi	mercredi	jeudi	vendredi	samedi	dimanche
		1	2	3	4	5
6	7	8	9	10	11	12
13	14	15	16	17	18	19
20	21	22	23	24	25	26
27	28	29	30	31		

■ When referring to a specific day, neither an article nor a preposition is used.

Demain, c'est **vendredi.**	*Tomorrow is Friday.*
C'est **vendredi** demain.	*Tomorrow is Friday.*
J'ai envie de sortir **vendredi** soir.	*I feel like going out Friday evening.*
J'ai l'intention d'étudier **samedi.**	*I plan to study Saturday.*

> Review the verb **avoir**, p. 64. It is used with **envie, l'intention,** and **l'habitude.** Remember to use **de** + infinitive after these expressions.

■ To express the meaning *Saturdays, every Saturday, on Saturdays,* etc., the article **le** is used with the name of the day.

Je n'ai pas de cours **le samedi.**	*I don't have class on Saturdays.*
Le mardi, mon premier cours est à 10 heures.	*On Tuesdays, my first class is at ten o'clock.*
Le vendredi soir, j'ai l'habitude de sortir avec mes amis.	*On Friday nights, I usually go out with my friends.*

■ Similarly, to express the meaning *mornings, every morning, in the morning,* etc., with parts of the day, **le** or **la** is used before the noun.

Le matin, je vais au cours de français.	*Every morning, I go to French class.*
L'après-midi, je vais à la bibliothèque.	*Afternoons, I go to the library.*
Le soir, je fais mes devoirs.	*In the evening, I do my homework.*
La nuit, je suis au lit.	*At night, I'm in bed.*

10 **Le samedi soir.** Utilisez l'expression **avoir envie de** ou **avoir l'habitude de,** d'après les modèles.

MODÈLES: les étudiants / envie / sortir ou rester dans leur chambre
Le samedi soir, ils ont envie de sortir; ils n'ont pas envie de rester dans leur chambre.

ma sœur / l'habitude / aller au cinéma ou faire ses devoirs
Le samedi soir, elle a l'habitude d'aller au cinéma; elle n'a pas l'habitude de faire ses devoirs.

1. les étudiants / envie / rester sur le campus ou aller au cinéma
2. je / l'habitude / voir un film ou faire mes devoirs
3. le professeur / l'habitude / préparer ses cours ou regarder la télévision
4. mes amis et moi, nous / envie / dîner entre amis ou dîner seuls
5. mon ami(e) _____ / l'habitude / sortir avec moi ou rester dans sa chambre

11 **À vous.** Répondez.

1. Quels sont les jours où vous allez au cours de français?
2. À quelle heure est votre cours?
3. Quels sont les jours où vous n'avez pas de cours?
4. Qu'est-ce que vous avez l'intention de faire le week-end prochain?
5. Avez-vous l'habitude d'aller au gymnase? Si oui, quels jours et à quelle heure?
6. À quelle heure avez-vous votre premier cours le mardi?
7. Quand est-ce que vous allez à la bibliothèque?
8. Quand écoutez-vous la radio?
9. Quand avez-vous envie de regarder la télévision?

V O C A B U L A I R E

Quelques cours

l'art *(m.)*	*art*	la musique	*music*
la chimie	*chemistry*	la pédagogie	*education, teacher*
le commerce	*business*		*preparation*
la comptabilité	*accounting*	la philosophie	*philosophy*
la gestion	*management*	la psychologie	*psychology*
la gymnastique	*gymnastics*	les sciences *(f. pl.)*	*science*
l'histoire *(f.)*	*history*	les sciences	
l'informatique *(f.)*	*computer science*	économiques *(f. pl.)*	*economics*
la littérature	*literature*	les sciences	
les mathématiques		politiques *(f. pl.)*	*political science*
(f. pl.)	*math*		

12 **Mon emploi du temps** *(My schedule).* Indiquez votre emploi du temps pour ce semestre. Indiquez le jour, l'heure et le cours.

MODÈLE: **Le lundi à dix heures, j'ai un cours de français.**
Le lundi à onze heures, j'ai un cours de mathématiques.
Le lundi à une heure, j'ai un cours d'histoire.

13 **As-tu un cours de commerce?** Essayez de deviner *(try to guess)* deux des cours de votre partenaire. Demandez ensuite quels jours et à quelle heure votre partenaire va à ces cours. Votre partenaire va répondre à vos questions.

MODÈLE: **As-tu un cours d'histoire?**
Quels jours vas-tu à ce cours?
À quelle heure vas-tu à ce cours?

Réalités culturelles

For more information about Angers, see the *Lecture,* p. 149. To learn more about the **TGV**, see the *À propos* section, Ch. 7, p. 186.

Angers

Set in the heart of the **Pays de la Loire** and located ninety minutes from Paris by the **TGV (le train à grande vitesse)**, Angers is a city of approximately 160,000 inhabitants. It has a rich history as the seat of the counts of Anjou and attracts over 400,000 visitors annually. There is a massive **château fort**, built by Saint Louis (Louis IX) in the thirteenth century, that serves as a museum of Apocalypse tapestry.

Angers offers visitors numerous museums, gardens, restaurants, art and film festivals, and an international festival of journalism that takes place each November. Angers hosts the National Center for Contemporary Dance, the National Drama Center, and a regional center for textile design. With its network of 5,500 companies and groups of international stature, Angers combines respect for the environment with high-tech business. Large international companies like Bosch, Thomson Multimedia, and Motorola have selected Angers as the site of their manufacturing centers. In addition, the **Université d'Angers** and the **Université Catholique de l'Ouest** run several agricultural, biotechnological, and business research institutes. A dynamic and rapidly growing city, Angers seems to be striking a good balance between modernization and the preservation of its culture and environment.

E. Le verbe *devoir*

Les étudiants doivent beaucoup travailler.	*Students have to work a lot.*
Vous devez être fatigués.	*You must be tired.*

devoir *(to have to, must; to owe)*	
je	**dois**
tu	**dois**
il/elle/on	**doit**
nous	**devons**
vous	**devez**
ils/elles	**doivent**

■ **Devoir** is often used with the infinitive to express an obligation or a probability.

Vous **devez faire** attention! *(obligation)*	*You must pay attention!*
Lori **doit avoir** vingt ans. *(probability)*	*Lori must be twenty.*

■ **Devoir** plus a noun means *to owe*.

Je dois vingt dollars à mes parents.	*I owe my parents twenty dollars.*

Synthèse: révision des verbes

	parler	être	avoir	faire	aller	devoir
je	**parle**	**suis**	**ai**	**fais**	**vais**	**dois**
tu	**parles**	**es**	**as**	**fais**	**vas**	**dois**
il/elle/on	**parle**	**est**	**a**	**fait**	**va**	**doit**
nous	**parlons**	**sommes**	**avons**	**faisons**	**allons**	**devons**
vous	**parlez**	**êtes**	**avez**	**faites**	**allez**	**devez**
ils/elles	**parlent**	**sont**	**ont**	**font**	**vont**	**doivent**

14 **Mais qu'est-ce qu'on doit faire?** Utilisez l'expression entre parenthèses pour indiquer ce que chaque personne doit faire.

MODÈLE: Gérard a envie d'aller au cinéma. (étudier)
Gérard a envie d'aller au cinéma mais il doit étudier.

1. Nous avons envie de sortir ce soir. (préparer un examen)
2. Les étudiants ont envie de regarder la télévision. (étudier)
3. Tu as envie de danser ce soir. (faire tes devoirs)
4. J'ai envie de rester au lit. (aller aux cours)
5. Le professeur a envie de faire un voyage. (enseigner)
6. Tes amis ont envie d'aller en ville. (faire la lessive)

15 **Je dois faire ça cette semaine.** Faites une liste de sept choses que vous devez faire cette semaine (une chose pour chaque jour).

MODÈLE: **Samedi, je dois faire le ménage.**

16 **Et alors?** Pour chaque phrase, inventez une ou deux conclusions logiques.

MODÈLE: Lori n'a pas envie de passer le week-end dans sa chambre. Qu'est-ce qu'elle va faire?
Elle va sortir. ou **Elle a l'intention d'aller au cinéma.**

1. Lori a envie de sortir ce soir. Où va-t-elle? Que fait-elle?
2. Mais son amie Denise n'est pas libre. Qu'est-ce qu'elle doit faire?
3. Lori et Denise font souvent les courses ensemble. Où vont-elles?
4. Aujourd'hui Denise reste dans sa chambre. Pourquoi? Comment va-t-elle?
5. Lori téléphone à Denise. Pourquoi? De quoi parle-t-elle?

ENTRE AMIS

Ton emploi du temps

1. Find out what time it is.
2. Find out what day it is today.
3. Find out what classes your partner has today.
4. Find out when your partner goes to the library.
5. Find out if your partner has to work and, if so, on what days.
6. Find out if your partner feels like going to the movies tonight.

Je dois aller à la librairie.

4. Telling Where to Find Places

 Où se trouve° la souris? *is located*

La souris est loin
du fromage.

La souris est près
du fromage.

La souris est devant
le fromage.

La souris est derrière
le fromage.

La souris est sur
le fromage.

La souris est sous
le fromage.

La souris est dans
le fromage.

Où se trouve le
fromage? Le fromage
est dans la souris.

F. Quelques prépositions de lieu

Les toilettes se trouvent **dans** le couloir.
Les toilettes sont **à côté de** la salle
de classe.
Le cinéma se trouve **au** centre
commercial.
La banque est **à droite** ou **à gauche**
du parking?
Allez **tout droit** et ensuite tournez
à droite.

The restroom is in the hall.
The restroom is next to the
classroom.
The movie theater is at
the mall.
Is the bank on the right or on the
left of the parking lot?
Go straight ahead and then
turn to the right.

à	*at; in; to*		**dans**	*in*
à côté de	*beside*		**entre**	*between; among*
à droite de	*on the right of*	≠	**à gauche de**	*on the left of*
derrière	*behind*	≠	**devant**	*in front of*
loin de	*far from*	≠	**près de**	*near*
sous	*under*	≠	**sur**	*on*

■ **À côté, à droite, à gauche, loin,** and **près** can all drop the **de** and stand alone.

Remember that **à droite** means *to (on) the right*, while **tout droit** means *straight ahead*.

Nous habitons **à côté d'**une église.   *We live next to a church.*
But: **L'église est à côté.**   *The church is next door.*

17 **Où se trouvent ces endroits?** Répondez à la question posée par *(asked by)* votre partenaire.

MODÈLE: La bibliothèque (près / bâtiment des sciences)
VOTRE PARTENAIRE: **Où se trouve la bibliothèque?**
VOUS: **Elle est près du bâtiment des sciences.**

Review contractions with **de**, p. 76.

1. le bâtiment administratif (près / bibliothèque)
2. la pharmacie (à côté / église)
3. les résidences universitaires (sur / campus)
4. le restaurant universitaire (dans / résidence)
5. le cinéma (à / centre commercial)
6. le bureau de poste (derrière / pharmacie)
7. le centre commercial (loin / campus)
8. les toilettes (devant / salle de classe)
9. le parking (à gauche / banque)

18 **Votre campus.** Faites rapidement le plan *(Draw a map)* de votre campus. Expliquez où se trouvent cinq endroits différents.

MODÈLE: **Voilà la résidence qui s'appelle Brown Hall. Elle est près de la bibliothèque.**

G. L'impératif

You already learned a number of imperatives in the Preliminary Chapter, p. 2.

Regarde!   *Look!*
Regardez!   *Look!*
Regardons!   *Let's look!*
Tourne à gauche! *Turn to the left!*
Tournez à gauche! *Turn to the left!*
Tournons à gauche! *Let's turn to the left!*

■ The imperative is used to give commands and to make suggestions. The forms are usually the same as the present tense for **tu, vous,** and **nous.**

■ If the infinitive ends in **-er,** the final **-s** is omitted from the form that corresponds to **tu.**

parler français   tu parle**s** français   *But:* **Parle** français!
aller aux cours   tu va**s** aux cours   *But:* **Va** aux cours!

■ For negative commands, **ne** precedes the verb and **pas** follows it.

Ne regardez **pas** la télévision!
Ne fais **pas** attention à Papa!

19 **En ville.** Regardez le plan (*map*) de la ville. Demandez où se trouvent les endroits suivants. Votre partenaire va expliquer où ils se trouvent.

MODÈLE: cinéma

> VOUS: **Où se trouve le cinéma, s'il vous plaît?**
>
> VOTRE PARTENAIRE: **Il est à côté du café. Allez tout droit et tournez à gauche. Il est à droite.**

1. café	6. bureau de tabac
2. épicerie	7. banque
3. église	8. cinéma
4. boulangerie	9. pharmacie
5. bureau de poste	10. hôtel

20 **Qu'est-ce que les bons étudiants doivent faire?** Utilisez l'impératif pour répondre à la question. Décidez ce qu'un bon étudiant doit ou ne doit pas faire.

MODÈLE: Est-ce que je dois passer tout le week-end dans ma chambre?
Ne passez pas tout le week-end dans votre chambre! ou
Oui, passez tout le week-end dans votre chambre!

1. Est-ce que je dois habiter dans une résidence universitaire?
2. Est-ce que je dois manger à la cafétéria?
3. Est-ce que je dois faire mes devoirs dans ma chambre?
4. Est-ce que je dois étudier à la bibliothèque?
5. Est-ce que je ne dois pas aller au bistro?
6. Est-ce que je ne dois pas parler anglais au cours de français?

Review the contractions in this chapter on p. 127.

H. Les prépositions de lieu avec une ville ou un pays

■ Use **à** to say that you are in a city or are going to a city.

NOTE

In cases where the name of a city contains the definite article **(Le Mans, Le Caire, La Nouvelle-Orléans),** the article is retained and the normal contractions occur where necessary.

Emmanuelle habite **à La Nouvelle-Orléans. Nous allons au Mans.** Je suis **à Paris.** Je vais **à New York.**

■ Most countries, states, and provinces ending in **-e** are feminine. An exception is **le Mexique.**

la Belgiqu**e**	**la** Colombi**e** Britannique
la Virgini**e**	**la** Californi**e**

But: **le Mexique**

■ To say you are in or going to a *country,* the preposition varies. Use **en** before feminine countries or those that begin with a vowel sound. Use **au** before masculine countries which begin with a consonant. Use **aux** when the name of the country is plural.

en France	**au** Canada	**aux** États-Unis
en Israël	**au** Mexique	**aux** Pays-Bas

■ To say you are in or going to an American *state* or a Canadian *province,* **en** is normally used before those that are feminine or that begin with a vowel sound. The preposition **au** is often used with masculine provinces that begin with a consonant and with the states of Texas and New Mexico.

en Virginie	**en** Ontario	**au** Manitoba
en Nouvelle-Écosse	**en** Ohio	**au** Nouveau-Mexique

■ **Dans l'état de** or **dans la province de** can be used with any state or province, masculine or feminine

dans l'état de New York.

dans la province d'Alberta.

dans l'état de Californie.

Review the adjectives of nationality in Ch. 1, p. 18. The adjective corresponding to **Irak** is **irakien(ne).**

See how many of the countries listed you can find on the maps on the inside covers of your text.

Quelques langues et quelques pays

On parle ...	allemand	**en** ...	Allemagne
	anglais		Angleterre
	français et flamand		Belgique
	chinois		Chine
	espagnol		Espagne
	français		France
	arabe		Irak
	anglais et irlandais		Irlande
	italien		Italie
	russe		Russie
	suédois		Suède
	français, allemand et italien		Suisse
On parle ...	français et anglais	**au** ...	Canada
	japonais		Japon
	français et arabe		Maroc
	espagnol		Mexique
	portugais		Portugal
	français et wolof		Sénégal
On parle ...	anglais, espagnol et français	**aux** ...	États-Unis
	hollandais		Pays-Bas

■ When talking about more than one country, use a preposition before each one.

On parle français **en** France, **en** Belgique, **au** Canada, **au** Maroc, **au** Sénégal, etc.

■ When there is no preposition with a country, state, or province, the definite article must be used.

La France est un beau pays.
J'adore **le Canada.**

NOTE | **Israël** is an exception.

Israël est à côté de la Syrie.

21 **Où habitent-ils?** Dans quel pays les personnes suivantes habitent-elles?

MODÈLE: Vous êtes français.
Vous habitez en France.

1. Lucie est canadienne.
2. Les Dewonck sont belges.
3. Phoebe est anglaise.
4. Pepe et María sont mexicains.
5. Yuko est japonaise.

6. Yolande est sénégalaise.
7. Sean et Deirdre sont irlandais.
8. Caterina est italienne.
9. Hassan est marocain.
10. Nous sommes américains.

22 **Qui sont ces personnes? Où habitent-elles?** Vous êtes à
l'aéroport d'Orly et vous écoutez des touristes de divers pays. Devinez leur
nationalité et où ils vont.

MODÈLE: Il y a deux hommes qui parlent espagnol.
Ils doivent être espagnols ou mexicains.
Ils vont probablement en Espagne ou au Mexique.

1. Il y a un homme et une femme qui parlent français.
2. Il y a deux enfants qui parlent anglais.
3. Il y a une jeune fille qui parle russe.
4. Il y a trois garçons qui parlent arabe.
5. Il y a une personne qui parle suédois.
6. Il y a un homme qui parle allemand.
7. Il y a deux couples qui parlent flamand.
8. Il y a deux jeunes filles qui parlent italien.
9. Il y a un homme et une femme qui parlent japonais.

I. Les mots interrogatifs *où* et *quand*

■ A question using **quand** or **où** is formed like any other question, using inversion or **est-ce que.**

Où habitent-ils?   Quand arrive-t-elle?
Où est-ce qu'ils habitent?   Quand est-ce qu'elle arrive?

NOTE — In **Quand est-ce que,** the **-d** is pronounced [t]. When **quand** is followed
by inversion, there is no liaison.

Review interrogative forms,
pp. 48–49.

■ With a *noun* subject, the inversion order is *noun + verb + subject pronoun.*

Où **tes parents habitent-ils?**   Quand **ta sœur arrive-t-elle?**

■ In addition, if there is only one verb and no object, the noun subject and the
verb may be inverted.

Où **habitent tes parents?**   Quand **arrive ta sœur?**

23 **Où et quand?** Pour chaque phrase, posez une question avec **où.** Votre
partenaire va inventer une réponse. Ensuite, posez une question avec
quand. Votre partenaire va inventer une réponse à cette question aussi.

MODÈLE: Mon frère fait un voyage.
                      VOUS: **Où est-ce qu'il fait un voyage?**
     VOTRE PARTENAIRE: **Il fait un voyage en France.**
                      VOUS: **Quand est-ce qu'il fait ce voyage?**
     VOTRE PARTENAIRE: **Il fait ce voyage la semaine prochaine.**

1. Mon amie a envie de faire des courses.
2. Nous avons l'intention de déjeuner ensemble.
3. Je vais au cinéma.
4. Mon cousin travaille.
5. Mes amis étudient.

24 **À vous.** Répondez.

1. Où les étudiants de votre université habitent-ils?
2. Où se trouve la bibliothèque sur votre campus?
3. Quels bâtiments se trouvent près de la bibliothèque?
4. Où se trouve la salle de classe pour le cours de français?
5. Quand avez-vous votre cours de français?
6. Où les étudiants dînent-ils d'habitude le dimanche soir?
7. Où allez-vous vendredi prochain? Pourquoi?

ENTRE AMIS

Vous êtes un(e) nouvel(le) étudiant(e).

Choose a new name and a new country of origin from among the French-speaking countries.

1. Greet your partner and find out if s/he speaks French. (S/he does.)
2. Identify your new name and tell where you live.
3. Say that you are a new student.
4. Find out where the library is.
5. Get directions to a shopping center.
6. Thank your partner and say goodbye.

Réalités culturelles

L'immigration

France has always welcomed citizens of other countries who wish to live within its borders for political, economic, or cultural reasons. In recent years, the presence of a growing number of immigrants has caused bitter ideological disputes between those who deem immigration to be a threat to the French identity and those who consider immigration as a positive factor that contributes to France's prosperity. Some go  as far as wishing to deport all immigrants (legal as well as illegal), create a separate social security office for immigrants, allow social benefits only for French citizens, change the requirements for refugee status, and make citizenship dependent on a "blood right." Others see the anti-immigration movement as racist, xenophobic, and discriminatory and feel that while immigration causes serious complications and challenges, immigrants are a valuable asset to France.

Intégration

Révision

A **Au revoir.** Quels sont cinq synonymes de l'expression **au revoir?**

B **Les pays.** Répondez.

1. Mentionnez cinq pays où on parle français.
2. Nommez deux pays en Europe, deux pays en Asie et deux pays en Afrique.
3. Dans quels pays se trouvent ces villes: Dakar? Genève? Trois-Rivières? Lyon? Montréal? Prairie du Chien? Rabat? Bruxelles? Des Moines? Bâton Rouge?

C **Trouvez quelqu'un qui ...** Interviewez les autres étudiants pour trouver quelqu'un qui …

MODÈLE: joue au tennis
Est-ce que tu joues au tennis?

1. étudie l'informatique
2. va rarement à la bibliothèque
3. a envie d'aller au Sénégal, au Maroc ou en Suisse
4. doit travailler ce soir
5. va au cinéma vendredi soir prochain
6. a l'habitude d'étudier dans sa chambre
7. n'a pas de cours le mardi matin
8. aime manger seul
9. étudie au moins trois heures par jour

D **Début de rédaction.** Faites une liste de cinq endroits où vous allez la semaine prochaine. Indiquez le jour, l'heure et pourquoi vous allez à ces endroits. Expliquez aussi où ces endroits se trouvent.

MODÈLE: **Lundi je vais au cinéma à sept heures du soir. J'ai envie de voir un film. Le cinéma se trouve au centre commercial.**

E **À vous.** Répondez.

1. Qu'est-ce que vous avez envie de faire ce week-end?
2. Qu'est-ce que vous devez faire?
3. Qu'est-ce que vos amis aiment faire le samedi soir?
4. Qu'est-ce que vous faites le lundi? (trois choses)
5. Quels sont les jours où vous allez à votre cours de français?
6. À quelle heure allez-vous à ce cours?
7. Dans quel bâtiment avez-vous ce cours? Où se trouve ce bâtiment?
8. Quel est votre jour préféré? Pourquoi?

Négociations: **L'emploi du temps de Sahibou.** Interviewez votre partenaire pour trouver les renseignements qui manquent (*missing information*). La copie de votre partenaire est dans l'appendice D.

> MODÈLE: **Est-ce qu'il a un cours le mercredi à onze heures?**
> **Est-ce que c'est un cours de mathématiques?**

A

	lundi	mardi	mercredi	jeudi	vendredi	samedi	dimanche
9h	histoire		histoire		histoire		
10h						gymnase	
11h		sciences économiques		sciences économiques		gymnase	
12h		philosophie		philosophie			
1h	chimie		chimie		chimie		
2h	travail	travail	travail	travail	banque		sieste
7h						restaurant	
8h						chez des amis	

Lecture I

 Étude du vocabulaire. Étudiez les phrases suivantes et choisissez (*choose*) les mots anglais qui correspondent aux mots français en caractères gras (*bold print*): *river, friendly, winter, foreigners, summer, holiday, king, team, schedule.*

1. Le 14 juillet est un **jour férié** parce que c'est la fête nationale française.
2. Il faut consulter l'**horaire** des trains avant d'aller à la gare.
3. La Loire est le **fleuve** le plus long de France.
4. Les Angevins sont très **accueillants.** Ils vous invitent souvent.
5. L'**équipe** canadienne a gagné le match de hockey.
6. Un **roi** est le monarque d'un pays.
7. En **hiver** il fait d'habitude froid et en **été** il fait souvent très chaud.
8. À Paris on rencontre toujours beaucoup d'**étrangers:** des touristes allemands, américains, anglais et des immigrés aussi.

B **Parcourez la publicité.** Lisez rapidement la lecture pour trouver l'adresse et le numéro de téléphone de l'Office de Tourisme.

Vos vacances à Angers

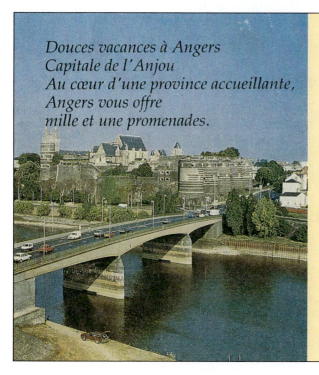

*Douces vacances à Angers
Capitale de l'Anjou
Au cœur d'une province accueillante,
Angers vous offre
mille et une promenades.*

Angers
Capitale de l'Anjou
———

Il y a en France, le long d'un fleuve majestueux qu'on appelle la Loire, une vallée célèbre par ses richesses, son climat et sa beauté. C'est dans cette région que les seigneurs, les princes et les rois de France ont fait construire les plus beaux châteaux, les plus belles maisons. C'est dans cette vallée de la Loire que se trouve l'Anjou et la capitale de l'Anjou s'appelle Angers. Angers est située à égale distance de Paris (à 2 h 30 par l'autoroute et à 1 h 30 en TGV) et de l'océan Atlantique. C'est la 16ᵉ ville de France, avec 160.000 habitants, située dans une agglomération de 260.000 habitants. Angers est avant tout une ville jeune avec plus de 30.000 étudiants.

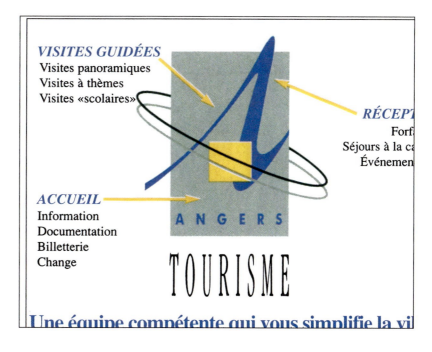

VISITES GUIDÉES
Visites panoramiques
Visites à thèmes
Visites «scolaires»

RÉCEPT
Forf
Séjours à la ca
Événemen

ACCUEIL
Information
Documentation
Billetterie
Change

ANGERS

TOURISME

Une équipe compétente qui vous simplifie la vi

C **Questions.** Relisez toute la lecture et ensuite répondez aux questions suivantes.

1. Où se trouve la ville d'Angers?
2. Qu'est-ce que c'est que la Loire?
3. Pourquoi la vallée de la Loire est-elle célèbre?
4. À quelle heure l'Office de Tourisme ouvre-t-il le dimanche?
5. À quelle heure l'Office de Tourisme ferme-t-il le samedi en été?
6. À quelle heure ferme-t-il le 14 juillet? Pourquoi?
7. Combien d'heures faut-il pour aller de Paris à Angers par le train?

D **Familles de mots.** Essayez de deviner le sens *(try to guess the meaning)* des mots suivants.

1. accueillir, un accueil, accueillant(e)
2. célébrer, une célébrité, célèbre
3. construire, la construction, constructif, constructive
4. offrir, une offre, offert(e)
5. simplifier, la simplification, simple

Lecture II

A **Trouvez le Cameroun.** Cherchez le Cameroun sur la carte à l'intérieur de la couverture de ce livre. Sur quel continent se trouve ce pays? Quelle est la capitale du Cameroun? Quels sont les pays qui se trouvent près du Cameroun?

B **Étude du vocabulaire.** Étudiez les phrases suivantes et choisissez les mots anglais qui correspondent aux mots français en caractères gras: *birds, against, a cooking utensil, I see, each one, I hear, people, a popular African food, mine, peace, bark, roof.*

1. **J'entends** quelquefois des chiens qui **aboient** quand une voiture passe.
2. Il y a des **oiseaux** sur le **toit** de la maison.
3. **Je vois** des **gens** qui portent des vêtements africains.
4. **Chacun** porte des sandales.
5. Dans leur village on mange du **taro.**
6. On prépare la cuisine avec un **pilon.**
7. Êtes-vous pour ou **contre** la **paix** dans ce pauvre pays?
8. Voilà ton livre; où est **le mien?**

C **Discussion.** Répondez en anglais ou en français.

1. Cherchez les exemples dans le poème qui prouvent que le poète est heureux d'être dans son village.
2. Quelles ressemblances et quelles différences y a-t-il entre le poète et vous?

Village natal

Ici je suis chez moi,
Je suis vraiment chez moi.
Les hommes que je vois,
Les femmes que je croise[1]
M'appellent leur fils
Et les enfants leur frère.
Le patois qu'on parle est le mien,
Les chants que j'entends expriment[2]
Des joies et des peines qui sont
    miennes.
L'herbe que je foule reconnaît mes
    pas[3].
Les chiens n'aboient pas contre moi,
Mais ils remuent la queue[4]
En signe de reconnaissance.
Les oiseaux me saluent au passage
Par des chants affectueux.
Des coups de pilon m'invitent

À me régaler de[5] taro
Si mon ventre est creux[6].
Sous chacun de ces toits qui
    fument
Lentement dans la paix du soir
On voudra m'accueillir[7].
Bientôt c'est la fête, la fête de
    chaque soir:
Chants et danses autour du feu[8],
Au rythme du tam-tam, du
    tambour, du balafon[9].
Nos gens sont pauvres
Mais très simples, très heureux;
Je suis simple comme eux[10]
Content comme eux,
Heureux comme eux.
Ici je suis chez moi,
Je suis vraiment chez moi.

Jean-Louis Dongmo, *Neuf poètes camerounais*, Éditions Clé

---

1. *that I meet*   2. *express*   3. *the grass I walk on recognizes my steps*   4. *wag their tails*   5. *have a delicious meal of*   6. *stomach is empty*   7. *people will welcome me*   8. *around the fire*   9. *musical instruments*   10. *them*

Réalités culturelles

Le Cameroun

Located in Central Africa along the continent's western coast, **le Cameroun** is composed of sweltering rain forests, densely populated cities, and isolated beaches. Cameroon also includes stretches of savannah and arid desert regions in the north, volcanoes, wildlife parks, and mountain ranges. The Waza national park is one of Central Africa's best, hosting several wildlife and bird species.

Cameroon's population is ethnically diverse, speaking twenty-four different African languages. English and French, reminiscent of Cameroon's colonial past, are its official languages. Christianity, Islam, and several indigenous religions are practiced. The cuisine of Cameroon is considered among the best in Central Africa, and its **macossa** music is popular in other African countries. Yaoundé, the capital, and Douala host several museums on African culture and colonial influences. Foumban is the center of African art and home to the **musée des Arts et des Traditions Bamoun**.

Practice this vocabulary with the flashcards on the *Entre amis* web site.

VOCABULAIRE ACTIF

Adverbes
après *after*
au moins *at least*
avant *before*
d'abord *at first*
demain *tomorrow*
enfin *finally*
ensuite *next, then*
maintenant *now*

Jours de la semaine
lundi *(m.) Monday*
mardi *(m.) Tuesday*
mercredi *(m.) Wednesday*
jeudi *(m.) Thursday*
vendredi *(m.) Friday*
samedi *(m.) Saturday*
dimanche *(m.) Sunday*

Adjectifs
libre *free*
parfait(e) *perfect*
préféré(e) *favorite*
premier (première) *first*
prochain(e) *next*
seul(e) *alone; only*
suivant(e) *following*

Expressions de lieu
à côté *next door; to the side*
à côté de *next to, beside*
derrière *behind*
devant *in front of*
à droite *on (to) the right*
à gauche *on (to) the left*
entre *between, among*
loin *far*
sous *under*
tout droit *straight ahead*

Pays
l'Allemagne *(f.) Germany*
l'Angleterre *(f.) England*
la Belgique *Belgium*
le Canada *Canada*
la Chine *China*
l'Espagne *(f.) Spain*
les États-Unis *(m. pl.) United States*
la France *France*
l'Irlande *(f.) Ireland*
Israël *(m.) Israel*
l'Italie *(f.) Italy*
le Japon *Japan*
le Maroc *Morocco*
le Mexique *Mexico*
les Pays-Bas *(m. pl.) Netherlands*
le Portugal *Portugal*
la Russie *Russia*
le Sénégal *Senegal*
la Suède *Sweden*
la Suisse *Switzerland*

Verbes

aller *to go*
aller en ville *to go into town*
avoir envie de *to want to; to feel like*
avoir l'habitude de *to usually; to be in the habit of*
avoir l'intention de *to plan to*
déjeuner *to have lunch*
devoir *to have to, must; to owe*
faire un voyage *to take a trip*
passer un test *to take a test*
rester *to stay*
tourner *to turn*

Cours

la chimie *chemistry*
le commerce *business*
la comptabilité *accounting*
la gestion *management*
la gymnastique *gymnastics*
l'informatique *(f.) computer science*
la littérature *literature*
la pédagogie *education, teacher preparation*
les sciences *(f.) science*
les sciences économiques *(f.) economics*

Autres prépositions

par *per; by; through*
vers (8 heures) *approximately, around (8 o'clock)*

Expressions de temps

Quelle heure est-il? *What time is it?*
Quel jour est-ce? *What day is it?*
Il est ... heure(s). *It is ... o'clock.*

Il est midi (minuit). *It is noon (midnight).*
et demi(e) *half past*
et quart *quarter past, quarter after*
moins le quart *quarter to, quarter till*
ce soir *tonight*
dans une heure (trois jours, etc.) *one hour (three days, etc.) from now*
une minute *minute*
une semaine *week*
tout à l'heure *in a little while*
tout le week-end *all weekend (long)*

D'autres expressions utiles

Cela (ça) m'est égal. *I don't care.*
D'accord. *Okay.*
Je vais sortir. *I'm going to go out.*
Où se trouve (se trouvent) ... ? *Where is (are) ... ?*
pas grand-chose *not much*
Quoi de neuf? *What's new?*
Ça va? *Okay?*
Tu vas voir. *You are going to see.*

D'autres noms

une bise *kiss*
un emploi du temps *schedule*
un film *film, movie*
le fromage *cheese*
un rendez-vous *appointment; date*
une souris *mouse*
un voyage *trip, voyage*

l'arabe *Arabic*
le flamand *Flemish*
le portugais *Portuguese*
le wolof *Wolof*

Endroits

un aéroport *airport*
une banque *bank*
un bâtiment *building*
une bibliothèque *library*
un bistro *bar and café; bistro*
une boulangerie *bakery*
un bureau de poste *post office*
un bureau de tabac *tobacco shop*
une cafétéria *cafeteria*
un campus *campus*
un centre commercial *shopping center, mall*
un château *chateau; castle*
un cinéma *movie theater*
un couloir *hall; corridor*
un cours *course; class*
une école *school*
une église *church*
un endroit *place*
une épicerie *grocery store*
un état *state*
un gymnase *gymnasium*
une librairie *bookstore*
un musée *museum*
un parking *parking lot, garage*
un pays *country*
une pharmacie *pharmacy*
une piscine *swimming pool*
une province *province*
une résidence (universitaire) *dormitory*
un restaurant *restaurant*
une salle de classe *classroom*
les toilettes *(f. pl.) restroom*
une ville *city*

Vos activités

Buts communicatifs
Relating past events
Describing your study habits
Describing your weekend activities

Structures utiles
Le passé composé avec **avoir**
Les verbes **écrire** et **lire**
Ne ... rien
Temps, heure et **fois**
Les verbes pronominaux
Jouer de et **jouer à**
Les pronoms accentués
Les verbes **dormir, partir** et **sortir**
Les verbes **nettoyer** et **envoyer**

Culture
• *À propos*
La maison
Relativité culturelle: La maison

• *Il y a un geste*
C'est la vie.
J'ai oublié!

• *Lectures*
Un homme courageux; Les soldats ont planté des arbres
«Non, je ne regrette rien»

Coup d'envoi

Prise de contact   **Qu'est-ce que tu as fait hier?**

Sébastien, qu'est-ce que tu as fait hier?°   *What did you do yesterday?*

> J'ai téléphoné à deux amis.
> J'ai envoyé des messages électroniques°.   *sent e-mail*
> J'ai fait mes devoirs.
> J'ai étudié pendant° trois heures.   *for*
> J'ai déjeuné à midi et j'ai dîné à 7 heures du soir.
> J'ai regardé un peu la télévision.
> Mais je n'ai pas fait le ménage.
> Et je n'ai pas passé d'examen°.   *test*

▶ **Et vous?**   Qu'est-ce que vous avez fait?

Lettre

🎧 This letter is recorded on the Student Audio included with your text.

Une lettre à des amis

Lori a écrit une lettre à deux de ses camarades du cours de français aux États-Unis.

Chers John et Cathy,   Angers, le 15 décembre

Merci beaucoup de vos lettres. Que le temps passe vite!¹ Je suis en France depuis déjà trois mois.² Vous avez demandé si j'ai le temps de voyager. Oui, mais la plupart³ du temps je suis très active et très occupée parce qu'⁴il y a toujours tant de⁵ choses à faire chaque⁶ jour. C'est la vie, n'est-ce pas?

Dimanche dernier⁷, j'ai accompagné ma famille française au Mans chez les parents de Mme Martin. Nous avons passé trois heures à table! Cette semaine, j'ai lu une pièce⁸ de Molière pour mon cours de littérature et j'ai écrit une dissertation⁹. J'ai aussi fait le ménage et j'ai gardé¹⁰ les enfants pour Mme Martin. Heureusement, je ne me lève pas tôt¹¹ le samedi.

Vous avez demandé si j'ai remarqué¹² des différences entre la France et les États-Unis. Eh bien, oui. Chez les Martin, par exemple, les portes à l'intérieur de la maison sont toujours fermées¹³, les toilettes ne sont pas dans la salle de bain et les robinets¹⁴ sont marqués «C» et «F». J'ai déjà oublié¹⁵ deux fois¹⁶ que «C» ne veut pas dire «cold». Aïe!¹⁷

Dites bonjour¹⁸ pour moi à Madame Walter, s.v.p. Écrivez-moi à lbecker@wanadoo.fr

Bonnes vacances!

Votre amie «française»,
Lori

---

1. *How time flies!*   2. *I've already been in France for three months.*   3. *most*   4. *because*   5. *so many*
6. *each; every*   7. *last*   8. *I read a play*   9. *I wrote a (term) paper*   10. *watched, looked after*
11. *Fortunately, I don't get up early*   12. *I noticed*   13. *closed*   14. *faucets*   15. *I already forgot*   16. *times*
17. *Ouch!*   18. *Say hello*

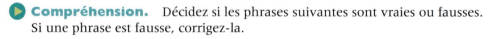 **Compréhension.**   Décidez si les phrases suivantes sont vraies ou fausses. Si une phrase est fausse, corrigez-la.

1. Lori a déjà passé trois mois en France.
2. En France on passe beaucoup de temps à table.
3. Lori n'a pas passé d'examen.
4. Lori a beaucoup de temps libre.
5. On ferme les portes dans une maison française.
6. «C» sur un robinet veut dire «chaud».
7. «F» sur un robinet veut dire «français».

À propos

Pourquoi est-ce que les portes sont fermées à l'intérieur d'une maison française?

a. Les Français ne désirent pas tomber malades.
b. Les Français préfèrent l'ordre et l'intimité *(privacy)*.
c. Les Français ont peur des voleurs *(are afraid of thieves)*.

La maison

Living in France has meant more to Lori than just learning the French language. She has also had the opportunity to become part of a French family and has had to learn to cope with a number of cultural differences. There is no need in French for a separate word to distinguish between *house* and *home*. Both are **la maison,** and **la maison** is seen as a refuge from the storm of the world outside, a place to find comfort and solace and to put order into one's existence. Given the French attitude about **la maison,** it is not surprising to find social and architectural indications of that need for order. There is a set time for meals, and family members are expected to be there. There is an order to a French meal that is quite different from the everything-on-one-plate-at-one-time eating style prevalent in English-speaking North America. The walls around French houses, the shutters on the windows, and the closing of the doors inside the home are other examples of the French desire for order and clearly established boundaries.

Relativité culturelle: La maison

The home is undoubtedly the scene of the greatest number of cultural contrasts. There are, therefore, some potentially troublesome adjustments, some of which are described in the chart below.

In France	In North America
Doors are closed, especially the bathroom door, even when no one is in the room. Fear of drafts **(des courants d'air)** is often mentioned as a reason for keeping doors closed inside of a home.	Doors inside a house are often left open.
Since the toilet, tub, and shower are all in the bathroom, one has to be more specific about whether one is looking for **la salle de bain** or **les toilettes.**	Since the toilet, tub, and shower are all in the bathroom, one person may inconvenience the rest of the family.
Hands can be scalded trying to test "cold" water from a faucet marked "C."	Turning on a faucet marked "C" will not make the water get hot **(chaud)** no matter how long one waits.
There are no screens on windows to keep out insects.	Screens on windows don't allow the wide-open feeling one gets from French windows.
There are almost always walls or a hedge to ensure privacy and clearly mark the limits of one's property. See, for example, p. 83.	In many neighborhoods there are no walls to separate houses.

Il y a un geste

C'est la vie. A gesture often accompanies the expression **C'est la vie:** the shoulders are shrugged, and the head is slightly tilted to one side. Sometimes the lips are pursed as well, and the palms are upturned. The idea is *That's life and I can't do anything about it.*

J'ai oublié! The palm of the hand is raised against the temple. This gesture conveys the meaning that you have forgotten something or have made a mistake.

 À vous. Donnez une réponse personnelle.

1. Où avez-vous dîné hier soir?
2. Combien de temps avez-vous passé à table?
3. Qu'est-ce que vous avez fait après le dîner?

ENTRE AMIS

Hier

1. Ask what your partner did yesterday.
2. S/he will tell you at least two things.
3. Choose one of the things s/he did and find out as much as you can about it (at what time, where, etc.).

Prononciation

Use the Student Audio to help practice pronunciation.

Les sons [u] et [y]

■ Because of differences in meaning in words such as **tout** and **tu,** it is very important to distinguish between the vowel sounds [u] and [y]. The following words contain these two important vowel sounds. Practice saying these words after your teacher, paying particular attention to the highlighted vowel sound.

[u] • bonj**ou**r, r**ou**ge, c**ou**rs, éc**ou**ter, j**ou**er, tr**ou**ver, v**ou**lez, je v**ou**drais, t**ou**j**ou**rs, beauc**ou**p, p**ou**rquoi, s**ou**vent, c**ou**sin, d**ou**te, **ou**vrier, bl**ou**son, c**ou**leur, c**ou**rse, n**ou**veau, auj**ou**rd'hui, c**ou**loir, s**ou**s, t**ou**t, **ou**blié

 • **où**

[y] • j**u**s, **u**ne, ét**u**dier, ét**u**diants, t**u,** b**u**reau, calc**u**latrice, voit**u**re, s**u**r, j**u**pe, l**u**nettes, p**u**ll-over, n**u**méro, difficulté, br**u**ne, st**u**pide, camp**u**s, **u**niversitaire, m**u**sique, R**u**ssie, min**u**te, d**u,** occ**u**pé, j'ai l**u,** littérature

■ The [u] sound, represented by written **ou** or **où,** is close to the sound in the English word *tooth*.

n**ou**s   r**ou**ge   **où**

■ The [y] sound is represented by a single written **-u-.** There is, however, no English "equivalent" for this French sound. To produce it, round your lips as if drinking through a straw; then, without moving your lips, pronounce the vowel in the word **ici.**

d**u**   **u**ne   sal**u**t   v**u**e

▶ In each of the following pairs of words, one of the words contains the [u] sound, the other the [y] sound. Pronounce each word correctly.

1. sur / sous
2. jour / jupe
3. vous / vu
4. pure / pour
5. cours / cure
6. russe / rousse
7. roux / rue
8. ou / eu
9. tout / tu

Buts communicatifs

1. Relating Past Events

Avez-vous déjà[1] nettoyé[2] votre chambre ce semestre?

Oui, j'ai déjà nettoyé ma chambre.
Non, je n'ai pas encore nettoyé ma chambre.

	oui	non
Avez-vous déjà chanté en français?	_____	_____
Avez-vous déjà dansé la valse?	_____	_____
Avez-vous déjà mangé des crêpes?	_____	_____
Avez-vous déjà joué au tennis?	_____	_____
Avez-vous déjà travaillé dans un restaurant?	_____	_____
Avez-vous déjà fumé[3] un cigare?	_____	_____
Avez-vous déjà été absent(e) ce semestre?	_____	_____
Avez-vous déjà eu un accident?	_____	_____
Avez-vous déjà fait vos devoirs pour demain?	_____	_____
Avez-vous déjà eu la grippe[4]?	_____	_____

---

1. *already* 2. *cleaned* 3. *smoked* 4. *flu*

A. Le passé composé avec *avoir*

Remember to consult Appendix C at the end of the book to review any grammatical terms with which you are not familiar.

Hier soir, **Michel a regardé** la télévision.	*Last night, Michel watched television.*
Et puis **il a fait** ses devoirs.	*And then he did his homework.*
Pendant combien de temps **a-t-il étudié?**	*How long did he study?*
Il a étudié pendant deux heures.	*He studied for two hours.*

■ The passé composé *(compound past)* is used to tell about or narrate specific events that have already taken place. Depending on the context, its English translation may be any one of several possibilities.

J'ai mangé une pomme. $\left\{\begin{array}{l}\textit{I ate an apple.}\\ \textit{I did eat an apple.}\\ \textit{I have eaten an apple.}\end{array}\right.$

■ The passé composé is formed with the present tense of an auxiliary verb (normally **avoir**) and a past participle.

manger *(au passé composé)*			
j'ai	**mangé**	nous avons	**mangé**
tu as	**mangé**	vous avez	**mangé**
il/elle/on a	**mangé**	ils/elles ont	**mangé**

■ The past participles of all **-er** verbs are pronounced the same as the infinitive. They are spelled by replacing the **-er** ending of the infinitive with **-é.**

étudi~~er~~	+	**-é**	⟶	**étudié**
mang~~er~~	+	**-é**	⟶	**mangé**
jou~~er~~	+	**-é**	⟶	**joué**

In the expression **j'ai eu** *(I had)* the word **eu** is pronounced [y].

■ The past participles of many verbs that *don't* end in **-er** must be memorized.

eu (avoir)	**été** (être)	**fait** (faire)	**dû** (devoir)

J'**ai eu** la grippe pendant trois jours!	*I had the flu for three days!*
Anne et Guy **ont fait** la cuisine ensemble.	*Anne and Guy did the cooking together.*
Ils ont **dû** dîner à la maison.	*They must have eaten at home.* *They had to eat at home.*

■ In the negative, **ne ... pas (ne ... jamais)** is placed around the auxiliary verb.

> **ne (n')** + auxiliary verb + **pas (jamais)** + past participle

Il **n'**a **pas** écouté la radio.	*He didn't listen to the radio.*
Nous **n'**avons **pas** fait de promenade.	*We didn't take a walk.*
La plupart des étudiants **n'**ont **jamais** fumé de cigare.	*Most students have never smoked a cigar.*

Review the formation of questions in Ch. 2, pp. 48–49.

■ Questions in the passé composé are formed the way they are in the present tense. Note, however, that in all cases of inversion, only the auxiliary verb and the subject pronoun are involved. The past participle follows the inverted pronoun.

Il a fait ses devoirs?	
Est-ce qu'il a fait ses devoirs?	*Has he (Marc) done his*
A-t-il fait ses devoirs?	*homework?*
Marc a-t-il fait ses devoirs?	

1 **Mais il a fait ça hier.** Demandez si David fait les choses suivantes aujourd'hui. Votre partenaire va répondre que David a fait ces choses hier.

MODÈLE: travailler

> VOUS: **Est-ce que David travaille aujourd'hui?**
> VOTRE PARTENAIRE: **Non, mais il a travaillé hier.**

1. jouer au tennis
2. être absent
3. avoir une lettre de ses grands-parents
4. dîner avec Véronique
5. manger une pizza
6. faire la vaisselle
7. regarder la télé

2 **Véronique.** Pierre aime Véronique et il vous pose des questions parce qu'elle a dîné avec David hier soir. Répondez à ses questions d'après le modèle.

MODÈLE: Véronique a-t-elle dîné seule? (avec David)
Non, elle n'a pas dîné seule; elle a dîné avec David.

1. Ont-ils dîné au restaurant? (chez David)
2. David a-t-il fait la cuisine? (la vaisselle)
3. Ont-ils mangé un sandwich? (une pizza)
4. Véronique a-t-elle détesté la pizza? (aimé)
5. Ont-ils dansé après le dîner? (regardé la télévision)

3 **La plupart des étudiants.** Qu'est-ce que la plupart des étudiants ont fait hier? Décidez.

Be sure to use plural verb forms with **la plupart des.**

MODÈLE: fumer une cigarette

VOTRE PARTENAIRE: **Est-ce que la plupart des étudiants ont fumé une cigarette hier?**

VOUS: **Non, la plupart des étudiants n'ont pas fumé de cigarette.**

1. étudier à la bibliothèque
2. faire leurs devoirs
3. passer un test
4. avoir une bonne note
5. déjeuner avec leurs professeurs
6. travailler après les cours

VOCABULAIRE

Expressions de temps (passé)

Remember that **tout à l'heure** can also refer to the future: *in a little while.* The expression **à tout à l'heure** means *see you soon.*

tout à l'heure	*a little while ago*
ce matin	*this morning*
hier soir	*last night*
hier	*yesterday*
hier matin	*yesterday morning*
lundi dernier	*last Monday*
le week-end dernier	*last weekend*
la semaine dernière	*last week*
le mois dernier	*last month*
l'année dernière	*last year*
récemment	*recently*
il y a deux (trois, etc.) ans	*two (three, etc.) years ago*
il y a longtemps	*a long time ago*
la dernière fois	*the last time*
pendant les vacances	*during vacation*

NOTES

1. **Il y a,** used with an expression of time, means *ago*: **il y a deux mois** *(two months ago)*; **il y a trois ans** *(three years ago)*.

2. In general, the word **an** is used when counting the number of years: **un an, deux ans,** etc. The word **année** is normally used when referring to a specific year: **cette année, l'année dernière,** etc. The same distinction is made between **jour** and **journée: Il y a trois jours; une belle journée.**

4 **Il y a combien de temps?** Qu'avons-nous fait? Que n'avons-nous pas fait? Utilisez un élément de chaque colonne pour composer des phrases affirmatives ou négatives.

MODÈLES: **Mes parents ont fait un voyage il y a deux ans.**
Mes parents n'ont jamais parlé français.

	faire un voyage	ne ... jamais
je	avoir des vacances	il y a ...
mes parents	dîner au restaurant	... dernier (dernière)
mon meilleur ami	avoir une lettre	pendant les vacances
ma meilleure amie	être absent(e)(s)	hier (...)
nous	faire la vaisselle	ce matin
	parler français	tout à l'heure
	étudier pendant trois heures	récemment

5 **La dernière fois.** Demandez à votre partenaire quand il (elle) a fait ces choses pour la dernière fois. Il (elle) va répondre.

MODÈLE: être absent(e)

VOUS: **Quelle est la dernière fois que vous avez été absent(e) ce semestre?**
VOTRE PARTENAIRE: **J'ai été absent(e) la semaine dernière.** ou
Je n'ai jamais été absent(e).

1. étudier seul(e)
2. fumer
3. devoir passer un examen
4. être malade
5. téléphoner à un ami
6. avoir «A» à l'examen
7. passer trois heures à table
8. nager à la piscine
9. manger une pizza

6 **À vous.** Répondez.

1. Pendant combien de temps avez-vous étudié hier soir?
2. Pendant combien de temps avez-vous regardé la télévision?
3. Quelle est la dernière fois que vous avez téléphoné à un(e) ami(e)? Pendant combien de temps avez-vous parlé au téléphone?
4. Quelle est la dernière fois que vous avez eu la grippe? Pendant combien de temps avez-vous été malade?
5. Quelle est la dernière fois que vous avez été absent(e)?
6. Pendant combien de jours avez-vous été absent(e) ce semestre?

ENTRE AMIS

Hier soir

1. Find out where your partner ate last night.
2. Find out if s/he watched TV or listened to the radio.
3. If so, find out what s/he watched or listened to.
4. Find out if s/he did his/her homework.
5. If so, find out where.
6. If so, find out how long s/he studied.

2. Describing Your Study Habits

	vrai	faux
J'aime étudier seul(e).	————	————
Je fais mes devoirs à la bibliothèque.	————	————
J'écris[1] souvent des dissertations.	————	————
Je ne passe pas beaucoup de temps à faire mes devoirs.	————	————
Je passe au moins[2] trois heures à étudier par jour.	————	————
Je lis[3] au moins un livre par semaine.	————	————
J'écoute la radio pendant que[4] j'étudie.	————	————
Je regarde la télé pendant que j'étudie.	————	————

1. *write*   2. *at least*   3. *read*   4. *while*

> **REMARQUE**
>
> Use **passer** + unit(s) of time + **à** + infinitive to express how long you spend doing something.
>
> Nous **avons passé deux heures à manger.** — *We spent two hours eating.*
>
> D'habitude, Marc **passe quatre heures à faire** ses devoirs. — *Marc usually spends four hours doing his homework.*

B. Les verbes *écrire* et *lire*

J'aime **lire** des romans policiers.	*I like to read detective stories.*
J'ai passé trois heures à **lire** hier soir.	*I spent three hours reading last night.*
Quelles langues **lisez-vous?**	*What languages do you read?*
Éric lit le journal pendant qu'il mange.	*Éric reads the newspaper while he eats.*
Mes parents n'**écrivent** pas souvent.	*My parents don't write often.*
À qui **écrivez-vous?**	*Who are you writing to?*
Comment est-ce qu'**on écrit** le mot «lisent»?	*How do you spell the word "lisent"?*

écrire *(to write)*		lire *(to read)*	
j'	**écris**	je	**lis**
tu	**écris**	tu	**lis**
il/elle/on	**écrit**	il/elle/on	**lit**
nous	**écrivons**	nous	**lisons**
vous	**écrivez**	vous	**lisez**
ils/elles	**écrivent**	ils/elles	**lisent**
passé composé: j'**ai écrit**		*passé composé:* j'**ai lu**	

■ Note the pronunciation distinction between the third person singular and plural forms.

il écri*t* [ekRi]   ils [z]écri*vent* [ekRiv]   elle li*t* [li]   elles li*sent* [liz]

■ The verb **décrire** *(to describe)* is conjugated like **écrire.**

Nous **décrivons** nos familles au professeur.

VOCABULAIRE

Des choses à lire ou à écrire

une bande dessinée	*comic strip*	un message	*e-mail message*
une carte postale	*postcard*	électronique	
une dissertation	*(term) paper*	une pièce	*play*
un journal	*newspaper*	un poème	*poem*
une lettre	*letter*	un roman	*novel*
un livre	*book*	un roman policier	*detective story*
un magazine	*magazine*		

See p. 22. The plural of **journal** is **journaux**.

7 **Qu'est-ce qu'ils lisent? Qu'est-ce qu'ils écrivent?** Répondez aux questions. Si vous ne savez pas la réponse, devinez.

1. Combien de livres lisez-vous par semestre?
2. Vos parents écrivent-ils beaucoup de lettres?
3. À qui écrivez-vous des messages électroniques?
4. Qui, dans votre famille, lit des bandes dessinées?
5. Combien de dissertations un étudiant écrit-il par an?
6. Avez-vous déjà écrit une dissertation ce semestre? Si oui, pour quel(s) cours?
7. Avez-vous lu un journal ou un magazine cette semaine? Si non, pourquoi pas?
8. Combien d'heures passez-vous à lire par semaine? par mois?

C. Ne ... rien

■ The opposite of **quelque chose** is **ne ... rien** (*nothing, not anything*).

Mangez-vous **quelque chose?** — *Are you eating something?*

Non, je **ne** mange **rien.** — *No, I am not eating anything.*

■ **Ne ... rien** works like **ne ... pas** and **ne ... jamais;** that is, **ne** and **rien** are placed around the conjugated verb. This means that in the passé composé, **ne** and **rien** surround the auxiliary verb and the past participle follows **rien.**

Je **ne** vais **rien** écrire. — *I'm not going to write anything.*

Je **n'**ai **rien** écrit hier soir. — *I didn't write anything last night.*

■ **Rien** can follow a preposition.

Je **ne** parle **de rien.** — *I'm not talking about anything.*

Je **n'**ai parlé **de rien.** — *I didn't talk about anything.*

Review the use of **ne ... jamais**, p. 97.

■ Unlike English, French allows the use of more than one negative word in a sentence.

Il **ne** fait **jamais rien!** — *He never does anything!*

■ Like **jamais, rien** can be used alone to answer a question.

Qu'est-ce que tu as lu? **Rien.**

Quelque chose and **rien** can be made slightly more specific by the addition of **de** + *masculine adjective* or of **à** + *infinitive*. The two constructions can even be combined.

Jean lit **quelque chose** *d'intéressant.*　Éric **ne** lit **rien** *d'intéressant.*
Il a **quelque chose** *à lire.*　Il **n'a rien** *à lire.*
Il a **quelque chose** *d'intéressant à lire.*　Il **n'a rien** *d'intéressant à lire.*

8 **Une personne paresseuse.** Éric ne fait rien. Répondez aux questions suivantes avec le mot **rien**.

MODÈLES: Qu'est-ce qu'il fait le vendredi soir?　**Il ne fait rien.**
Qu'est-ce qu'il a fait vendredi dernier?　**Il n'a rien fait.**
Qu'est-ce qu'il va faire vendredi prochain?　**Il ne va rien faire.**

1. Qu'est-ce qu'il étudie à la bibliothèque?
2. Qu'est-ce qu'il lit pendant le week-end?
3. Qu'est-ce qu'il va faire cet après-midi?
4. Qu'est-ce qu'il va lire pour ses cours?
5. Qu'est-ce qu'il a écrit pendant les vacances?
6. Qu'est-ce qu'il a lu l'année dernière?

9 **Ces travailleurs.** Sylvie et David sont très travailleurs et la semaine dernière, ils n'ont pas eu le temps de faire des choses amusantes. Posez une question à leur sujet au passé composé. Votre partenaire va utiliser **rien** dans sa réponse.

MODÈLE: regarder quelque chose à la télé
VOUS: **Est-ce qu'ils ont regardé quelque chose à la télé?**
VOTRE PARTENAIRE: **Non, ils n'ont rien regardé.**

1. écouter quelque chose à la radio
2. écrire des poèmes
3. chanter quelque chose ensemble
4. lire un roman policier
5. faire quelque chose en ville

10 **À vous.** Répondez.

1. D'habitude qu'est-ce que vous lisez le matin?
2. À qui avez-vous écrit la semaine dernière?
3. Qu'avez-vous lu hier soir?
4. Avez-vous écouté la radio ce matin? Si oui, qu'est-ce que vous avez écouté?
5. Avez-vous des amis qui regardent la télé pendant qu'ils étudient?
6. Qu'est-ce que vous regardez à la télévision pendant que vous étudiez?
7. Combien de temps passez-vous d'habitude à préparer vos cours?
8. Lisez-vous souvent des magazines? Si oui, quels magazines?
9. Combien de dissertations écrivez-vous par semestre?

D. *Temps, heure* et *fois*

■ Depending on the context, the French use different words to express what, in English, could always be expressed by the word *time.*

• **L'heure,** as you already know, means *clock time.*

Quelle **heure** est-il?	*What time is it?*

REMINDER

Heure can also mean *hour* or *o'clock.*

J'ai étudié pendant trois **heures.**	*I studied for three hours.*
Il est deux **heures.**	*It is two o'clock.*

• **La fois** means *time* in a countable or repeated sense.

Combien de **fois** par an?	*How many times per year?*
la dernière **fois**	*the last time*
chaque **fois**	*each time*

• **Le temps** means *time* in a general sense.

Remember that **temps** can also mean *weather:* **Quel temps fait-il aujourd'hui?**

Je n'ai pas **le temps** d'étudier.	*I don't have time to study.*
Avez-vous **le temps** de voyager?	*Do you have time to travel?*
Combien de **temps** avez-vous?	*How much time do you have?*

11 **Hier soir.** Utilisez **temps, heure** ou **fois** pour compléter ce dialogue.

1. Hier soir j'ai étudié pendant quatre _____.
2. Avez-vous eu assez de _____ pour regarder la télévision?
3. Non, parce que mes parents ont téléphoné trois _____.
4. À quelle _____ ont-ils téléphoné la première _____?
5. À six _____.
6. Combien de _____ par mois allez-vous chez vos parents?
7. Trois ou quatre _____.
8. Quand avez-vous dîné hier soir? À sept _____.
9. Combien de _____ avez-vous passé à table?
10. Une _____.

12 **À vous.** Répondez.

1. D'habitude combien de temps passez-vous à faire vos devoirs?
2. Pendant combien d'heures avez-vous étudié hier soir? Combien de temps avez-vous passé à faire vos devoirs pour le cours de français?
3. À quelle heure avez-vous dîné? Combien de temps avez-vous passé à table?
4. Combien de temps par semaine passez-vous avec votre meilleur(e) ami(e)?
5. Combien de fois par mois allez-vous au cinéma?
6. Combien de temps avez-vous passé à la bibliothèque la semaine dernière?

ENTRE AMIS

Es-tu un(e) bon(ne) étudiant(e)?

1. Find out if your partner spends a lot of time studying.
2. Ask if s/he watches TV while s/he studies.
3. Find out how long s/he studied last night.
4. Ask what s/he read for your French course.
5. Ask your partner how to spell some word in French.
6. Compliment your partner on his/her French.

3. Describing Your Weekend Activities

Qu'est-ce que vous faites pendant le week-end?

	oui	non
Je pars[1] du campus chaque week-end.	_____	_____
Je sors[2] avec mes amis.	_____	_____
Je m'amuse[3] bien.	_____	_____
Je vais au cinéma.	_____	_____
Je joue du piano.	_____	_____
Je joue au golf.	_____	_____
Je fais du vélo.	_____	_____
Je fais beaucoup de sport.	_____	_____
Je dors[4] beaucoup.	_____	_____
Je me lève tard[5].	_____	_____
Je ne me couche[6] pas tôt.	_____	_____
Je nettoie[7] ma chambre.	_____	_____

1. *leave* 2. *go out* 3. *have fun* 4. *sleep* 5. *late* 6. *go to bed* 7. *clean*

E. Les verbes pronominaux

■ Reflexive verbs **(les verbes pronominaux)** are those whose subject and object are the same. English examples of reflexive verbs are *he cut himself* or *she bought herself a dress.*

■ You have already learned a number of expressions that use reflexive verbs in French.

Comment vous appelez-vous?	*What is your name?*
Je m'appelle …	*My name is …*
Comment s'appellent vos amis?	*What are your friends' names?*
Asseyez-vous là!	*Sit there!*

■ Reflexive verbs use an object pronoun (**me, te, se, nous, vous**) in addition to the subject. With the exception of affirmative commands, this pronoun is always placed directly in front of the verb.

s'amuser	
je	**m'**amuse
tu	**t'**amuses
il/elle/on	**s'**amuse
nous	**nous** amusons
vous	**vous** amusez
ils/elles	**s'**amusent

se lever	
je	**me** lève
tu	**te** lèves
il/elle/on	**se** lève
nous	**nous** levons
vous	**vous** levez
ils/elles	**se** lèvent

■ Use **est-ce que** or a rising intonation to ask a yes/no question.

Est-ce que tu te lèves tôt le matin?	*Do you get up early in the morning?*
Tu t'amuses au cours de français?	*Do you have fun in French class?*

■ In the negative, **ne** is placed before the object pronoun and **pas** after the verb.

Je **ne** me lève **pas** tôt.	*I don't get up early.*
Mes professeurs **ne** s'amusent **pas.**	*My teachers don't have fun.*
Vous **ne** vous couchez **pas** avant minuit?	*Don't you go to bed before midnight?*

■ When the reflexive verb is used in the infinitive form after another verb, the reflexive pronoun agrees with the subject of the sentence.

À quelle heure vas-**tu te** coucher?	*At what time are you going to go to bed?*
Je n'aime pas **me** lever tôt.	*I don't like to get up early.*
Les étudiants ont l'habitude de **s'**amuser le samedi soir.	*Students are used to having fun on Saturday night.*

13 **Identifications.** Identifiez, si possible, des personnes qui correspondent aux descriptions suivantes.

MODÈLE: une personne qui se lève très tôt le dimanche matin
Mon père se lève très tôt le dimanche matin.

1. une personne qui se couche tôt le dimanche soir
2. une personne qui ne se couche pas s'il y a quelque chose d'intéressant à la télévision
3. deux étudiants qui se couchent tard s'ils ont un examen
4. deux personnes qui s'amusent beaucoup au cours de français
5. deux de vos amis qui ne se lèvent pas tôt le samedi matin
6. une personne qui ne va pas s'amuser pendant les vacances
7. une personne qui se lève quelquefois trop tard pour le cours de français

14 **À vous.** Répondez.

1. Comment vous appelez-vous et comment s'appelle votre meilleur(e) ami(e)?
2. Quel jour est-ce que vous vous couchez tard?
3. Est-ce que vous vous levez tôt ou tard le samedi matin? Expliquez votre réponse.
4. Avez-vous des amis qui ne s'amusent pas beaucoup? Si oui, comment s'appellent-ils?
5. Est-ce que vos professeurs aiment s'amuser en classe?
6. Est-ce que vous vous amusez au cours de français? Pourquoi ou pourquoi pas?
7. À quelle heure est-ce que vous vous levez le lundi matin? Pourquoi?
8. À quelle heure est-ce que vous allez vous coucher ce soir? Expliquez votre réponse.

F. *Jouer de* et *jouer à*

■ *To play a musical instrument* is expressed by **jouer de** + definite article + musical instrument. The definite article is retained in the negative before the name of the instrument.

Mon frère **joue du** saxophone, mais il ne **joue** pas **de la** guitare.	*My brother plays the saxophone but he doesn't play the guitar.*
De quoi **jouez**-vous?	*What (instrument) do you play?*
Moi, je ne **joue de** rien.	*I don't play any (instrument).*

V O C A B U L A I R E

Review **de** + article, p. 76, and **à** + article, p. 127.

Quelques instruments de musique

un accordéon	*accordion*	un piano	*piano*
une batterie	*drums*	un saxophone	*saxophone*
une flûte	*flute*	une trompette	*trumpet*
une guitare	*guitar*	un violon	*violin*

■ *To play a game* is expressed by **jouer à** + definite article + game.

— Mon amie **joue au** golf le lundi, elle **joue à la** pétanque le mercredi et elle **joue aux** cartes le vendredi soir. Mais elle ne **joue** jamais **aux** échecs.
— **À** quoi **jouez**-vous?
— Moi, je ne **joue à** rien.

VOCABULAIRE

NOTE CULTURELLE

La pétanque est un jeu de boules très populaire en France. On joue à la pétanque à l'extérieur, par exemple près des cafés. Pour marquer des points, il faut placer les boules le plus près possible du cochonnet *(small wooden ball)*.

Quelques jeux *(Several games)*

le basket-ball (le basket)	*basketball*	le football américain	*football*
		le golf	*golf*
le bridge	*bridge*	le hockey	*hockey*
les cartes *(f. pl.)*	*cards*	la pétanque	*lawn bowling (bocce)*
les dames *(f. pl.)*	*checkers*		
les échecs *(m. pl.)*	*chess*	le rugby	*rugby*
le football (le foot)	*soccer*	le tennis	*tennis*

15 **Tout le monde joue.** À quoi jouent-ils? De quoi jouent-ils? Faites des phrases complètes avec les éléments donnés.

MODÈLES: **Les Canadiens jouent au hockey.**
Ma sœur ne joue pas de l'accordéon.

les Français			la pétanque
Tiger Woods			l'accordéon
Shaquille O'Neal			le piano
ma sœur			les cartes
mon frère		de	le saxophone
les violonistes	(ne ... pas) jouer	à	le basket-ball
les Américains			la guitare
les Canadiens			les échecs
les sœurs Williams			le violon
je			le golf
mon ami(e) ...			le hockey
...			le tennis

16 **À vous.** Répondez.

1. Quel est votre instrument de musique préféré?
2. Quel est votre sport préféré?
3. Jouez-vous d'un instrument de musique? Si oui, de quoi jouez-vous?
4. Êtes-vous sportif (sportive)? Si oui, à quoi jouez-vous?
5. Avez-vous des amis qui jouent aux cartes? Si oui, à quel jeu de cartes jouent-ils?
6. Avez-vous des amis qui jouent d'un instrument de musique? Si oui, de quoi jouent-ils?

G. Les pronoms accentués

■ *Stress pronouns* (**les pronoms accentués**) are used in certain circumstances where a subject pronoun cannot be used. Each stress pronoun has a corresponding subject pronoun.

je	→	**moi**	nous	→	**nous**
tu	→	**toi**	vous	→	**vous**
il	→	**lui**	ils	→	**eux**
elle	→	**elle**	elles	→	**elles**
on	→	**soi**			

■ Stress pronouns are used in the following circumstances:

• to stress the subject of a sentence

Moi, je n'aime pas le café.　　*I don't like coffee.*
Ils aiment le thé, **eux.**　　*They like tea.*

• in a compound subject

Mes parents et **moi,** nous habitons ici.　　*My parents and I live here.*
Monsieur Martin a des enfants?
Oui, sa femme et **lui** ont six enfants.　　*Yes, he and his wife have six children.*

• after a preposition

chez **soi**	*at one's house*	pour **lui**	*for him*
entre **nous**	*between us*	sans **elles**	*without them*

> **NOTE**　A stress pronoun after the expression **être à** indicates possession.
>
> Ce livre est **à moi.**　　*This book belongs to me.*
> Il est **à toi,** ce pull?　　*Is this sweater yours?*

• after **c'est** and **ce sont**

C'est **moi.**　*It is I (me).*　　Ce n'est pas **elle.**　*It is not she (her).*

> **NOTE**　**C'est** is used with **nous** and **vous. Ce sont** is used only with **eux** and **elles.**
>
> **C'est** nous.　*It is we (us).*　　**Ce sont** eux.　*It is they (them).*

• alone or in phrases without a verb

Lui!	*Him!*
Et **toi?**	*And you?*
Elle aussi.	*So does she. So has she. So is she. She too.*
Moi non plus.	*Me neither. Nor I.*

• with the suffix **-même(s)**

toi-même　*yourself*　　**eux**-mêmes　*themselves*

17 **Eux aussi.** La famille de Paul fait exactement ce qu'il fait *(what he does)*. Utilisez un pronom accentué pour répondre à la question. Si la première phrase est affirmative, répondez affirmativement. Si la première phrase est négative, répondez négativement.

MODÈLES: Paul a fait le ménage. Et sa sœur?
Elle aussi.

Paul n'a pas regardé la télévision. Et son frère?
Lui non plus.

1. Paul n'a pas lu le journal ce matin. Et ses sœurs?
2. Paul écrit des lettres. Et ses parents?
3. Paul ne se lève jamais tard. Et sa sœur?
4. Il a déjà mangé. Et son frère?
5. Paul n'aime pas les cigares. Et ses parents?
6. Il va souvent au cinéma le vendredi soir. Et sa sœur?

18 **À vous.** Répondez aux questions suivantes. Utilisez un pronom accentué dans chaque réponse.

1. Faites-vous la cuisine vous-même?
2. Déjeunez-vous d'habitude avec votre meilleur(e) ami(e)?
3. Avez-vous dîné chez cet(te) ami(e) hier soir?
4. Avez-vous passé les dernières vacances chez vos parents?
5. Vos amis et vous, allez-vous souvent au cinéma?
6. Faites-vous vos devoirs avec vos amis?

www Réalités culturelles

Les loisirs préférés des étudiants

Que font les étudiants français pendant le week-end et pendant leur temps libre? Voici les réponses à un questionnaire récent.

inviter des amis chez soi	46%
aller au cinéma	45%
faire du sport	40%
aller en boîte	29%
écouter de la musique	27%
aller au restaurant	27%
aller écouter un concert	20%
lire un livre	15%
regarder la télévision	12%

Vocabulaire: loisirs *leisure activities,* boîte *nightclub*

H. Les verbes *dormir, partir* et *sortir*

Je ne **dors** pas bien.	*I don't sleep well.*
Quand **partez-vous** en vacances?	*When are you leaving on vacation?*
Avec qui Annie **sort-elle** vendredi?	*With whom is Annie going out on Friday?*

dormir *(to sleep)*		**partir** *(to leave)*		**sortir** *(to go out)*	
je	**dors**	je	**pars**	je	**sors**
tu	**dors**	tu	**pars**	tu	**sors**
il/elle/on	**dort**	il/elle/on	**part**	il/elle/on	**sort**
nous	**dormons**	nous	**partons**	nous	**sortons**
vous	**dormez**	vous	**partez**	vous	**sortez**
ils/elles	**dorment**	ils/elles	**partent**	ils/elles	**sortent**

■ Note the pronunciation distinction between the third person singular and plural forms.

> **Partir** and **sortir** use **être** as the auxiliary in the passé composé and will be studied in the past tense in Ch. 7.

elle dor*t* [dɔʀ]	il par*t* [paʀ]	elle sor*t* [sɔʀ]
elles dor*ment* [dɔʀm]	ils par*tent* [paʀt]	elles sor*tent* [sɔʀt]

■ The past participle of **dormir** is **dormi**.

J'ai **dormi** pendant huit heures.

19 **Notre vie à l'université.** Complétez les phrases suivantes avec les verbes **dormir**, **partir** et **sortir**. Faites attention au choix du verbe et au choix entre le présent et l'infinitif.

1. Les étudiants de notre université _____ du campus chaque week-end pour aller chez leurs parents.
2. Mais ils ont envie de s'amuser et c'est pourquoi ils _____ avec leurs amis le jeudi soir.
3. Si on _____ le jeudi soir, on est naturellement fatigué le vendredi matin.
4. Si on ne _____ pas pendant huit heures, on ne se lève pas tôt.
5. Quelquefois, si on est très fatigué, on a envie de _____ en classe!
6. Si vous _____ en classe, les professeurs ne vont pas être très contents.
7. Alors, si vous allez _____ le jeudi soir, il faut faire la sieste le jeudi après-midi.

20 **La vie des étudiants.** Répondez aux questions suivantes.

1. Combien d'heures dormez-vous d'habitude par nuit?
2. Pendant combien de temps avez-vous dormi la nuit dernière?
3. Y a-t-il des étudiants qui ne dorment pas le samedi matin? Si oui, pourquoi?
4. Qui dort mal avant un examen important? Pourquoi?
5. Les étudiants sortent-ils quelquefois pendant la semaine? Si oui, où vont-ils? Si non, pourquoi pas?
6. Est-ce que la plupart des étudiants partent le week-end ou est-ce qu'ils restent sur le campus?
7. Quand allez-vous partir en vacances cette année?

I. Les verbes *nettoyer* et *envoyer*

Tu nettoies ta chambre ce matin?
Oui, mais d'abord **j'envoie** un message électronique.

Are you cleaning your room this morning?
Yes, but first I'm sending an e-mail message.

nettoyer *(to clean)*	
je	**nettoie**
tu	**nettoies**
il/elle/on	**nettoie**
nous	**nettoyons**
vous	**nettoyez**
ils/elles	**nettoient**
passé composé:	j'**ai nettoyé**

envoyer *(to send)*	
j'	**envoie**
tu	**envoies**
il/elle/on	**envoie**
nous	**envoyons**
vous	**envoyez**
ils/elles	**envoient**
passé composé:	j'**ai envoyé**

■ In the present tense, these verbs are conjugated like **parler,** except that **i** is used in place of **y** in the singular and the third-person plural.

21 **Un message à ma famille.** Complétez les phrases suivantes avec les verbes **envoyer** et **nettoyer.** Faites attention au choix du verbe et au choix entre le présent, le passé composé et l'infinitif.

1. Hier, j'ai _____ une lettre à ma famille.
2. J'ai parlé de mon camarade de chambre qui ne _____ jamais notre chambre.
3. J'ai écrit «Pourquoi est-ce que c'est toujours moi qui dois _____ la chambre?»
4. Lui, il s'amuse et il _____ des messages électroniques à ses amis.
5. Moi aussi, je voudrais _____ des messages et m'amuser.
6. Les bons camarades de chambre _____ leur chambre ensemble, n'est-ce pas?

22 **À vous.** Répondez aux questions suivantes.

1. Avez-vous envoyé une carte ou un message électronique récemment? Si oui, à qui?
2. Envoyez-vous des messages chaque jour? Si non, combien de fois par semaine envoyez-vous des messages?
3. Est-ce que vos amis envoient souvent des cartes ou des messages? Si oui, comment s'appellent ces amis?
4. Qui n'envoie jamais de lettres? Pourquoi pas?
5. Qui n'aime pas nettoyer sa chambre? Pourquoi pas?
6. Nettoyez-vous votre chambre chaque jour? Pourquoi ou pourquoi pas?

ENTRE AMIS

Le week-end

1. Ask your partner what s/he usually does on weekends.
2. Find out if s/he has fun.
3. Ask if s/he goes out with friends.
4. If so, find out where s/he goes.
5. Find out if s/he gets up early or late on Sunday morning.
6. Find out when s/he cleans her room.
7. What else can you find out?

Intégration

Révision

Ⓐ Mon week-end. Que faites-vous d'habitude le week-end? Avez-vous beaucoup de temps libre?

Ⓑ Notre vie à l'université. Posez des questions. Votre partenaire va répondre. Attention au présent et au passé composé.

MODÈLE: parler français avec tes amis pendant le cours de français
VOUS: **Est-ce que tu parles français avec tes amis pendant le cours de français?**
VOTRE PARTENAIRE: **Oui, je parle français avec eux.** ou
Non, je ne parle pas français avec eux.

1. dormir bien quand il y a un examen
2. aller souvent à la bibliothèque après le dîner
3. écouter la radio quelquefois pendant que tu étudies
4. être absent(e) le mois dernier
5. jouer aux cartes avec tes amis le week-end dernier
6. faire la vaisselle d'habitude après le dîner
7. sortir avec tes amis ce soir

Ⓒ Trouvez quelqu'un qui ... Interviewez les autres étudiants pour trouver quelqu'un qui ...

1. écoute la radio pendant qu'il étudie
2. joue de la guitare
3. a eu le temps de lire un livre la semaine dernière
4. a déjà écrit une dissertation ce semestre
5. n'a rien mangé ce matin
6. a eu la grippe l'année dernière
7. a nettoyé sa chambre le week-end dernier
8. ne sort jamais le dimanche soir
9. envoie souvent des messages électroniques à ses professeurs

D **Début de rédaction.** Faites une liste de cinq activités que vous faites d'habitude pendant la semaine et/ou pendant le week-end. Indiquez, si possible, si vous faites ces activités le matin, l'après-midi ou le soir.

MODÈLE: **Le samedi matin je ne me lève pas très tôt. J'aime dormir et je ne travaille pas le samedi.**

E **À vous.** Répondez.

1. Que fait-on pour s'amuser le week-end sur votre campus?
2. Qu'est-ce que la plupart des étudiants font le dimanche soir?
3. Avez-vous regardé la télévision hier soir? Si oui, combien de temps avez-vous passé devant la télévision?
4. Quelle est la dernière fois que vous avez dîné au restaurant? Combien de temps avez-vous passé à table?
5. Combien de fois avez-vous été malade cette année?
6. Jouez-vous d'un instrument de musique? Si oui, de quel instrument jouez-vous?
7. Est-ce que vous êtes sportif (sportive)? Si oui, à quel sport jouez-vous?
8. Quelle est la dernière fois que vous avez nettoyé votre chambre?

Négociations: **Hier, d'habitude et pendant le week-end.** Interviewez votre partenaire pour trouver les renseignements qui manquent (*missing information*). La copie de votre partenaire est dans l'appendice D.

MODÈLE: **Est-ce que Valérie va au cours de français d'habitude?**
Est-ce qu'Alain a fumé hier?

Be careful to choose between the past and the present.

A

nom	hier	d'habitude	pendant le week-end
Valérie	OUI	aller au cours de français _____	NON
Chantal	déjeuner avec ses amis _____	se lever tôt _____	OUI
Sophie	NON	OUI	faire ses devoirs _____
Alain	fumer _____	NON	lire des livres _____
David	nettoyer sa chambre _____	être absent _____	NON
Jean-Luc	NON	OUI	sortir avec ses amis _____

Réalités culturelles

Le Maghreb

Le Maghreb est le nom donné à l'ensemble des trois pays du nord-ouest de l'Afrique: **le Maroc, l'Algérie** et **la Tunisie**. La France a colonisé l'Algérie en 1830. Plus tard, la Tunisie (1881) et le Maroc (1912) sont devenus des protectorats français. Ces deux pays sont indépendants depuis 1956. L'Algérie a eu son indépendance en 1962, après une guerre avec la France.

REPÈRES:	LE MAROC	L'ALGÉRIE	LA TUNISIE
Superficie:	710.850 km², comparable au Texas	environ 2.381.740 km², plus de trois fois le Texas	163.610 km²; un peu plus grand que la Géorgie
Population:	environ 30 millions	environ 32 millions	près de 9 millions
Ethnicité:	99% Arabes et Berbères; quelques Harratins (noirs) dans le sud	83% Arabes, 16% Berbères surtout dans les montagnes de l'Atlas, 1% Européens	98% Arabes, 2% Européens
Capitale:	Rabat	Alger	Tunis
Langues:	arabe, français, berbère, un peu d'espagnol	arabe, français, berbère	arabe, français

Vocabulaire: sont devenus *became*, guerre *war*, surtout *especially*

Lecture I

Ⓐ **Étude du vocabulaire.** Étudiez les phrases suivantes et choisissez *(choose)* les mots anglais qui correspondent aux mots français en caractères gras *(bold print)*: *saw, to move, the south of France, meals, knife, trees, fingers, all.*

1. Je ne comprends pas **tous** les mots français.
2. Un homme attaque deux jeunes filles au **couteau.**
3. Quand on est paralysé, on n'est pas capable de **bouger.**
4. Les enfants comptent souvent sur les **doigts** pour faire une addition.
5. Marseille est dans le **Midi** de la France.
6. Nous avons **vu** un film intéressant le week-end dernier.
7. Il y a beaucoup d'**arbres** dans une forêt.
8. Le déjeuner et le dîner sont des **repas.**

Ⓑ **Parcourez les deux articles.** Skim each of the following selections to find: (1) an example of personal charity and (2) the reward that was given.

UN HOMME COURAGEUX

PARIS: Aziz Soubhane a 17 ans. Il est marocain, mais il habite en France depuis sept ans et fait ses études au Lycée d'enseignement professionnel privé de Notre-Dame, à la Loupe, en Eure-et-Loir.

Aziz a désarmé un homme qui attaquait au couteau deux jeunes filles anglaises dans le métro. Aziz a été le seul à bouger; les autres passagers n'ont pas levé le petit doigt.

Pour son courage, Aziz a reçu le «Prix servir» du Rotary-club de Paris et un chèque de 10.000 francs. C'est l'adjoint au maire de Paris qui a donné le prix à Aziz.

Ce jeune homme est un très bon exemple pour nous.

Les soldats ont planté des arbres

TOULON: L'été dernier, des feux ont détruit une grande partie de la forêt dans le Midi de la France. Le 29 décembre, on a vu des soldats américains aider tous les volontaires de la région à nettoyer la forêt et à replanter des arbres. En une journée, ils ont replanté 5.000 arbres près de la ville d'Hyères, dans la région du Var.

Le 2 janvier, le maire de la ville a donné un grand méchoui à tous les volontaires. Les 165 soldats américains sont en escale à Toulon en ce moment. Ils ont profité de leur temps libre pour aider les Français.

Adjoint au maire = *deputy mayor;* **feux** = *fires;* **méchoui** = *a North African specialty in which a whole lamb is roasted over an open pit of live coals for several hours.*

Ⓒ **Vrai ou faux?** Si une phrase est fausse, corrigez-la.

1. Aziz n'est pas français.
2. Il étudie dans une école publique.
3. Les soldats américains ont aidé les Français.
4. Les soldats ont été obligés d'aider les Français.
5. Les soldats ont travaillé une semaine.

D **Questions.** Répondez.

1. Qui sont les «bons Samaritains» dans ces deux articles?
2. Qu'est-ce qu'Aziz a fait? Et les soldats américains?
3. Est-ce que les autres personnes dans le métro ont aidé Aziz?
4. Qui a travaillé avec les soldats américains?
5. Qu'est-ce qu'on a donné à Aziz après son acte de courage?
6. Qu'est-ce qu'on a donné aux soldats après leur travail?

E **Familles de mots.** Essayez de deviner le sens des mots suivants.

1. détruire, la destruction
2. donner, un don, un donneur, une donneuse
3. enseigner, l'enseignement *(m.)*, un enseignant, une enseignante
4. voir, vu, la vue, une vision

F **Discussion.**

1. Identify three aspects of French culture mentioned in these newspaper articles that are similar to or different from American culture.
2. Are North African people and their cultures viewed favorably or unfavorably in these articles? Explain your answer.

Lecture II

A **Étude du vocabulaire.** Étudiez les phrases suivantes et choisissez les mots anglais qui correspondent aux mots français en caractères gras: *neither… nor, sorrow, because, memories, swept up, it's all the same to me, love.*

1. J'ai **balayé** ma chambre et maintenant je vais nettoyer la cuisine.
2. L'**amour**, c'est quand on aime une personne.
3. Si elle est riche ou si elle est pauvre, **ça m'est bien égal**.
4. Elle est fille unique; elle n'a **ni** frère **ni** sœur.
5. Le **chagrin**, c'est quand on est triste.
6. J'ai de très bons **souvenirs** de mes grands-parents.
7. Le mot **car** est un synonyme de *parce que*.

B **Le contraire.** Lisez la chanson et ensuite choisissez les expressions de la colonne de droite qui sont le contraire des expressions de la colonne de gauche.

1. _____ le bien	a. hier
2. _____ tout	b. le plaisir
3. _____ aujourd'hui	c. c'est oublié
4. _____ le passé	d. la mort
5. _____ le chagrin	e. rien
6. _____ mes souvenirs	f. le mal
7. _____ la vie	g. le futur

Une des plus célèbres chanteuses françaises, Édith Piaf est née le 19 décembre 1915. Quelques-unes de ses grandes chansons qu'il faut mentionner sont La vie en rose, L'hymne à l'amour, Jézébel, Mon manège à moi *et* Non, je ne regrette rien. *Le compositeur de cette dernière chanson s'appelle Charles Dumont. Piaf la chante pour la première fois deux ou trois ans avant sa mort, le 14 octobre 1963. Cette chanson est un peu la philosophie de sa vie. Piaf a dit «Je remercie le ciel* (heaven) *de m'avoir donné cette vie, cette possibilité de vivre, car j'ai vécu* (I lived) *à cent pour cent et je ne le regrette pas.»*

Non, je ne regrette rien

Non! Rien de rien
Non! Je ne regrette rien
Ni le bien qu'on m'a fait, ni le mal
Tout ça m'est bien égal.
Non! Rien de rien
Non! Je ne regrette rien
C'est payé, balayé, oublié
Je me fous du passé[1].

Avec mes souvenirs
J'ai allumé le feu[2].
Mes chagrins, mes plaisirs
Je n'ai plus besoin d'eux[3].
Balayés les amours
Et tous leurs trémolos[4]
Balayés pour toujours
Je repars à zéro.

Non! Rien de rien
Non! Je ne regrette rien
Ni le bien qu'on m'a fait, ni le mal
Tout ça m'est bien égal.
Non! Rien de rien
Non! Je ne regrette rien
Car ma vie, car mes joies
Aujourd'hui, ça commence avec toi.

---

1. *I don't give a darn about the past*   2. *lit the fire*   3. *I don't need them any more*   4. *tremors; emotions*

C **Vrai ou faux?** Décidez si les phrases suivantes sont vraies ou fausses. Ensuite cherchez dans la chanson quelque chose qui justifie chaque réponse *(answer)*.

1. Édith Piaf est triste parce qu'elle n'a pas été heureuse dans la vie.
2. Elle aime une personne maintenant.
3. Elle a oublié le passé.
4. Elle est pessimiste.

D **Discussion.** Research the life of Édith Piaf and then discuss whether her life reflects the words of this song.

VOCABULAIRE ACTIF

Practice this vocabulary with the flashcards on the *Entre amis* web site.

Instruments de musique

un accordéon *accordion*
une batterie *drums*
une flûte *flute*
une guitare *guitar*
un piano *piano*
un saxophone *saxophone*
une trompette *trumpet*
un violon *violin*

D'autres noms

un cigare *cigar*
une cigarette *cigarette*
une crêpe *crepe (pancake)*
un examen *test, exam*
un exercice *exercise*
la grippe *flu*
un robinet *faucet*
la valse *waltz*

Pronoms accentués

moi *I, me*
toi *you*
lui *he, him*
elle *she, her*
soi *oneself*
nous *we, us*
vous *you*
eux *they, them*
elles *they, them (female)*

Jeux

le basket-ball (le basket) *basketball*
le bridge *bridge*
les cartes *(f. pl.) cards*
les dames *(f. pl.) checkers*
les échecs *(m. pl.) chess*
le football (le foot) *soccer*
le football américain *football*
le golf *golf*
le hockey *hockey*
un jeu *game*
la pétanque *lawn bowling*
le rugby *rugby*
le tennis *tennis*

Choses à lire ou à écrire

une bande dessinée *comic strip*
une carte postale *postcard*

une dissertation *(term) paper*
un journal *newspaper*
une lettre *letter*
un magazine *magazine*
un message électronique *e-mail*
un mot *word*
une pièce *play*
un poème *poem*
un roman *novel*
un roman policier *detective story*

Divisions du temps

une année *year*
une fois *one time*
une journée *day*
un mois *month*
un semestre *semester*
le temps *time; weather*
les vacances *(f. pl.) vacation*

Prépositions

pendant *for; during*
sans *without*

Verbes

accompagner *to accompany*
s'amuser *to have fun*
se coucher *to go to bed*
décrire *to describe*
demander *to ask*
dormir *to sleep*
écrire *to write*
envoyer *to send*
être à *to belong to*
fermer *to close*
fumer *to smoke*
se lever *to get up*
lire *to read*
nettoyer *to clean*
oublier *to forget*
partir *to leave*
préparer (un cours) *to prepare (a lesson)*
remarquer *to notice*
sortir *to go out*
téléphoner (à qqn) *to telephone (someone)*

Expressions de temps

il y a ... ans (mois, etc.) ... *years (months, etc.) ago*
Je suis ici depuis ... mois (heures, etc.). *I've been here for ... months (hours, etc.).*
Pendant combien de temps ... ? *How long ... ?*
tout à l'heure *a little while ago; in a little while*

Adverbes de temps

déjà *already*
hier *yesterday*
hier soir *last night*
longtemps *a long time*
récemment *recently*
tard *late*
tôt *early*

D'autres adverbes

au moins *at least*
heureusement *fortunately*
rien (ne ... rien) *nothing, not anything*
tant *so much; so many*

D'autres expressions utiles

Aïe! *Ouch!*
à l'intérieur de *inside of*
À quoi jouez-vous? *What (game, sport) do you play?*
à table *at dinner, at the table*
Bonnes vacances! *Have a good vacation!*
C'est la vie! *That's life!*
chaque *each; every*
De quoi jouez-vous? *What (instrument) do you play?*
Eh bien *Well*
en vacances *on vacation*
faire du sport *to play sports*
faire du vélo *to go bike riding*
la plupart (de) *most (of)*
parce que *because*
par exemple *for example*
Pourquoi pas? *Why not?*
... veut dire ... *... means ...*

Où êtes-vous allé(e)?

Coup d'envoi

Prise de contact **J'ai fait un voyage**

Où es-tu allée l'été° dernier, Stéphanie?　　　　　*summer*
　　　Je suis allée en Europe.

Parle-moi de ce voyage, s'il te plaît.
　　　Eh bien! Je suis arrivée à Londres le 15
　　　　juin°.　　　　　*June*
　　　J'ai passé quinze jours à voyager en
　　　　Angleterre.
　　　Puis je suis partie pour Paris le premier
　　　　juillet°.　　　　　*July first*
　　　Je suis restée chez des amis de mes
　　　　parents qui habitent à Paris.
　　　Je me suis très, très bien amusée.
　　　Enfin je suis revenue° le 10 août°.　　　　*I came back / August*
　　　Voilà!

▶ **Et vous?**　　Qu'est-ce que vous avez fait pendant les vacances? Êtes-vous
parti(e) en voyage ou êtes-vous resté(e) chez vous?

Conversation

Les Smith sont arrivés à Angers

Monsieur et Madame Smith, amis de la famille de Lori Becker, sont partis pour Angers. Là, ils sont descendus du TGV° à la gare Saint-Laud. Monsieur Smith est entré dans une cabine téléphonique, a utilisé sa télécarte et a formé le numéro des Martin.

got off the high-speed train

MME MARTIN:	Allô.
M. SMITH:	Madame Martin?
MME MARTIN:	Oui, qui est à l'appareil°?
M. SMITH:	Bonjour, Madame. C'est Grayson Smith.
MME MARTIN:	Ah! les amis de Lori. Vous êtes arrivés?
M. SMITH:	Oui, nous sommes un peu en avance°. Nous venons de descendre° du train.
MME MARTIN:	Mon mari et Lori sont déjà partis vous chercher. Restez là; ils arrivent.
M. SMITH:	D'accord. Merci, Madame. À tout à l'heure.
MME MARTIN:	À tout de suite°, Monsieur. Au revoir.

on the phone

early
we just got off

See you very soon

(Une demi-heure plus tard, chez les Martin)

LORI:	Madame Martin, je vous présente Monsieur et Madame Smith.
MME MARTIN:	Bonjour, Madame. Bonjour, Monsieur. Vous devez être fatigués après votre voyage.
MME SMITH:	Bonjour, Madame. Non, pas trop.
M. MARTIN:	C'est la première fois que vous venez° en France?
MME SMITH:	Non, nous sommes déjà venus° il y a deux ans.
M. SMITH:	Mais la dernière fois, nous n'avons pas beaucoup voyagé.
MME SMITH:	C'est gentil de vous occuper° de nous. Ça ne vous dérange pas trop?
MME MARTIN:	Mais non! Je vous en prie.°

come

came

take care of

Don't mention it.

▶ **Jouez ces rôles.** Répétez la conversation avec votre partenaire. Une personne joue le rôle des Smith et de Lori et l'autre joue le rôle des Martin. Utilisez vos propres *(own)* noms.

Il y a un geste

Je vous en prie. With palm open and fingers spread, one hand (or both hands) is held at the waist level and the shoulders are shrugged. The lips are often rounded. This gesture indicates that you are pleased to be of service and that it is not worth mentioning.

À propos

Pourquoi est-ce que Monsieur Smith utilise une télécarte?

a. Il n'a pas d'euros.
b. Il faut une carte pour utiliser les cabines téléphoniques à la gare Saint-Laud.
c. On peut utiliser des pièces de monnaie ou une carte pour téléphoner dans les cabines téléphoniques.

Une technologie de pointe

France is known worldwide for its leadership in art, fashion, perfume, food, and drink. France is also the world's fifth largest economy and fourth largest exporter. It is a leader in transportation (the TGV bullet train), aerospace (Airbus and the Ariane rocket), telecommunications (cell phones and wireless technology), and civil engineering (the Normandy bridge and the Channel tunnel).

Le TGV

France is also a world leader in public transportation *(les transports en commun)*. Buses, subways, and trains run well, are on time, and are widely used. Among the latter, the **TGV (train à grande vitesse)** is a spectacular technological achievement and a commercial success! The **TGV Atlantique** is a "bullet train" that serves the western part of France and transports over 40,000 customers per day. With a top speed of over 300 kilometers (200 miles) per hour, it offers exceptional comfort and service. **TGV Atlantique** passengers can even phone to all parts of the world.

Le portable

The use of cell phones (**le téléphone portable**) is widespread in France. Over 60 percent of the French have one, meaning that there are over 35 million cell phones in circulation. Under French law, it is illegal to use a cell phone while driving, even though many drivers admit to doing so.

La télécarte

The **télécarte** is an electronic smart card used throughout France for both local and long distance phone calls. It can be purchased in post offices, railroad stations, and tobacco shops in France. It can even be purchased in the TGV lounge. Tourists are often caught off guard believing that they will be able to use Euro coins to make a telephone call. Coin operated phones are becoming increasingly rare in France. In Angers, for example, none of the phone booths at the railroad station accept coins. For some useful expressions when using a **télécarte,** see the box on the next page.

CONTINUED →

L'amabilité *(Kindness)*

The Martins go out of their way to be helpful to Lori's friends. A warm welcome is the norm rather than the exception in Angers. Many *Angevins* serve as host families to foreign students who are enrolled at the *Centre international d'études françaises* or in one of the institutes organized on the campus of the *Université Catholique de l'Ouest.* Others, such as the Martins, employ a **jeune fille au pair** who often becomes a "member" of the family. The tourist who stays only a few days in Paris may not get to appreciate the generosity and the friendliness of the French.

V O C A B U L A I R E

Pour utiliser la télécarte

Décrochez le téléphone.	*Pick up the phone.*
Introduisez votre télécarte.	*Put your telecarte in the slot.*
Composez le numéro.	*Dial the number.*
Attendez que quelqu'un réponde.	*Wait until someone answers.*
Quand vous avez fini, raccrochez le téléphone.	*When you've finished, hang up the phone.*
Reprenez votre télécarte.	*Take your telecarte.*

▶ **À vous.** Vous téléphonez à un(e) ami(e). Répondez.

VOTRE AMI(E):	Allô.
VOUS:	_____
VOTRE AMI(E):	Tu es arrivé(e)?
VOUS:	_____
VOTRE AMI(E):	Où es-tu?
VOUS:	_____
VOTRE AMI(E):	Reste là. J'arrive.
VOUS:	_____

ENTRE AMIS

Vous êtes arrivé(e) à la gare.

You are a foreign student at a French university and will be staying with a host family.

1. Call your host family and identify yourself.
2. Say that you are at the train station.
3. Reassure them that you are not too tired after your trip.
4. Express your thanks and say "See you very soon."

Prononciation

Les sons [ɔ] et [o]

■ French has an open [ɔ] sound and a closed [o] sound. The following words contain these sounds. Practice saying the words after your instructor, paying particular attention to the highlighted sound.

[ɔ] • **o**range, b**o**nne, c**o**mme, al**o**rs, s**o**mmes, c**o**nnaissez, enc**o**re, p**o**ste, pers**o**nnes, acc**o**rdéon, h**o**ckey, p**o**stale, d**o**rmir, s**o**rtir, n**o**tre, n**o**te, j**o**gging

[o] • radi**o,** pian**o,** m**o**t, v**o**s, gr**o**s

   • ch**o**se, quelque ch**o**se, r**o**se

   • h**ô**tel, à la v**ô**tre, dr**ô**le

   • ch**au**d, f**au**x, **au** fait, d'**au**tres, **au** moins, à g**au**che, il f**au**t, f**au**x, f**au**sse, j**au**ne

   • **eau,** b**eau**coup, b**eau,** chap**eau**

▶ Now go back and look at how these sounds are spelled and in what kinds of letter combinations they appear. What patterns do you notice?

■ The sound [ɔ] is always followed by a pronounced consonant.

téléph**o**ne   ad**o**re   p**o**stale   n**o**te   d**o**rment   m**o**de   **o**ctobre

■ The sound [o] is used in several circumstances.

o as the word's final sound	pian**o,** m**o**t
o + [z]	ch**o**se, r**o**se
ô	h**ô**tel, v**ô**tre
au	**au** fait, il f**au**t
eau	l'**eau,** b**eau**coup

▶ Say the following pairs of words, making sure to pronounce the [ɔ] and [o] sounds correctly.

   1. n**o**s / n**o**tre
   2. r**o**binet / r**o**se
   3. v**o**tre / v**ô**tre
   4. ch**au**d / ch**o**colat
   5. b**eau** / b**o**nne

Buts communicatifs

1. Relating Past Events *(continued)*

Tu es sortie vendredi dernier, Nathalie?
    Oui, je suis sortie.
Où es-tu allée?
    Je suis allée au restaurant et chez des
        amis.
À quelle heure es-tu rentrée° chez toi?   *did you get back*
    Je suis rentrée à minuit.

▶ **Et vous?** Vous êtes sorti(e) le week-end dernier?
                 Si oui, où êtes-vous allé(e)?
                 À quelle heure êtes-vous rentré(e)?

A. Le passé composé avec *être*

Review the formation of the passé composé with avoir, p. 160.

Êtes-vous **arrivée** en train?   *Did you arrive by train?*
Non, je **suis venue** en voiture.   *No, I came by car.*

Paul et Karine **sont sortis** hier soir?   *Did Paul and Karine go out last night?*
Oui, mais ils **sont rentrés** à neuf   *Yes, but they came home at nine o'clock.*
    heures.

Mon oncle **est né** à Paris en 1935.   *My uncle was born in Paris in 1935.*
Mais sa famille **est partie** aux États-   *But his family left for the United States*
    Unis avant la guerre.   *before the war.*
Remember to consult Appendix C at the end of the book to review any terms with which you are not familiar.
En 1985 il **est tombé** malade.   *He got sick in 1985.*
Il **est mort** en 1986.   *He died in 1986.*

■ While most verbs use **avoir** to form the passé composé (see Ch. 6), there are
   a limited number that use **être**. These verbs are intransitive; that is, they do
   not take a direct object. The most common are listed below.

V O C A B U L A I R E

Quelques verbes qui forment le passé composé avec être

Infinitif		Participe passé
aller	to go	**allé**
venir	to come	**venu**
devenir	to become	**devenu**
revenir (ici)	to come back (here)	**revenu**
retourner (là)	to go back; to return (there)	**retourné**
rentrer (à la maison)	to go (come) back; to go (come) home	**rentré**
arriver (en retard)	to arrive (late)	**arrivé**
partir (à l'heure)	to leave (on time)	**parti**
rester (à la maison)	to stay, remain (at home)	**resté**
monter (dans une voiture)	to go up; to get into (a car)	**monté**
descendre (d'une voiture)	to go down; to get out (of a car)	**descendu**
tomber	to fall	**tombé**
entrer (dans la classe)	to enter (the classroom)	**entré**
sortir (de la classe)	to go out (of the classroom)	**sorti**
naître	to be born	**né**
mourir	to die	**mort**

> Remember that if a plural subject is of mixed gender, the masculine plural form of the participle will be used.

■ Past participles used with **être** agree in gender and number with the subject, just as if they were adjectives. To show agreement, add **-e** (feminine singular), **-s** (masculine plural), or **-es** (feminine plural).

Masculin	**Féminin**
Je suis **né** à Paris.	Je suis **née** à Paris.
Tu es **né** à New York.	Tu es **née** à New York.
Il est **né** à Montréal.	Elle est **née** à Montréal.
Nous sommes **nés** à Boston.	Nous sommes **nées** à Boston.
Vous êtes **né(s)** à Angers.	Vous êtes **née(s)** à Angers.
Ils sont **nés** à Halifax.	Elles sont **nées** à Halifax.

■ Most of these verbs are followed by a preposition when they precede the name of a place.

Sandrine est entrée **dans** la salle de classe.	*Sandrine went into the classroom.*
Moi, je suis arrivé **au** cours de français à l'heure.	*I arrived at the French class on time.*
Mais Nicolas est retourné **chez** lui chercher son livre. Alors, il est arrivé en retard.	*But Nicolas went back home for his book. So, he came late.*

Review reflexive verbs, p. 169.

■ Reflexive verbs also use **être** to form the passé composé.

Les étudiants **se sont amusés** à la soirée.	*Students had fun at the party.*
Ils ne **se sont** pas **couchés** tôt.	*They did not get to bed early.*
Est-ce que Mélanie **s'est levée** tard le jour suivant?	*Did Mélanie get up late the following day?*
Elle et sa sœur ne **se sont** pas **levées** avant midi.	*She and her sister didn't get up before noon.*

Note there is no accent on the first **-e-** of the past participle **levé(e)**.

Remember to choose the appropriate object pronoun.

se coucher *(to go to bed)*

je	**me** suis couché(e)	nous	**nous** sommes couché(e)s
tu	**t'**es couché(e)	vous	**vous** êtes couché(e)(s)
il	**s'**est couché	ils	**se** sont couchés
elle	**s'**est couchée	elles	**se** sont couchées

1 **Thierry ne fait jamais rien comme les autres.** Expliquez d'après le modèle.

MODÈLE: Les autres (partir pour le Canada) / Et Thierry?
Les autres sont partis pour le Canada, mais Thierry n'est pas parti pour le Canada.

1. vous (aller au concert) / Et Thierry?
2. nous (sortir hier soir) / Et Thierry?
3. Marie et Monique (arriver à l'heure) / Et Thierry?
4. ses amis (tomber malades) / Et Thierry?
5. Madame Dubuque (monter dans un taxi) / Et Thierry?
6. les étudiants (rester sur le campus) / Et Thierry?
7. les étudiants (s'amuser) / Et Thierry?

2 **Le voyage.** Racontez la journée *(Tell about the day)* de Monsieur et Madame Smith. Attention à l'emploi des verbes **avoir** et **être**.

MODÈLES: se lever à 7 heures
Ils se sont levés à 7 heures.

chercher un taxi
Ils ont cherché un taxi.

1. voyager en train
2. arriver à Angers
3. descendre du train à la gare Saint-Laud
4. téléphoner aux Martin
5. monter dans la voiture de Monsieur Martin
6. parler avec Lori Becker
7. aller chez les Martin
8. déjeuner chez les Martin
9. s'amuser

3 **Qu'est-ce que tu as fait la semaine dernière?** Utilisez **tu** et les expressions suivantes pour interviewer votre partenaire.

MODÈLE: manger une pizza

VOUS: **Est-ce que tu as mangé une pizza la semaine dernière?**

VOTRE PARTENAIRE: **Oui, j'ai mangé une pizza.** ou **Non, je n'ai pas mangé de pizza.**

1. aller au cinéma
2. étudier à la bibliothèque
3. regarder la télévision
4. passer un examen
5. tomber malade
6. entrer dans un bistro
7. descendre en ville
8. lire un journal
9. se lever à 5 heures du matin

4 **La plupart des étudiants.** Qu'est-ce que la plupart des étudiants ont fait la semaine dernière? Utilisez les expressions suivantes pour la question et pour la réponse.

MODÈLE: manger une pizza — **Est-ce que la plupart des étudiants ont mangé une pizza la semaine dernière?**
— **Oui, ils ont mangé une pizza.** ou **Non, ils n'ont pas mangé de pizza.**

1. aller aux cours
2. faire leurs devoirs
3. nettoyer leur chambre
4. sortir avec leurs amis
5. se coucher tard
6. se lever tôt
7. tomber malades

5 **À vous.** Répondez.

1. Êtes-vous resté(e) sur le campus le week-end dernier?
2. Qu'est-ce que vous avez fait le week-end dernier?
3. Quelle est la dernière fois que vous êtes sorti(e) avec vos amis? Où êtes-vous allés? Qu'est-ce que vous avez fait? À quelle heure êtes-vous rentrés?
4. Vos parents ont-ils déjà visité votre campus? Si oui, quand sont-ils venus?
5. Est-ce que vous arrivez à l'heure au cours, d'habitude?
6. Quelle est la dernière fois que vous êtes arrivé(e) en retard au cours?
7. Qui aime arriver en avance au cours de français? Pourquoi?

6 **Le voyage des Smith.** Racontez l'histoire suivante au passé composé.

Monsieur et Madame Smith passent la nuit à Paris. Ils se lèvent tôt. D'abord ils sortent de leur hôtel. Ensuite ils montent dans un taxi pour aller à la gare Montparnasse. Quand ils arrivent à la gare, ils trouvent leur train et ils cherchent leurs places. Enfin le train part. Ils ne mangent rien pendant le voyage. Après une heure et demie, leur train arrive à la gare Saint-Laud. Monsieur Smith s'occupe de leurs bagages et ils descendent du train.

B. Le pronom *y*

Ta sœur est **en France?**	Oui, elle **y** est.
Va-t-elle souvent **à Paris?**	Non, elle n'**y** va pas souvent.
Quand pars-tu **en France?**	J'**y** pars dans un mois.
Ton frère est resté **chez lui?**	Non, il n'**y** est pas resté.
Est-il allé **au cinéma?**	Oui, il **y** est allé.
Tu vas rester **dans ta chambre?**	Non, je ne vais pas **y** rester.

■ **Y** *(There)* is very often used in place of expressions that tell where something is located (**à l'université, dans la voiture,** etc.). The pronoun **y** replaces both the preposition (**à, chez, dans, en, sur,** etc.) and the name of the place.

Nous allons **au cinéma.**   Nous **y** allons.

■ **Y** is placed directly before the conjugated verb. This means that in the passé composé, it goes in front of the auxiliary.

Nous **y** allons la semaine prochaine.	*We are going there next week.*
Nous n'**y** allons pas demain.	*We are not going there tomorrow.*
J'**y** suis allé.	*I went there.*
Ma mère n'**y** est jamais allée.	*My mother has never gone there.*

■ When there is more than one verb, **y** is placed directly in front of the verb to which it is related (usually the infinitive).

Je vais **y** aller.	*I am going to go there.*
Je ne vais pas **y** rester.	*I am not going to stay there.*
J'ai envie d'**y** passer un mois.	*I feel like spending a month there.*
Je n'ai pas l'intention d'**y** habiter.	*I don't plan to live there.*

Review **Quelques endroits,** p. 128.

7 **Non, je n'y vais pas.** Un(e) étudiant(e) demande **Vas-tu à la pharmacie?** Un(e) autre répond **Non, je n'y vais pas; je vais ... (au centre commercial, à l'église,** etc.). Inventez au moins 10 questions.

8 **Tu y vas souvent?** Demandez si votre partenaire fait souvent les choses suivantes. Votre partenaire va utiliser **y** dans chaque réponse.

MODÈLE: aller au cinéma
VOUS: **Tu vas souvent au cinéma?**
VOTRE PARTENAIRE: **Oui, j'y vais souvent.**   ou
Non, je n'y vais pas souvent.

1. aller chez le médecin
2. étudier à la bibliothèque
3. dîner au restaurant
4. arriver en retard au cours
5. monter dans ta voiture
6. retourner chez tes parents
7. aller à la poste

9 **Tu y es allé(e) hier?** Refaites l'exercice 8, mais posez les questions au passé composé. Votre partenaire va utiliser **y** dans chaque réponse.

MODÈLE: aller au cinéma
VOUS: **Es-tu allé(e) au cinéma hier?**
VOTRE PARTENAIRE: **Oui, j'y suis allé(e).**   ou
Non, je n'y suis pas allé(e).

10 À vous.   Répondez. Utilisez **y** dans chaque réponse.

1. Êtes-vous sur le campus maintenant?
2. Êtes-vous allé(e) à la bibliothèque hier soir? Si oui, à quelle heure y êtes-vous entré(e)? Combien de temps y êtes-vous resté(e)?
3. Combien de fois par semaine allez-vous au cours de français? Y allez-vous demain?
4. Êtes-vous resté(e) chez vous pendant les dernières vacances?
5. La plupart des étudiants ont-ils dîné au restaurant hier soir?
6. Avez-vous envie d'aller un jour en France? Y êtes-vous déjà allé(e)? Si oui, combien de temps y avez-vous passé?
7. Allez-vous au cinéma ce soir? Si oui, avec qui y allez-vous?

ENTRE AMIS

Devinez ce que j'ai fait.

Review the vocabulary on p. 128.

Your partner will try to guess what you did last evening. Use **y**, if possible, when responding.

1. Tell your partner you went out last evening.
2. S/he will try to guess where (movies, library, gym, etc.)
3. S/he will try to guess what you did.
4. Finally, your partner will restate where you went and what you did. Verify his/her answers.

2. Describing Your Background

 D'où viennent ces personnes?

Alain et Sylvie viennent de Nantes.

Tom vient d'Angleterre. Il vient de Londres.

Mike vient des États-Unis et Rose vient du Canada.

Il vient de l'état d'Iowa et elle vient de la province d'Ontario.

▶ **Et vous?**   D'où venez-vous?

C. Le verbe *venir*

Est-ce que **Monique vient** de France?   *Does Monique come from France?*
Non, **elle vient** du Canada.   *No, she comes from Canada.*
Elle est devenue médecin.   *She became a doctor.*
Elle n'est pas ici mais **elle revient** à   *She isn't here but she's coming back*
6 heures.   *at six o'clock.*

venir *(to come)*			
je	**viens**	nous	**venons**
tu	**viens**	vous	**venez**
il/elle/on	**vient**	ils/elles	**viennent**
passé composé: je **suis venu(e)**			

This is similar to the distinction between **américain** and **américaine,** pp. 93–94.

■ Note the pronunciation distinction between the third person singular and plural forms.

vient [vjɛ̃]   viennent [vjɛn]

■ The verbs **revenir** *(to come back)* and **devenir** *(to become)* are conjugated like **venir.**

11   **Les gens partent.** Demandez quand ils reviennent. Votre partenaire va répondre.

MODÈLE: Marie-Dominique (à 15 h 30)
    VOUS: **Quand est-ce qu'elle revient?**
  VOTRE PARTENAIRE: **Elle revient à quinze heures trente.**

1. Stéphanie (ce soir)
2. Colette et Karine (à midi)
3. nous (la semaine prochaine)
4. vos amis (mercredi)
5. vous (dans une heure)
6. ta sœur et toi (tout de suite)

D. Les prépositions de lieu avec une ville ou un pays (suite)

You have already learned to use prepositions to express *to* or *at* with a city, state, province, or country (see Ch. 5).

D'où viennent vos parents?   *Where do your parents come from?*
Mon père est originaire **du** Canada.   *My father is a native of Canada.*
Ma mère vient **des** États-Unis.   *My mother comes from the United States.*
Je viens **de** Bruxelles.   *I come from Brussels.*
M. et Mme Luc viennent **de** France.   *M. and Mme Luc come from France.*

■ To tell where a person is *from,* some form of **de** is used.

- **de** with cities:
  de Paris, **d'**Angers
- **de** with feminine countries or countries that begin with a vowel sound:
  de France, **d'**Iran
- **du** with masculine countries:
  du Mexique, **du** Canada
- **des** with plural countries:
  des États-Unis

■ To say that someone is from a U.S. state or Canadian province, **de** is normally used before those that are feminine or that begin with a vowel sound. The preposition **du** is often used with masculine states and provinces that begin with a consonant.

de Géorgie	**d'**Iowa	**du** Kansas
de Terre-Neuve	**d'**Alberta	**du** Québec

> **NOTE**
>
> You may also use **de l'état de** or **de la province de** to say which U.S. state or Canadian province someone is from.
>
> Mon meilleur ami vient **de l'état d'**Arizona.
> Je viens **de la province d'**Ontario.

See Ch. 5 for a list of countries already studied, p. 144.

■ Use the expression **d'où** with **venir** to inquire where someone comes from.

D'où vient Guy—du Canada ou de France?

Review prepositions of place, p. 143.

Synthèse: les prépositions de lieu

	Je viens ...	J'habite ... / Je vais ...
ville	**de**	**à**
pays féminin ou pays qui commence par une voyelle	**de**	**en**
pays masculin	**du**	**au**
pays pluriel	**des**	**aux**

*One can also say **la Hollande** for **les Pays-Bas**.*

Je viens **d'**Atlanta. Je vais **à** New York.
María vient **d'**Espagne. Elle habite **en** France.
Emilio téléphone **du** Mexique **au** Canada.
Nous venons **des** États-Unis. Nous allons **aux** Pays-Bas en vacances.
John vient **de l'état de** Nebraska mais il habite **dans l'état d'**Arizona.
Denise vient **de la province d'**Ontario, mais elle habite **dans la province de** Québec.

12 André va voyager. Il a l'intention de donner de ses nouvelles *(keep in touch)* à ses parents et à ses amis. Qu'est-ce qu'il va faire?

MODÈLE: écrire / Italie
Il va écrire d'Italie.

1. téléphoner / Allemagne
2. poster une lettre / Moscou
3. écrire une carte postale / Japon
4. téléphoner / Mexique
5. écrire / état de New York
6. écrire un message / province d'Ontario
7. poster une cassette / Liverpool

13 **André est retourné chez lui.** Il a contacté ses parents et ses amis pendant son voyage. Qu'est-ce qu'il a fait?

MODÈLE: écrire / Rome
Il a écrit de Rome.

1. téléphoner / Berlin
2. poster une lettre / Russie
3. écrire une carte postale / Tokyo
4. téléphoner / Mexico
5. écrire / États-Unis
6. écrire un message / Canada
7. poster une cassette / Angleterre

14 **D'où viennent-ils?** La liste des passagers du vol *(flight)* Air France n° 0748 inclut des personnes de différents pays. Expliquez d'où viennent ces personnes et où elles habitent maintenant.

MODÈLE: Sandrine (Paris / New York)
Sandrine vient de Paris, mais elle habite à New York maintenant.

1. Ralph (Canada / États-Unis)
2. Alice (Belgique / France)
3. Helmut et Ingrid (Allemagne / Italie)
4. William (Angleterre / Irlande)
5. José et María (Mexique / États-Unis)
6. Gertrude (Ontario / Manitoba)
7. Judy et Bill (Michigan / Allemagne)

15 **À vous.** Répondez.

1. De quelle ville venez-vous?
2. De quelle(s) ville(s) viennent vos parents?
3. D'où vient votre meilleur(e) ami(e)?
4. D'où viennent vos grands-parents?
5. D'où vient votre professeur de français? (Devinez.)
6. D'où viennent deux autres étudiants du cours de français?

Ils sont arrivés à la gare.

VOCABULAIRE

Les mois de l'année, les saisons, le temps

Les mois de l'année	Les saisons	Le temps
janvier	l'hiver	Il fait froid.
février		Il neige.
mars		Il fait du vent.
avril	le printemps	Il pleut.
mai		Il fait frais.
juin		
juillet	l'été	Il fait beau.
août		Il fait du soleil.
septembre		Il fait chaud.
octobre	l'automne	Il fait encore beau.
novembre		Il commence à faire froid.
décembre		Il fait mauvais.

The French also say **Il fait soleil.**

The opposite of **Il fait beau** is **Il fait mauvais.**

NOTE — The negation of **il fait du vent** is **il ne fait pas** *de* **vent.**

E. Les mois de l'année, les saisons et le temps

■ Names of months begin with lowercase letters in French. Use the preposition **en** before the months to mean *in*.

en février

en août

en septembre

■ Use **en** also with all seasons except **le printemps.**

en été

en automne

en hiver

But: **au** printemps

■ The French represent the date by giving the day first, then the month.

Amy est née **le premier mai.**   *Amy was born on the first of May.*
Mon anniversaire est **le dix février.** *My birthday is the tenth of February.*
Le bébé est né **le vingt-cinq avril.**   *The baby was born on April*
                                           twenty-fifth.

NOTE — Use **le premier** (*... first, the first of ...*), but then **le deux, le trois,** etc.

La fête nationale suisse est **le premier** août.

The dates of many religious holidays vary from year to year. Christian Easter (**Pâques**, *pl.*) falls in March or April, Jewish **Yom Kippour** generally occurs in October, and Moslem **Aïd El-Kébir** comes in February. See the *Entre amis* web site for examples of additional holidays.

VOCABULAIRE

Quelques dates

le premier janvier	le Jour de l'An
le premier juillet	la fête nationale canadienne
le quatre juillet	la fête nationale américaine
le quatorze juillet	la fête nationale française
le premier novembre	la Toussaint
le vingt-cinq décembre	Noël

Réalités culturelles

La diversité religieuse

De culture chrétienne, la France est aujourd'hui un pays de grande liberté religieuse. Les catholiques (46 millions), les musulmans (4 millions), les protestants (800 000), les juifs (700 000) et les bouddhistes (700 000) s'entendent bien, même si des guerres de religion, entre catholiques et protestants, ont marqué l'histoire de la France. L'immigration récente de musulmans, qui sont venus de l'Afrique du Nord, fait de l'Islam la deuxième religion de France.

Il y a plusieurs jours fériés en France qui sont aussi des fêtes religieuses catholiques. Récemment une commission française a proposé que la fête musulmane de l'Aïd El-Kébir et la fête juive de Yom Kippour soient aussi des jours fériés pour les élèves des écoles publiques de France. La commission désire préserver l'unité nationale et accepter la diversité de religions.

Vocabulaire: s'entendent *get along,* jours fériés *holidays,* soient *be*

D'après çasediscute.com et france2.fr

16 **En quelle saison sont-ils nés?** Expliquez quand et en quelle saison les personnes suivantes sont nées.

MODÈLE: Monique (15/4)
Elle est née le quinze avril. Elle est née au printemps.

1. Martin Luther King, fils (15/1)
2. Maureen (10/2) et Michel (23/9)
3. Anne (25/8) et Stéphanie (13/7)
4. George Washington (22/2)
5. vous

17 **Quelle est la date?** Votre partenaire va poser une question. Donnez la réponse.

MODÈLE: Noël

VOTRE PARTENAIRE: **Quelle est la date du jour de Noël?**
VOUS: **C'est le vingt-cinq décembre.**

1. ton anniversaire
2. l'anniversaire de ton (ta) meilleur(e) ami(e)
3. le Jour de l'An
4. le commencement du printemps
5. le commencement de l'été
6. le commencement de l'automne
7. le commencement de l'hiver
8. le commencement des vacances d'été à ton université
9. la fête nationale américaine
10. la fête nationale canadienne
11. la fête nationale française

18 **Quel temps fait-il?** Posez des questions. Si votre partenaire ne sait pas la réponse, il (elle) va deviner.

MODÈLE: février / chez toi

VOUS: **Quel temps fait-il en février chez toi?**
VOTRE PARTENAIRE: **Il fait froid et il neige.**

1. été / chez toi
2. hiver / Montréal
3. automne / Chicago
4. printemps / Washington, D.C.
5. août / Maroc
6. avril / Paris
7. décembre / Acapulco

DÉCEMBRE

25°   −3°   17°   11°   18°   11°

19 **À vous.** Répondez.

1. En quelle saison êtes-vous né(e)?
2. Quel mois êtes-vous né(e)?
3. Quel(s) mois les membres de votre famille sont-ils nés?
4. En quelle saison est-ce qu'il pleut chez vous?
5. En quelle saison est-ce qu'il commence à faire froid chez vous?
6. Quelle est votre saison préférée? Pourquoi?
7. Qu'est-ce que vous avez fait l'été dernier?

Réalités culturelles

Les vacances d'été

Les Français qui travaillent ont cinq semaines de vacances. Dans cette enquête, mille personnes ont répondu à la question «Sur la liste suivante, quelles sont les deux choses qui, pour vous, représentent le mieux les vacances?»

La vie de famille	52%
Visiter des endroits nouveaux	46%
Se reposer, bronzer	28%
Voir ses amis	23%
Visiter des monuments, des musées	14%
Faire du sport	11%
Lire, assister à des spectacles	10%
Faire des rencontres	9%

Vocabulaire: enquête *survey,* se reposer *to rest,* bronzer *to tan,* assister à *to attend,* faire des rencontres *to meet others*

D'après Madame Figaro

ENTRE AMIS

D'où viennent-ils?

1. Find out where your partner comes from.
2. Find out if that is where s/he was born.
3. Find out where your partner lives now.
4. Find out his/her birthdate.
5. Find out if your partner has ever gone to France, Canada, or some other French-speaking country.

3. Stating What You Just Did

Tu as déjà mangé, Thierry?
> Oui, il y a une demi-heure. Je viens de
> manger.° *I just ate.*

Tes amis ont téléphoné?
> Oui, il y a dix minutes. Ils viennent de
> téléphoner.° *They just called.*

▶ **Et vous?** Qu'est-ce que vous venez de faire?
Est-ce que vous venez de parler français?

F. *Venir de* + infinitif

■ **Venir de** followed by an infinitive means *to have just.*

Je **viens d'arriver.**	*I have just arrived.*
Ils **viennent de manger.**	*They just ate.*
Mon frère **vient de se coucher.**	*My brother just went to bed.*
Qu'est-ce que tu **viens de faire?**	*What did you just do?*

20 **Qu'est-ce qu'ils ont fait?** Chaque phrase est assez vague. Posez une question qui commence par **Qu'est-ce que** pour demander une précision. Ensuite votre partenaire va suggérer *(suggest)* une réponse à la question.

MODÈLE: Mes amis viennent de manger quelque chose.
> VOUS: **Qu'est-ce qu'ils ont mangé?**
> VOTRE PARTENAIRE: **Ils ont mangé une pizza.**

1. Pierre vient de lire quelque chose.
2. Nous venons de regarder quelque chose.
3. Je viens d'étudier quelque chose.
4. Mon frère et ma sœur viennent de trouver quelque chose.
5. Je viens d'écrire quelque chose.
6. Nous venons de faire quelque chose.

21 **Elle vient de téléphoner.** Votre camarade de chambre vient de rentrer chez vous. Répondez **oui** à ses questions et utilisez **venir de** dans chaque réponse.

MODÈLE: Martine a téléphoné?
> **Oui, elle vient de téléphoner.**

1. Est-elle rentrée chez elle?
2. Est-ce qu'elle a déjà dîné?
3. Vous avez parlé de moi?
4. A-t-elle trouvé ma lettre?
5. Est-ce qu'elle a lu ma lettre?
6. Tu as expliqué pourquoi je n'ai pas téléphoné?

22 **La naissance** *(birth)* **de Vianney.** Vous êtes le frère de Brigitte et vos parents vous téléphonent de la maternité *(maternity hospital)*. Vous posez des questions au passé composé. Votre partenaire joue le rôle des parents et utilise **venir de** pour répondre.

MODÈLE: Vous / monter à la salle d'attente *(waiting room)*
  LE FRÈRE: **Est-ce que vous êtes montés à la salle d'attente?**
  LES PARENTS: **Oui, nous venons de monter à la salle d'attente.**

1. Brigitte / avoir son bébé
2. Vianney / naître
3. le médecin / partir
4. vous / entrer dans la chambre de Brigitte
5. Matthieu, Antoine et Julien / parler avec leurs parents
6. Chantal / téléphoner

Matthieu Monnier est né le 17 mai 1989. Ses frères s'appellent Antoine, Julien et Vianney. Antoine est né le 4 avril 1991, Julien le 29 mars 1993 et Vianney le 18 mai 1997. Ils habitent à Angers avec leurs parents, Brigitte et Jean-Philippe.

Bonjour ! Ça y est !! Bébé est né !!!

Matthieu   ANTOINE   JULIEN

Nous sommes heureux de vous annoncer la naissance de
VIANNEY
le dimanche 18 mai 1997

ENTRE AMIS

Vous venez de rentrer d'un voyage.

You have just returned from a trip and you call a French-speaking friend to chat.

1. Call your friend and greet him/her.
2. Find out how s/he is doing.
3. Say that you have just returned and explain where you went.
4. Add that you had a good time.
5. Answer his/her questions about the trip.
6. Reassure him/her that you are not too tired after your trip.
7. Say goodbye and add that you will see him/her soon.

Intégration www ⊙

Révision

A **Les mois et les saisons.**

1. Nommez les mois de l'année.
2. Nommez les saisons de l'année.
3. Parlez du temps qu'il fait pendant chaque saison.
4. Pour chaque saison, mentionnez une activité qu'on fait.

B **Le week-end dernier.** Faites une liste de vos activités du week-end dernier. Essayez ensuite de deviner ce que votre partenaire a écrit.

C **Trouvez quelqu'un qui ...** Interviewez les autres étudiants pour trouver quelqu'un qui ...

MODÈLE: s'est couché tard hier soir
Est-ce que tu t'es couché(e) tard hier soir?

1. vient de manger
2. est né dans un autre état ou dans une autre province
3. vient d'une grande ville
4. est arrivé au cours en retard aujourd'hui
5. s'est levé tôt ce matin
6. est resté sur le campus le week-end dernier
7. est sorti avec ses amis vendredi soir dernier
8. n'a pas regardé la télévision hier soir

D **Début de rédaction.** Lisez d'abord les cinq activités que vous avez mentionnées dans votre début de rédaction pour le Chapitre 6 (page 177). Ensuite indiquez si vous avez fait ces activités le week-end dernier. Indiquez aussi, si possible, le jour et l'heure.

MODÈLE: **Samedi matin dernier je ne me suis pas levé(e) tôt. Je me suis levé(e) à neuf heures.**

E **À vous.** Répondez.

1. Quelle est la date de votre anniversaire?
2. De quel pays venez-vous?
3. Dans quelle ville êtes-vous né(e)?
4. D'où viennent vos parents?
5. Quel temps fait-il en été chez vous?
6. Est-ce que vous êtes resté(e) chez vous l'été dernier?
7. Avez-vous déjà voyagé en train ou en avion? Où êtes-vous allé(e)?
8. Êtes-vous déjà allé(e) dans un pays où on parle français? Si oui, où, et avec qui?

Négociations: **D'où viennent-ils?** Interviewez votre partenaire pour trouver les renseigne-ments qui manquent. La copie de votre partenaire est dans l'appendice D.

MODÈLES: **D'où vient Sahibou?**
Où est-ce que Fatima est née?
Quand est-ce que Cécile est partie?

A

nom	pays d'origine	ville de naissance	départ	adresse
Sahibou	Sénégal		il y a 5 ans	
Fatima		Casablanca		France
Cécile		Bruxelles	il y a 10 ans	
Jean-Luc	France			Mexique
Marie			le mois dernier	Suisse

Lecture I

A **Étude du vocabulaire.** Étudiez les phrases suivantes et choisissez les mots anglais qui correspondent aux mots français en caractères gras: *up to, average for the season, sunstroke, heat wave, wave, lawns, for, reached, drought, ban, beat, vine(yard).*

1. **Depuis** un mois l'Europe souffre de la **canicule**.
2. Un synonyme de «canicule» est «**vague** de chaleur».
3 En Italie la température a **atteint** 36 degrés.
4. Elle est montée **jusqu'à** 38 degrés à Trévise.
5. Ces températures sont supérieures aux **moyennes saisonnières**.
6. En France la canicule a **battu** des records.
7. Travailler dans une **vigne** est dangereux parce qu'on risque une **insolation**.
8. À cause de la **sécheresse**, il y a une **interdiction** d'utiliser l'eau pour les **pelouses**.

B **Parcourez la lecture.** Lisez rapidement la lecture pour trouver, pour chaque pays de la liste, une ville et la température mentionnée pour cette ville.

	ville	*température*
L'Allemagne	_____	_____ degrés
L'Autriche	_____	_____ degrés
La Bulgarie	_____	_____ degrés
L'Espagne	_____	_____ degrés
La France	_____	_____ degrés
La Hongrie	_____	_____ degrés
L'Italie	_____	_____ degrés
La République tchèque	_____	_____ degrés
La Roumanie	_____	_____ degrés

NOTE CULTURELLE
Le Canada, la France et la plupart des pays utilisent les degrés Celsius (C) pour indiquer la température. Les États-Unis utilisent les degrés Fahrenheit (F).

Quelques comparaisons: 100°C/212°F: L'eau commence à bouillir (*boil*); 37°C/100°F: Il fait très chaud; 0°C/32°F: L'eau commence à geler (*freeze*).

Vague de chaleur en Europe

Les pays d'Europe souffrent d'une vague de chaleur où les températures ont atteint des records.

En Autriche, le mercure est monté jusqu'à 37,2 à Vienne, 36,4 à Linz (centre) et 36 à Salzbourg (centre), des records pour juin, qui s'accompagnent de pics de pollution à l'ozone.

Un record a été battu jeudi à Budapest pour un 12 juin, avec 34,5 degrés, tout comme à Prague où 32,6 degrés ont été enregistrés.

En Bulgarie, un record de 36 degrés a été enregistré à Sofia mercredi. Un homme de 34 ans est mort à Montana (nord-ouest), victime d'un coup de chaleur alors qu'il travaillait mercredi dans sa vigne.

En Roumanie, où la canicule sévit depuis plusieurs jours, un homme de 30 ans a succombé jeudi à une insolation à Alba Iulia (centre), par plus de 36 degrés de température.

L'Italie n'est pas en reste, avec des températures supérieures de 11 degrés aux moyennes saisonnières. Dans la plupart des grandes villes, le mercure a atteint vendredi les 35–36 degrés, grimpant même jusqu'à 38 degrés à Trévise (nord-est). Le pays est touché par une sécheresse sans précédent et les régions du Nord sont les plus affectées. À Rome, certains touristes se sont même baignés dans la célèbre fontaine de Trevi.

En France, dans l'est du pays il y a une période de canicule exceptionnellement longue, avec des records enregistrés notamment à Metz (33 degrés un 10 juin). Météo-France relève des températures maximales excédentaires de 10 à 12 degrés par rapport aux normales dans l'est et le centre-est de la France et souligne le caractère «exceptionnel» des nombreux records de chaleur déjà battus depuis le début du mois.

En Espagne et en Allemagne, les températures sont de 6 à 7 degrés supérieures à la normale.

Il a fait 40 degrés à Madrid (centre) ou à Séville (sud), mais le record pour la saison reste à battre (45 degrés en 1981). Ce pays a également battu son record de consommation d'électricité en raison d'un recours massif à l'air conditionné.

À Fribourg (sud-ouest de l'Allemagne), le mercure est monté jeudi à 36,5 degrés. Les élèves allemands, dispensés d'école, ont pris d'assaut les piscines de plein air.

À Berlin, les lacs de la capitale sont noirs de monde et dans les parcs, nombreux sont les gens qui bravent l'interdiction de griller des saucisses pour improviser sur les pelouses de gargantuesques barbecues familiaux.

D'après le site web de France 2

C Vrai ou faux? Décidez si les phrases suivantes sont vraies ou fausses d'après la lecture. Si une phrase est fausse, corrigez-la.

1. Les Allemands sont allés à la piscine.
2. Les Espagnols sont allés au lac.
3. Les températures mentionnées sont normales pour la saison.
4. Des gens sont morts en France et en Autriche.
5. L'air chaud et les voitures sont responsables de la pollution de l'air.
6. En Allemagne on a la permission de faire des barbecues dans les parcs.
7. Il ne pleut pas en Italie.

D **Discussion**

1. Quelles sont les «solutions» mentionnées au problème de la chaleur?
2. Que faites-vous quand il fait très chaud?

Lecture II

A **Parlons du genre** *(gender).* Identifiez les mots suivants qui sont masculins, féminins ou peuvent *(can)* être les deux.

	M	F	M/F
1. personne	——	——	——
2. enfant	——	——	——
3. professeur	——	——	——
4. artiste	——	——	——
5. victime	——	——	——
6. médecin	——	——	——
7. ingénieur	——	——	——

B **Faites une liste.** Faites une liste de toutes les expressions que vous connaissez *(that you know)* qui commencent par «Il».

IL

Il pleut Il pleut
Il fait beau
Il fait du soleil
Il est tôt
Il se fait[1] tard
Il
Il
Il
toujours Il
Toujours Il qui pleut et qui neige
Toujours Il qui fait du soleil
Toujours Il
Pourquoi pas Elle
Jamais Elle
Pourtant[2] Elle aussi
Souvent se fait[3] belle!

Jacques Prévert, Éditions Gallimard

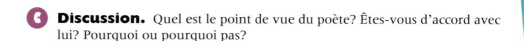

1. *is getting*   2. *However*   3. *makes herself*

C **Discussion.** Quel est le point de vue du poète? Êtes-vous d'accord avec lui? Pourquoi ou pourquoi pas?

VOCABULAIRE ACTIF

Les mois de l'année
janvier *(m.) January*
février *(m.) February*
mars *(m.) March*
avril *(m.) April*
mai *(m.) May*
juin *(m.) June*
juillet *(m.) July*
août *(m.) August*
septembre *(m.) September*
octobre *(m.) October*
novembre *(m.) November*
décembre *(m.) December*

Les saisons de l'année
le printemps *spring*
l'été *(m.) summer*
l'automne *(m.) fall*
l'hiver *(m.) winter*
une saison *season*

Expressions météorologiques
Il fait froid. *It's cold.*
Il fait chaud. *It's hot (warm).*
Il fait frais. *It's cool.*
It fait beau. *It's nice out.*
Il fait mauvais. *The weather is bad.*
Il fait (du) soleil. *It's sunny out.*
Il fait du vent. *It's windy.*
Il pleut. *It's raining.*
Il neige. *It's snowing.*

Il commence à faire froid. *It's starting to get cold.*

Expressions de temps
à l'heure *on time*
en avance *early*
en retard *late*
une demi-heure *half an hour*
puis *then; next*
tout de suite *immediately; right away*
À tout de suite. *See you very soon.*

D'autres noms
un anniversaire *birthday*
un avion *airplane*
un bébé *baby*
la fête nationale *national holiday*
une guerre *war*
le monde *world*
une place *seat*
le (téléphone) portable *cell phone*
un problème *problem*
une victime *victim (male or female)*

Expressions utiles
Ça ne vous dérange pas? *That doesn't bother you?*
D'où venez-vous? *Where do you come from?*
en voiture *by car*
être originaire de *to be a native of*

Je vous en prie. *Don't mention it; You're welcome; Please do.*
Parlez-moi de ce voyage. *Tell me about this trip.*
Qui est à l'appareil? *Who is speaking (on the phone)?*
suivant(e) *following; next*
y *there*

Verbes
arriver *to arrive*
commencer *to begin*
descendre *to go down; to get out of*
devenir *to become*
entrer *to enter*
monter *to go up; to get into*
mourir *to die*
naître *to be born*
poster *to mail*
rentrer *to go (come) back; to go (come) home*
retourner *to go back; to return*
revenir *to come back*
tourner *to turn*
venir *to come*
venir de … *to have just …*

Quelques fêtes
le Jour de l'An *New Year's Day*
Noël *Christmas*
la Toussaint *All Saints Day*

On mange bien en France

Buts communicatifs
Ordering a French meal
Discussing quantities
Expressing an opinion
Expressing a preference

Structures utiles
L'article partitif
Ne ... plus
Le verbe **prendre**
Les expressions de quantité
Le verbe **boire**
Les pronoms objets directs **le, la, les**
Quelques expressions avec **avoir**
Les verbes comme **préférer**

Culture
• *À propos*
L'apéritif
L'art d'apprécier le vin
Tout se fait autour d'une table
Sans façon
Relativité culturelle: Un repas français

• *Il y a un geste*
Encore à boire?
L'addition, s'il vous plaît.

• *Lectures*
«Déjeuner du matin»
Salade Cæsar aux endives

Coup d'envoi

Prise de contact **Quelque chose à manger?**

Tu as faim°, Bruno?	*You are hungry*
Qu'est-ce qu'il y a?	
Il y a ...	
du pain°.	*bread*
des hors-d'œuvre°.	*appetizers*
de la soupe.	
du poisson.	
de la viande°.	*meat*
des légumes°.	*vegetables*
de la salade.	
du fromage.	
Qu'est-ce que tu vas prendre?°	*What are you going to have?*

▶ **Et vous?**

Qu'est-ce que vous allez prendre?
Je voudrais ...
Merci, je n'ai pas faim.
Je regrette° mais j'ai déjà mangé.   *I'm sorry*

Conversation

The *Conversation* is recorded on the Student Audio that accompanies your text.

L'apéritif chez les Aspel

James Davidson est invité à prendre l'apéritif° chez Monsieur et Madame Aspel, les parents de Karine. Monsieur Aspel lui offre quelque chose à boire.

    have a before-dinner drink

M. ASPEL: Que voulez-vous boire, James?
J'ai du vin, de la limonade, du jus
de pomme°, de la bière ...   *apple*

JAMES: Quel choix!° Comment s'appelle ce vin?   *What a choice!*

M. ASPEL: C'est du beaujolais. Et voilà une
bouteille° de bordeaux.   *bottle*

JAMES: Alors, un peu de beaujolais,
s'il vous plaît.

M. ASPEL: Bien sûr°, voilà.   *Of course*
(James lève° son verre et Monsieur Aspel   *lifts*
verse° du vin.)   *pours*

JAMES: Merci beaucoup.

M. ASPEL: Je vous en prie.
(Un peu plus tard)

M. ASPEL: Alors, que pensez-vous° de ce petit vin?   *what do you think?*

JAMES: Il est délicieux.

M. ASPEL: Encore à boire?°   *More to drink?*

JAMES: Non, merci.

M. ASPEL: C'est vrai?

JAMES: Oui, vraiment. Sans façon.°   *Honestly.*

M. ASPEL: Alors, je n'insiste pas.°   *I won't insist.*

▶ **Jouez ces rôles.** Répétez la conversation avec votre partenaire. Utilisez vos noms.

À propos

Pourquoi est-ce que James lève son verre quand Monsieur Aspel va verser du vin?

  a. James est très poli. Cela fait partie *(is part)* du savoir-vivre *(code of good manners)*.
  b. C'est plus facile *(easier)* pour Monsieur Aspel.
  c. James ne veut pas renverser *(knock over)* son verre.

L'apéritif

A before-dinner drink is often offered. This might be **un kir, un porto** *(port wine)*, **un jus de pomme,** etc.

L'art d'apprécier le vin

Wine is an integral part of French social life and there are a number of polite gestures, such as lifting one's glass when wine is to be poured, that are associated with wine appreciation.

Tout se fait autour d'une table
(Everything takes place around a table)

It does not take long in France to realize how much time is spent sitting around a table. Not only is a table the place to enjoy a meal or share a drink, it is also a primary spot for business deals, serious discussion, pleasant companionship, courtship, and child rearing! It is not surprising, therefore, to find that the table has a place of honor in France, whether it is in **la cuisine, la salle à manger, le restaurant, le resto U (restaurant universitaire), le café, le bistro,** or **la cafétéria.**

Sans façon

Refusing additional servings is often quite difficult in France. The French are gracious hosts and are anxious that their guests have enough to eat and drink. There is therefore a need to find ways to convey politely that you are full. Do not, incidentally, say **Je suis plein(e)** (literally, *I am full*), since this would convey that you

were either drunk or pregnant. When all else fails (e.g., **Merci; Non, merci; Vraiment; Je n'ai plus faim/soif; J'ai très bien mangé/bu,** etc.), the expression **Sans façon** *(Honestly; No kidding)* will usually work. Of course, if you feel like having a second serving, you may say **Volontiers!** or **Je veux bien.**

Relativité culturelle: Un repas français
(A French meal)

A good example of the presence of structure in French lives is the order of a French meal. There are not infrequently five separate courses at both lunch and dinner, although these are not necessarily heavy meals. After the **hors-d'œuvre,** the **plat principal** is served. There may be more than one **plat principal** (e.g., fish *and* meat). **La salade** normally comes next, followed by **le fromage** and **le dessert.** In a light meal, either the cheese or the dessert may be omitted.

  Any variation in the order of the French meal is almost always minor. The number of courses in a French meal reflects not only the French feeling for structure, but also the French appreciation of savoring each taste individually. A few contrasts between the structure of French and North American meals are shown in the chart on the next page.

CONTINUED →

In France	In North America
Eating several courses, even light ones, means that you have to stop after each course and wait for the next. Much more time is spent at the table.	Everything may be served at once and, therefore, much less time is spent at the table.
A green salad is served *after* the **plat principal** (in a few places, such as Angers, at the same time). It is not eaten as a first course. Salad rarely includes any vegetable but lettuce.	Salad is often eaten at the start of the meal. Salads are usually mixed, including a variety of vegetables.
There is only one type of dressing (oil and vinegar) served with a salad.	There is a variety of salad dressings available. What is referred to as *French dressing* is nothing like what is served with a salad in France.
Bread is always served with the meal, usually without butter, and is bought fresh every day.	Bread is not always served with the meal. When it is, butter is always provided.
Coffee is not served during lunch or dinner. It is served, without cream, at the end of these meals.	Coffee is occasionally served right away at the start of the meal.
Café au lait is served only at breakfast. This mixture of 1/2 coffee and 1/2 warm milk is often served in a bowl.	Many people put milk in their coffee at every meal.

Il y a un geste

Encore à boire? A fist is made with the thumb extended to somewhat resemble a bottle. Then the thumb is pointed toward a glass as an invitation or a request to have more to drink.

▶ **À vous.** Répondez.

1. Que voulez-vous? J'ai de la limonade, du jus de pomme, ...
2. Bien sûr, voilà.
3. Aimez-vous la limonade, le jus de pomme, ... ?
4. Encore à boire?

ENTRE AMIS

www Use the ACE practice test on the *Entre amis* web site to review this *Coup d'envoi* section, pp. 210–213.

Tu as faim?

1. Find out if your partner is hungry. (S/he is.)
2. Ask if s/he wants something to eat.
3. S/he will ask what there is.
4. Tell what there is.
5. Find out what s/he is going to have.

Prononciation

This pronunciation lesson is recorded on the Student Audio that accompanies your text. Use it to practice pronunciation at home.

Les sons [k], [s], [z], [ʃ], [ʒ] et [ɲ]

■ The following words contain some related French consonant sounds. Practice saying the words after your instructor, paying particular attention to the highlighted sound. As you pronounce the words for one sound, look at how that sound is spelled and in what kinds of letter combinations it appears. What patterns do you notice?

[k]
- **c**afé, en**c**ore, bi**c**yclette, chi**c**
- cin**q**, **qu**el**qu**efois
- **k**ir, vod**k**a

[s]
- **s**a, **s**ur, di**s**cret, **s**kier, conver**s**ation, val**s**e, fil**s**, mar**s**
- pre**ss**é, poi**ss**on
- **c**itron, exer**c**ice, bi**c**yclette
- **ç**a, fran**ç**ais, gar**ç**on
- si**x**, di**x**, soi**x**ante

[z]
- mai**s**on, va**s**e, poi**s**on, maga**s**in
- **z**éro, sei**z**e, maga**z**ine

[ʃ]
- **ch**aud, blan**ch**e, mé**ch**ant
- **sh**ort, sweat-**sh**irt

[ʒ]
- **j**ouer, tou**j**ours, dé**j**euner, dé**j**à
- oran**g**e, **g**énéral, gara**g**e, refri**g**érateur

[ɲ]
- espa**gn**ol, Allema**gn**e, rensei**gn**ement

■ In most situations, **-s-** is pronounced [s]. But when it appears between two vowels, it is pronounced as [z].

soir	**s**ala**d**e	**s**eul	cla**ss**e	con**s**idération
But: va**s**e	pré**s**ente	rai**s**on	cho**s**e	mu**s**ée

■ As in English, **-c-** is usually pronounced [k], but becomes [s] when it precedes the letters **-e, -i,** or **-y.** To create the [s] sound of **-c-** in some words where it is not followed by **e, i,** or **y,** it is written as **ç.**

en**c**ore	**c**assis	**c**omment	Maro**c**	**c**rème
But: Fran**c**e	voi**c**i	bi**c**yclette	fran**ç**ais	Fran**ç**ois

■ Finally, as in English, the letter **-g-** is usually pronounced [g], but becomes [ʒ] when it precedes the letters **-e, -i,** or **-y.** To create the [ʒ] sound of **-g-** in some words where it is not followed by **e, i,** or **y,** an **-e** is added after it.

| re**g**arder | **g**olf | **g**uitare | **g**rippe | é**g**lise |

But: **g**entil   oran**g**ina   **g**ymnase   man**g**eons   voya**g**eons

▶ Pronounce the following words correctly.

1. chocolat, commerce, chaussures, citron, bicyclette, ça, garçon, chercher, chance, avec
2. cinq, cinquante, quelques, pourquoi, Belgique, quart, chaque, question, banque
3. kir, vodka, skier, baskets, hockey
4. excellent, saxophone, examen, exercice, six, dix, soixante
5. Sénégal, orange, mangeons, voyageur, garage, gauche, âge, ménage, agent, gymnastique
6. surprise, Suisse, sous, semestre, saison, sieste, poisson, plaisir, ensuite
7. conversation, télévision, fonctionnaire, attention, provisions, dissertation
8. zéro, onze, magazine, douze
9. jupe, jeune, je, janvier, aujourd'hui, déjeuner, déjà
10. espagnol, Allemagne, accompagner, renseignement

Voici un des desserts préférés des Français. Ces gâteaux font venir l'eau à la bouche, n'est-ce pas?

Buts communicatifs

1. Ordering a French Meal

Garçon is the traditional way of referring to a waiter; however, the word **serveur** is increasingly used.

Client(e)	Serveur/Serveuse°	*waiter / waitress*
Qu'est-ce que vous avez comme ...	Il y a ...	
hors-d'œuvre?	des crudités°.	*raw vegetables*
	du pâté°.	*pâté (meat spread)*
	de la salade de tomates.	
soupes?	de la soupe de légumes.	
	de la soupe à l'oignon°.	*onion*
plats principaux?	de la truite°.	*trout*
	du saumon°.	*salmon*
	du bœuf°.	*beef*
	du porc.	
	du poulet°.	*chicken*
légumes?	des haricots verts°.	*green beans*
	des petits pois°.	*peas*
	des épinards°.	*spinach*
	des pommes de terre°.	*potatoes*
	des frites°.	*French fries*
	du riz°.	*rice*
fromages?	de l'emmental°.	*Swiss cheese*
	du camembert.	
	du chèvre°.	*goat cheese*
	du brie.	
desserts?	des fruits.	
	de la glace°.	*ice cream*
	des pâtisseries°.	*pastries*
	de la tarte°.	*pie*
	du gâteau°.	*cake*

 Et vous? Avez-vous décidé? Qu'est-ce que
vous allez commander°?
Je vais prendre ...   *to order*

REMARQUES

1. The words **hors-d'œuvre** and **haricot** begin with the letter **h-** but are treated as if they began with a pronounced consonant. Liaison does not take place after words like **les** and **des,** nor is the letter **-e** dropped in words like **le** and **de.**

   Nous aimons **les/hors-d'œuvre.**   Il n'y a pas **de haricots.**

2. **Hors-d'œuvre** is invariable in the plural.

   un **hors-d'œuvre**   des **hors-d'œuvre**

Remember to consult Appendix C at the end of the book to review any terms with which you are not familiar.

A. L'article partitif

Apportez-moi **du** pain, s'il vous plaît.	*Bring me some bread, please.*
Vous voulez **de la** glace?	*Do you want (some) ice cream?*
Vous avez **de l'**eau minérale?	*Do you have (any) mineral water?*
Je vais manger **des** frites.	*I'm going to eat (some) French fries.*

■ You have already learned about definite articles and indefinite articles in French. There is a third type of article in French called **l'article partitif** *(the partitive article)* that is used when a noun represents a certain quantity, or a part, of a larger whole. In English, we sometimes use the words *some* or *any* to represent this idea, but sometimes we use no article at all.

Je voudrais **du** gâteau.	*I would like cake (but just some of it).*
Le professeur a **de la** patience.	*The professor has patience (not all the patience in the world, just a portion of it).*
Jean a **des** livres.	*Jean has books (but not all the books in the whole world).*

partitive article	when to use	examples
du	before a masculine singular noun	**du** pain
de la	before a feminine singular noun	**de la** salade
de l'	before a masculine or feminine singular noun that begins with a vowel sound	**de l'**eau
des	before all plural nouns, masculine or feminine	**des** frites

■ Like the indefinite article, the partitive article usually becomes **de** after a negation.

Est-ce qu'il y a **de l'**eau minérale?	*Is there any mineral water?*
Non, il n'y a **pas d'**eau minérale.	*No, there isn't any mineral water.*
Il y a **des** légumes?	*Are there any vegetables?*
Non, il n'y a **pas de** légumes.	*No, there aren't any vegetables.*

> **NOTE** This rule does not apply after **être.**
>
> Ce n'est pas **du** vin, ce n'est pas **de la** limonade.
> Ce n'est pas **de l'**eau, c'est **du** lait.

■ In a series, the article must be repeated before each noun.

Vous voulez **de la** glace, **de la** tarte ou **du** gâteau?

Be sure to use the contractions **l'**, **de l'**, and **d'** before a vowel.

Synthèse: les articles

	définis	indéfinis	partitifs
masculin singulier	le	un	du
féminin singulier	la	une	de la
pluriel	les	des	des
dans une phrase négative	le/la/les	de	de

Review the definite article, p. 44, and the indefinite article, p. 63.

1   Qu'est-ce que c'est? Identifiez les choses suivantes.

MODÈLES:

C'est du pain.   Ce sont des petits pois.

2   Qu'est-ce que vous commandez? Dites au garçon ou à la serveuse que vous aimez la catégorie indiquée. Ensuite demandez quels sont les choix. Il (elle) va mentionner deux choix. Décidez.

MODÈLE: vegetables

> VOUS: **J'aime beaucoup les légumes. Qu'est-ce que vous avez comme légumes?**
> SERVEUR/SERVEUSE: **Nous avons des petits pois et des épinards.**
> VOUS: **Je voudrais des petits pois, s'il vous plaît.**

1. appetizers   3. fish   5. wine   7. desserts
2. meat   4. vegetables   6. cheese

3   Ils viennent de pique-niquer. Qu'est-ce qu'ils ont apporté *(brought)*? Qu'est-ce qu'ils n'ont pas apporté?

MODÈLE: Les Delille (pain, salade)
Les Delille ont apporté du pain, mais ils n'ont pas apporté de salade.

1. Séverine (salade, fromage)
2. Roland (haricots verts, petits pois)
3. Serge et Christelle (fromage, vin rouge)
4. Patricia (poisson, viande)
5. Vous (… , …)

4 **Un(e) touriste va au restaurant.** Jouez la scène suivante avec votre partenaire en complétant les phrases avec **du, de la, de l', des, de** ou **d'**.

—Vous avez décidé?
—Oui, je voudrais ＿＿ pâté ＿＿ truite, ＿＿ frites et ＿＿ épinards.
—Et comme boisson?
—Apportez-moi ＿＿ café, s'il vous plaît.
—Mais c'est impossible! Il n'y a jamais ＿＿ café avec le plat principal.
—Qu'est-ce qu'il y a?
—Nous avons ＿＿ vin ou ＿＿ eau minérale.
—Vous n'avez pas ＿＿ orangina?
—Si, si vous insistez. Et comme dessert?
—Je crois que je voudrais ＿＿ gâteau.
—Nous n'avons pas ＿＿ gâteau. Il y a ＿＿ glace et ＿＿ fruits.
—Merci, je ne vais pas prendre ＿＿ dessert.

B. *Ne ... plus*

■ The opposite of **encore** is **ne ... plus** *(no more, not any more, no longer)*.

Avez-vous **encore** soif?	*Are you still thirsty?*

Non, je **n'**ai **plus** soif et je **n'**ai **plus** faim.	*No, I'm not thirsty any more and I'm no longer hungry.*

> Remember that the partitive article becomes **de** after a negation: **plus** *de* **glace, plus** *de* **dessert.**

■ **Ne ... plus** works like the other negations you have learned; that is, **ne** and **plus** are placed around the conjugated verb. This means that in the passé composé, **ne** and **plus** surround the auxiliary verb and the past participle follows **plus**.

Je regrette; nous **n'**avons **plus** de glace.	*I'm sorry; we have no more ice cream.*

Je **ne** vais **plus** manger de dessert.	*I am not going to eat any more dessert.*

Delphine **n'**a **plus** dîné dans ce restaurant-là.	*Delphine did not eat in that restaurant again.*

5 **Encore à manger ou à boire?** Offrez encore à manger ou à boire. Votre partenaire va refuser poliment.

MODÈLES: bière
—**Encore de la bière?**
—**Sans façon, je n'ai plus soif.**

glace
—**Encore de la glace?**
—**Merci, je n'ai plus faim.**

1. café	7. tarte
2. eau	8. poisson
3. limonade	9. légumes
4. pâté	10. beaujolais
5. viande	11. salade
6. frites	12. fromage

6   **Le restaurant impossible.** Il n'y a plus beaucoup à manger ou à boire. Le serveur (la serveuse) répond toujours **Je regrette** et suggère autre chose. Insistez! Expliquez que vous n'aimez pas ce qu'il (elle) propose.

MODÈLE: poisson (viande)

> VOUS: **Avez-vous du poisson?**
>
> SERVEUR/SERVEUSE: **Je regrette, nous n'avons plus de poisson; mais nous avons de la viande.**
>
> VOUS: **Mais je voudrais du poisson! Je n'aime pas la viande.**

1. coca (vin)
2. soupe (hors-d'œuvre)
3. épinards (frites)
4. truite (saumon)
5. pâté (crudités)

6. pâtisseries (glace)
7. chocolat chaud (café)
8. haricots verts (petits pois)
9. orangina (limonade)

Réalités culturelles

Review *Note Culturelle*, p. 127.

Le resto U

Tous les étudiants régulièrement inscrits dans un établissement d'enseignement supérieur français et qui ont droit à la sécurité sociale étudiante ont la possibilité de bénéficier des services des restos U. La carte d'étudiant est le seul document nécessaire pour acheter des tickets de repas. Pour un repas complet, avec des crudités, un plat chaud accompagné de légumes et un dessert, il faut un ticket à 2,60 € . Un étudiant qui prend deux repas par jour dans un établissement de restauration rapide et bon marché doit quand même payer au moins 12 € par jour pour sa nourriture. Mais au resto U ces deux repas coûtent seulement 5,20 € par jour. Cela fait une économie de plus de 2.400 € par an.

Cinq cents établissements dans toute la France servent soixante millions de repas chaque année. Une méthode rigoureuse, créée par la NASA pour assurer la sécurité alimentaire des astronautes, est appliquée dans tous les restaurants. Elle garantit une qualité microbiologique optimale. L'hygiène de chaque resto U est soumise aux contrôles d'experts régionaux et nationaux.

Vocabulaire: acheter *to buy*, alimentaire *food*, inscrits *enrolled*, nourriture *food*, quand même *even so*

D'après cnous.fr

C. Le verbe *prendre*

Nous prenons souvent un repas ensemble.

We often have a meal together.

Je prends un café.

I'm having a cup of coffee.

Mes amis ne **prennent** pas le petit déjeuner.

My friends don't eat breakfast.

Qui a pris mon dessert?

Who took my dessert?

prendre *(to take; to eat, drink)*			
je	**prends**	nous	**prenons**
tu	**prends**	vous	**prenez**
il/elle/on	**prend**	ils/elles	**prennent**
passé composé: j'**ai pris**			

- Note the pronunciation distinction between the third person singular and plural forms.

  il prend   [prɑ̃]   ils prennent   [prɛn]

- The verbs **apprendre** *(to learn)* and **comprendre** *(to understand; to include)* are conjugated like **prendre**.

  Quelle langue **apprenez-vous?**

  What language are you learning?

  J'apprends le français.

  I'm learning French.

  Peggy comprend bien le français.

  Peggy understands French well.

  Comprennent-ils toujours le professeur?

  Do they always understand the teacher?

  Pardon, **je** n'**ai** pas **compris.**

  Excuse me, I didn't understand.

  Le service est **compris.**

  The service (tip) is included.

> **NOTE** — *To learn to do something* is **apprendre à** + infinitive.
>
> Nous **apprenons à parler** français.   *We are learning to speak French.*

7 **Les voyageurs.** Les personnes suivantes vont voyager. Expliquez quelle langue elles apprennent.

MODÈLE: Je vais en France.

Alors j'apprends à parler français.

Review **langues et pays,** in Ch. 5.

1. Mes parents vont en Italie.
2. Mon cousin va en Allemagne.
3. Ma sœur va au Mexique.
4. Mon oncle et ma tante vont en Russie.
5. Mes amis et moi allons en Belgique.
6. Vous allez en Chine.
7. Je vais au Maroc.

8 **La plupart des étudiants.** Interviewez votre partenaire à propos des étudiants de votre cours de français. Attention au présent et au passé composé.

MODÈLES: apprendre le français

—**Est-ce que la plupart des étudiants apprennent le français?**
—**Bien sûr, ils apprennent le français.**

apprendre le français à l'âge de quinze ans

—**Est-ce que la plupart des étudiants ont appris le français à l'âge de quinze ans?**
—**Non, ils n'ont pas appris le français à l'âge de quinze ans.**

1. prendre quelquefois un verre de vin au petit déjeuner
2. prendre le petit déjeuner ce matin
3. comprendre toujours le professeur de français
4. apprendre l'espagnol à l'âge de cinq ans
5. prendre souvent un taxi
6. prendre un taxi hier
7. comprendre cet exercice

9 **À vous.** Répondez.

1. Vos amis prennent-ils le petit déjeuner d'habitude? Si oui, qu'est-ce qu'ils prennent comme boisson?
2. D'habitude, qu'est-ce que vous prenez comme boisson au petit déjeuner? au déjeuner? au dîner?
3. Qu'est-ce que vous avez pris comme boisson ce matin?
4. Qu'est-ce que la plupart des Français prennent comme boisson au dîner?
5. Qu'est-ce que vous allez prendre si vous dînez dans un restaurant français?
6. Si vous commandez un dessert, que prenez-vous d'habitude?
7. Comprenez-vous toujours les menus qui sont en français?
8. Avez-vous appris à faire la cuisine?

Il y a un geste

L'addition, s'il vous plaît *(Check, please)*. When the French want to signal to a waiter or waitress that they want the check, they pretend to be writing on the open palm of one hand. This is discreetly held up for the waiter to see.

ENTRE AMIS

L'addition, s'il vous plaît

Your partner is a waiter/waitress in a French restaurant.

1. After you have looked at the menu (see page 216), s/he will ask you what you are going to have.
2. Order from the menu.
3. Your partner will then ask what you want to drink.
4. Order something to drink.
5. When you have finished, ask for the bill.
6. Your partner will verify the items you ordered.
7. Confirm or correct what s/he says.

2. Discussing Quantities

Qu'est-ce que tu manges, Solange?
Je mange ...
    beaucoup de frites.
    un peu de gâteau.
    peu d'épinards.
    très peu de moutarde°.   *mustard*
Je mange ...
    un morceau° de pizza.   *piece*
    une tranche de jambon°.   *slice of ham*
    une assiette° de crudités.   *plate*
    une boîte de bonbons°.   *box of candy*

> The plural of **un morceau** is **des morceaux: Thomas a mangé cinq morceaux de pizza.**

▶ **Et vous?**   Qu'est-ce que vous mangez?
               Je mange ...
               Qu'est-ce que vous buvez°?   *you drink*
               Je bois° ...   *I drink*

D. Les expressions de quantité

■ You have already been using expressions of quantity throughout this course. There are two kinds of expressions of quantity: specific measures (**une tasse, un verre,** etc.) and indefinite expressions of quantity (**assez, beaucoup,** etc.).

■ To use these expressions of quantity with nouns, insert **de** (but no article) before the noun.

> **Un kilo** = 2.2 pounds.

Une bouteille de vin, s'il vous plaît.	*A bottle of wine, please.*
Il faut **un kilo de porc.**	*We need a kilo of pork.*
Trois kilos de pommes de terre aussi.	*Three kilos of potatoes also.*
Je voudrais **un morceau de pain.**	*I'd like a piece of bread.*
Ils n'ont pas **beaucoup d'amis.**	*They don't have a lot of friends.*
Combien de frères ou **de sœurs** avez-vous?	*How many brothers or sisters do you have?*

■ **Trop, beaucoup, assez,** and **peu** can be used with either singular or plural nouns. *Un* **peu** can only be used with singular nouns, those that cannot be counted. To express the idea of a small amount with a plural noun (which *can* be counted), use **quelques** (*a few, some*) without **de.**

Voulez-vous **un peu de** fromage?   *Would you like a little cheese?*

But: Voulez-vous **quelques** frites?   *Would you like a few French fries?*

■ The indefinite expressions of quantity can also be used with verbs, without the addition of **de.**

Je chante **beaucoup.**   *I sing a lot.*

Rip van Winkle a **trop** dormi.   *Rip van Winkle slept too much.*

Nous avons **assez** travaillé!   *We have worked enough!*

■ To express how much you like or dislike a thing, the definite article (not **de**) is used before the noun.

Je n'aime pas **beaucoup le** lait.   *I don't much like milk.*

Mon frère aime **trop la** glace.   *My brother likes ice cream too much.*

■ **Peu de** can be introduced by the word **très** to make it more emphatic. **Très** cannot be used with the other expressions of quantity.

Je mange **très peu d'**épinards.   *I eat very little spinach.*

E. Le verbe *boire*

Quel vin **boit-on** avec du poisson?

Nous buvons un peu de thé.

Nos amis mangent de la salade et **ils boivent** de l'eau.

Hélène a trop **bu!**

boire *(to drink)*

je	**bois**	nous	**buvons**
tu	**bois**	vous	**buvez**
il/elle/on	**boit**		
ils/elles	**boivent**		

passé composé: j'**ai bu**

■ Note the pronunciation distinction between the third person singular and plural forms.

elle boi*t*   [bwa]

elles boi**v**é*nt*   [bwav]

10 **Dans un restaurant à Paris.** Complétez les phrases suivantes avec le verbe **boire**. Faites attention au choix entre le présent, le passé composé et l'infinitif.

1. (touriste) Je voudrais _____ de l'eau, s'il vous plaît.
2. (serveur) Mais vous avez _____ trois verres d'eau tout à l'heure.
3. (touriste) Oui, mais je _____ beaucoup d'eau.
4. Et si je viens de _____ de l'eau ou non, ça ne vous concerne pas.
5. Dans ma famille, nous _____ toujours de l'eau.
6. Vos clients _____ de l'eau, n'est-ce pas?
7. (serveur) Quelquefois, mais dans ce restaurant, on _____ aussi du vin.

www **Réalités culturelles**

La langue et la culture

En général, la richesse du vocabulaire pour décrire un phénomène est une indication de son rôle culturel. Il y a, par exemple, beaucoup de mots différents en français pour décrire le pain (baguette, flûte, etc.). La table joue un rôle énorme dans la culture française. Il est donc normal de trouver beaucoup d'expressions idiomatiques et de proverbes où on parle de la nourriture. Les exemples suivants aident à comprendre que la langue et la culture vont de pair.

L'appétit vient en mangeant.	*The more you try it the more you'll like it.*
Bon appétit!	*Enjoy your meal!*
avoir du pain sur la planche	*to have a lot of work to do*
avoir un appétit d'oiseau	*to eat like a bird*
avoir un bon coup de fourchette	*to have a hearty appetite*
être bon comme le pain	*to have a heart of gold*
mettre les petits plats dans les grands	*to put on a wonderful meal*
ne pas être dans son assiette	*to feel ill*
pour une bouchée de pain	*for a ridiculously low price*
se vendre comme des petits pains	*to sell like hotcakes*

Vocabulaire: bon coup de fourchette *handle a fork well,* bouchée *mouthful,* en mangeant *while eating,* mettre *to put,* planche *(bread) board,* vont de pair *go together*

11 **Des goûts et des couleurs** *(Tastes and colors).* Donnez des précisions en utilisant *(by using)* les expressions de quantité entre parenthèses.

MODÈLES: Nous buvons du vin. (peu)
Nous buvons peu de vin.

Nous aimons les fruits. (beaucoup)
Nous aimons beaucoup les fruits.

1. Ma sœur boit de l'orangina. (trop)
2. Elle aime l'orangina. (beaucoup)
3. Nos parents prennent du café. (un peu)
4. Vous avez de la salade? (assez)
5. Jean n'aime pas le vin. (beaucoup)
6. Il boit de l'eau. (peu)
7. J'aime le poisson. (bien)
8. Du vin blanc, s'il vous plaît. (un verre)
9. Marie désire des hors-d'œuvre. (quelques)
10. Je voudrais de la viande et du vin. (quatre tranches / une bouteille)

Review pp. 58 and 213.

12 **Dans ma famille.** Décrivez les habitudes de votre famille.

MODÈLES: **Nous mangeons beaucoup de glace.**
Ma sœur boit très peu de lait.

			épinards
mes parents		trop	fruits
ma sœur		beaucoup	limonade
mon frère	manger	assez	lait
je	boire	peu	glace
nous		très peu	salade
		jamais	poisson
			eau
			chocolat chaud
			pommes de terre

13 **Sur le campus.** Utilisez une expression de quantité pour répondre à chaque question.

MODÈLE: Les étudiants ont-ils du temps libre?
Ils ont très peu de temps libre.

1. Avez-vous des amis à l'université?
2. Est-ce que les étudiants de votre université boivent de la bière?
3. Aiment-ils le coca light?
4. Est-ce que vos amis boivent du thé?
5. Vos amis mangent-ils du fromage?
6. Les étudiants mangent de la pizza, n'est-ce pas?
7. Les étudiants ont-ils des devoirs?

Before doing this activity, review the use of the definite article in Ch. 2 (p. 44) and also the use of **de** after a negation in Ch. 3 (p. 74).

14 **L'appétit vient en mangeant** *(Eating whets the appetite).*
Complétez les paragraphes avec **le, la, l', les, du, de la, de l', des, de** et **d'.**

1. Françoise est au restaurant. Elle va manger _____ hors-d'œuvre, _____ poisson, _____ viande, _____ salade, un peu _____ fromage et beaucoup _____ glace. Elle va boire _____ vin blanc avec _____ poisson et _____ vin rouge avec _____ viande et _____ fromage. Mais elle ne va pas manger _____ soupe parce qu'elle n'aime pas _____ soupe.

2. Monsieur et Madame Blanc ne boivent jamais _____ café. Ils détestent _____ café mais ils aiment beaucoup _____ thé. Quelquefois ils boivent _____ vin, mais jamais beaucoup. Leurs enfants adorent _____ orangina et _____ coca-cola classique. Mais il n'y a jamais _____ orangina ou _____ coca chez eux. Les parents pensent que _____ coca et _____ orangina ne sont pas bons pour les jeunes enfants. Alors leurs enfants boivent _____ lait ou _____ eau.

NOTE CULTURELLE
Les Québécois disent «déjeuner» pour **petit déjeuner,** «dîner» pour **déjeuner** et «souper» pour **dîner.**

Le petit déjeuner à Paris

du pain
un croissant
du beurre
de la confiture
du café au lait
du thé
du chocolat chaud

Le petit déjeuner à Québec

du jus de fruits (orange, pomme, canneberge)
des céréales (froides ou chaudes)
un œuf
du jambon ou du bacon
du pain grillé
des crêpes
du beurre
de la confiture
du sirop d'érable
du café
du thé
du lait
du chocolat chaud

ENTRE AMIS

Tu prends le petit déjeuner d'habitude?

Use the breakfast menu on the previous page, if possible.

1. Find out if your partner usually has breakfast.
2. Find out if s/he had breakfast this morning.
3. If so, find out what s/he ate.
4. Ask what s/he drank.

3. Expressing an Opinion

NOTE CULTURELLE

Le croque-monsieur *(open-faced toasted ham and cheese sandwich):* Un des choix les plus populaires dans les cafés et les bistros de France. C'est une tranche de pain au jambon et au fromage qu'on fait griller.

Miam°, je trouve ce croque-monsieur délicieux!   *Yum*
Qu'en penses-tu°, René?   *What's your opinion?*
    Je suis d'accord avec toi. Je le trouve très bon.°   *I think it's very good.*

Comment trouves-tu ces épinards?
    Ils sont bons. Je les aime bien.

Que penses-tu de la pizza aux anchois°?   *anchovies*
    Berk°, je la trouve affreuse°.   *Yuck / awful*

▶ **Et vous?**   Que pensez-vous du thé au citron? Est-il … délicieux? bon? affreux?

Que pensez-vous des croissants français? Sont-ils … délicieux? bons? affreux?

Que pensez-vous de la glace au chocolat? Est-elle … délicieuse? bonne? affreuse?

Que pensez-vous des soupes froides? Sont-elles … délicieuses? bonnes? affreuses?

F. Les pronoms objets directs *le, la, les*

J'aime beaucoup mes amis.	*I like my friends a lot.*
Je **les** aime beaucoup.	*I like them a lot.*
Mes amis étudient le français.	*My friends study French.*
Ils **l'**étudient.	*They study it.*
Ils ne regardent pas souvent la télé.	*They don't watch TV often.*
Ils ne **la** regardent pas souvent.	*They don't watch it often.*

■   A direct object pronoun replaces a noun that is the direct object of a verb (where no preposition precedes the noun). Object pronouns are placed directly in front of the verb.

direct object pronouns	examples of nouns	examples of pronouns
le	Je déteste **le fromage.**	Je **le** déteste.
la	Je trouve **cette pâtisserie** affreuse.	Je **la** trouve affreuse.
l'	Je n'aime pas **la bière.**	Je ne **l'**aime pas.
les	J'adore **les croque-monsieur.**	Je **les** adore.

NB: *Use **l'** in place of **le** or **la** if the following word begins with a vowel sound.*

15 **Qu'en penses-tu?** *(What do you think of it/of them?)* Vous êtes à une soirée avec un(e) ami(e). Donnez votre opinion des choix indiqués et demandez l'opinion de votre ami(e). Suivez les modèles.

MODÈLES: hors-d'œuvre
          VOUS: **Que penses-tu de ces hors-d'œuvre?**
   VOTRE AMI(E): **Je les trouve très bons. Qu'en penses-tu?**
          VOUS: **Je suis d'accord. Ils sont délicieux.**

    pâtisserie
          VOUS: **Que penses-tu de cette pâtisserie?**
   VOTRE AMI(E): **Je la trouve affreuse. Qu'en penses-tu?**
          VOUS: **Je ne suis pas d'accord. Elle est excellente.**

1. fromage	3. café	5. fruits *(m.)*	7. légumes *(m.)*	9. viande
2. bière	4. glace	6. poisson	8. croque-monsieur	10. salade

G. Quelques expressions avec *avoir*

Review the verb **avoir**, p. 64.

■ A number of idiomatic expressions in French use **avoir** with a noun where English would use *to be* with an adjective.

Use **très** with **faim, soif,** etc. to express the meaning *very.*

Feelings		Opinions/Judgments	
j'ai faim	*I am hungry*	j'ai raison	*I am right*
j'ai soif	*I am thirsty*		*I am wise*
j'ai froid	*I am cold*	j'ai tort	*I am wrong*
j'ai chaud	*I am hot*		*I am unwise*
j'ai sommeil	*I am sleepy*		
j'ai peur	*I am afraid*		

■ **Peur, raison,** and **tort** can be used alone, but are often followed by **de** and an infinitive. **Peur** can also be followed by **de** and a noun.

Paul **a tort de** fumer.	*Paul is wrong to smoke.*
Tu **as raison d'**étudier souvent.	*You are wise to study often.*
Nous **avons peur d'**avoir une mauvaise note.	*We are afraid of getting a bad grade.*
Je **n'ai pas peur des** examens.	*I am not afraid of tests.*

■ When an infinitive is negative, both **ne** and **pas** precede it.

Il a eu tort de **ne pas étudier.**	*He was wrong not to study.*

16 **Explications.** Donnez une explication ou exprimez votre opinion. Complétez les phrases suivantes avec une des expressions idiomatiques qui emploient le verbe **avoir.**

MODÈLE: Olivier ne porte pas de manteau en novembre. Il ...
Il a froid.   ou   **Il a tort.**

1. Je suis fatigué. J' ...
2. Ah! Quand nous pensons à une bonne pizza au fromage, nous ...
3. Christelle pense qu'on parle espagnol au Portugal. Elle ...
4. Mon frère ... des gros chiens.
5. Vous pensez que notre professeur est charmant? Ah! Vous ...
6. Nous allons boire quelque chose parce que nous ...
7. Cet après-midi je voudrais aller à la piscine. J' ...
8. C'est le mois de décembre et nous ...

17 **Si c'est comme ça** *(If that's the way it is).* Utilisez une ou deux expressions avec **avoir** pour compléter les phrases suivantes.

MODÈLE: Si on travaille beaucoup, on ...
Si on travaille beaucoup, on a faim et soif.

1. On a envie de manger quelque chose si on ...
2. Si on ne va pas aux cours, on ...
3. Si on ne porte pas de manteau en décembre, on ...
4. Si on pense que deux fois quatre font quarante-quatre, on ...
5. S'ils font leurs devoirs, les étudiants ...
6. Si on porte beaucoup de vêtements en été ...
7. Si on ne boit pas d'eau, on ...
8. Si on pense que les professeurs sont méchants, on ...

18 **À vous.** Répondez.

1. À quel(s) moment(s) de la journée avez-vous faim? Que faites-vous quand vous avez faim?
2. À quel(s) moment(s) de la journée avez-vous soif? Que faites-vous?
3. Où vont les étudiants de votre université quand ils ont soif?
4. À quel(s) moment(s) de la journée avez-vous sommeil? Que faites-vous?
5. Pendant quels cours avez-vous envie de dormir?
6. Quels vêtements portez-vous si vous avez froid?
7. Que faites-vous si vous avez chaud?
8. Avez-vous peur d'avoir une mauvaise note?
9. Avez-vous peur avant un examen? Si oui, de quels examens avez-vous peur?
10. Vos professeurs ont-ils toujours raison?

ENTRE AMIS

Que penses-tu de ... ?

1. Find out if your partner is hungry. (S/he is.)
2. Offer him/her something to eat.
3. Find out what s/he thinks of the food.
4. Find out if s/he is thirsty. (S/he is.)
5. Offer him/her something to drink.
6. Find out what s/he thinks of the drink you offered.
7. Find out when the next French test is.
8. Find out if your partner is afraid.
9. Ask what s/he thinks of French tests.

4. Expressing a Preference

Quelle sorte° de sandwichs préfères-tu, Valérie?   *type*
    Je préfère les sandwichs au fromage.
Quelle sorte de pizzas préfères-tu?
    Je préfère les pizzas aux champignons°.   *mushrooms*
Quelle sorte de glace préfères-tu?
    Je préfère la glace à la fraise°.   *strawberry*

▶ **Et vous?**   Que préférez-vous?

Moi, je préfère les sandwichs ...
    au beurre°   *with butter*
    au beurre d'arachide°   *with peanut butter*
    à la confiture°   *with jam*
    au fromage
    au jambon
    à la mayonnaise
    à la moutarde
    au pâté

Et je préfère les pizzas ...
    au fromage
    aux champignons
    aux oignons
    aux œufs°   *with eggs*
    aux anchois
    à l'ail°   *with garlic*

Et je préfère la glace ...
    au chocolat
    à la vanille
    à la fraise
    au café

Review the use of à with the definite article, p. 127.

REMARQUE   Use **à** and the definite article to specify ingredients.

une omelette **au fromage**	*a cheese omelet*
une crêpe **à la confiture**	*a crepe with jam*
une pizza **aux champignons**	*a mushroom pizza*
un croissant **au beurre**	*a croissant made with butter*

19 **Quel choix!** Vous êtes dans une pizzeria à Paris. Demandez à la serveuse ou au serveur le choix qu'elle (il) offre. Elle (il) va répondre. Ensuite commandez quelque chose.

MODÈLE: pizzas

VOUS:	**Quelles sortes de pizzas avez-vous?**
SERVEUSE/SERVEUR:	**Nous avons des pizzas au jambon, aux champignons et au fromage.**
VOUS:	**Je voudrais une pizza au fromage et au jambon, s'il vous plaît.**

1. sandwichs
2. omelettes
3. pizzas
4. crêpes
5. croissants
6. glaces

20 **Mes préférences.** Écrivez trois petits paragraphes pour décrire ...

1. les choses que vous mangez souvent.
2. les choses que vous mangez si vous avez très faim.
3. les choses que vous ne mangez jamais.

H. Les verbes comme *préférer*

Vous préférez la glace ou la pâtisserie?	*Do you prefer ice cream or pastry?*
Je préfère la glace.	*I prefer ice cream.*
Espérez-vous aller en France un jour?	*Do you hope to go to France sometime?*
Oui, et **j'espère** aller au Canada aussi.	*Yes, and I hope to go to Canada also.*
Répétez, s'il vous plaît.	*Repeat, please.*
Les étudiants **répètent** après leur professeur.	*The students repeat after their teacher.*

■ The verbs **préférer** *(to prefer)*, **espérer** *(to hope)*, **répéter** *(to repeat; to practice)*, and **exagérer** *(to exaggerate)* are all conjugated as regular **-er** verbs except that before a silent ending (as in the present tense of the **je, tu, il/elle/on,** and **ils/elles** forms), the **-é-** before the ending becomes **-è-.**

Préférer usually is followed by **le, la, les,** when used with a noun.

préférer *(to prefer)*

silent endings		pronounced endings	
je	**préfère**	nous	**préférons**
tu	**préfères**	vous	**préférez**
il/elle/on	**préfère**		
ils/elles	**préfèrent**		

passé composé: j'**ai préféré**

21 **Vos amis et vous.** Interviewez une autre personne d'après le modèle.

MODÈLE: la truite ou les anchois

VOUS: **Est-ce que vos amis préfèrent la truite ou les anchois?**

VOTRE PARTENAIRE: **Ils préfèrent la truite.**

VOUS: **Et vous, qu'est-ce que vous préférez?**

VOTRE PARTENAIRE: **Moi, je préfère les anchois.**

VOUS: **Berk!**

1. le samedi soir ou le lundi matin
2. faire la vaisselle ou faire la cuisine
3. New York ou Los Angeles
4. la politique ou les mathématiques
5. partir en vacances ou travailler
6. étudier ou jouer au tennis
7. le cinéma ou le théâtre
8. le petit déjeuner ou le dîner
9. voyager ou rester à la maison
10. les sandwichs ou les omelettes
11. le coca ou le coca light
12. apprendre les mathématiques ou apprendre le français
13. regarder la télévision ou écouter la radio

Review the choices on p. 216.

22 **Microconversation: Vous déjeunez au restaurant.** Qu'est-ce qu'il y a à manger et à boire? Il y a toujours un choix. Vous préférez autre chose, mais il faut choisir *(you have to choose)*. Suivez *(follow)* le modèle.

MODÈLE: le fromage

VOUS: **Qu'est-ce que vous avez comme fromage?**

SERVEUR: **Nous avons du brie et du camembert.**

VOUS: **Je préfère le chèvre. Vous n'avez pas de chèvre?**

SERVEUR: **Je regrette, mais le brie et le camembert sont très bons.**

VOUS: **Très bien, je vais prendre du brie, s'il vous plaît.**

(Un peu plus tard)

SERVEUR: **Comment trouvez-vous le brie?**

VOUS: **Je pense qu'il est excellent!**

1. les hors-d'œuvre   2. la viande   3. les légumes
4. le fromage   5. les desserts

Camembert
Normand
la pièce 2 €00.

ENTRE AMIS

Au snack-bar

1. Find out if your partner is hungry. (S/he is.)
2. Find out if s/he likes sandwiches, pizza, ice cream, etc.
3. Find out what kind of sandwich, etc., s/he prefers.
4. Tell your partner what you are going to order.

Intégration

www

Révision

A À la carte.

1. Nommez trois sortes de pizzas.
2. Nommez trois sortes de sandwichs.
3. Nommez trois sortes de légumes.
4. Nommez trois sortes de plats principaux.

B Début de rédaction. Faites deux listes: (1) les choses que vous aimez manger et boire, et (2) les choses que vous n'aimez pas manger et boire. Ensuite, pour chaque liste, expliquez pourquoi vous aimez/n'aimez pas les choses que vous mentionnez.

MODÈLE: **La pizza aux œufs: je ne l'aime pas beaucoup. Elle n'est pas très bonne. Je préfère la pizza sans œufs.**

C À vous. Répondez.

1. Où allez-vous si vous avez faim ou soif?
2. Aimez-vous les sandwichs? Si oui, quelle sorte de sandwich préférez-vous?
3. Qu'est-ce que vous préférez comme pizza? Qu'est-ce que vos amis préfèrent?
4. Si vous allez au restaurant, qu'est-ce que vous commandez d'habitude? Qu'est-ce que vous refusez de manger?
5. Avez-vous pris le petit déjeuner ce matin? Si oui, qu'est-ce que vous avez mangé? Qu'est-ce que vous avez bu?
6. Qu'est-ce que vous buvez le soir d'habitude? Qu'est-ce que vos amis boivent?
7. Qu'est-ce que vous pensez du vin de Californie? du vin de New York? du vin français?
8. Qu'est-ce que vous pensez du fromage américain? du fromage français?
9. Que pensez-vous des repas au restaurant universitaire?
10. À quel moment avez-vous sommeil? Pourquoi?
11. Qu'est-ce que vous espérez faire dans la vie?

ENTRE AMIS

Le menu, s'il vous plaît

You are a waiter (waitress). Use the menu that follows and wait on two customers. When you have finished taking their order, tell the chef (the teacher) what they are having.

Chez Jacques

Menu à 20 euros

assiette de crudités
soupe à l'oignon
pâté du chef
tarte à l'oignon
salade de tomates

bœuf bourguignon
truite aux amandes
canard à l'orange
steak-frites
poulet frites

salade

fromage

omelette norvégienne
mousse au chocolat
tarte maison
glace

Boisson non comprise; service compris

Négociations:

Dînons-nous ensemble? Interviewez les autres étudiants pour trouver votre partenaire. C'est la personne qui a le même menu que vous. Les autres menus sont dans l'appendice D.

MODÈLE: **Qu'est-ce que tu prends comme hors-d'œuvre?**
Qu'est-ce que tu vas boire?

A

	votre partenaire	vous
hors-d'œuvre	crudités	salade de tomates
plat principal	truite	poulet
légume	haricots verts	petits pois
fromage	emmenthal	chèvre
dessert	glace	fruits
boisson	vin blanc	vin rouge

Lecture I

A **Imaginez la scène.** Deux personnes prennent le petit déjeuner ensemble. Imaginez cette scène. Répondez aux questions suivantes.

1. Qu'est-ce qu'il y a sur la table?
2. Qui sont les deux personnes?
3. Que font-elles?
4. Que boivent-elles?
5. De quoi est-ce qu'elles parlent?
6. Quel temps fait-il?

Déjeuner du matin

Il a mis[1] le café
Dans la tasse
Il a mis le lait
Dans la tasse de café
Il a mis le sucre
Dans le café au lait
Avec la petite cuiller[2]
Il a tourné
Il a bu le café au lait
Et il a reposé[3] la tasse
Sans me parler

Il a allumé[4]
Une cigarette
Il a fait des ronds[5]
Avec la fumée
Il a mis les cendres[6]
Dans le cendrier[7]
Sans me parler
Sans me regarder

Il s'est levé
Il a mis
Son chapeau sur sa tête[8]
Il a mis
Son manteau de pluie[9]
Parce qu'il pleuvait[10]
Et il est parti
Sous la pluie
Sans une parole[11]
Sans me regarder
Et moi j'ai pris
Ma tête dans ma main[12]
Et j'ai pleuré.

Jacques Prévert

---

1. *He put*   2. *spoon*   3. *he set down*   4. *He lit*   5. *rings*   6. *ashes*   7. *ashtray*   8. *head*   9. *rain*
10. *it was raining*   11. *a word*   12. *hand*

B **Questions.** Répondez.

1. Où sont ces personnes?
2. Qui sont les deux personnes? (Imaginez)
3. Quels problèmes y a-t-il? (Imaginez)
4. Est-ce que ce poème est triste? Expliquez votre réponse.

C **Jouez cette scène.** Faites tous les gestes nécessaires et présentez le poème *Déjeuner du matin* sans parler.

Lecture II

A **Étude du vocabulaire.** Lisez la lecture suivante et essayez d'identifier les mots français qui correspondent aux mots anglais suivants.

1. *raw egg* _____
2. *soup spoon* _____
3. *bread crust* _____
4. *corn* _____
5. *olive oil* _____
6. *frying pan* _____
7. *peel* _____
8. *salt and pepper* _____

Salade Cæsar aux endives

Pour 4 personnes. Préparation: 20 minutes. Cuisson: 10 minutes

Ingrédients

endives: 8
maïs: 1 bocal
blancs de poulet: 3
pain de mie: 5 tranches
tomates: 2
huile
sel, poivre

Pour la sauce Cæsar:
ail: 1 gousse
œuf: 1
jus de citron: 2 cuillers à soupe
moutarde de Dijon: 5 cuillers à café
huile d'olive: 180 ml
parmesan: 30 gr

Préparation

Épluchez et émincez l'ail grossièrement.

Préparez la sauce dans un mixer en mettant l'ail, l'œuf cru, le jus de citron, la moutarde et le parmesan. Mixez le tout, ajoutez l'huile puis mixez à nouveau. Réservez au frais. Cette sauce ne doit pas être préparée plus d'une heure à l'avance.

Ôtez la croûte du pain de mie, puis coupez les tranches en petits carrés. Mettez un peu d'huile dans une poêle et faites frire les carrés de pain. Placez-les sur du papier absorbant.

Coupez les blancs de poulet en petits morceaux de la taille d'une bouchée et faites-les cuire à la poêle dans un peu d'huile d'olive. Réservez et laissez refroidir.

Coupez les endives en lamelles et les tomates en petits cubes. Versez dans un saladier, ajoutez les petits maïs, les croûtons et le poulet. Versez la sauce Cæsar, salez, poivrez et mélangez.

Servez.

D'après le site web de *CuizineAZ.com*

B **Identifiez les ingrédients.** Relisez la recette et ensuite faites une liste des ingrédients que vous reconnaissez d'après les catégories suivantes.

1. la viande
2. les légumes
3. les épices et assaisonnements
4. le fromage

C **Familles de mots.** Essayez de deviner le sens des mots suivants.

1. saler, le sel
2. poivrer, le poivre
3. la salade, le saladier

> Practice this vocabulary with the flashcards on the *Entre amis* web site.

VOCABULAIRE ACTIF

Boissons
un apéritif *before-dinner drink*
du beaujolais *Beaujolais*
du bordeaux *Bordeaux*

Hors-d'œuvre ou soupe
des crudités *(f. pl.) raw vegetables*
un hors-d'œuvre *appetizer*
du pâté *pâté (meat spread)*
de la salade de tomates *tomato salad*
de la soupe *soup*
de la soupe de légumes *vegetable soup*

Viandes
du bœuf *beef*
du jambon *ham*
du porc *pork*
du poulet *chicken*
de la viande *meat*

Poissons
des anchois *(m. pl.) anchovies*
du saumon *salmon*
de la truite *trout*

Légumes
de l'ail *(m.) garlic*
des épinards *(m. pl.) spinach*
des frites *(f. pl.) French fries*

des haricots verts *(m. pl.) green beans*
un légume *vegetable*
un oignon *onion*
des petits pois *(m. pl.) peas*
une pomme de terre *potato*
du riz *rice*

Fromages
du brie *Brie*
du camembert *Camembert*
du chèvre *goat cheese*
de l'emmental *(m.) Swiss cheese*

D'autres choses à manger
du beurre *butter*
du beurre d'arachide *peanut butter*
des céréales *(f. pl.) cereal*
des champignons *(m.) mushrooms*
de la confiture *jam*
un croissant *croissant*
un croque-monsieur *open-faced toasted ham and cheese sandwich*
de la mayonnaise *mayonnaise*
de la moutarde *mustard*
un œuf *egg*
une omelette *omelet*
du pain *bread*
du pain grillé *toast*
de la salade *salad*
un sandwich *sandwich*
une tomate *tomato*

Desserts
un bonbon *candy*
une crêpe *crepe, French pancake*
un dessert *dessert*
des fraises *(f.) strawberries*
un fruit *fruit*
du gâteau *cake*
de la glace (à la vanille) *(vanilla) ice cream*
des pâtisseries *(f.) pastries*
une pomme *apple*
de la tarte *pie*

Quantités et mesures
une assiette *plate*
une boîte *box; can*
une bouteille *bottle*
un kilo *kilogram*
un morceau *piece*
une tranche *slice*

D'autres noms
l'addition *(f.) (restaurant) bill, check*
un choix *choice*
un(e) client(e) *customer*
le déjeuner *lunch*
un garçon *waiter; boy*
le petit déjeuner *breakfast*
le plat principal *main course, main dish*
un repas *meal*

un serveur *waiter*
une serveuse *waitress*
le théâtre *theater*

Adjectifs
affreux (affreuse) *horrible*
délicieux (délicieuse) *delicious*
quelques *a few; some*

Verbes
apporter *to bring*
apprendre *to learn; to teach*
avoir chaud *to be hot*
avoir faim *to be hungry*
avoir froid *to be cold*
avoir peur *to be afraid*
avoir raison *to be right; to be wise*
avoir soif *to be thirsty*
avoir sommeil *to be sleepy*
avoir tort *to be wrong;
    to be unwise*
boire *to drink*
commander *to order*

comprendre *to understand*
décider *to decide*
espérer *to hope*
penser *to think*
préférer *to prefer*
prendre *to take; to eat, to drink*
répéter *to repeat; to practice*

Pronoms objets directs
le *him; it*
la *her; it*
les *them*

Adverbes
naturellement *naturally*
peu (de) *little; few*
plus (ne ... plus) *no more;
    no longer*

Expressions utiles
à propos de *regarding, on the
    subject of*
au contraire *on the contrary*
Berk! *Yuck! Awful!*
bien sûr *of course*
Encore à boire (manger)? *More to
    drink (eat)?*
Encore de ... ? *More ... ?*
Je n'insiste pas. *I won't insist.*
je regrette *I'm sorry*
Le service est compris. *The tip is
    included.*
Miam! *Yum!*
Quelle(s) sorte(s) de ... ? *What
    kind(s) of ... ?*
Qu'en penses-tu? *What do you
    think of it (of them)?*
Qu'est-ce que vous avez
    comme ... ? *What do you have
    for (in the way of) ... ?*
sans façon *honestly; no kidding*
si vous insistez *if you insist*

Verbes

Infinitif	Présent	Passé Composé	Imparfait
1. parler	je parle	j' ai parlé	je parlais
	tu parles	tu as parlé	tu parlais
	il/elle/on parle	il/elle/on a parlé	il/elle/on parlait
	nous parlons	nous avons parlé	nous parlions
	vous parlez	vous avez parlé	vous parliez
	ils/elles parlent	ils/elles ont parlé	ils/elles parlaient
2. finir	je finis	j' ai fini	je finissais
	tu finis	tu as fini	tu finissais
	il/elle/on finit	il/elle/on a fini	il/elle/on finissait
	nous finissons	nous avons fini	nous finissions
	vous finissez	vous avez fini	vous finissiez
	ils/elles finissent	ils/elles ont fini	ils/elles finissaient
3. attendre	j' attends	j' ai attendu	j' attendais
	tu attends	tu as attendu	tu attendais
	il/elle/on attend	il/elle/on a attendu	il/elle/on attendait
	nous attendons	nous avons attendu	nous attendions
	vous attendez	vous avez attendu	vous attendiez
	ils/elles attendent	ils/elles ont attendu	ils/elles attendaient
4. se laver	je me lave	je me suis lavé(e)	je me lavais
	tu te laves	tu t'es lavé(e)	tu te lavais
	il/on se lave	il/on s'est lavé	il/on se lavait
	elle se lave	elle s'est lavée	elle se lavait
	nous nous lavons	nous nous sommes lavé(e)s	nous nous lavions
	vous vous lavez	vous vous êtes lavé(e)(s)	vous vous laviez
	ils se lavent	ils se sont lavés	ils se lavaient
	elles se lavent	elles se sont lavées	elles se lavaient

Impératif	Futur		Conditionnel		Subjonctif	
parle	je	parlerai	je	parlerais	que je	parle
parlons	tu	parleras	tu	parlerais	que tu	parles
parlez	il/elle/on	parlera	il/elle/on	parlerait	qu'il/elle/on	parle
	nous	parlerons	nous	parlerions	que nous	parlions
	vous	parlerez	vous	parleriez	que vous	parliez
	ils/elles	parleront	ils/elles	parleraient	qu'ils/elles	parlent
finis	je	finirai	je	finirais	que je	finisse
finissons	tu	finiras	tu	finirais	que tu	finisses
finissez	il/elle/on	finira	il/elle/on	finirait	qu'il/elle/on	finisse
	nous	finirons	nous	finirions	que nous	finissions
	vous	finirez	vous	finiriez	que vous	finissiez
	ils/elles	finiront	ils/elles	finiraient	qu'ils/elles	finissent
attends	j'	attendrai	j'	attendrais	que j'	attende
attendons	tu	attendras	tu	attendrais	que tu	attendes
attendez	il/elle/on	attendra	il/elle/on	attendrait	qu'il/elle/on	attende
	nous	attendrons	nous	attendrions	que nous	attendions
	vous	attendrez	vous	attendriez	que vous	attendiez
	ils/elles	attendront	ils/elles	attendraient	qu'ils/elles	attendent
lave-toi	je	me laverai	je	me laverais	que je	me lave
lavons-nous	tu	te laveras	tu	te laverais	que tu	te laves
lavez-vous	il/on	se lavera	il/on	se laverait	qu'il/on	se lave
	elle	se lavera	elle	se laverait	qu'elle	se lave
	nous	nous laverons	nous	nous laverions	que nous	nous lavions
	vous	vous laverez	vous	vous laveriez	que vous	vous laviez
	ils	se laveront	ils	se laveraient	qu'ils	se lavent
	elles	se laveront	elles	se laveraient	qu'elles	se lavent

VERBES RÉGULIERS AVEC CHANGEMENTS ORTHOGRAPHIQUES

Infinitif	Présent				Passé Composé	Imparfait
1. manger	je	mange	nous	mangeons	j'ai mangé	je mangeais
	tu	manges	vous	mangez		
	il/elle/on	mange	ils/elles	mangent		
2. avancer	j'	avance	nous	avançons	j'ai avancé	j'avançais
	tu	avances	vous	avancez		
	il/elle/on	avance	ils/elles	avancent		
3. payer	je	paie	nous	payons	j'ai payé	je payais
	tu	paies	vous	payez		
	il/elle/on	paie	ils/elles	paient		
4. préférer	je	préfère	nous	préférons	j'ai préféré	je préférais
	tu	préfères	vous	préférez		
	il/elle/on	préfère	ils/elles	préfèrent		
5. acheter	j'	achète	nous	achetons	j'ai acheté	j'achetais
	tu	achètes	vous	achetez		
	il/elle/on	achète	ils/elles	achètent		
6. appeler	j'	appelle	nous	appelons	j'ai appelé	j'appelais
	tu	appelles	vous	appelez		
	il/elle/on	appelle	ils/elles	appellent		

Impératif	Futur	Conditionnel	Subjonctif	*Autres verbes*
mange mang**e**ons mangez	je mangerai	je mangerais	que je mange que nous mangions	exiger nager neiger voyager
avance avan**ç**ons avancez	j'avancerai	j'avancerais	que j'avance que nous avancions	commencer divorcer
pa**ie** payons payez	je pa**ie**rai	je pa**ie**rais	que je pa**ie** que nous payions	essayer
préf**è**re préférons préférez	je préférerai	je préférerais	que je préf**è**re que nous préférions	espérer exagérer s'inquiéter répéter
ach**è**te achetons achetez	j'ach**è**terai	j'ach**è**terais	que j'ach**è**te que nous achetions	lever se lever se promener
appe**ll**e appelons appelez	j'appe**ll**erai	j'appe**ll**erais	que j'appe**ll**e que nous appelions	s'appeler épeler jeter

VERBES IRRÉGULIERS

To conjugate the irregular verbs on the top of the opposite page, consult the verbs conjugated in the same manner, using the number next to the verbs. The verbs preceded by a bullet are conjugated with the auxiliary verb **être**. Of course, when the verbs in this chart are used with a reflexive pronoun (as reflexive verbs), the auxiliary verb **être** must be used in compound tenses.

Infinitif	Présent				Passé Composé	Imparfait
1. aller	je	vais	nous	allons	je suis allé(e)	j'allais
	tu	vas	vous	allez		
	il/elle/on	va	ils/elles	vont		
2. s'asseoir	je	m'assieds	nous	nous asseyons	je me suis assis(e)	je m'asseyais
	tu	t'assieds	vous	vous asseyez		
	il/elle/on	s'assied	ils/elles	s'asseyent		
3. avoir	j'	ai	nous	avons	j'ai eu	j'avais
	tu	as	vous	avez		
	il/elle/on	a	ils/elles	ont		
4. battre	je	bats	nous	battons	j'ai battu	je battais
	tu	bats	vous	battez		
	il/elle/on	bat	ils/elles	battent		
5. boire	je	bois	nous	buvons	j'ai bu	je buvais
	tu	bois	vous	buvez		
	il/elle/on	boit	ils/elles	boivent		
6. conduire	je	conduis	nous	conduisons	j'ai conduit	je conduisais
	tu	conduis	vous	conduisez		
	il/elle/on	conduit	ils/elles	conduisent		
7. connaître	je	connais	nous	connaissons	j'ai connu	je connaissais
	tu	connais	vous	connaissez		
	il/elle/on	connaît	ils/elles	connaissent		
8. croire	je	crois	nous	croyons	j'ai cru	je croyais
	tu	crois	vous	croyez		
	il/elle/on	croit	ils/elles	croient		
9. devoir	je	dois	nous	devons	j'ai dû	je devais
	tu	dois	vous	devez		
	il/elle/on	doit	ils/elles	doivent		

apprendre 25
comprendre 25
couvrir 21
découvrir 21
décrire 11

détruire 6
• devenir 28
dormir 22
élire 16
• s'endormir 22

offrir 21
permettre 17
promettre 17
réduire 6

• repartir 22
• revenir 28
revoir 29
sentir 22

• sortir 22
sourire 26
traduire 6
valoir mieux 15

Impératif	Futur	Conditionnel	Subjonctif
va allons allez	j'irai	j'irais	que j'aille que nous allions
assieds-toi asseyons-nous asseyez-vous	je m'assiérai	je m'assiérais	que je m'asseye que nous nous asseyions
aie ayons ayez	j'aurai	j'aurais	que j'aie que nous ayons
bats battons battez	je battrai	je battrais	que je batte que nous battions
bois buvons buvez	je boirai	je boirais	que je boive que nous buvions
conduis conduisons conduisez	je conduirai	je conduirais	que je conduise que nous conduisions
connais connaissons connaissez	je connaîtrai	je connaîtrais	que je connaisse que nous connaissions
crois croyons croyez	je croirai	je croirais	que je croie que nous croyions
dois devons devez	je devrai	je devrais	que je doive que nous devions

Infinitif	Présent			Passé Composé	Imparfait
10. dire	je dis	nous	disons	j'ai dit	je disais
	tu dis	vous	dites		
	il/elle/on dit	ils/elles	disent		
11. écrire	j' écris	nous	écrivons	j'ai écrit	j'écrivais
	tu écris	vous	écrivez		
	il/elle/on écrit	ils/elles	écrivent		
12. envoyer	j' envoie	nous	envoyons	j'ai envoyé	j'envoyais
	tu envoies	vous	envoyez		
	il/elle/on envoie	ils/elles	envoient		
13. être	je suis	nous	sommes	j'ai été	j'étais
	tu es	vous	êtes		
	il/elle/on est	ils/elles	sont		
14. faire	je fais	nous	faisons	j'ai fait	je faisais
	tu fais	vous	faites		
	il/elle/on fait	ils/elles	font		
15. falloir	il faut			il a fallu	il fallait
16. lire	je lis	nous	lisons	j'ai lu	je lisais
	tu lis	vous	lisez		
	il/elle/on lit	ils/elles	lisent		
17. mettre	je mets	nous	mettons	j'ai mis	je mettais
	tu mets	vous	mettez		
	il/elle/on met	ils/elles	mettent		
18. mourir	je meurs	nous	mourons	je suis mort(e)	je mourais
	tu meurs	vous	mourez		
	il/elle/on meurt	ils/elles	meurent		
19. naître	je nais	nous	naissons	je suis né(e)	je naissais
	tu nais	vous	naissez		
	il/elle/on naît	ils/elles	naissent		
20. nettoyer	je nettoie	nous	nettoyons	j'ai nettoyé	je nettoyais
	tu nettoies	vous	nettoyez		
	il/elle/on nettoie	ils/elles	nettoient		
21. ouvrir	j' ouvre	nous	ouvrons	j'ai ouvert	j'ouvrais
	tu ouvres	vous	ouvrez		
	il/elle/on ouvre	ils/elles	ouvrent		

Impératif	Futur	Conditionnel	Subjonctif
dis disons dites	je dirai	je dirais	que je dise que nous disions
écris écrivons écrivez	j'écrirai	j'écrirais	que j'écrive que nous écrivions
envoie envoyons envoyez	j'enverrai	j'enverrais	que j'envoie que nous envoyions
sois soyons soyez	je serai	je serais	que je sois que nous soyons
fais faisons faites	je ferai	je ferais	que je fasse que nous fassions
—	il faudra	il faudrait	qu'il faille
lis lisons lisez	je lirai	je lirais	que je lise que nous lisions
mets mettons mettez	je mettrai	je mettrais	que je mette que nous mettions
meurs mourons mourez	je mourrai	je mourrais	que je meure que nous mourions
nais naissons naissez	je naîtrai	je naîtrais	que je naisse que nous naissions
nettoie nettoyons nettoyez	je nettoierai	je nettoierais	que je nettoie que nous nettoyions
ouvre ouvrons ouvrez	j'ouvrirai	j'ouvrirais	que j'ouvre que nous ouvrions

Infinitif	Présent				Passé Composé	Imparfait
22. partir*	je	pars	nous	partons	je suis parti(e)*	je partais
	tu	pars	vous	partez		
	il/elle/on	part	ils/elles	partent		
23. pleuvoir		il pleut			il a plu	il pleuvait
24. pouvoir	je	peux**	nous	pouvons	j'ai pu	je pouvais
	tu	peux	vous	pouvez		
	il/elle/on	peut	ils/elles	peuvent		
25. prendre	je	prends	nous	prenons	j'ai pris	je prenais
	tu	prends	vous	prenez		
	il/elle/on	prend	ils/elles	prennent		
26. rire	je	ris	nous	rions	j'ai ri	je riais
	tu	ris	vous	riez		
	il/elle/on	rit	ils/elles	rient		
27. savoir	je	sais	nous	savons	j'ai su	je savais
	tu	sais	vous	savez		
	il/elle/on	sait	ils/elles	savent		
28. venir	je	viens	nous	venons	je suis venu(e)	je venais
	tu	viens	vous	venez		
	il/elle/on	vient	ils/elles	viennent		
29. voir	je	vois	nous	voyons	j'ai vu	je voyais
	tu	vois	vous	voyez		
	il/elle/on	voit	ils/elles	voient		
30. vouloir	je	veux	nous	voulons	j'ai voulu	je voulais
	tu	veux	vous	voulez		
	il/elle/on	veut	ils/elles	veulent		

***Dormir, sentir,** and **servir** are conjugated with **avoir** in the passé composé. **Partir, sortir,** and the reflexive **s'endormir** are conjugated with **être.**

The inverted form of **je peux is **puis-je ... ?**

Impératif	Futur	Conditionnel	Subjonctif
pars partons partez	je partirai	je partirais	que je parte que nous partions
—	il pleuvra	il pleuvrait	qu'il pleuve
— — —	je pourrai	je pourrais	que je puisse que nous puissions
prends prenons prenez	je prendrai	je prendrais	que je prenne que nous prenions
ris rions riez	je rirai	je rirais	que je rie que nous riions
sache sachons sachez	je saurai	je saurais	que je sache que nous sachions
viens venons venez	je viendrai	je viendrais	que je vienne que nous venions
vois voyons voyez	je verrai	je verrais	que je voie que nous voyions
veuille veuillons veuillez	je voudrai	je voudrais	que je veuille que nous voulions

APPENDICE A

A list of International Phonetic Alphabet symbols

Voyelles

Son	Exemples	Pages: *Entre amis*
[i]	**i**l, **y**	93, 298
[e]	**et,** parl**é**, **ai**mer, ch**ez**	33, 39, 60, 382
[ɛ]	m**è**re, n**ei**ge, **ai**me, t**ê**te, ch**è**re, b**e**lle	33, 60, 412
[a]	l**a**, f**e**mme	60
[wa]	t**oi**, tr**oi**s, qu**oi**, v**oy**age	60
[ɔ]	f**o**lle, b**o**nne	188
[o]	**eau**, ch**au**d, n**o**s, ch**o**se	188, 382
[u]	v**ou**s, **aoû**t	158
[y]	**u**ne, r**u**e, **eu**	158, 160
[ø]	d**eu**x, v**eu**t, bl**eu**, ennuy**eu**se	351
[œ]	h**eu**re, v**eu**lent, s**œu**r	351
[ə]	l**e**, s**e**rons, f**ai**sons	60, 325, 411
[ɑ̃]	**an**, l**en**t, ch**am**bre, **en**semble	93
[ɔ̃]	m**on**, n**om**, s**on**t	39, 93
[ɛ̃]	m**ain**, f**aim**, exam**en**, **im**portant, v**in**, ch**ien**, s**ym**phonie, br**un***, parf**um***	93

*Some speakers pronounce written **un** and **um** as [œ̃].

Consonnes

Son	Exemples	
[p]	**p**ère, ju**p**e	383
[t]	**t**ou**t**e, gran**d** ami, quan**d** est-ce que …	67, 107, 145, 383
[k]	**c**omment, **qu**i	214
[b]	ro**b**e, **b**ien	383
[d]	**d**eux, ren**d**ent	383
[g]	**g**are, lon**gu**e, se**c**ond	336, 383
[f]	**f**ou, **ph**armacie, neu**f**	67
[s]	mer**c**i, profe**ss**eur, fran**ç**ais, tenni**s**, démocra**t**ie	67, 214
[ʃ]	**ch**at, **sh**ort	214
[v]	**v**ous, neu**f** ans	67
[z]	**z**éro, ro**s**e	67, 107, 214

[ʒ]	**j**e, â**g**e, na**ge**ons	39, 214
[l]	**l**ire, vi**ll**e	323
[R]	**r**ue, sœu**r**	244
[m]	**m**es, ai**m**e, co**mm**ent	93
[n]	**n**on, américai**n**e, bo**nn**e	93
[ɲ]	monta**gn**e	214

Semiconsonnes

Son	Exemples	
[j]	fi**ll**e, trava**il**, ch**i**en, vo**y**ez, **y**eux, h**i**er	298, 323
[w]	**ou**i, **w**eek-end	
[ɥ]	h**u**it, t**u**er	325

APPENDICE B

Professions

The following professions are in addition to those taught in Ch. 4, p. 112.

agent *m.* **d'assurances** insurance agent
agent *m.* **de police** police officer
agent *m.* **de voyages** travel agent
agent *m.* **immobilier** real-estate agent
artisan *m.* craftsperson
assistant(e) social(e) social worker
avocat(e) lawyer
banquier *m.* banker
boucher/bouchère butcher
boulanger/boulangère baker
caissier/caissière cashier
chanteur/chanteuse singer
charcutier/charcutière pork butcher, delicatessen owner
chauffeur *m.* driver
chercheur/chercheuse researcher
chirurgien(ne) surgeon
commerçant(e) shopkeeper
conférencier/conférencière lecturer
conseiller/conseillère counsellor; advisor
cuisinier/cuisinière cook
dentiste *m./f.* dentist
douanier/douanière customs officer
électricien(ne) electrician
épicier/épicière grocer
expert-comptable *m.* CPA
facteur/factrice letter carrier
femme de ménage *f.* cleaning lady
fleuriste *m./f.* florist
garagiste *m./f.* garage owner; mechanic
homme/femme politique politician
hôtelier/hôtelière hotelkeeper
hôtesse de l'air *f.* stewardess

informaticien(ne) data processor
instituteur/institutrice elementary-school teacher
jardinier/jardinière gardener
joueur/joueuse (de golf, etc.) (golf, etc.) player
maire *m.* mayor
mannequin *m.* fashion model
mécanicien(ne) mechanic
ménagère *f.* housewife
militaire *m.* serviceman/servicewoman
moniteur/monitrice (de ski) (ski) instructor
musicien(ne) musician
opticien(ne) optician
PDG *m./f.* CEO (chairperson)
pasteur *m.* (Protestant) minister
peintre *m./f.* painter
photographe *m./f.* photographer
pilote *m.* pilot
plombier *m.* plumber
pompier *m.* firefighter
prêtre *m.* priest
psychologue *m./f.* psychologist
rabbin *m.* rabbi
religieuse *f.* nun
reporter *m.* reporter
représentant(e) de commerce traveling salesperson
restaurateur/restauratrice restaurant owner
savant *m.* scientist; scholar
sculpteur *m.* sculptor
serveur/serveuse waiter/waitress
traducteur/traductrice translator
vétérinaire *m./f.* vet

APPENDICE C

Glossary of Grammatical Terms

Term	Definition	Example(s)
accord *(agreement)* 16, 22–23, 71	Articles, adjectives, pronouns, etc. are said to agree with the noun they modify when they "adopt" the gender and number of the noun.	*La voisine de Patrick est allemande. C'est une jeune fille très gentille. Elle est partie en vacances.*
adjectif *(adjective)* 16, 22, 96	A word that describes or modifies a noun or a pronoun, specifying size, color, number, or other qualities. (See **adjectif démonstratif, adjectif interrogatif, adjectif possessif.**)	*Lori Becker n'est pas mariée. Nous sommes américains. Le professeur a une voiture noire. C'est une belle voiture.*
adjectif démonstratif *(demonstrative adjective)* 103	A noun determiner (see **déterminant**) that identifies and *demonstrates* a person or a thing.	*Regarde les couleurs de cette robe et de ce blouson!*
adjectif interrogatif *(interrogative adjective)* 114, 394	An adjective that introduces a question. In French, the word **quel** *(which* or *what)* is used as an interrogative adjective and agrees in gender and number with the noun it modifies.	*Quelle heure est-il? Quels vêtements portez-vous?*
adjectif possessif *(possessive adjective)* 71, 78	A noun determiner that indicates *possession* or *ownership.* Agreement depends on the gender of the noun and not on the sex of the possessor, as in English *(his/her).*	*Où est mon livre? Comment s'appelle son père?*
adverbe *(adverb)* 97, 287	An invariable word that describes a verb, an adjective, or another adverb. It answers the question *when?* (time), *where?* (place), or *how? how much?* (manner).	*Mon père conduit lentement.* (how?) *On va regarder un match de foot demain.* (when?) *J'habite ici.* (where?)
adverbe interrogatif *(interrogative adverb)* 145	An adverb that introduces a question about time, location, manner, number, or cause.	*Où sont mes lunettes? Comment est-ce que Lori a trouvé le film? Pourquoi est-ce que tu fumes?*

Term	Definition	Example(s)
article *(article)* 44, 63, 217	A word used to signal that a noun follows, and to specify the noun as to its *gender* and *number*, as well as whether it is general, particular, or part of a larger whole. (See **article défini, article indéfini,** and **article partitif.**)	
article défini *(definite article)* 44, 46, 309	The definite articles in French are **le, la, l'**, and **les.** They are used to refer to a specific noun, or to things in general, in an abstract sense.	*Le professeur est dans la salle de classe. Le lait est bon pour la santé. J'aime les concerts de jazz.*
article indéfini *(indefinite article)* 63	The indefinite articles in French are **un, une,** and **des.** They are used to designate unspecified nouns.	*Lori Becker a un frère et une sœur. J'ai des amis qui habitent à Paris.*
article partitif *(partitive article)* 217	The partitive articles in French are **du, de la, de l'**, and **des.** They are used to refer to *part* of a larger whole, or to things that cannot be counted.	*Je vais acheter du fromage. Tu veux de la soupe?*
comparatif *(comparison)* 306–308	When comparing people or things, these comparative forms are used: **plus** *(more),* **moins** *(less),* **aussi** *(as … as),* and **autant** *(as much as).*	*Le métro est plus rapide que le bus. Il neige moins souvent en Espagne qu'en France. Ma sœur parle aussi bien le français que moi. Elle gagne autant d'argent que moi.*
conditionnel *(conditional)* 422	A verb form used when stating hypotheses or expressing polite requests.	*Tu devrais faire attention. Je voudrais une tasse de café.*
conjugaison *(conjugation)* 38	An expression used to refer to the various forms of a verb that reflect *person* (1st, 2nd, or 3rd person), *number* (singular or plural), *tense* (present, past, or future), and *mood* (indicative, subjunctive, imperative, conditional). Each conjugated form consists of a *stem* and an *ending.*	Présent: *Nous parlons français en classe.* Passé composé: *Je suis allé à Paris l'année dernière.* Imparfait: *Quand il était jeune, mon frère s'amusait beaucoup.* Futur: *Je ferai le devoir de français ce soir.* Impératif: *Ouvrez vos livres!* Subjonctif: *Il faut qu'on fasse la lessive tout de suite.* Conditionnel: *Je voudrais un verre de coca.*

Term	**Definition**	**Example(s)**
contraction *(contraction)* 76, 125, 395	The condensing of two words to form one.	*C'est une photo **du** professeur* [**de** + **le**]. *Nous allons **au** café* [**à** + **le**].
déterminant *(determiner)* 333	A word that precedes a noun and *determines* its quality (*definite, indefinite, partitive*, etc.). In French, nouns are usually accompanied by one of these determiners.	Article *(**le** livre)*; demonstrative adjective *(**cette** table)*; possessive adjective *(**sa** voiture)*; interrogative adjective *(**Quelle** voiture?)*; number *(**trois** crayons)*.
élision *(elision)* 14, 20, 44, 249	The process by which some words drop their final vowel and replace it with an apostrophe before words beginning with a vowel sound.	*Je **m'**appelle Martin et **j'**habite près de **l'**église.*
futur *(future)* 36, 130, 337	A tense used to express what *will* happen. The construction **aller** + *infinitive* often replaces the future tense, especially when referring to more immediate plans.	*Un jour, nous **irons** en France. Nous **allons partir** cet après-midi.*
genre *(gender)* 4, 14, 44	The term used to designate whether a noun, article, pronoun, or adjective is masculine or feminine. All nouns in French have a grammatical *gender*.	***la** table, **le** livre, **le** garçon, **la** mère*
imparfait *(imperfect)* 299, 413	A past tense used to describe a setting (background information), a condition (physical or emotional), or a habitual action.	*Il **faisait** beau quand je suis parti. Je **prenais** beaucoup de médicaments quand j'**étais** jeune.*
impératif *(imperative)* 141, 282	The verb form used to give commands or to make suggestions.	***Répétez** après moi! **Allons** faire une promenade.*
indicatif *(indicative)* 14, 160, 299, 337	A class of tenses used to relate facts or supply information. **Le présent, le passé composé, l'imparfait,** and **le futur** all belong to the indicative mood.	*Je ne **prends** pas le petit déjeuner. Le directeur **partira** en vacances le mois prochain. Il **faisait** beau quand je **suis parti**.*
infinitif *(infinitive)* 36, 38, 246, 332, 337	The plain form of the verb, showing the general meaning of the verb without reflecting *tense, person,* or *number*. French verbs are often classified according to the last two letters of their infinitive forms: **-er** verbs, **-ir** verbs, or **-re** verbs.	*étud**ier**, chois**ir**, vend**re***

Term	Definition	Example(s)
inversion *(inversion)* 49, 66, 145, 161	An expression used to refer to the reversal of the subject pronoun-verb order in the formation of questions.	*Parlez-vous français? Chantez-vous bien?*
liaison *(liaison)* 12, 15, 39, 63–64, 126	The term used to describe the spoken linking of the final and usually silent consonant of a word with the beginning vowel sound of the following word.	*Vous [z]êtes américain? Ma sœur a un petit [t]ami.*
mot apparenté *(cognate)* 25, 92, 381	Words from different languages that are related in origin and that are similar are referred to as *cognates*.	*question* [Fr.] = *question* [Eng.]; *semestre* [Fr.] = *semester* [Eng.]
négation *(negation)* 20, 97, 161, 283, 419	The process of transforming a positive sentence into a negative one. In negative sentences the verb is placed between two words, **ne** and another word defining the nature of the negation.	*On **ne** parle **pas** anglais ici. Il **ne** neige **jamais** à Casablanca. Mon grand-père **ne** travaille **plus**. Il **n'**y a **personne** dans la salle de classe. Mon fils **n'**a **rien** dit.*
nom *(noun)* 16	The name of a person, place, thing, idea, etc. All nouns in French have a grammatical gender and are usually preceded by a determiner.	*le **livre**, la **vie**, les **étudiants**, ses **parents**, cette **photo***
nombre *(number)* 14, 16, 44	The form of a noun, article, pronoun, adjective, or verb that indicates whether it is *singular* or *plural*. When an adjective is said to agree with the noun it modifies in *number*, it means that the adjective will be singular if the noun is singular, and plural if the noun is plural.	***La** voiture de James **est** très petite. **Les** livres de français ne **sont** pas aussi chers que **les** livres de biologie.*
objet direct *(direct object)* 228, 278, 388	A thing or a person bearing directly the action of a verb. (See **pronom objet direct.**)	*Thierry écrit **un poème**. Il aime **Céline**.*

Term	Definition	Example(s)
objet indirect *(indirect object)* 385	A person (or persons) to or for whom something is done. The indirect object is often preceded by the preposition **à** because it receives the action of the verb *indirectly*. (See **pronom objet indirect.**)	*Thierry donne une rose à Céline. Le professeur raconte des histoires drôles aux étudiants.*
participe passé *(past participle)* 157, 189, 243	The form of a verb used with an auxiliary to form two-part (compound) past tenses such as the **passé composé.**	*Vous êtes allés au cinéma. Moi, j'ai lu un roman policier.*
passé composé 157, 188, 417	A past tense used to narrate an event in the past, to tell what happened, etc. It is used to express actions *completed* in the past. The **passé composé** is composed of two parts: an auxiliary (**avoir** or **être**) conjugated in the present tense, and the past participle form of the verb.	*Le président a parlé de l'économie. Nous sommes arrivés à 5h.*
personne *(person)* 13	The notion of *person* indicates whether the subject of the verb is speaking *(1st person),* spoken to *(2nd person),* or spoken about *(3rd person).* Verbs and pronouns are designated as being in the singular or plural of one of the three persons.	First person singular: *Je n'ai rien compris.* Second person plural: *Avez-vous de l'argent?* Third person plural: *Elles sont toutes les deux sénégalaises.*
plus-que-parfait *(pluperfect)* 412	A past tense used to describe an event that took place prior to some other past event. The **plus-que-parfait** is composed of two parts: an auxiliary (**avoir** or **être**) conjugated in the imperfect tense, and the past participle form of the verb.	*Il était ivre parce qu'il avait trop bu.*
préposition *(preposition)* 138, 142, 195	A word (or a small group of words) preceding a noun or a pronoun that shows position, direction, time, etc. relative to another word in the sentence.	*Mon oncle qui habite à Boston est allé en France. L'hôtel est en face de la gare.*
présent *(present)* 14, 38	A tense that expresses an action taking place at the moment of speaking, an action that one does habitually, or an action that began earlier and is still going on.	*Il fait très beau aujourd'hui. Je me lève à 7h tous les jours.*

Term	Definition	Example(s)
pronom *(pronoun)* 13, 114, 193, 228, 278, 388, 400	A word used in place of a noun or a noun phrase. Its form depends on the *number* (singular or plural), *gender* (masculine or feminine), *person* (1st, 2nd, 3rd), and *function* (subject, object, etc.) of the noun it replaces.	*Tu aimes les fraises? Oui,* ***je les*** *adore. / Irez-****vous*** *à Paris cet été? Non,* ***je*** *n'****y*** *vais pas. / Prenez-****vous*** *du sucre? Oui,* ***j'en*** *prends. / Qui t'a dit de partir?* ***Lui.***
pronom accentué *(stress pronoun)* 172, 306	A pronoun that is separated from the verb and appears in different positions in the sentence.	*Voilà son livre à* ***elle.*** *Viens avec* ***moi!***
pronom interrogatif *(interrogative pronoun)* 114, 394–395, 416–418	Interrogative pronouns are used to ask questions. They change form depending upon whether they refer to people or things and also whether they function as the subject, the direct object, or the object of a preposition of a sentence.	***Qui*** *est là?* ***Que*** *voulez-vous faire dans la vie?* ***Qu'est-ce que*** *vous faites?* ***Qu'est-ce qui*** *est arrivé?*
pronom objet direct *(direct object pronoun)* 228, 278, 388	A pronoun that replaces a direct object noun (a noun object not preceded by a preposition).	*Thierry aime Céline et elle* ***l'****aime aussi.*
pronom objet indirect *(indirect object pronoun)* 386	A pronoun that replaces an indirect object noun (a noun object preceded by the preposition **à**).	*Thierry* ***lui*** *a donné une rose.*
pronom relatif *(relative pronoun)* 61, 232, 260, 396	A pronoun that refers or "relates" to a preceding noun and connects two clauses into a single sentence.	*Le professeur a des amis* ***qui*** *habitent à Paris. J'ai lu le livre* ***que*** *tu m'as donné.*
pronom sujet *(subject pronoun)* 13	A pronoun that replaces a noun subject.	***Ils*** *attendent le train.* ***On*** *parle français ici.*
sujet *(subject)* 13	The person or thing that performs the action of the verb. (See **pronom sujet.**)	*Les* ***étudiants*** *font souvent les devoirs à la bibliothèque.* ***Vous*** *venez d'où?*
subjonctif *(subjunctive)* 364, 398	A class of tenses, used under specific conditions: (1) the verb is in the second (or subordinate) clause of a sentence; (2) the second clause is introduced by **que**; and (3) the verb of the first clause expresses advice, will, necessity, emotion, etc.	*Mon père préfère que je n'****aie*** *pas de voiture. Le professeur veut que nous* ***parlions*** *français. Ma mère est contente que vous* ***soyez*** *ici.*

Term	**Definition**	**Example(s)**
superlatif *(superlative)* 309	The superlative is used to express the superior or inferior degree or quality of a person or a thing.	*Le TGV est le train **le plus** rapide du monde. L'eau minérale est la boisson **la moins** chère.*
temps *(tense)* 38, 160, 299, 337	The particular form of a verb that indicates the time frame in which an action occurs: present, past, future, etc.	*La tour Eiffel **est** le monument le plus haut de Paris. Nous **sommes arrivés** à 5h à la gare. Je **ferai** de mon mieux.*
verbe *(verb)* 14, 38, 246, 332	A word expressing action or condition of the subject. The verb consists of a *stem* and an *ending,* the form of which depends on the *subject* (singular, plural, 1st, 2nd, or 3rd person), the *tense* (present, past, future), and the *mood* (indicative, subjunctive, imperative, conditional).	
verbe auxiliaire *(auxiliary verb)* 160, 189	The two auxiliary (or helping) verbs in French are **avoir** and **être.** They are used in combination with a past participle to form the **passé composé** and the **plus-que-parfait.**	*Nous **sommes** allés au cinéma hier. Nous **avons** vu un très bon film.*
verbes pronominaux *(reflexive verbs)* 168, 191, 356	Verbs whose subjects and objects are the same. A reflexive pronoun will precede the verb and act as either the direct or indirect object of the verb. The reflexive pronoun has the same *number, gender,* and *person* as the subject.	*Lori **se réveille.** Elle et James **se sont** bien **amusés** hier soir.*

A P P E N D I C E   D

Négociations

The *Révision* part of the *Intégration* section of each chapter ends with an activity called **Négociations**. In this activity you will exchange information with a partner. Partner A uses the version of the activity shown in the chapter. In most cases, Partner B (and occasionally C, D, etc.) uses the version of the activity given in this appendix.

For the last two blanks you should choose adjectives that describe the person, e.g., *tall*.

Chapitre 1 (p. 25)

Identifications. Work with your partner to prepare a new identity. First, decide with your partner whether you are describing a man or a woman. Then, complete the second half of the following form. Ask questions of your partner, who will complete the first half of the form. Your partner will ask you other questions about the person you are describing. Answer only **oui** or **non**.

MODÈLE: **Comment vous appelez-vous? Quel est votre nom de famille? Êtes-vous français(e)? Êtes-vous jeune?**

A

Nom de famille: _____

Prénom: _____

Nationalité: _____

B

État civil: _____

Description 1: _____

_____

Description 2: _____

_____

Chapitre 2 (p. 52)

Les activités. Use one of the forms below to interview as many students as possible. Try to find people who answer the questions affirmatively; then write their initials in the appropriate boxes. No student's initials should be used more than twice.

Modèle: **Est-ce que tu détestes les hot-dogs?**

B

regarder la télé le soir	aimer étudier le français	chanter une chanson française
détester les hot-dogs	parler espagnol	aimer patiner
pleurer quelquefois	être marié(e)	travailler beaucoup
étudier l'anglais	adorer skier	jouer au golf

C

danser souvent le week-end	adorer skier	parler espagnol
jouer au ping-pong	chanter une chanson française	étudier l'anglais
travailler beaucoup	être célibataire	tomber quelquefois
pleurer quelquefois	détester les hot-dogs	aimer patiner

Chapitre 3 (p. 82)

C'est la voiture de son frère? Work with your partner to complete the forms. Ask questions to determine the information that is missing.

MODÈLE: **C'est la voiture du frère de David?**
C'est le vélo de ses grands-parents?

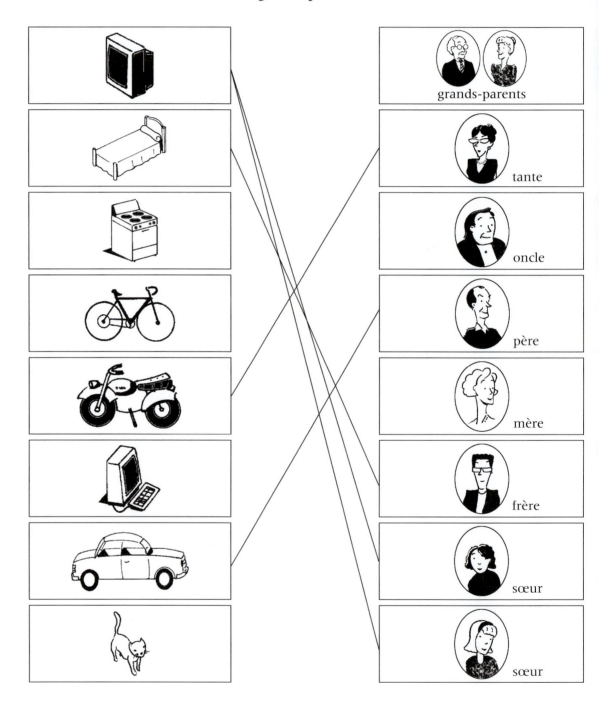

Chapitre 4 (p. 117)

Nos amis. Work with your partner to complete the forms. Ask questions to determine the information that is missing.

MODÈLE: **Est-ce que Marie a les yeux bleus?**

B

nom	yeux	cheveux	description	à la maison	dans la vie	vêtement
Marie		noirs	bavarde			short
Alain	marron			courses		
Chantal		roux		lessive	journaliste	
Éric	bleus		charmant		cuisinier	
Karine	gris		pessimiste	liste	médecin	chapeau
Pierre		bruns				blouson
Sylvie		blonds	patiente	provisions	cadre	
Jean	verts					ceinture

Chapitre 5 (p. 148)

L'emploi du temps de Sahibou. Interviewez votre partenaire pour trouver les renseignements qui manquent *(missing information)*.

MODÈLE: **Est-ce qu'il a un cours le mercredi à onze heures?**
Est-ce que c'est un cours de mathématiques?

B

	lundi	mardi	mercredi	jeudi	vendredi	samedi	dimanche
9h							
10h		gestion		gestion			église
11h	français		français		français		
12h	cafétéria		cafétéria		cafétéria	cafétéria	déjeuner avec ses parents
1h		cafétéria		cafétéria			
2h							
7h		bibliothèque		informatique			bibliothèque
8h	résidence	bibliothèque		informatique	cinéma		bibliothèque

Chapitre 6 (p. 177)

Hier, d'habitude et pendant le week-end. Interviewez votre partenaire pour trouver les renseignements qui manquent *(missing information)*.

MODÈLE: **Est-ce que Valérie va au cours de français d'habitude?**
Est-ce qu'Alain a fumé hier?

B			
nom	**hier**	**d'habitude**	**pendant le week-end**
Valérie	écrire une dissertation ⎯⎯	OUI	nettoyer sa chambre ⎯⎯
Chantal	NON	NON	rester dans sa chambre ⎯⎯
Sophie	être malade ⎯⎯	étudier seule ⎯⎯	OUI
Alain	NON	travailler après les cours ⎯⎯	OUI
David	NON	OUI	jouer au basket-ball ⎯⎯
Jean-Luc	passer un examen ⎯⎯	envoyer des messages électroniques ⎯⎯	NON

Chapitre 7 (p. 205)

D'où viennent-ils? Interviewez votre partenaire pour trouver les renseignements qui manquent.

MODÈLES: **D'où vient Sahibou?**
Où est-ce que Fatima est née?
Quand est-ce que Cécile est partie?

B				
nom	**pays d'origine**	**ville de naissance**	**départ**	**adresse**
Sahibou		Dakar		Canada
Fatima	Maroc		en juin dernier	
Cécile	Belgique			États-Unis
Jean-Luc		Nantes	en avril dernier	
Marie	Canada	Québec		

Chapitre 8 (p. 235)

Dînons-nous ensemble? Interviewez les autres étudiants pour trouver votre partenaire. C'est la personne qui a le même menu que vous.

MODÈLES: **Qu'est-ce que tu prends comme hors-d'œuvre?**
Qu'est-ce que tu vas boire?

B

	votre partenaire	vous
hors-d'œuvre	soupe de légumes	pâté
plat principal	saumon	bœuf
légume	épinards	riz
fromage	camembert	brie
dessert	gâteau	pâtisseries
boisson	eau minérale	eau

C

	votre partenaire	vous
hors-d'œuvre	soupe à l'oignon	crudités
plat principal	porc	truite
légume	frites	riz
fromage	brie	chèvre
dessert	tarte	gâteau
boisson	eau	vin blanc

D

	votre partenaire	vous
hors-d'œuvre	salade de tomates	soupe à l'oignon
plat principal	bœuf	poulet
légume	petits pois	frites
fromage	chèvre	emmenthal
dessert	fruits	gâteau
boisson	vin rouge	eau

E

	votre partenaire	vous
hors-d'œuvre	pâté	salade de tomates
plat principal	saumon	bœuf
légume	épinards	haricots verts
fromage	camembert	brie
dessert	fruits	glace
boisson	eau minérale	eau minérale

F

	votre partenaire	vous
hors-d'œuvre	crudités	soupe de légumes
plat principal	truite	poulet
légume	riz	petits pois
fromage	camembert	emmenthal
dessert	tarte	pâtisseries
boisson	vin blanc	eau

G

	votre partenaire	vous
hors-d'œuvre	soupe de légumes	pâté
plat principal	porc	bœuf
légume	frites	épinards
fromage	emmenthal	brie
dessert	tarte	glace
boisson	vin rouge	eau minérale

H

	votre partenaire	vous
hors-d'œuvre	soupe à l'oignon	crudités
plat principal	saumon	porc
légume	haricots verts	riz
fromage	chèvre	camembert
dessert	pâtisseries	glace
boisson	vin blanc	vin rouge

I

	votre partenaire	vous
hors-d'œuvre	salade de tomates	crudités
plat principal	poulet	truite
légume	petits pois	haricots verts
fromage	chèvre	emmenthal
dessert	fruits	glace
boisson	vin rouge	vin blanc

J

	votre partenaire	vous
hors-d'œuvre	pâté	soupe de légumes
plat principal	bœuf	saumon
légume	riz	épinards
fromage	brie	camembert
dessert	pâtisseries	gâteau
boisson	eau	eau minérale

K

	votre partenaire	vous
hors-d'œuvre	crudités	soupe à l'oignon
plat principal	truite	porc
légume	riz	frites
fromage	chèvre	brie
dessert	gâteau	tarte
boisson	vin blanc	eau

L

	votre partenaire	vous
hors-d'œuvre	soupe à l'oignon	salade de tomates
plat principal	poulet	bœuf
légume	frites	petits pois
fromage	emmenthal	chèvre
dessert	gâteau	fruits
boisson	eau	vin rouge

M

	votre partenaire	vous
hors-d'œuvre	salade de tomates	pâté
plat principal	bœuf	saumon
légume	haricots verts	épinards
fromage	brie	camembert
dessert	glace	fruits
boisson	eau minérale	eau minérale

N

	votre partenaire	vous
hors-d'œuvre	soupe de légumes	crudités
plat principal	poulet	truite
légume	petits pois	riz
fromage	emmenthal	camembert
dessert	pâtisseries	tarte
boisson	eau	vin blanc

O

	votre partenaire	vous
hors-d'œuvre	pâté	soupe de légumes
plat principal	bœuf	porc
légume	épinards	frites
fromage	brie	emmenthal
dessert	glace	tarte
boisson	eau minérale	vin rouge

P

	votre partenaire	vous
hors-d'œuvre	crudités	soupe à l'oignon
plat principal	porc	saumon
légume	riz	haricots verts
fromage	camembert	chèvre
dessert	glace	pâtisseries
boisson	vin rouge	vin blanc

Chapitre 9 (p. 262)

Nos achats. Interviewez votre partenaire pour trouver les renseignements qui manquent. Il y a trois paires de cartes. Comme partenaires, A1 travaille avec B1, A2 avec B2, etc.

MODÈLE: **Qu'est-ce qu'on achète à la gare?**
         Où est-ce qu'on achète des fleurs?

B1

achat	endroit
	gare
	supermarché
légumes	
médicaments	
	supermarché
fromage	
	librairie
chapeau	
magazine	
	épicerie
	boutique
fleurs	
	pharmacie
savon	

B2

achat	endroit
coca	
	fleuriste
	pharmacie
livre	
légumes	
	bureau de tabac
magazine	
pastilles	
	boucherie
	boulangerie
pommes	
	bureau de tabac
cadeau	
	supermarché

B3

achat	endroit
journal	
fruits	
	bureau de tabac
	pharmacie
cadeau	
	marché
saucisses	
	boulangerie
magazine	
	charcuterie
fleurs	
	boucherie
timbres	
	grand magasin

Chapitre 10 (p. 290)

All of the vehicles in this activity are feminine.

La formule 1. Interviewez votre partenaire pour trouver les renseignements qui manquent.

MODÈLE: **Quelle sorte de véhicule est-ce que mémé conduit?**
Comment conduit-elle?

B

nom	conduire	comment?	pourquoi comme ça?
Michael Schumacher	Ferrari	à toute vitesse	
Jacques Villeneuve			C'est un pilote professionnel canadien.
Alain Prost	Renault	très vite	
tonton (*oncle*) Paul		comme un fou	
tatie (*tante*) Agnès	Harley	tranquillement	
papi (*grand-père*)			Il ne peut pas changer de vitesse.
mémé (*grand-mère*)	mobylette		Elle a peur des accidents.
votre partenaire			
vous			

Chapitre 11 (p. 313)

Hier et quand j'avais 10 ans. Since all students use the same form, it has not been reproduced here. Use the form on p. 313.

Chapitre 12 (p. 342)

Savoir ou connaître? Since all students use the same form, it has not been reproduced here. Use the form on p. 342.

Chapitre 13 (p. 372)

Il manque quelque chose. Interviewez les autres étudiants pour trouver les choses qui manquent. Il y a sept cartes différentes en tout.

Modèle: **Est-ce que tu as un(e) … sur ta table?**
Moi, j'ai un(e) …, mais je n'ai pas de (d') …

B	C
D	E
F	G

Chapitre 14 (p. 403)

Qu'est-ce qu'il (elle) en pense? Interviewez votre partenaire pour trouver les renseignements qui manquent.

MODÈLE: **Quelle est la réaction de Catherine?**
Pourquoi est-elle triste?

B

	ce qui arrive	sa réaction
Catherine		Elle en est triste.
Éric	Une jolie femme veut le rencontrer.	
Alain	Il y a trop de publicité à la télé.	
Chantal		Elle en est fâchée.
Monique	Sa sœur va avoir un bébé.	
Jacques		Il le regrette.
Christophe		Il en est confus.
Nathalie	Son amie se dispute avec elle.	
Véronique	Son petit ami lui achète une bague de fiançailles.	
Pierre		Il croit que c'est dommage.

Chapitre 15 (p. 426)

Vous êtes témoin d'un accident. Vous jouerez le rôle de gendarme. Interviewez votre partenaire qui joue le rôle de témoin d'un accident. Ensuite, complétez le formulaire suivant.

B (gendarme)

Nom du témoin: _____

Adresse du témoin: _____

Numéro de téléphone du témoin: _____

Observations (date, heure, lieu, conditions météorologiques, chaussée, véhicules, chauffeur(s), description de l'accident, cause de l'accident, autres ...):

Vocabulaire

This vocabulary list includes all of the words and phrases included in the *Vocabulaire actif* sections of *Entre amis*, as well as the passive vocabulary used in the text. The definitions given are limited to the context in which the words are used in this book. Entries for active vocabulary are followed by the number of the chapter in which they are introduced for the first time. If a word is formally activated in more than one chapter, a reference is given for each chapter. Some entries are followed by specific examples from the text. Expressions are listed according to their key word. In subentries, the symbol ~ indicates the repetition of the key word.

Regular adjectives are given in the masculine form, with the feminine ending in parentheses. For irregular adjectives, the full feminine form is given in parentheses.

The gender of each noun is indicated after the noun. Irregular feminine and plural forms are also noted.

The following abbreviations are used:

CP   Chapitre préliminaire

adj.	adjective	*f.*	feminine	*n.*	noun
adv.	adverb	*f.pl.*	feminine plural	*pl.*	plural
art.	article	*inv.*	invariable	*prep.*	preposition
conj.	conjunction	*m.*	masculine	*pron.*	pronoun
fam.	familiar	*m.pl.*	masculine plural	*v.*	verb

à at, in, to   1
  ~ côté next door; to the side   5
  ~ côté de next to, beside   5
  ~ droite (de) to the right (of)   7
  ~ gauche (de) to the left (of)   7
  ~ ... heure(s) at ... o'clock   1
  ~ la vôtre! (here's) to yours!   2
  ~ l'heure on time   7
  ~ l'intérieur de inside   6
  ~ midi at noon   5
  ~ minuit at midnight   5
  ~ toute vitesse at top speed   10
  ~ travers throughout
  être ~ to belong to   6
abord: d'~ at first   5
absolument absolutely   10
accepter to accept   15
accident *m.* accident   15
accompagner to accompany   6
accord *m.* agreement
  d'~ okay   5
  être d'~ (avec) to agree (with)   1, 11

accordéon *m.* accordion   6
accueillant(e) friendly
achat *m.* purchase   9
acheter to buy   9
acteur/actrice *m./f.* actor/ actress   1
activité *f.* activity   11
actuellement now   14; nowadays
addition *f.* (restaurant) bill, check   8; addition
adieu *m.* (*pl.* **adieux**) farewell
adjoint au maire *m.* deputy mayor
adorer to adore; to love   2
adresse *f.* address   4
aéroport *m.* airport   5
affaires *f.pl.* business   4
  homme/femme d'~ *m./f.* businessman/woman   4
affreux (affreuse) horrible   8
âge *m.* age   3
  quel ~ avez-vous? how old are you?   3

âgé(e) old   11
agent (de police) *m.* (police) officer   15
agglomération *f.* urban area
agir: il s'agit de it's (*lit.* it's a matter of)
agrumes *m.pl.* citrus fruits
aider to help   4
aïe! ouch!   6
ail *m.* garlic   8
aimable kind; nice   9
aimer to like; to love   2
  s' ~ to love each other   14
ainsi thus, for that reason
air: avoir l'~ to seem; to appear, to look   9
album *m.* album   11
alcool *m.* alcohol
Allemagne *f.* Germany   5
allemand(e) German   1
aller to go   2, 5
  ~ en ville to go into town   5
  ~ -retour *m.* round-trip ticket   12

~ simple *m.* one-way (ticket)   12
allez à la porte! go to the door!   CP
allez-y! go ahead; let's go   12
je vais très bien I'm fine   2
allô! hello! *(on the phone)*   12
alors then, therefore, so   2
amant *m.* lover
amener to bring
américain(e) American   1
ami/amie *m./f.* friend   2
amour *m.* love
amusant(e) amusing, funny; fun   11
s'amuser to have fun; to have a good time   6
   je veux m'amuser I want to have fun   10
an *m.* year   3
   Jour de l'~ *m.* New Year's Day   7
ananas *m.* pineapple
anchois *m.* anchovy   8
ancien (ancienne) former; old   4
anglais(e) English   1
Angleterre *f.* England   5
année *f.* year   6
   ~ scolaire *f.* school year   10
anniversaire *m.* birthday   7
   ~ de mariage wedding anniversary   10
annonce *f.* advertisement   14
   petites annonces want ads
annuler to cancel
août *m.* August   7
apéritif *m.* before-dinner drink   8
appareil *m.* appliance; phone   7
appartement *m.* apartment   3
s'appeler to be named, be called   13
   comment vous appelez-vous? what is your name?   1
   je m'appelle ... my name is ...   1
appétit *m.* appetite
   Bon ~! Have a good meal!   13
apporter to bring   8
apprendre to learn; to teach   8
après after   5
après-demain day after tomorrow   12
après-midi *m.* afternoon   2
   de l'~ in the afternoon   5
   Bon ~. Have a good afternoon.
arabe *m.* Arabic   5; Arab

arachide *f.* peanut
arbre *m.* tree
argent *m.* money   9
armée *f.* army
arrêt (d'autobus) *m.* (bus) stop   10
(s')arrêter to stop   10
arrière- great-   3
arriver to arrive   7
   qu'est-ce qui est arrivé? what happened?   14
artiste *m./f.* artist   4
aspirine *f.* aspirin   9
s'asseoir to sit down   13
   Asseyez-vous! Sit down!   CP
assez sort of, rather, enough   1
   ~ bien fairly well   2
   ~ mal rather poorly   2
   en avoir ~ to be fed up   11
assiette *f.* plate   8
assister (à) to attend   14
assurer to assure; to insure   15
attacher to attach; to put on   10
attendre to wait (for)   9
attentif (attentive) attentive   10
attention: faire ~ to pay attention   4
au contraire on the contrary   4
au moins at least   5
au pair au pair
   jeune fille ~ *f.* nanny   4
au revoir good-bye   1
aujourd'hui today   4
aussi also, too   1; as   11
   ~ ... que as ... as ...   11
autant (de) as much   11
autocar *m.* tour bus   12
automne *m.* fall   7
automobiliste *m./f.* driver   15
autoroute *f.* turnpike; throughway, highway   12
autour de around   5
autre other   3
avance *f.* advance
   en ~ early   7
avancer to advance   10
avant before   5
avare miserly, stingy   4
avec with   2
avenir *m.* future
avertissement *m.* warning   14
avion *m.* airplane   7
avis *m.* opinion, advice
   à mon (à ton, etc.) ~ in my (your, etc.) opinion   11

avoir to have   3
   ~ besoin de to need   9
   ~ chaud to be hot   8
   ~ envie de to want to; to feel like   5
   ~ faim to be hungry   8
   ~ froid to be cold   8
   ~ l'air to seem, to appear, to look   9
   ~ lieu to take place   11
   ~ l'intention de to plan to   5
   ~ mal (à) to be sore, to have a pain (in)   9
   ~ peur to be afraid   8
   ~ pitié (de) to have pity (on), to feel sorry (for)   10
   ~ raison to be right   8
   ~ rendez-vous to have an appointment, meeting   4
   ~ soif to be thirsty   8
   ~ sommeil to be sleepy   8
   ~ tendance à to tend to   12
   ~ tort to be wrong; to be unwise   8
   en ~ assez to be fed up   11
   qu'est-ce que tu as? what's the matter with you?   9
avril *m.* April   7

bagages *m.pl.* luggage   7
bague *f.* ring   14
bain: salle de ~ bathroom   3
balayer to sweep
bande dessinée *f.* comic strip   6
banque *f.* bank   5
barquette *f.* small box; mini crate   9
basket-ball (basket) *m.* basketball   6
baskets *f.pl.* high-top sneakers   4
bâtiment *m.* building   5
batterie *f.* drums   6
bavard(e) talkative   4
beau/bel/belle/beaux/belles handsome, beautiful   1
   il fait ~ it's nice out   CP, 7
beau-frère *m.* brother-in-law   3
beau-père *m.* (*pl.* **beaux-pères**) stepfather (or father-in-law)   3
beaucoup a lot   2; much, many
beaujolais *m.* Beaujolais *(wine)*   8
beaux-parents *m.pl.* stepparents (or in-laws)   3

bébé *m.* baby 7
beige beige 4
belge Belgian 1
Belgique *f.* Belgium 5
belle-mère *f.* (*pl.* **belles-mères**)
stepmother (or mother-in-law) 3
belle-sœur *f.* sister-in-law 3
berk! yuck! awful! 8
besoin *m.* need
avoir ~ de to need 9
beurre *m.* butter 8
~ d'arachide *m.* peanut
butter 8
bibliothèque *f.* library 5
bien *m.* good 6
bien *adv.* well; fine 2
~ que although
~ sûr of course 8
bientôt soon
À bientôt. See you soon. 5
Bienvenue! Welcome! 3
bière *f.* beer 2
billet *m.* bill (*paper money*) 9;
ticket 12
bise *f.* kiss 5
bistro *m.* bar and café; bistro 5
bizarre weird; funny looking 4
blague *f.* joke
sans ~! no kidding! 14
blanc (blanche) white 4
blessé(e) wounded 15
bleu(e) blue 4
bleuet *m.* blueberry (*French-Canadian*)
blond(e) blond 4
blouson *m.* windbreaker, jacket 4
bœuf *m.* beef 8
boire to drink 8
voulez-vous ~ quelque chose?
do you want to drink
something? 2
boisson *f.* drink, beverage 2
boîte *f.* box, can 8
bol *m.* bowl 13
bon (bonne) good 2
bon marché *adj. inv.*
inexpensive 4
bonne journée have a good
day 1
bonbon *m.* candy 8
bonjour hello 1
bonnet de nuit *m.* party pooper
bonsoir good evening 2
bordeaux *m.* Bordeaux (*wine*) 8
bottes *f.pl.* boots 4

bouche *f.* mouth 9
bouchée *f.* mouthful
boucherie *f.* butcher shop 9
boulangerie *f.* bakery 5
boum *f.* party 10
bouquet *m.* bouquet 9
bout *m.* end, goal
bouteille *f.* bottle 8
boutique *f.* (gift, clothing) shop 9
bras *m.* arm 9
bridge *m.* bridge (*game*) 6
brie *m.* Brie (*cheese*) 8
brocoli *m.* broccoli 8
brosse *f.* brush
~ à cheveux *f.* hairbrush 13
~ à dents *f.* toothbrush 13
se brosser (les dents) to brush
(one's teeth) 13
bruit *m.* noise 9
brûler to burn; to run through
(light) 15
brun(e) brown(-haired) 4
bureau *m.* (*pl.* **bureaux**) desk;
office 3
~ de poste *m.* post office 5
~ de tabac *m.* tobacco shop 5
but *m.* goal

ça (cela) that 4
~ dépend It depends 9
~ m'est égal It's all the same to
me
~ ne vous concerne pas That's
no concern of yours
~ va? How's it going? 2
~ va bien (I'm) fine 2
~ veut dire … it means … CP
cachet (d'aspirine) *m.* (aspirin)
tablet 9
cadeau *m.* gift 9
cadre *m.* executive 4
café *m.* coffee 2; café 5
~ crème *m.* coffee with cream 2
cafétéria *f.* cafeteria 5
calculatrice *f.* calculator 3
calme calm 4
camarade de chambre *m./f.*
roommate 3
camembert *m.* Camembert
(*cheese*) 8
campagne *f.* country(side)
campus *m.* campus 5
Canada *m.* Canada 5
canadien(ne) Canadian 1

canicule *f.* heat wave
car because
carte *f.* map 12; menu 13
~ de crédit *f.* credit card 9
~ postale *f.* postcard 4
cartes *f.pl.* cards (*game*) 6
cas: en tout ~ in any case
cassis *m.* blackcurrant
ce/cet/cette/ces this, that, these,
those 4
ce sont they are, there are 3
ceinture *f.* belt 4
~ de sécurité *f.* safety belt, seat
belt 10
cela (ça) that 9
célèbre famous 14
célibataire single, unmarried 1
celle *f.* this (that) one
celles *f.pl.* these; those
celui *m.* this (that) one
cendre *f.* ash 8
cent one hundred 3
centime *m.* centime (*1/100 of a
euro*) 3
centre commercial *m.* shopping
center, mall 5
cependant however
céréales *f.pl.* cereal; grains 8
certainement surely, of course 1
c'est it is, this is 1
c'est-à-dire that is to say
~ gentil à vous that's nice of
you 2
~ pour vous it's for you 1
ceux *m.pl.* these; those
**CFA (=Communauté financière
africaine)** African Financial
Community
chacun(e) each
chagrin *m.* sorrow
chaîne (de télé) *f.* (TV)
channel 14
chaise *f.* chair 3
chaleur *f.* heat
chambre *f.* bedroom 3; room
camarade de ~ *m./f.*
roommate 3
champignons *m.pl.* mushrooms 8
chance *f.* luck 12
Bonne ~! Good luck! 12
changer (de) to change 10
chanson *f.* song 2
chanter to sing 2
chanteur/chanteuse *m./f.*
singer 11

chapeau *m.* (*pl.* **chapeaux**) hat   4
chaque each, every   6
charcuterie *f.* pork butcher's;
  delicatessen   9
charmant(e) charming   3
chat *m.* cat   3
château *m.* castle   5
chaud(e) hot   2
  avoir ~ to be hot   8
  il fait ~ it's hot (warm)   CP, 4, 7
chauffage *m.* heat   13
chauffard *m.* bad driver   15
chauffeur *m.* driver   10
chaussée *f.* pavement   15
chaussettes *f.pl.* socks   4
chaussures *f.pl.* shoes   4
chauve bald   4
chef *m.* head (*person in charge*);
  boss; chef
chemise *f.* shirt   4
chemisier *m.* blouse   4
chèque *m.* check   9
  ~ de voyage *m.* traveler's
    check   9
cher (chère) dear   2; expensive   4
chercher to look for   2
chéri(e) *m./f.* dear, honey   10
cheveux *m.pl.* hair   4
chèvre *m.* goat cheese   8
chewing-gum *m.* chewing gum   9
chez at the home of   3
  ~ moi at my house   3
  ~ nous at our house; back
    home   3
  ~ vous at your house   3
chic *adj. inv.* chic; stylish   4
chien *m.* dog   3
chiffre *m.* number
chimie *f.* chemistry   5
Chine *f.* China   5
chinois(e) Chinese   1
chocolat chaud *m.* hot
  chocolate   2
choisir to choose   12
choix *m.* choice   8
chose *f.* thing   4
  pas grand-~ not much   5
  quelque ~ *m.* something   2
chouette great (*fam.*)   14
chut! shh!   10
cigare *m.* cigar   6
cimetière *m.* cemetery
cinéma *m.* movie theater   5
cinq five   CP
cinquante fifty   3

circulation *f.* traffic   15
citron pressé *m.* lemonade   2
classe *f.* class
  en ~ in class; to class   4
clé *f.* key   12
client/cliente *m./f.* customer   8
climatisation *f.* air
  conditioning   13
coca *m.* Coca-Cola   2
code postal *m.* zip code   9
coin *m.* corner
collège *m.* Jr. high school
combien (de) how many, how
  much   3
commander to order   8
comme like, as   2; how; since
  ~ ci ~ ça so-so   2
  ~ il (elle) était ...! how ... he
    (she) was!   11
  ~ si ... as if ...
commencer to begin   7
  commencez! begin!   CP
comment how; what   3
  ~? what (did you say?)   CP, 2
  ~ allez-vous? how are you?   2
  ~ ça va? how is it going?   2
  ~ dit-on ...? how do you
    say ...?   CP
  ~ est (sont) ...? what is (are) ...
    like?   4
  ~ est-ce qu'on écrit ...? how
    do you spell ...?   2
  ~ je vais faire? what am I going
    to do?   12
  ~ trouvez-vous ...? what do
    you think of ...?   2
  ~ vous appelez-vous? what is
    your name?   1
commentaire *m.*
  commentary   10
commerce *m.* business   5
communication *f.* communication
  votre ~ de ... your call
    from ...   1
complet *m.* suit   4
complet (complète) full;
  complete   12
composter (un billet) to punch
  (a ticket)   12
compréhensif/compréhensive
  understanding   4
comprendre to understand; to
  include   8
  je ne comprends pas I don't
    understand   CP

compris(e) included;
  understood   8
comptabilité *f.* accounting   5
compter to count
condamner: être condamné(e)
  to be sentenced
conducteur/conductrice
  driver   15
conduire to drive   10
conduite *f.* driving   10
confirmer to confirm   12
confiture *f.* jam   8
confortable comfortable   4
confus(e) ashamed;
  embarrassed   14
congé *m.* leave, holiday
connaître to know; to be
  acquainted with, to be familiar
  with   10
conseil *m.* (piece of) advice   10
se consoler to console oneself   14
constamment constantly   10
constant(e) constant   10
content(e) happy   4
continuer to continue
  continuez continue   CP
contraire *m.* contrary, opposite
  au ~ on the contrary   4, 8
contravention *f.* traffic ticket   15
contre against; in exchange for   15
  par ~ on the other hand
corps *m.* body   9
côté *m.* side
  à ~ next door; to the side   5
  à ~ de next to, beside   5
se coucher to go to bed   6
couci-couça so-so
couleur *f.* color   4
  de quelle ~ est (sont) ...? what
    color is (are) ...?   4
couloir *m.* hall; corridor   5
coup *m.*: **~ d'envoi** kick-off
couper to cut   13
couple *m.* couple   14
cour *f.* court
couramment fluently
coureur/coureuse runner; cyclist
courir to run
cours *m.* course; class   5
course *f.* race
courses *f.pl.* errands, shopping   4
cousin/cousine *m./f.* cousin   3
couteau *m.* (*pl.* **couteaux**)
  knife   13
coûter to cost   9

coutume *f.* custom
craie *f.* chalk   CP
cravate *f.* tie   4
crèche *f.* daycare center
crédit: carte de ~ *f.* credit card   9
crème *f.* cream   2
crêpe *f.* crepe; French pancake   8
croire to believe, to think   14
  je crois que oui I think so   14
  je ne crois pas I don't think
    so   14
croissance *f.* increase, growth
croissant *m.* croissant   8
croque-monsieur *m.* grilled ham
  and cheese sandwich   8
croûte *f.* crust
crudités *f.pl.* raw vegetables   8
cuiller *f.* spoon   13
cuisine *f.* cooking; food   4;
  kitchen   3
cuisinière *f.* stove   3

d'abord at first   5
d'accord okay   5
  être ~ (avec) to agree (with)   5
dame *f.* lady   13
dames *f.pl.* checkers   6
dangereux (dangereuse)
  dangerous   11
dans in   2
  ~ une heure one hour from
    now   5
danser to dance   2
d'après according to
davantage additional, more
de (d') from, of   1
de rien you're welcome   12
décalage horaire *m.* time
  difference   5
décembre *m.* December   7
décider to decide
décombres *m.pl.* ruins
décrire to describe   6
déçu(e) disappointed   9
dehors outside
déjà already   6
déjeuner *m.* lunch   8
  petit ~ breakfast   8
déjeuner *v.* to have lunch   5
délicieux (délicieuse) delicious   8
demain tomorrow   5
  après-~ day after tomorrow   12
demande *f.* request   12
  faire une ~ to make a
    request   12

demander to ask   6
démarrer to start   10
demi(e) half
  et ~ half past (the hour)   5
demi- (frère, sœur) step (brother,
  sister)   3
demi-heure *f.* half hour   7
dent *f.* tooth   9
dentifrice *m.* toothpaste   9
départ *m.* departure   12
départementale *f.* departmental
  (local) highway   12
dépasser to pass
se dépêcher to hurry   13
dépendre to depend   9
  ça dépend (de …) it (that)
    depends (on …)   9
déprimé(e) depressed   9
depuis for   6; since   9
déranger to bother   1
  Excusez-moi de vous ~ Excuse
    me for bothering you   1
déraper to skid   15
dernier (dernière) last   6
  la dernière fois the last time   6
derrière behind   5
  juste ~ right behind   15
des some; any   3; of the
désagréable disagreeable   4
descendre to go down, get out
  of   7
désirer to want   2
désolé(e) sorry   9
dessert *m.* dessert   8
dessin animé *m.* cartoon   11
se détendre to relax   9
détester to hate, to detest   2
détruire to destroy
dette *f.* debt   15
deux two   CP, 1
  tous (toutes) les ~ both   12
devant in front of   5
devenir to become   7
deviner to guess
devoir *m.* obligation
  devoirs *m.pl.* homework   4
devoir *v.* must, to have to, to
  probably be, to be supposed to;
  to owe   5
d'habitude usually   4
Dieu *m.* God
  Mon Dieu! My goodness!   2
dimanche *m.* Sunday   5
dîner *m.* dinner   4
dîner *v.* to eat dinner   4

diplôme *m.* diploma   12
dire to say; to tell   14
  … veut ~ … … means …   6
  vous dites you say   3
discret (discrète) discreet,
  reserved   4
se disputer to argue   14
dissertation *f.* (term) paper   6
divorce *m.* divorce   14
divorcé(e) divorced   1
divorcer to get a divorce   14
dix ten   CP
dix-huit eighteen   CP
dix-neuf nineteen   CP
dix-sept seventeen   CP
doigt *m.* finger
dollar *m.* dollar   9
**DOM (=Département d'outre-
  mer)** overseas department
  (equivalent of a state)
dommage *m.* pity, shame
  c'est ~ that's (it's) too bad   14
donc then; therefore
donner to give   4
  donnez-moi … give me …   CP
dont about/of which (whom);
  whose   14
dormir to sleep   6
dos *m.* back   9
d'où: vous êtes ~? where are
  you from?   2
douche *f.* shower   12
  prendre une douche to
    shower
doute *m.* doubt
  sans ~ probably   3
doux (douce) mild
douzaine *f.* dozen
douze twelve   CP
droit *m.* right *(entitlement)*
droit(e) *adj.* right
  à droite (de) to the right (of)   5
  tout droit straight ahead   5
drôle funny   14
durcir to harden
durée *f.* duration; length

eau *f.* (*pl.* **eaux**) water   2
  ~ minérale mineral water   2
échanger (contre) to trade
  (for)   15
échecs *m.pl.* chess   6
éclater to burst
école *f.* school   5

écouter to listen (to) 2
  écoutez! listen! CP
écrire to write 6
  comment est-ce qu'on écrit…? how do you spell … ? 2
  écrivez votre nom! write your name! CP
  … s'écrit … … is spelled … 2
écrivain *m.* writer 4
égal(e) (*m.pl.* **égaux**) equal
  cela (ça) m'est ~ I don't care 5
église *f.* church 5
Eh bien … Well then …
élève *m./f.* pupil 4
élire to elect
elle she, it 1; her 6
elles they 1; them 6
s'éloigner to move away
s'embrasser to kiss 14
émission (de télé) *f.* (TV) show 11
emmenthal *f.* Swiss cheese 8
emploi du temps *m.* schedule 5
employé/employée *m./f.* employee 4
emprunter to borrow 14
en *prep.* in 1; by, through
  ~ avance early 7
  ~ première (seconde) in first (second) class 12
  ~ retard late 7
  ~ tout cas in any case
  ~ voiture by car 7
en *pron.* some, of it (them); about it (them) 14
  je vous ~ prie don't mention it; you're welcome; please do 7
  vous n'~ avez pas? don't you have any? 9
enchanté(e) delighted (to meet you) 1
encore again CP; still, more 3
  ~ à boire (manger)? more to drink (eat)? 8
  ~ de …? more …? 8
  pas ~ not yet 2
s'endormir to fall asleep 13
endroit *m.* place 5
enfant *m./f.* child 3
enfin finally 5
ennuyeux (ennuyeuse) boring 4
enseigne *f.* sign
enseigner to teach 2
ensemble together CP, 2
ensoleillé(e) sunny

ensuite next, then 5
entendre to hear 9
  s'~ (avec) to get along (with) 14
  ~ parler de to hear about 15
  entendu agreed; understood 12
entre between, among 5
  ~ amis between (among) friends 1
entrée *m.* first course, appetizer
entreprise *f.* business
entrer to enter 7
  ~ en collision to hit, collide 15
  entrez! come in! CP
envie: avoir ~ de to want to; to feel like 5
environ approximately 9
envoyer to send 6
épaule *f.* shoulder 9
épeler to spell 12
épicerie *f.* grocery store 5
épinards *m.pl.* spinach 8
époque *f.* time, period 11
  à cette ~ at that time; back then 11
épouser to marry 11
équilibré(e) stable
équipe *f.* team 11
escale *f.* stop(over)
escargot *m.* snail 10
esclave *m./f.* slave
Espagne *f.* Spain 5
espagnol(e) Spanish 1
espérer to hope 8
essayer to try
essentiel: il est ~ que it is essential that 13
est *m.* east
est-ce que (*question marker*) 2
estomac *m.* stomach 9
et and 1
étage *m.* floor 12
état *m.* state 5
  ~ civil marital status 1
États-Unis *m.pl.* United States 5
été *m.* summer 7
étranger/étrangère *m./f.* foreigner
étranger (étrangère) foreign 12
étroit(e) narrow; close
études *f.pl.* studies 15
étudiant(e) *m./f.* student 3
étudier to study 2
être to be 1
  ~ à to belong to 6

  ~ d'accord (avec) to agree (with) 5
  ~ en train de to be in the process of 11
  ~ originaire de to be a native of 7
  vous êtes d'où? where are you from? 2
Europe *f.* Europe
eux *m.pl. pron.* they, them 6
exact(e) exact, correct
  c'est ~ that's right 13
exagérer to exaggerate 2
examen *m.* test, exam 6
  à un ~ on an exam 6
excellent(e) excellent 2
excuser to excuse
  excusez-moi excuse me 1
  excusez-moi (-nous, etc.) d'être en retard excuse me (us, etc.) for being late 13
exemple *m.* example
  par ~ for example 6
exercice *m.* exercise 6
exiger (que) to demand (that) 13
expédier to send
extroverti(e) outgoing 4

fâché(e) angry 14
se fâcher to get angry 14
facile easy 9
façon *f.* way, manner 8
  sans ~ honestly, no kidding 8
faculté *f.:* **~ des lettres** College of Liberal Arts
faim *f.* hunger
  avoir ~ to be hungry 8
faire to do, to make 4
  ~ attention to pay attention 4
  ~ du pouce to hitchhike (*French-Canadian*)
  ~ du sport to play sports 6
  ~ la cuisine to cook 4
  ~ la lessive to do laundry
  ~ la sieste to take a nap 4
  ~ des provisions to do the grocery shopping 4
  ~ un voyage to take a trip 5
  ~ une demande to make a request 12
  ~ une promenade to take a walk; to take a ride 4
  il fait chaud it's hot out CP, 4, 7

se ~ des amis to make friends   14
fait *m.* fact
  au ~ … by the way …   2
falloir (il faut) to be necessary   4, 10
famille *f.* family   3
fatigué(e) tired   2
faut: il ~ … it is necessary …   4
  il ~ que it is necessary that, (someone) must   13
  il ne ~ pas que (someone) must not   13
faute *f.* fault; mistake   15
fauteuil *m.* armchair   3
faux (fausse) false; wrong   2
femme *f.* woman   1; wife   3
  ~ d'affaires businesswoman   4
  ~ politique (female) politician   4
fermé(e) closed   6
fermer to close   6
  fermez le livre! close the book!   CP
  fermez la porte! close the door!   CP
fermier/fermière *m./f.* farmer   4
fête *f.* holiday; party   7
feu *m.* (*pl.* **feux**) traffic light   10; fire
feuille *f.* leaf/sheet (of paper)   9
feuilleton *m.* soap opera; series   14
février *m.* February   7
fiançailles *f.pl.* engagement   14
fiancé(e) engaged   1
fier (fière) proud
fièvre *f.* fever   9
fille *f.* girl   3; daughter   3
film *m.* film, movie   5
fils *m.* son   3
fin *f.* end
finir to finish   12
flamand *m.* Flemish   5
fleur *f.* flower   9
fleuriste *m./f.* florist   9
fleuve *m.* river
flûte *f.* flute   6
  ~! darn!; shucks!   12
fois *f.* one time   6; times, multiplied by
  à la ~ at the same time
  deux ~ twice
  la dernière ~ the last time   6
follement in a crazy manner   10

fonctionnaire *m./f.* civil servant   4
football (foot) *m.* soccer   6
  ~ américain *m.* football   6
formidable great, fantastic   14
fort *adv.* loudly, with strength   15
fou/folle *m./f.* fool; crazy person   10
fou (folle) (*m.pl.* **fous**) crazy   10
foulard *m.* scarf   4
fourchette *f.* fork   13
frais: il fait ~ it's cool   7
fraises *f.pl.* strawberries   8
franc *m.* franc   9
français(e) French   1
  à la française in the French style   13
  en français in French   CP
France *f.* France   5
francophone French-speaking
frapper to knock
  Frappez à la porte! Knock on the door!   CP
freiner to brake   15
fréquenter (quelqu'un) to date (someone)   11
frère *m.* brother   3
frire to fry
frites *f.pl.* French fries   8
  steak-~ *m.* steak with French fries   15
froid(e) cold   2
  avoir ~ to be cold   8
  il fait ~ it's cold   CP, 7
fromage *m.* cheese   5
frontière *f.* border
fruit *m.* a piece of fruit   8
fumer to smoke   6
fumeur/fumeuse *m./f.* smoker
  non-~ nonsmoker
fumeur *m.* smoking car   12;
  non ~ nonsmoking car   12
fumeur/fumeuse *adj.* smoking   12

gagner to win; to earn
  ~ (à la loterie) to win (the lottery)   12
gants *m.pl.* gloves   4
garage *m.* garage   3
garçon *m.* boy   3; waiter   8
garder to keep; to look after   4
gare *f.* (train) station   3

gâteau *m.* (*pl.* **gâteaux**) cake   8
  petit ~ cookie
gauche *adj.* left
  à ~ (de) to the left (of)   5
gendarme *m.* (state) policeman   15
général: en ~ in general   2
généralement generally   4
généreux (généreuse) generous
genou *m.* knee   9
  genoux *m.pl.* lap, knees   13
gens *m.pl.* people   4
gentil(le) nice   3
  c'est ~ à vous that's nice of you   2
gestion *f.* management   5
glace *f.* ice cream   8
glissant(e) slippery   15
golf *m.* golf   6
gorge *f.* throat   9
goudron *m.* tar
goûter to taste   13
grand(e) big, tall   1
  ~ magasin *m.* department store   9
  pas grand-chose not much   5
grand-mère *f.* (*pl.* **grands-mères**) grandmother   3
grand-père *m.* (*pl.* **grands-pères**) grandfather   3
grands-parents *m.pl.* grandparents   3
gras (grasse) fat
  faire la grasse matinée to sleep in, to sleep late
gratuit(e) free
grippe *f.* flu   6
gris(e) grey   4
gros(se) fat; large   1
grossir to put on weight   12
guerre *f.* war   7
  en temps de ~ in wartime
guitare *f.* guitar   6
gymnase *m.* gymnasium   5
gymnastique *f.* gymnastics   5

An asterisk indicates that no liaison or élision is made at the beginning of the word.

habile skilful
s'habiller to get dressed   13
habiter to live; to reside   2
  où habitez-vous? where do you live?   1

habitude *f.* habit
　avoir l'~ de to be used to 5
　d'~ usually 4
***haricots verts** *m.pl.* green beans 8
***hasard** *m.* chance, luck
　par ~ by chance 15
heure *f.* hour CP, 1; (clock) time 5
　à l'~ on time 7
　dans une ~ one hour from now 5
　il est ... heure(s) it is ... o'clock CP, 5
　tout à l'~ in a little while 5; a little while ago 6
heureusement fortunately 6
heureux (heureuse) happy 4
***heurter** to hit, run into 15
hier yesterday 6
histoire *f.* story 14
　quelle ~! what a story! 14
hiver *m.* winter 7
***hockey** *m.* hockey 6
homme *m.* man 1
　~ d'affaires businessman 4
　~ politique politician 4
horaire *m.* timetable 12
***hors** except; out of
***hors-d'œuvre** *m. inv.* appetizer 8
hôtel *m.* hotel 1
hôtesse de l'air *f.* (female) flight attendant 11
huile (d'olive) *f.* (olive) oil
***huit** eight CP
hypermarché *m.* giant supermarket 9

ici here 4
　par ~ this way, follow me 13
idiot/idiote *m./f.* idiot 15
il he, it 1
il y a there is (are) 3
　il n'y a pas de quoi you're welcome 13
　il n'y en a plus there is (are) no more 12
　~ ... jours ... days ago 6
　qu'est-ce qu'~ ? what's the matter? 3
île *f.* island
ils they 1
imbécile *m./f.* imbecile 15
immeuble *m.* building

impair: nombre ~ *m.* odd number
impatience *f.* impatience 9
impatient(e) impatient 4
imperméable *m.* raincoat 4
important(e) important
　il est ~ que it is important that 13
incroyable *adj.* unbelievable, incredible 14
indications *f.pl.* directions 10
indiquer to tell; to indicate; to point out 12
indispensable indispensable, essential
　il est ~ que it is essential that 13
infirmier/infirmière *m./f.* nurse 4
informations *f.pl.* news 14
informatique *f.* computer science 5
ingénieur *m.* engineer 4
inondation *f.* flood
s'inquiéter to worry 13
insister to insist
　je n'insiste pas I won't insist 8
　si vous insistez if you insist 8
s'installer to move (into)
instrument *m.* instrument 6
intelligent(e) intelligent 4
intellectuel(le) intellectual 4
intention: avoir l' ~ de to plan to 5
interdiction *f.* ban
interdit(e) forbidden
　sens ~ *m.* one-way street 10
intéressant(e) interesting 4
s'intéresser à to be interested in 14
intérêt *m.* interest 9
intérieur *m.* inside
　à l'~ de inside of 6
interprète *m./f.* interpreter 4
intolérant(e) intolerant 4
inutile useless 12
inviter to invite 10
Irak *m.* Iraq 5
Irlande *f.* Ireland 5
Israël *m.* Israel 5
Italie *f.* Italy 5
italien(ne) Italian 1
ivre drunk 15

jamais ever, never
　ne ... ~ never 4

jambe *f.* leg 9
jambon *m.* ham 8
janvier *m.* January 7
Japon *m.* Japan 5
japonais(e) Japanese 1
jardin *m.* garden
jaune yellow 4
je I 1
jean *m.* jeans 4
jeu *m.(pl.* **jeux)** game 6
jeudi *m.* Thursday 5
jeune young 1
jogging *m.* jogging 2
joli(e) pretty 1
jouer to play 2
　à quoi jouez-vous? what (game) do you play? 6
　de quoi jouez-vous? what (instrument) do you play? 6
jour *m.* day 2
　~ de l'An New Year's Day 7
　quinze jours two weeks 11
journal *m.* newspaper 6
journée *f.* day
　bonne ~! have a nice day! 1
juillet *m.* July 7
juin *m.* June 7
jupe *f.* skirt 4
jurer to swear
　je te le jure I swear (to you) 14
jus *m.* juice
　~ d'orange orange juice 2
jusqu'à *prep.* until 10
　jusqu'au bout right up till the end
juste *adv.* just; right
　~ derrière moi right behind me 15

kilo *m.* kilogram 8
kiosque *m.* newsstand 9
kir *m.* kir 2

la (*see* **le**)
là there 4
laid(e) ugly 1
laisser to leave; to let 10
　laisse-moi (laissez-moi) tranquille! leave me alone! 10
lait *m.* milk 2
lamelle *f.* strip
langue *f.* language 5
laquelle (*see* **lequel**)

las(se) tired
lave-linge *m.* washing machine   3
lave-vaisselle *m.* dishwasher   3
laver to wash   13
  se ~ to get washed; to wash up   13
le/la/l'/les *art.* the   2; *pron.* him, her, it, them   8
leçon *f.* lesson   10
légume *m.* vegetable   8
lent(e) slow   10
lentement slowly   10
lequel/laquelle/lesquels/ lesquelles which? which one(s)?   14
les (*see* **le**)
lesquel(le)s (*see* **lequel**)
lessive *f.* wash; laundry   4
lettre *f.* letter   6
leur *pron.* (to) them   14
leur(s) *adj.* their   3
lever to lift; to raise   13
  se ~ to get up; to stand up   6
  Levez-vous! Get up!   CP
librairie *f.* bookstore   5
libre free   5; vacant
lien *m.* tie; bond
lieu *m.* (*pl.* **lieux**) place   5
  avoir ~ to take place   11
limonade *f.* lemon-lime soda   2
lire to read   6
  lisez! read!   CP
lit *m.* bed   3
litre *m.* liter   9
littérature *f.* literature   5
livre *f.* pound   9
livre *m.* book   CP, 3
loi *f.* law
loin (de) far (from)   5
loisir *m.* leisure activity
long (longue) long   9
longtemps a long time   6
louer to rent   12
lui he, him   6; (to) him; (to) her   14
lumière *f.* light
lundi *m.* Monday   5
lunettes *f.pl.* eyeglasses   4
lycée *m.* high school

ma (*see* **mon**)
machine à laver *f.* washing machine

Madame (Mme) Mrs., ma'am   1
Mademoiselle (Mlle) Miss   1
magasin *m.* store   4
  grand ~ department store   9
magazine *m.* magazine   6
Maghreb *m.* *the three North African countries of Algeria, Morocco, and Tunisia*
mai *m.* May   7
maigrir to lose weight   12
maillot de bain *m.* bathing suit   13
main *f.* hand   9
maintenant now   5
maire *m.* mayor   11
  adjoint au ~ deputy mayor
mairie *f.* town (city) hall   11
mais but   2
maison *f.* house   3
mal *m.* harm; pain; evil
  avoir ~ (à) to be sore, to have a pain (in)   9
mal *adv.* poorly   2; badly
malade sick   2
maladie *f.* illness, disease
malgré in spite of
manger to eat   2
manquer to miss
manteau *m.* (*pl.* **manteaux**) coat   4
marchand/marchande *m./f.* merchant   9
marché *m.* (open-air) market   9
  ~ aux puces flea market   9
mardi *m.* Tuesday   5
mari *m.* husband   3
mariage *m.* marriage; wedding   11
marié(e) married   1
se marier (avec) to marry   14
marine *f.* navy
Maroc *m.* Morocco   5
marocain(e) Moroccan   1
marque *f.* make, brand   15
marron *adj. inv.* brown   4
mars *m.* March   7
match *m.* game   10
matin *m.* morning   2
matinée: faire la grasse ~ to sleep in late
mauvais(e) bad   4
  il fait ~ the weather is bad   7
mayonnaise *f.* mayonnaise   8
me me   10; (to) me   14

méchant(e) nasty; mean   4
méchoui *m.* roast lamb *(North-African specialty)*
médecin *m.* doctor   4
médicament *m.* medicine   9
se méfier de to watch out for
meilleur(e) better   11
  Avec mon ~ souvenir With my best regards   4
  le/la ~ the best   11
  ~ ami(e) *m./f.* best friend   1
membre *m.* member   3
même even   14; same
  -~(s) -self (-selves)   2
ménage *m.* housework   4
ménagère *f.* housewife   4
menu *m.* (fixed price) menu   13
merci thank you   1; (no) thanks   2
  non, ~ no, thank you   2
mercredi *m.* Wednesday   5
mère *f.* mother   2, 3
mes (*see* **mon**)
mesdames *f.pl.* ladies   13
message *m.* message
  ~ électronique e-mail   6
messieurs *m.pl.* gentlemen   13
mesure *f.* (unit of) measure
météo(rologie) *f.* weather   14
météorologique *adj.* weather
mettre to put; to place; to lay   13
  Mettez …! Put …!   CP
  ~ la table to set the table   13
  ~ le chauffage to turn on the heat   13
  se ~ à table to sit down to eat   13
mexicain(e) Mexican   1
Mexico Mexico City
Mexique *m.* Mexico   5
miam! yum!   8
midi noon   5
le mien/la mienne mine   5
mieux better   11
  il vaut ~ que it is preferable that, it is better that   10
  j'aime le ~ I like best   11
militaire *m.* serviceman/ servicewoman   4
mille *inv.* one thousand   3
milliard *m.* billion   3
millier *m.* thousand
million *m.* million   3
mince thin   1
  ~! darn it!   12

minuit midnight 5
minute *f.* minute 5
mobylette *f.* moped, motorized bicycle 3
moi me 1; I, me 6
  ~ aussi me too 2
  ~ non plus me neither 2
moins less 11
  au ~ at least 6
  j'aime le ~ I like least 11
  ~ le quart quarter to (the hour) 5
mois *m.* month 6
moment *m.* moment; time 2
  à quel ~ (de la journée)? at what time (of day)?
mon, ma, mes my 3
monde *m.* world 7
  tout le ~ everybody 4
monnaie *f.* change, coins 9
Monsieur (M.) Mr., Sir; man 1
monter to go up; to get into 7
montre *f.* watch 4
montrer to show 14
morceau *m.* (*pl.* **morceaux**) piece 8
mort *f.* death 15
mort(e) dead
mot *m.* word 6
  plus un ~ not one more word 10
moto *f.* motorcycle 3
mourir to die 7
moutarde *f.* mustard 8
moyenne *f.* average
musée *m.* museum 5
musique *f.* music 6
myrtille *f.* blueberry

nager to swim 2
naïf (naïve) naive 4
naissance *f.* birth
naître to be born 7
  je suis né(e) I was born 3
  né(e) born
nappe *f.* tablecloth 13
nationalité *f.* nationality 1
naturellement naturally 8
navire *m.* ship
ne (n') not 1
  ~ ... jamais never 4
  ~ ... pas not 1
  ~ ... personne no one, nobody, not anyone 15
  ~ ... plus no more, no longer 8

  ~ ... que only 11
  ~ ... rien nothing, not anything 6
n'est-ce pas? right?; are you?; don't they?; etc. 2
nécessaire: il est ~ que it is necessary that 13
négritude *f.* negritude (*system of black cultural and spiritual values*)
neiger to snow 7
  il neige it's snowing CP, 7
nerveux (nerveuse) nervous 4
nettoyer to clean 6
neuf nine CP
neuf (neuve) brand-new 10
  quoi de neuf? what's new? 5
neveu *m.* (*pl.* **neveux**) nephew 3
nez *m.* nose 9
  le ~ qui coule runny nose 9
ni ... ni neither ... nor
nièce *f.* niece 3
Noël *m.* Christmas 7
  le père ~ Santa Claus 1
noir(e) black 4
nom *m.* name CP, 1
  à quel ~ ...? in whose name ...? 12
  ~ de famille last name 1
nombre *m.* number 1
nommer to name
non no 1
non plus neither 6
nord *m.* north
note *f.* note; grade, mark 4
notre, nos our 3
nourrir to feed, to nourish
nous we 1; us 10; (to) us 14
nouveau/nouvel (nouvelle) (*m.pl.* **nouveaux**) new 4
novembre *m.* November 7
nuit *f.* night 2
  Bonne ~ Pleasant dreams. 5
numéro (de téléphone) *m.* (telephone) number 4

obéir to obey 12
occidental(e) western
occupé(e) busy 6
s'occuper de to be busy with, to take care of 7
  occupe-toi de tes oignons! mind your own business! 11
octobre *m.* October 7
œil *m.* (*pl.* **yeux**) eye 9

  mon ~! my eye!, I don't believe it! 10
œuf *m.* egg 8
œuvre *f.* work
offrir to offer
oh là là! oh dear!, wow! 9
oignon *m.* onion 8
  occupe-toi de tes oignons! mind your own business! 11
oiseau *m.* bird 5
omelette *f.* omelet 8
on one, people, we, they, you 1
oncle *m.* uncle 3
onze eleven CP
optimiste optimistic 4
or *m.* gold
orange *f.* orange (*fruit*) 4
  jus d'~ *m.* orange juice 2
orange *adj. inv.* orange 4
orangina *m.* orange soda 2
ordinaire ordinary, everyday 4
ordinateur *m.* computer 3
ordre *m.* order
oreille *f.* ear 9
oriental(e) eastern
original(e) (*m.pl.* **originaux**) different; novel; original 14
ou or 1
où where 1
oublier to forget 6
ouest *m.* west
oui yes 1
ouvert(e) open 12
ouverture *f.* opening
  heures d'~ hours of business
ouvrier/ouvrière *m./f.* laborer 4
ouvrir to open
  ouvrez la porte! open the door! CP

pain *m.* bread 8
  ~ de mie *m.* sandwich bread
  ~ grillé toast 8
pâle pale 15
pantalon *m.* (pair of) pants 4
papier *m.* paper 9
paquet *m.* package 9
par by; through 5
  ~ contre on the other hand
  ~ exemple for example 6
  ~ ici (come) this way, follow me
  ~ jour per day 5
parce que because 6

pardon: ~? pardon?, what did you say? CP

  je vous demande ~ please excuse me; I beg your pardon 9

parents *m.pl.* parents; relatives 3

paresseux (paresseuse) lazy 4

parfait(e) perfect 5

parking *m.* parking lot 5

parler to speak 2

  ~ de to tell about 7

  ~ fort to speak loudly 15

part *f.* behalf, portion

  de ma ~ for me; on my behalf

partie *f.* part

partir (de) to leave (from) 6

  à partir de from that time on

pas no, not

  ne ... ~ not 1

  ~ du tout! not at all! 1

  ~ encore not yet 2

  ~ grand-chose not much 5

  ~ trop bien not too well 2

passé *m.* past

passer to pass

  ~ un an to spend a year 3

  ~ un test to take a test 5

se passer to happen; to take place

passionnant(e) exciting 14

pastille *f.* lozenge 9

pâte dentifrice *f.* toothpaste 9

pâté *m.* pâté *(meat spread)* 8

patiemment patiently 10

patient(e) patient 4

patiner to skate 2

patinoire *f.* skating rink 10

pâtisserie *f.* pastry shop; pastry 9

patrie *f.* homeland

patron/patronne *m./f.* boss 4

pauvre poor 4, 11

payer to pay (for) 9

pays *m.* country 5

Pays-Bas *m.pl.* Netherlands 5

pêche *f.* fishing

pédagogie *f.* education, teacher preparation 5

pelouse *f.* lawn

pendant for; during 6

  ~ combien de temps ...? how long ...? 6

  ~ que while 6

penser to think 8

  qu'en penses-tu? what do you think of it (of them)? 8

perdre to lose 9

  ~ patience to lose (one's) patience 9

père *m.* father 2

père Noël *m.* Santa Claus 1

permettre to allow

  permettez-moi de me présenter allow me to introduce myself 1

  vous permettez? may I? 1

permis de conduire *m.* driver's license 10

personnage *m.* character; individual

personne *f.* person *(male or female)* 1

  ne ... ~ no one, nobody, not anyone 15

personnellement personally 10

pessimiste pessimistic 4

pétanque *f.* lawn bowling 6

petit(e) small, short 1

  ~ ami(e) *m./f.* boyfriend/ girlfriend 3

  ~ déjeuner *m.* breakfast 8

  ~-fils *m.* (*pl.* **petits-fils**) grandson 3

  petite-fille *f.* (*pl.* **petites-filles**) granddaughter 3

  petits-enfants *m.pl.* grandchildren 3

  petits pois *m.pl.* peas 8

peu (de) little, few 8

  un ~ a little bit 2

peuple *m.* people

peur *f.* fear

  avoir ~ to be afraid 8

peut-être maybe; perhaps 2

pharmacie *f.* pharmacy 5

pharmacien/pharmacienne *m./f.* pharmacist

photo *f.* photograph 3

  sur la ~ in the picture 3

physique physical 15

piano *m.* piano 6

pièce *f.* room 3; play 6

  ~ (de monnaie) coin 9

pied *m.* foot 9

pilote *m.* pilot 11

pilule *f.* pill 9

pique-nique *m.* picnic 12

piscine *f.* swimming pool 5

pitié *f.* pity

  avoir ~ (de) to have pity, to feel sorry (for) 10

pizza *f.* pizza 2

place *f.* seat; room; place 7

plaire to please

s'il vous plaît please 2

plaisanterie *f.* joke 14

plaisir *m.* pleasure

  au ~ see you again 5

  avec ~ with pleasure 2

plan *m.* map (city; house)

plancher *m.* floor 13

plat *m.* course, dish 8

plein(e) full

pleurer to cry 2

pleuvoir to rain 7

  il pleut it's raining CP, 7

  il pleuvait it was raining 11

  il pleuvra it will rain 12

plupart *f.* majority

  la ~ (de) most (of) 6

plus more 11

  il n'y en a ~ there is (are) no more 12

  le/la/les ~ ... the most ... 11

  moi non ~ nor I, me neither 6

  ne ... ~ no more, no longer 8

plusieurs several

poêle *f.* frying pan

poème *m.* poem 6

pois *m.pl.*: **petits ~** peas 8

poisson *m.* fish 2

poivre *m.* pepper 13

police *f.* police (force)

  agent de ~ police officer 15

politique *f.* politics 2; policy

politique: homme/femme ~ *m./f.* politician 4

pomme *f.* apple 8

pomme de terre *f.* potato 8

populaire popular 11

porc *m.* pork 8

portable *m.* cell phone 7

porte *f.* door 1

porter to wear; to carry 4

portugais(e) Portuguese 5

poser une question to ask a question 12

possession *f.* possession 3

postale: carte ~ *f.* postcard 4

poste *f.* post office; mail

  bureau de ~ *m.* post office 5

poster to mail 7

pouce *m.* thumb

  faire du ~ to hitchhike *(French-Canadian)*

poulet *m.* chicken 8

pour for, in order to 2

  ~ ce qui est de with respect to

pourquoi why 2

  ~ pas? why not? 6

pourvoir to provide
pouvoir *m.* power
pouvoir *v.* to be able; to be allowed   10; can
   je peux I can   9
   on peut one can   9
   pourriez-vous …? could you …?   12
   pouvez-vous me dire …? can you tell me …?   9
   puis-je …? may I …?   12
préciser to specify
préféré(e) favorite   5
préférence *f.*: **de ~** preferably
préférer to prefer   8
   je préfère que I prefer that   13
premier (première) first   5
   en première in first class   12
prendre to take; to eat, to drink   8
   prenez …! take …!   CP
prénom *m.* first name   1
préparer (un cours) to prepare (a lesson)   6
près (de) near   1
   tout ~ very near   12
présenter to introduce
   je vous présente … let me introduce you to …   3
presque almost   14
prêter to lend   14
prie: je vous en ~ you're welcome   7
printemps *m.* spring   7
prise de conscience *f.* awareness
prix *m.* price   12
problème *m.* problem
   Pas de problème! No problem!
prochain(e) next   5
   À la prochaine. Until next time.   5
proche near; close
produit *m.* product; article
professeur (prof) *m.* (secondary or college) teacher   1
profession *f.* profession, occupation
progrès *m.* progress   14
promenade *f.* walk; ride   4
   faire une ~ to take a walk; to take a ride   4
se promener to take a walk, ride   13
promettre to promise
   c'est promis it's a promise   10
propos: à ~ de regarding, on the subject of   8

propre clean   4; specific; own
propriétaire *m./f.* owner   10
provisions *f.pl.* groceries   4
   faire des ~ to do the grocery shopping   4
provoquer to cause
prudemment carefully   10
prudent(e) cautious   10
publicité *f.* publicity; commercial   14
puis then; next   4
puis-je …? may I …?   12
puisque since
pull-over (pull) *m.* sweater   4
pyjama *m.* (pair of) pajamas   13

quand when   4
quantité *f.* quantity
quarante forty   3
quart quarter
   et ~ quarter past, quarter after   5
   moins le ~ quarter to, quarter till   5
quatorze fourteen   CP
quatre four   CP, 1
quatre-vingt-dix ninety   3
quatre-vingt-onze ninety-one   3
quatre-vingt-un eight-one   3
quatre-vingts eighty   3
que that
   ne … ~ only   11
   ~ …? what …?   4
quel(le) …? which …?   4
   quel âge avez-vous? how old are you?   3
   quel jour est-ce? what day is it?   5
   quelle …! what a …!   2
   quelle est votre nationalité? what is your nationality?   1
   quelle heure est-il? what time is it?   5
quelque chose *m.* something   2
quelquefois sometimes   4
quelques a few; some   8
quelqu'un someone   2
qu'est-ce que/qui what?   4
   qu'est-ce que c'est? what is this? what is it?   4
   qu'est-ce que tu aimes? what do you like?   2
   qu'est-ce que vous avez

   comme …? what do you have for (in the way of) …?   8
   qu'est-ce que vous voulez? what do you want?   2
   qu'est-ce qu'il y a …? what is there …? what's the matter?   3
qui who   1
   qu'est-ce ~ …? what …?   4
quinze fifteen   CP
   ~ jours two weeks   11
quoi what
   il n'y a pas de ~ don't mention it, you're welcome   13
   ~ de neuf? what's new?   5
quoique although

raconter to tell   14
radio *f.* radio   2
raison *f.* reason
   avoir ~ to be right   8
raisonnable reasonable   10
ralentir to slow down   12
rapide rapid, fast   10
rapidement rapidly   10
rarement rarely   4
ravi(e) delighted   14
récemment recently   6
recette *f.* recipe
recommander to recommend   12
reculer to back up   10
récuser to exclude; to challenge
réduire to reduce
réfrigérateur *m.* refrigerator   3
refuser to refuse
regarder to watch; to look at   2
regretter to be sorry   14
   je regrette I'm sorry   8; I miss
relief *m.* relief, hilly area
remarquer to notice   6
remercier to thank   12
remplacer to replace
rencontrer to meet   5, 14
rendez-vous *m.* meeting; date   5
   avoir ~ to have an appointment, meeting
rendre to give back   9
   ~ visite à qqn to visit someone   9
renseignement *m.* item of information   12
(se) renseigner to inform (oneself); to find out about

rentrer to go (come) back; to go (come) home   7

repas *m.* meal   8

répéter to repeat; to practice   8
  répétez, s'il vous plaît please repeat   CP

répondre (à) to answer   9
  répondez answer   CP

réponse *f.* answer

se reposer to rest   13

RER *m. train to Paris suburbs*   2

réserver to reserve   9

résidence (universitaire) *f.* dormitory   5

responsabilité *f.* responsibility   11

restaurant *m.* restaurant   5

rester to stay   5; to remain
  il vous reste …? do you still have …?   12

résultat *m.* result; outcome

retard *m.* delay
  en ~ late   7

retour *m.* return
  aller-~ round-trip ticket   12

retourner to go back, to return   7

rétroviseur *m.* rearview mirror   10

réunion *f.* meeting   13

réussir (à) to succeed; to pass (a test)   12

se réveiller to wake up   13

revenant *m.* ghost   14

revenir to come back   7

revoir to see again
  au ~ good-bye   1

rez-de-chaussée *m.* ground floor   12

rhume *m.* cold *(illness)*   9

riche rich   12

ridicule ridiculous   14

rien nothing
  de ~ you're welcome; don't mention it, not at all   12
  ne … ~ nothing, not anything   6

riz *m.* rice   8

robe *f.* dress   4
  ~ de mariée wedding dress   11

robinet *m.* faucet   6

roi *m.* king

roman *m.* novel   6
  ~ policier detective story   6

rose *adj.* pink   4

rôti (de bœuf) *m.* (beef) roast   9

rouge red   4

rouler to roll; to move *(vehicle)*; to go   15

route *f.* route, way, road   10, 12

roux (rousse) red(-haired)   4

rue *f.* street   9

rugby *m.* rugby   6

russe Russian   1

Russie *f.* Russia   5

sa *(see* **son***)*

s'agir to be about
  il s'agit de it's a matter of

saison *f.* season   7

salade *f.* salad   8
  ~ verte green salad   8

sale dirty   4

salle *f.* room
  ~ à manger dining room   3
  ~ de bain bathroom   3
  ~ de classe classroom   P, 5
  ~ de séjour living room; den   3

salon *m.* living room   3

salut! hi!   2; bye (-bye)   5

salutation *f.* greeting

samedi *m.* Saturday   5

s'amuser to have a good time; to have fun   6

sandwich *m.* sandwich   8

sans without   6
  ~ blague! no kidding   14
  ~ doute probably   3
  ~ façon honestly, no kidding   8

santé *f.* health
  à votre ~! (here's) to your health!; cheers!   2

sardine *f.* sardine   9

saucisse *f.* sausage   9

saumon *m.* salmon   8

savoir to know   12
  je ne sais pas I don't know   2

saxophone *m.* saxophone   6

sciences *f.pl.* science   5
  ~ économiques economics   5

scolaire *adj.* school
  année ~ *f.* school year   10

se oneself   6

sec (sèche) dry   7

sécheresse *f.* drought

second(e) second
  en seconde in (by) second class   12

seize sixteen   CP

séjour *m.* stay

sel *m.* salt   13

semaine *f.* week   5

semestre *m.* semester   6

Sénégal *m.* Senegal   5

sénégalais(e) Senegalese   1

sens interdit *m.* one-way street   10

se séparer to separate (from each other)   14

sept seven   CP

septembre *m.* September   7

sérieusement seriously   10

sérieux (sérieuse) serious   10

serveur/serveuse *m./f.* waiter/waitress   8

service *m.* service
  à votre ~ at your service

serviette *f.* towel   12; napkin   13

ses *(see* **son***)*

seul(e) alone; only   5
  un ~ a single

seulement only   2

short *m.* (pair of) shorts   4

si *conj.* if   3
  s'il vous plaît please   2

si *adv.* so   10
  ~! yes!   3

siècle *m.* century   10

sieste *f.* nap   4
  faire la ~ to take a nap   4

simple simple, plain   4
  aller ~ one-way ticket   12
  c'est bien ~ it's quite easy

sincère sincere   11

se situer to be situated

six six   CP

skier to ski   2

skis *m.pl.* skis   13

smoking *m.* tuxedo   11

SNCF *f. French railroad system*   2

sœur *f.* sister   3

sofa *m.* sofa   3

soi oneself   6

soif: avoir ~ to be thirsty   8

soir *m.* evening   2
  ce ~ tonight   5
  tous les soirs every night   6

soirée *f.* party   13; evening

soixante sixty   3

soixante-dix seventy   3

soixante-douze seventy-two   3

soixante et onze seventy-one   3

soleil *m.* sun 7
  Il fait (du) ~ It's sunny. CP
son, sa, ses his, her, its 3
sorte *f.* kind 8
  quelle(s) ~(s) de …? what
    kind(s) of …? 8
  toutes sortes de choses all
    kinds of things 9
sortir to go out 6
  je vais ~ I'm going to go
    out 5
  sortez! leave! CP
souci *m.* worry; care 11
souffler to blow 1
souhaiter (que) to wish; to hope
  (that) 13
soupe *f.* soup 8
sourire *m.* smile 13
sourire *v.* to smile 13
souris *f.* mouse 5
sous under 5
  ~-sol *m.* basement 3
souvenir *m.* memory;
  recollection 4
se souvenir (de) to
  remember 13
souvent often 2
sportif (sportive) athletic 4
statue *f.* statue 11
steak *m.* steak
  ~-frites steak with French
    fries 15
stéréo *f.* stereo 3
stop *m.* stop sign 10
stressé(e) stressed 11
stupide stupid 4
sucre *m.* sugar 13
sud *m.* south
Suède *f.* Sweden 5
suédois(e) Swedish 1
Suisse *f.* Switzerland 5
suisse *adj.* Swiss 1
suite: tout de ~ right away 1
suivant(e) following, next 5
superficie *f.* area
supermarché *m.* supermarket 9
supplément *m.* extra charge;
  supplement 12
sur on 3
sûr(e) sure
  bien ~ of course 8
sûrement surely, definitely 14
surveiller to watch 1
sweat-shirt *m.* sweatshirt 4

TGV *m.* very fast train 7
tabac *m.* tobacco; tobacco shop 9
  bureau de ~ tobacco shop 5
table *f.* table CP, 1
  à ~ at dinner, at the table 6
tableau *m.* chalkboard CP
taille *f.* size, height
se taire to be quiet
  tais-toi! (taisez-vous!) keep
    quiet! 10
tant so much; so many 6
tante *f.* aunt 3
tard late 6
tarder to be a long time
  coming 13
tarte *f.* pie 8
tasse *f.* cup 2
taux *m.* rate
tchao bye 5
te you 10; (to) you 14
tee-shirt *m.* tee-shirt 4
téléphone *m.* telephone 1
  au ~ on the telephone 6
  ~ portable *m.* cell phone 7
téléphoner (à) to telephone 6
télévision (télé) *f.* television 2
témoin *m.* witness 15
temps *m.* time 6; weather 4
  emploi du ~ *m.* schedule 4
  quel ~ fait-il? what is the
    weather like? 4
tendance *f.* tendency, trend
  avoir ~ à to tend to 12
tennis *m.* tennis 2
  jouer au ~ to play tennis 2
  ~ *f.pl.* tennis shoes 4
tentation *f.* temptation
terre *f.* earth, land 9
tête *f.* head 9
thé *m.* tea 2
théâtre *m.* theater
Tiens! Well! Gee! 3
timbre *m.* stamp 9
toi you 4
toilettes *f.pl.* restroom 3
toit *m.* roof 5
tomate *f.* tomato 8
tomber to fall 2
ton, ta, tes your 3
tort *m.* wrong
  avoir ~ to be wrong; to be
    unwise 8
tôt early 6
toujours always 4; still

toupet *m.* nerve
tour *f.* tower 11
tour *m.* turn, tour 11
tourner to turn 7
tous *pron. m.pl.* all 4
Toussaint *f.* All Saints' Day
tousser to cough 9
tout/toute/tous/toutes *adj.* all;
  every; the whole 12
  tous les deux (toutes les deux)
    both 12
  tous les soirs every night
  tout le monde everybody
    CP, 12
  tout le week-end all weekend
    (long) 5
  toute la famille the whole
    family 11
tout *adv.* completely; very 12
  À ~ de suite See you very soon
  ~ à l'heure a little while ago, in
    a little while 5
  ~ de suite right away 12
  ~ près very near 7
tout *pron. inv.* all, everything
  pas du ~ ! not at all! 1
train *m.* train 3
  être en ~ de to be in the process
    of 11
tranche *f.* slice 8
tranquille calm 10
travail (manuel) *m.* (manual)
  work 4
travailler to work 2
travailleur (travailleuse)
  hardworking 4
travers: à ~ throughout
treize thirteen CP
tremblement de terre *m.*
  earthquake
trente thirty 3
très very 1
tricot *m.* knitting; sweater
triste sad 4
trois three CP, 1
trompette *f.* trumpet 6
trop (de) too much, too many 3
trouver to find, to be of the
  opinion 2
  se ~ to be located
  où se trouve (se trouvent) …?
    where is (are) …? 5
  vous trouvez? do you think
    so? 2

truite *f.* trout   8
tu you *(familiar)*   1
tuer to kill   15

un(e) one   CP, 1; one, a, an   3
union *f.:* **~ douanière** customs union
unique unique
  enfant ~ *m./f.* only child
université *f.* university   1
universitaire *(adj.)* university   5

vacances *f.pl.* vacation   6
  bonnes ~! have a good vacation!   6
  en ~ on vacation   6
vague *f.* wave
vaisselle *f.* dishes   4
valeur *f.* value
valise *f.* suitcase
valoir mieux (il vaut mieux) to be better   10
valse *f.* waltz
vanille *f.:* **glace à la ~** *f.* vanilla ice cream   8
vaut: il ~ mieux que it is preferable that, it is better that   13
véhicule *m.* vehicle   10
vélo *m.* bicycle   3
  faire du ~ to go bike riding   6
vendeur/vendeuse *m./f.* salesman/saleswoman   4
vendre to sell   9
vendredi *m.* Friday   5
venir to come   7
  d'où venez-vous? where do you come from?   7
  je viens de … I come from …   2
  ~ de … to have just …   7
vent *m.* wind

  il fait du ~ it's windy   CP, 7
véranda *f.* porch   3
vérifier to verify; to check   12
vérité *f.* truth   14
verre *m.* glass   2
vers toward   5
  ~ (8 heures) approximately, around (8 o'clock)   5
verser to pour   13
vert(e) green   4
veste *f.* sportcoat   4
vêtement *m.* article of clothing   4
veuf/veuve *m./f.* widower/widow   1
veux *(see* **vouloir**)
viande *f.* meat   8
victime *f.* victim   7
vie *f.* life   4
  c'est la ~ that's life   6
  gagner sa ~ to earn one's living
vieux/vieil (vieille) old   1
vigne *f.* vine; vineyard
ville *f.* city   4; town
vin *m.* wine   2
vingt twenty   CP
vingt-deux twenty-two   CP
vingt et un twenty-one   CP
violet(te) purple   4
violon *m.* violin   6
visite: rendre ~ à to visit (a person)   9
visiter to visit (a place)
vite quickly   10
vitesse *f.* speed   10
  à toute ~ at top speed   10
vivement eagerly
vivre to live
voici here is; here are   3
voilà there is; there are   1
voir to see   14
  tu vas ~ you're going to see   5
  tu vois you see   11

voisin/voisine *m./f.* neighbor   11
voiture *f.* automobile   3
  en ~ by car   7
voix *f.* voice   7
vol *m.* flight   12
volant *m.* steering wheel   10
volontiers gladly   2
votre, vos your   1
vôtre: à la ~! (here's) to yours!, to your health!   2
vouloir to want, to wish   10
  je veux bien gladly; yes, thanks   2
  je veux que I want   13
  je voudrais I would like   2, 13
  … veut dire … … means … CP, 6
vous you *(formal; familiar pl.)*   1; (to) you   14
voyage *m.* trip, voyage   5
  chèque de ~ *m.* traveler's check   9
  faire un ~ to take a trip   5
voyager to travel   2
vrai(e) true   2
vraiment really   2

week-end *m.* weekend   5
  tout le ~ all weekend (long)   5
wolof *m.* Wolof *(language)*   5

y there   7
  allez- ~ go ahead   12
  il y a there is (are)   3
yeux *m.pl.* eyes   4

zéro zero   CP, 3
Zut! Darn!   12, 15

Vocabulaire

This vocabulary list includes only the active words and phrases listed in the *Vocabulaire actif* sections. Only those French equivalents that occur in the text are given. Expressions are listed according to the key word. The symbol ~ indicates repetition of the key word.

The following abbreviations are used:

adj.	adjective	*m.*	masculine
adv.	adverb	*m.pl.*	masculine plural
conj.	conjunction	*n.*	noun
fam.	familiar	*pl.*	plural
f.	feminine	*prep.*	preposition
f.pl.	feminine plural	*pron.*	pronoun
inv.	invariable	*v.*	verb

a, an un(e)
able: be ~ pouvoir
about de; environ
  ~ 8 o'clock vers 8 heures
  ~ it (them) en
  hear ~ entendre parler de
absolutely absolument
accept accepter
accident accident *m.*
accompany accompagner
according to d'après
accordion accordéon *m.*
accounting comptabilité *f.*
acquainted: be ~ with connaître
activity activité *f.*
actor/actress acteur/actrice *m./f.*
address *n.* adresse *f.*
adore adorer
advance *v.* avancer
advertisement annonce *f.*
advice (piece of) conseil *m.*
afraid: be ~ avoir peur
after après
afternoon après-midi *m.*
  in the ~ de l'après-midi
again encore
against contre
age âge *m.*
ago il y a …
agree (with) être d'accord (avec)
  agreed entendu

ahead: go ~ allez-y
  straight ~ tout droit
air conditioning climatisation *f.*
airplane avion *m.*
airport aéroport *m.*
all *pron./adj.* tout
  (toute/tous/toutes)
  ~ weekend (long) tout le
  weekend
  not at ~! pas du tout!
allow permettre
  ~ me to introduce myself
  permettez-moi de me présenter
almost presque
alone seul(e)
  leave me ~! laisse-moi (laissez-
  moi) tranquille!
already déjà
also aussi
always toujours
  not ~ pas toujours
American *adj.* américain(e)
amusing *adj.* amusant(e)
anchovy anchois *m.*
and et
angry fâché(e)
  get ~ se fâcher
answer *n.* réponse *f.*
answer *v.* répondre (à)
anyone quelqu'un
  not ~ ne … personne

anything quelque chose *m.*
  not ~ ne … rien
apartment appartement *m.*
appear avoir l'air
appetizer hors-d'œuvre *m.inv.*
apple pomme *f.*
appointment rendez-vous *m.*
  have an ~ avoir rendez-vous
approximately environ; vers
  (time)
April avril *m.*
Arabic arabe *m.*
argue se disputer
arm bras *m.*
armchair fauteuil *m.*
around environ; vers *(time)*;
  autour de *(place)*
  ~ (8 o'clock) vers (8 heures)
arrive arriver
artist artiste *m./f.*
as aussi, comme
  ~ … ~ aussi … que
  ~ much autant (de)
ashamed confus(e)
ask demander
  ~ a question poser une
  question
asleep: fall ~ s'endormir
aspirin tablet cachet
  d'aspirine *m.*
assure assurer

at à
- **first** d'abord
- **least** au moins
- **midnight** à minuit
- **noon** à midi
- **… o'clock** à … heure(s)
- **the home of** chez
- **what time (of day)?** à quel moment (de la journée)?

athletic sportif (sportive)
attach attacher
attend assister (à)
attention: pay ~ faire attention
attentive attentif (attentive)
August août *m.*
aunt tante *f.*
automobile voiture *f.*
autumn automne *m.*
away: right ~ tout de suite
awful! berk!

baby bébé *m.*
back *n.* dos *m.*
back *adv.:* **go ~** retourner; rentrer
- **then** à cette époque
come ~ revenir, rentrer
give ~ rendre
back up reculer
bad mauvais(e)
- **driver** chauffard *m.*
that's (it's) too ~ c'est dommage
the weather is ~ il fait mauvais
badly mal
bakery boulangerie *f.*
bald chauve
ball (dance) bal *m.*
bank banque *f.*
bar and café bistro *m.*
basement sous-sol *m.*
basketball basket-ball (basket) *m.*
bathing suit maillot de bain *m.*
bathroom salle de bain *f.*
be être
- **a long time coming** tarder
- **able** pouvoir
- **acquainted with, familiar with** connaître
- **afraid** avoir peur
- **born** naître
- **cold** avoir froid
- **fed up** en avoir assez
- **hot** avoir chaud
- **hungry** avoir faim
- **in the process of** être en train de
- **interested in** s'intéresser à

- **located** se trouver
- **necessary** falloir (il faut)
- **of the opinion** trouver
- **probably, supposed** devoir
- **right** avoir raison
- **sleepy** avoir sommeil
- **sore** avoir mal (à)
- **sorry** regretter
- **thirsty** avoir soif
- **wrong, unwise** avoir tort
beans haricots *m.pl.*
Beaujolais *(wine)* beaujolais *m.*
beautiful beau/bel/belle/beaux/belles
because parce que
become devenir
bed lit *m.*
go to ~ se coucher
bedroom chambre *f.*
beef bœuf *m.*
beer bière *f.*
before avant
begin commencer
behind derrière; en retard
right ~ juste derrière
beige beige
Belgian belge
Belgium Belgique *f.*
believe (in) croire (à)
I don't ~ it! mon œil!
belong to être à
belt ceinture *f.*
safety ~, seat ~ ceinture de sécurité *f.*
beside à côté (de)
best *adv.* mieux; *adj.* le/la meilleur(e)
- **friend** meilleur(e) ami(e) *m./f.*
- **regards** avec mon meilleur souvenir
I like ~ j'aime le mieux (le plus); je préfère
better *adv.* mieux; *adj.* meilleur(e)
it is ~ that il vaut mieux que
between entre
- **friends** entre amis
beverage boisson *f.*
bicycle vélo *m.*
big grand(e), gros(se)
bill *n. (paper money)* billet *m.;* *(restaurant check)* addition *f.*
billion milliard *m.*
bird oiseau *m.*
birthday anniversaire *m.*
bistro bistro *m.*

black noir(e)
- **currant liqueur** crème de cassis *f.*
blond blond(e)
blouse chemisier *m.*
blue bleu(e)
body corps *m.*
book livre *m.*
bookstore librairie *f.*
boots bottes *f.pl.*
Bordeaux *(wine)* bordeaux *m.*
boring ennuyeux (ennuyeuse)
born né(e)
be ~ naître
borrow emprunter
boss patron (patronne) *m./f.*
both tous (toutes) les deux
bother déranger
bottle bouteille *f.*
bowl *n.* bol *m.*
bowling: lawn ~ pétanque *f.*
box boîte *f.*
boy garçon *m.*
boyfriend petit ami *m.*
brake *v.* freiner
brand *n.* marque *f.*
brand-new neuf (neuve)
bread pain *m.*
breakfast petit déjeuner *m.*
bridge *(game)* bridge *m.*
Brie *(cheese)* brie *m.*
bring apporter
broccoli brocoli *m.*
brother frère *m.*
brother-in-law beau-frère *m.* *(pl.* beaux-frères)
brown brun(e); marron *inv.*
brush *n.* brosse *f.*
tooth ~ brosse à dents *f.*
brush *v.* se brosser
building bâtiment *m.*
burn brûler
business affaires *f.pl.,* commerce *m.*
mind your own ~! occupe-toi de tes oignons!
businessman/woman homme/femme d'affaires *m./f.*
busy occupé(e)
be ~ with s'occuper de
but mais
butcher shop boucherie *f.*
pork butcher's charcuterie *f.*
butter beurre *m.*
peanut ~ beurre d'arachide *m.*
buy acheter

by par
~ **car** en voiture
~ **chance** par hasard
~ **the way ...** au fait ...
bye salut; tchao

café café *m.*, bistro *m.*
cafeteria cafétéria *f.*
cake gâteau *m.* (*pl.* gâteaux)
calculator calculatrice *f.*
call appeler, téléphoner
your ~ from ... votre communication de ...
called: be ~ s'appeler
calm calme, tranquille
Camembert (*cheese*) camembert *m.*
campus campus *m.*
can *n.* boîte *f.*
can (be able to) *v.* pouvoir
Canada Canada *m.*
Canadian canadien(ne)
candy bonbon *m.*
car voiture *f.*
by ~ en voiture
card carte *f.*
credit ~ carte de crédit
post ~ carte postale
cards (*game*) cartes *f.pl.*
care *n.* souci *m.*
take ~ of s'occuper de
care *v.:* **I don't ~** cela (ça) m'est
égal
carefully prudemment
carry porter
cartoon dessin animé *m.*
cat chat *m.*
cautious prudent(e)
cell phone portable *m.*
centime centime *m.*
century siècle *m.*
cereal céréales *f.pl.*
certain sûr(e)
certainly tout à fait; certainement
chair chaise *f.*
chalk craie *f.*
chalkboard tableau *m.*
chance hasard *m.*
by ~ par hasard
change *n.* monnaie *f.*
change *v.* changer (de)
channel: TV ~ chaîne (de télé) *f.*
charge: extra ~ supplément *m.*
charming charmant(e)
cheap bon marché *adj. inv.*

check chèque *m.*
~ (*restaurant bill*) addition *f.*
traveler's ~ chèque de voyage *m.*
check *v.* vérifier
checkers dames *f.pl.*
cheese fromage *m.*
chemistry chimie *f.*
chess échecs *m.pl.*
chewing gum chewing-gum *m.*
chic chic *adj. inv.*
chicken poulet *m.*
child enfant *m./f.*
China Chine *f.*
Chinese chinois(e)
chocolate: hot ~ chocolat chaud *m.*
choice choix *m.*
choose choisir
Christmas Noël *m.*
church église *f.*
cigar cigare *m.*
cigarette cigarette *f.*
city ville *f.*
civil servant fonctionnaire *m./f.*
class cours *m.*, classe *f.*
in ~ en classe
in first ~ en première classe
classroom salle de classe *f.*
clean *adj.* propre
clean *v.* nettoyer
close *adj.* près (de)
close *v.* fermer
closed fermé(e)
clothing (article of) vêtement *m.*
coat manteau *m.* (*pl.* manteaux)
Coca-Cola coca *m.*
coffee café *m.*
coin pièce (de monnaie) *f.*
cold (*illness*) *n.* rhume *m.*
cold *adj.* froid(e)
be ~ avoir froid
it's ~ il fait froid
collide entrer en collision
color couleur *f.*
what ~ is (are) ...? de quelle
couleur est (sont) ...?
come venir
~ **back** revenir, rentrer
~ **in!** entrez!
where do you ~ from? d'où
venez-vous?
comfortable confortable
comic strip bande dessinée *f.*
commentary commentaire *m.*
commercial *n.* publicité *f.*
complete complet (complète)

completely tout *inv. adv.*;
complètement
computer ordinateur *m.*
~ **science** informatique *f.*
confirm confirmer
console oneself se consoler
constant constant(e)
constantly constamment
contrary contraire *m.*
on the ~ au contraire
cooking cuisine *f.*
cool: it's ~ il fait frais
corner coin *m.*
corridor couloir *m.*
cost *v.* coûter
cough *v.* tousser
could you ...? pourriez-vous ...?
country pays *m.*
course (*classroom*) cours *m.*; (*meal*)
plat *m.*
of ~ certainement, bien sûr
cousin cousin/cousine *m./f.*
crazy fou (folle)
~ **person** fou/folle *m./f.*
in a ~ manner follement
cream crème *f.*
credit card carte de crédit *f.*
croissant croissant *m.*
cry *v.* pleurer
cup tasse *f.*
custom coutume *f.*
customer client/cliente *m./f.*
cut *v.* couper
cyclist coureur (cycliste) *m.*

dance *n.* bal *m.*
dance *v.* danser
dangerous dangereux
(dangereuse)
darn it! mince!; zut!
date *n.* date *f.*; rendez-vous *m.*
date (someone) *v.* fréquenter
(quelqu'un)
daughter fille *f.*
day jour *m.*
~ **after tomorrow** après-demain
have a good ~ bonne journée
New Year's ~ Jour de l'An *m.*
what ~ is it? quel jour est-ce?
dead mort(e)
dear *n.* chéri/chérie *m./f.*
dear *adj.* cher (chère)
death mort *f.*
debt dette *f.*

December décembre *m.*
definitely sûrement, certainement
delicatessen charcuterie *f.*
delicious délicieux (délicieuse)
delighted ravi(e)
  ~ to meet you enchanté(e)
demand (that) exiger (que)
department store grand
  magasin *m.*
departmental (local) highway
  départementale *f.*
departure départ *m.*
depend dépendre
  it (that) depends ça dépend
depressed déprimé(e)
describe décrire
desk bureau *m.* (*pl.* bureaux)
dessert dessert *m.*
detective story roman policier *m.*
detest détester
die mourir
different original(e) (*m.pl.*
  originaux); différent(e)
dining room salle à manger *f.*
dinner dîner *m.*
  at ~ à table
  have ~ dîner *v.*
diploma diplôme *m.*
directions indications *f.pl.*
dirty sale
disagreeable désagréable
disappointed déçu(e)
discreet discret (discrète)
dish plat *m.*
dishes vaisselle *f.*
  do the ~ faire la vaisselle
dishwasher lave-vaisselle *m.*
divorce *n.* divorce *m.*
divorce *v.* divorcer
divorced divorcé(e)
do faire
  ~ the grocery shopping faire
    les provisions
  what am I going to ~?
    comment je vais faire?
doctor médecin *m.*, docteur *m.*
dog chien *m.*
dollar dollar *m.*
door porte *f.*
dormitory résidence
  (universitaire) *f.*
dozen douzaine *f.*
dress *n.* robe *f.*
  wedding ~ robe de mariée *f.*
dressed: get ~ s'habiller

drink *n.* boisson *f.*
  before-dinner ~ apéritif *m.*
drink *v.* boire, prendre
  do you want to ~ something?
    voulez-vous boire quelque
    chose?; quelque chose à boire?
drive *n.*: **to take a ~** faire une
  promenade en voiture   4
drive conduire
driver automobiliste *m./f.*,
  conducteur/conductrice *m./f.*,
  chauffeur *m.*
  ~ 's license permis de
    conduire *m.*
driving *n.* conduite *f.*
drums batterie *f.*
drunk *adj.* ivre
during pendant

each *adj.* chaque
  ~ (one) chacun(e)
ear oreille *f.*
early tôt; en avance
earn one's living gagner sa vie
earth terre *f.*
easy facile; simple
eat manger; prendre
  ~ dinner dîner
  ~ lunch déjeuner
economics sciences économiques
  f.pl.
education pédagogie *f.*
egg œuf *m.*
eight huit
eighteen dix-huit
eighty quatre-vingts
eighty-one quatre-vingt-un
eleven onze
embarrassed confus(e)
employee employé/employée *m./f.*
end *n.* fin *f.*
engaged fiancé(e)
engagement fiançailles *f.pl.*
engineer ingénieur *m.*
England Angleterre *f.*
English anglais(e)
enough assez
enter entrer
errands courses *f.pl.*
essential essentiel(le)
  it is ~ that il est essentiel que
even même
evening soir *m.*
  good ~ bonsoir

ever jamais
every chaque; tout (toute/tous/
  toutes)
  ~ night tous les soirs
everybody tout le monde
everything tout *pron. inv.*
exaggerate exagérer
exam examen *m.*
  on an ~ à un examen
example exemple *m.*
  for ~ par exemple
excellent excellent(e)
exciting passionnant(e)
excuse: ~ me je vous demande
  pardon; excusez-moi
executive cadre *m.*
exercise exercice *m.*
expensive cher (chère)
eye œil *m.* (*pl.* yeux)
  my ~! mon œil!
eyeglasses lunettes *f.pl.*

fall *n.* automne *m.*
fall *v.* tomber
  ~ asleep s'endormir
false faux (fausse)
familiar: be ~ with connaître
family famille *f.*
famous célèbre
fantastic formidable
far (from) loin (de)
farmer fermier/fermière *m./f.*
fast rapide
fat gros(se), gras(se)
father père *m.*
father-in-law beau-père *m.* (*pl.*
  beaux-pères)
faucet robinet *m.*
fault faute *f.*
favorite préféré(e)
fear peur
February février *m.*
fed up: be ~ en avoir assez
feel sentir, se sentir
  ~ like avoir envie de
  ~ sorry (for someone) avoir
    pitié (de)
fever fièvre *f.*
few peu (de)
  a ~ quelques
fifteen quinze
fifty cinquante
film film *m.*
finally enfin

find *v.* trouver
fine bien
    I'm ~ je vais très bien; ça va bien
finish *v.* finir
first premier (première)
    at ~ d'abord
    ~ name prénom *m.*
    in ~ class en première classe
fish *n.* poisson *m.*
five cinq
flea market marché aux puces *m.*
Flemish flamand *m.*
flight vol *m.*
flight attendant *(female)* hôtesse
    de l'air *f.*
floor *(of a building)* étage *m.*; *(of a*
    room) plancher *m.*
    ground ~ rez-de-chaussée *m.*
florist fleuriste *m./f.*
flower fleur *f.*
flu grippe *f.*
fluently couramment
flute flûte *f.*
follow: ~ me par ici
following suivant(e)
food cuisine *f.*
fool fou/folle *m./f.*
foot pied *m.*
football football américain *m.*
for depuis; pendant; pour
foreign étranger (étrangère)
forget oublier
fork fourchette *f.*
fortunately heureusement
forty quarante
four quatre
fourteen quatorze
franc franc *m.*
France France *f.*
free libre
French français(e)
    ~ fries frites *f.pl.*
    in ~ en français
    in the ~ style à la française
    steak with ~ fries steak-
        frites *m.*
Friday vendredi *m.*
friend ami/amie *m./f.*
    make friends se faire des amis
from de
front: in ~ of devant
fruit fruit *m.*
fun *adj.* amusant(e)
    have ~ s'amuser
funny amusant(e), drôle

game jeu *m.* (*pl.* jeux); match *m.*
garage garage *m.*
garlic ail *m.*
Gee! Tiens!
general: in ~ en général
generally généralement
generous généreux (généreuse)
German allemand(e)
Germany Allemagne *f.*
get obtenir, recevoir
    ~ along (with) s'entendre (avec)
    ~ angry se fâcher
    ~ dressed s'habiller
    ~ into monter
    ~ out of descendre
    ~ up, stand up se lever
    ~ washed, wash up se laver
ghost revenant *m.*
gift cadeau *m.*
girl fille *f.*
girlfriend petite amie *f.*
give donner
    ~ back rendre
gladly volontiers; je veux bien
glass (drinking) verre *m.*
glasses (eye) lunettes *f.pl.*
gloves gants *m.pl.*
go (in a vehicle) aller, rouler
    ~ across traverser
    ~ ahead allez-y
    ~ back retourner, rentrer
    ~ down descendre
    ~ into town aller en ville
    ~ out sortir
    ~ to bed se coucher
    ~ up monter
goat cheese chèvre *m.*
golf golf *m.*
good bon (bonne)
    ~ evening bonsoir
    ~ morning bonjour
    have a ~ day bonne journée
    have a ~ time s'amuser
good-bye au revoir
grade note *f.*
grains céréales *f.pl.*
grandchildren petits-enfants *m.pl.*
granddaughter petite-fille *f.*
    (*pl.* petites-filles)
grandfather grand-père *m.*
    (*pl.* grands-pères)
grandmother grand-mère *f.*
    (*pl.* grands-mères)
grandparents grands-parents *m.pl.*
grandson petit-fils *m.* (*pl.* petits-fils)

great formidable; chouette *(fam.)*
great-grandfather arrière-grand-
    père *m.*
green vert(e)
    ~ beans haricots verts *m.pl.*
grey gris(e)
groceries provisions *f.pl.*
    do the grocery shopping faire
        les provisions
grocery store épicerie *f.*
guess deviner
guitar guitare *f.*
gymnasium gymnase *m.*
gymnastics gymnastique *f.*

hair cheveux *m.pl.*
    hairbrush brosse à cheveux *f.*
half *adj.* demi(e)
    ~ past … il est … heure(s) et
        demie
hall couloir *m.*
ham jambon *m.*
hand main *f.*
handsome beau/bel/belle/beaux/
    belles
happen arriver, se passer
happy heureux (heureuse);
    content(e)
hardworking travailleur
    (travailleuse)
hat chapeau *m.*
hate *v.* détester
have avoir
    do you still ~ …? il vous
        reste …?
    ~ a pain (in) avoir mal (à)
    ~ an appointment, date avoir
        rendez-vous
    ~ dinner dîner
    ~ fun s'amuser
    ~ just venir de
    ~ lunch déjeuner
    ~ pity avoir pitié (de)
    ~ to devoir
    what do you ~ for (in the way
        of) …? qu'est-ce que vous
        avez comme …?
he *pron.* il; lui
head tête *f.*
health: (here's) to your ~! à
    votre santé!
hear entendre
    ~ about entendre parler de
heat chauffage *m.*

hello bonjour; bonsoir; salut
  ~ ! *(on the phone)* allô!
help *v.* aider
her *pron.* elle; la; (**to** ~ lui)
her *adj.* son, sa, ses
here ici
  ~ **is,** ~ **are** voici
hi! salut!
high-top sneakers baskets *f.pl.*
highway autoroute *f.*
  departmental (local) ~ départe-
    mentale *f.*
him *pron.* le; (**to~**) lui
his *adj.* son, sa, ses
hockey hockey *m.*
holiday fête *f.*
home maison *f.*
  at the ~ **of** chez
  go (come) ~ rentrer
homework devoirs *m.pl.*
honestly sans façon
hope *v.* espérer; souhaiter (que)
horrible affreux (affreuse)
hot chaud(e)
  be ~ avoir chaud
  ~ **chocolate** chocolat chaud *m.*
  it is ~ il fait chaud
hotel hôtel *m.*
hour heure *f.*
  one ~ **ago** il y a une heure
  one ~ **from now** dans une
    heure
house maison *f.*
  at your ~ chez toi
housewife ménagère *f.*
housework ménage *m.*
  do ~ faire le ménage
how comment
  ~ **are you?** comment allez-
    vous?; (comment) ça va?
  ~ **do you say ...?** comment
    dit-on ...?
  ~ **do you spell ...?** comment
    est-ce qu'on écrit ...?
  ~ **... he (she) was!** comme il
    (elle) était ...!
  ~ **long?** pendant combien de
    temps ...?
  ~ **many, much** combien (de)
  ~ **old are you?** quel âge
    avez-vous?
hundred cent
hungry: be ~ avoir faim
hurry se dépêcher
husband mari *m.*

I *pron.* je; moi
ice cream glace *f.*
  vanilla ~ glace à la vanille *f.*
idiot idiot/idiote *m./f.*
if si
imbecile imbécile *m./f.*
impatience impatience *f.*
impatient impatient(e)
important important(e)
  it is ~ **that** il est important que
in à; dans; en
  ~ **a crazy manner** follement
  ~ **a little while** tout à l'heure
  ~ **exchange for** contre
  ~ **general** en général
  ~ **order to** pour
  ~ **the afternoon** de l'après-midi
included compris(e)
incredible incroyable
indeed tout à fait
indicate indiquer
indispensable indispensable
inexpensive bon marché *inv.*
inform (se) renseigner
information renseignement *m.*
inside intérieur *m.*
  ~ **of** à l'intérieur de
insist insister
instrument instrument *m.*
insure assurer
intellectual *adj.* intellectuel(le)
intelligent intelligent(e)
interest intérêt *m.*
interested: be ~ **in** s'intéresser à
interesting intéressant(e)
interpreter interprète *m./f.*
introduce présenter
  allow me to ~ **myself**
    permettez-moi de me
    présenter
invite inviter
Ireland Irlande *f.*
Israel Israël *m.*
it *pron.* cela, ça; il, elle
it is il est, c'est
  is it ...? est-ce (que) ...?
  ~ **better that** il vaut mieux que
  ~ **cold** il fait froid
  ~ **cool** il fait frais
  ~ **essential** il est essentiel
  ~ **nice out** il fait beau
  ~ **preferable** il vaut mieux
  ~ **raining** il pleut
  ~ **snowing** il neige
  ~ **windy** il fait du vent

Italian italien(ne)
Italy Italie *f.*
its *adj.* son, sa, ses

jacket blouson *m.*
jam confiture *f.*
January janvier *m.*
Japan Japon *m.*
Japanese japonais(e)
jeans jean *m.*
jogging jogging *m.*
juice jus *m.*
  orange ~ jus d'orange *m.*
July juillet *m.*
June juin *m.*
just: to have ~ **...** venir de ...
just *adv.* juste

keep garder
key clé *f.*
kidding: no ~ sans façon; sans
  blague!
kilogram kilo *m.*
kind *n.* sorte *f.*
  all ~**s of things** toutes sortes de
    choses
  what ~**(s) of ...** quelle(s) sorte(s)
    de ...
kind *adj.* aimable; gentil(le)
kir kir *m.*
kiss *v.* s'embrasser
kitchen cuisine *f.*
knee genou *m.* (*pl.* genoux)
knife couteau *m.* (*pl.* couteaux)
knock frapper
know connaître, savoir
  I don't ~ je ne sais pas

laborer ouvrier/ouvrière *m./f.*
lady dame *f.*
language langue *f.*
lap *n.* genoux *m.pl.*
last dernier (dernière)
  ~ **name** nom de famille *m.*
  the ~ **time** la dernière fois
late tard, en retard
  be ~ être en retard
  it is ~ il est tard
lawn bowling pétanque *f.*
lay mettre
lazy paresseux (paresseuse)
leaf *(of paper)* feuille *f.*
learn apprendre (à)

least le/la/les moins
  at ~ au moins
  I like ~ j'aime le moins
leave laisser, partir
  ~ from partir (de)
  ~ me alone! laisse-moi
    (laissez-moi) tranquille!
  there's one left il en reste un(e)
left: to the ~ (of) à gauche (de)
leg jambe *f.*
leisure activity loisir *m.*
lemon-lime soda limonade *f.*
lemonade citron pressé *m.*
lend prêter
length *(of time)* durée *f.*
less moins
lesson leçon *f.*
let laisser
  let's go allez-y, allons-y
letter lettre *f.*
library bibliothèque *f.*
license: driver's ~ permis de
  conduire *m.*
life vie *f.*
  that's ~ c'est la vie
lift *v.* lever
like *v.* aimer
  I would ~ je voudrais
like *conj.* comme
listen (to) écouter
liter litre *m.*
literature littérature *f.*
little *adj.* petit(e)
  ~ girl petite fille *f.*
little *adv.* peu (de)
  a ~ un peu (de)
live *v.* habiter
living room salon *m.*
long long (longue)
  a ~ time longtemps
  be a ~ time coming tarder
  how ~ …? pendant combien de
    temps …?
  no longer ne … plus
look regarder; *(seem)* avoir l'air
  ~ after garder
  ~ for chercher
lose perdre
  ~ (one's) patience perdre
    patience
  ~ weight maigrir
lot: a ~ (of) beaucoup (de)
love *v.* adorer; aimer
  ~ each other s'aimer
lozenge pastille *f.*

luck chance *f.*
  good ~! bonne chance!
  what ~! quelle chance!
lunch déjeuner *m.*
  have ~ déjeuner

magazine magazine *m.*
mail *v.* poster
make *n.* marque *f.*
make *v.* faire
  ~ a request faire une demande
  ~ friends se faire des amis
mall centre commercial *m.*
man homme *m.;* monsieur *m.*
management gestion *f.*
manner façon *f.*
manners étiquette *f.*
many beaucoup
  how ~ combien
  so ~ tant
  too ~ trop (de)
map carte *f.; (city)* plan *m.*
March mars *m.*
market marché *m.*
  flea ~ marché aux puces *m.*
  super ~ supermarché *m.*
marriage mariage *m.*
married marié(e)
marry se marier (avec); épouser
matter: what's the ~ with you?
  qu'est-ce que tu as?
May mai *m.*
may (be able to) pouvoir
  ~ I? vous permettez?; puis-je?
maybe peut-être
mayonnaise mayonnaise *f.*
mayor maire *m.*
me *pron.* me, moi
  ~ neither, nor I moi non plus
meal repas *m.*
  have a good ~! bon appétit!
mean *v.* vouloir dire
mean *adj.* méchant(e)
meat viande *f.*
medicine médicament *m.*
meet rencontrer
  to have met avoir connu
meeting réunion *f.;* rendez-
  vous *m.*
  have a ~ avoir rendez-vous
member membre *m.*
mention: don't ~ it il n'y a pas
  de quoi; de rien
menu *(à la carte)* carte *f.; (fixed
  price)* menu *m.*

merchant marchand/marchande
  m./f.
Mexican mexicain(e)
Mexico Mexique *m.*
midnight minuit
milk lait *m.*
million million *m.*
mind your own business!
  occupe-toi de tes oignons!
mine *pron.* le mien/la mienne
minute minute *f.*
mirror: rearview ~
  rétroviseur *m.*
miserly avare
Miss Mademoiselle (Mlle)
mistake faute *f.*
Monday lundi *m.*
money argent *m.*
month mois *m.*
moped mobylette *f.*
more encore, plus
  ~ …? encore de …?
  ~ to drink (eat)? encore à boire
    (manger)?
  there is no ~ il n'y en a plus
morning matin *m.*
Moroccan marocain(e)
Morocco Maroc *m.*
most (of) la plupart (de);
  the ~ le/la/les plus
mother mère *f.*
mother-in-law belle-mère
  (pl. belles-mères*)*
motorcycle moto *f.*
motorized bicycle mobylette *f.*
mouse souris *f.*
mouth bouche *f.*
movie film *m.*
  ~ theater cinéma *m.*
Mr. Monsieur (M.)
Mrs. Madame (Mme)
much beaucoup
  as ~ autant (de)
  how ~ combien
  not ~ pas grand-chose
  so ~ tant (de)
  too ~ trop (de)
museum musée *m.*
mushrooms champignons *m.pl.*
music musique *f.*
must devoir; il faut
  (someone) ~ not il ne faut pas
mustard moutarde *f.*
my *adj.* mon, ma, mes

naive naïf (naïve)
name *n.* nom *m.*
  family (last) ~ nom de famille
  in whose ~ …? à quel nom …?
  my ~ is … je m'appelle …
  what is your ~? comment vous
    appelez-vous?
named: be ~ s'appeler
nap sieste *f.*
  take a ~ faire la sieste
napkin serviette *f.*
nasty méchant(e)
nationality nationalité *f.*
  what is your ~? quelle est votre
    nationalité?
naturally naturellement
near près (de)
  very ~ tout près
necessary nécessaire
  it is ~ il faut, il est nécessaire
    (que)
need *v.* avoir besoin de
neighbor voisin/voisine *m./f.*
neither: me ~ moi non plus
  ~ … nor ni … ni
nephew neveu *m.* (*pl.* neveux)
nervous nerveux (nerveuse)
never jamais (ne … jamais)
new nouveau/nouvel (nouvelle)
  (*m.pl.* nouveaux); neuf (neuve)
  ~ Year's Day Jour de l'An *m.*
  what's ~? quoi de neuf?
news informations *f.pl.*
newspaper journal *m.*
newsstand kiosque *m.*
next *adv.* ensuite, puis; *adj.*
  prochain(e); suivant(e)
  ~ door à côté
  ~ to à côté de
nice aimable; gentil(le)
  have a ~ day bonne journée
  it's ~ out il fait beau
  that's ~ of you c'est gentil à vous
niece nièce *f.*
night nuit *f.*
nine neuf
nineteen dix-neuf
ninety quatre-vingt-dix
ninety-one quatre-vingt-onze
no non
  ~ kidding! sans blague!; sans
    façon
  ~ longer ne … plus
  ~ more ne … plus
  ~ one ne … personne

nobody ne … personne
noise bruit *m.*
noon midi
nor: ~ I moi non plus
  neither … ~ ni … ni
nose nez *m.*
  runny ~ le nez qui coule
not ne (n') … pas
  ~ anyone ne … personne
  ~ anything ne … rien
  ~ at all il n'y a pas de quoi, de
    rien; pas du tout
  ~ much pas grand-chose
  ~ yet pas encore
note note *f.*
nothing ne … rien
notice remarquer
novel *n.* roman *m.*
novel *adj.* original(e) (*m.pl.*
  originaux)
November novembre *m.*
now maintenant, actuellement
number nombre *m.*, numéro *m.*;
  chiffre *m.*
  telephone ~ numéro de télé-
    phone *m.*
nurse infirmier/infirmière *m./f.*

obey obéir (à)
o'clock heure(s)
  at … ~ à … heure(s)
  it is … ~ il est … heure(s)
October octobre *m.*
of de
  ~ course bien sûr
office bureau *m.* (*pl.* bureaux)
  post ~ bureau de poste *m.*
officer: police ~ agent de police *m.*
often souvent
oh dear! oh là là!
okay d'accord
  if that's ~ si ça va
old âgé(e), vieux/vieil (vieille)
  how ~ are you? quel âge
    avez-vous?
omelet omelette *f.*
on sur
one *pron.* on
  no ~ ne … personne
one (*number*) un (une)
one-way: ~ street sens interdit *m.*
  ~ ticket aller simple *m.*
onion oignon *m.*
only *adj.* seul(e); *adv.* seulement;
  ne … que

open *v.* ouvrir
open *adj.* ouvert(e)
opening ouverture *f.*
opinion avis *m.*
  be of the ~ trouver; penser
  in my (your, etc.) ~ à mon (à
    ton, etc.) avis
opposite contraire *m.*
optimistic optimiste
or ou
orange *n.* orange *m.*
  ~ juice jus d'orange *m.*
  ~ soda orangina *m.*
orange *adj.* orange *inv.*
order *v.* commander
order: in ~ to pour
ordinary *adj.* ordinaire
original original(e) (*m.pl.*
  originaux)
other autre
ouch! aïe!
our notre, nos
outgoing extroverti(e)
outside dehors
owe devoir
owner propriétaire *m./f.*

package paquet *m.*
pain: have a ~ (in) avoir mal (à)
pajamas (pair of) pyjama *m.*
pale pâle
pants (pair of) pantalon *m.*
paper papier *m.*
  (news)paper journal *m.*
  term ~ dissertation *f.*
pardon: I beg your ~ je vous
  demande pardon; excusez-moi
parents parents *m.pl.*
parents-in-law beaux-parents
  m.pl.
party boum *f.*; soirée *f.*; fête *f.*
pass (*an exam*) réussir
pass (*a car*) dépasser
pastry pâtisserie *f.*
  ~ shop pâtisserie *f.*
patience: lose (one's) ~ perdre
  patience
patient *adj.* patient(e)
patiently patiemment
pavement chaussée *f.*
pay (for) payer
  ~ attention faire attention
peanut arachide *f.*
  ~ butter beurre d'arachide *m.*
peas petits pois *m.pl.*

people gens *m.pl.;* on
pepper poivre *m.*
per par
perfect parfait(e)
perhaps peut-être
period *(time)* époque *f.*
person *(male or female)*
   personne *f.*
personally *adv.* personnellement
pessimistic pessimiste
pharmacy pharmacie *f.*
photograph photo *f.*
physical physique
piano piano *m.*
picnic pique-nique *m.*
pie tarte *f.*
piece morceau *m.* (*pl.* morceaux)
pill pilule *f.;* cachet *m.*
pilot pilote *m.*
pink rose
pity pitié *f.*
pizza pizza *f.*
place *n.* endroit *m.;* lieu *m.*
   take ~ avoir lieu
place *v.* mettre
plain simple
plan to avoir l'intention de
plate assiette *f.*
play *n.* pièce *f.*
play *v.* jouer
   ~ a game jouer à
   ~ an instrument jouer de
   ~ sports faire du sport
   ~ tennis jouer au tennis
please s'il vous (te) plaît
   ~ do je vous (t')en prie
pleasure plaisir *m.*
   with ~ avec plaisir
poem poème *m.*
point out indiquer
police officer agent de police *m.;*
   gendarme *m.*
politician homme/femme
   politique *m./f.*
politics politique *f.*
poor *adj.* pauvre
poorly mal
popular populaire
porch véranda *f.*
pork porc *m.*
   ~ butcher's charcuterie *f.*
post office bureau de poste *m.*
postcard carte postale *f.*
potato pomme de terre *f.*

pound *n.* livre *f.*
pour verser
practice répéter
prefer préférer
   I ~ that je préfère que
preferable: it is ~ that il vaut
   mieux que
prepare (a lesson) préparer (un
   cours)
pretty joli(e)
price prix *m.*
probably sans doute
process: be in the ~ of être en
   train de
program programme *m.*
   TV ~ émission (de télé) *f.*
promise *v.* promettre
   it's a ~ c'est promis
publicity publicité *f.*
punch (a ticket) composter (un
   billet)
pupil élève *m./f.*
purchase achat *m.*
purple violet(te)
put mettre
   ~ on attacher; mettre *(clothes)*
   ~ on weight grossir

quarter *m.* quart
   ~ past, ~ after et quart
   ~ to, ~ till moins le quart
question question *f.*
   ask a ~ poser une question
quickly vite; rapidement
quiet: keep ~! tais-toi!
   (taisez-vous!)

race course *f.*
radio radio *f.*
rain pleuvoir
   it's raining il pleut
raincoat imperméable *m.*
raise *v.* lever
rapid rapide
rapidly rapidement
rare *(undercooked)* saignant(e)
rarely rarement
rather assez
   ~ poorly assez mal
read lire
really vraiment; sans façon
reasonable raisonnable

recently récemment
recommend recommander
red rouge
   ~ -haired roux (rousse)
refrigerator réfrigérateur *m.*
regarding à propos de
relatives parents *m.pl.*
remain rester
remember se souvenir (de)
rent *v.* louer
repeat répéter
request *n.* demande *f.*
   make a ~ faire une demande
reserve réserver
reside habiter
responsibility responsabilité *f.*
rest se reposer
restaurant restaurant *m.*
restroom toilettes *f.pl.*
return *v.* retourner, revenir, rentrer
rice riz *m.*
rich riche
ride: take a ~ se promener; faire
   une promenade en voiture
   ~ a bike faire du vélo
ridiculous ridicule
right *n.* droit *m.*
right *adj.* droit(e); exact(e)
   be ~ avoir raison
   ~ ? n'est-ce pas?
   ~ away tout de suite
   ~ behind juste derrière
   that's ~ c'est exact
   to the ~ (of) à droite (de)
ring *n.* bague *f.*
road route *f.*
roast (of beef) rôti (de bœuf) *m.*
roll *v.* rouler
roof toit *m.*
room chambre *f.;* salle *f.;* pièce *f.*
   bath~ salle de bain *f.*
   bed~ chambre *f.*
   class~ salle de classe *f.*
   dining~ salle à manger *f.*
roommate camarade de chambre *m./f.*
round-trip ticket aller-retour *m.*
rugby rugby *m.*
run courir
   ~ a stop sign brûler un stop
   ~ into heurter
runner coureur/coureuse
Russia Russie *f.*
Russian russe

sad triste
salad salade *f.*
  (green) ~ salade (verte) *f.*
salesman/saleswoman
  vendeur/vendeuse *m./f.*
salmon saumon *m.*
salt sel *m.*
sandwich sandwich *m.*
Santa Claus *m.* père Noël
sardine sardine *f.*
Saturday samedi *m.*
sausage saucisse *f.*
saxophone saxophone *m.*
say dire
scarf foulard *m.*
schedule emploi du temps *m.*
school école *f.*
  high ~ lycée *m.*
science sciences *f.pl.*
  computer ~ informatique *f.*
season saison *f.*
seatbelt ceinture de sécurité
second second(e), deuxième
  in ~ class en seconde
see voir
seem avoir l'air
-self(-selves) -même(s)
sell vendre
semester semestre *m.*
send envoyer
Senegal Sénégal *m.*
Senegalese sénégalais(e)
separate *v.* séparer
  ~ from each other se séparer
September septembre *m.*
series *(TV)* feuilleton *m.*
serious sérieux (sérieuse)
seriously sérieusement
service: at your ~ à votre
  service
serviceman/woman militaire *m.*
set: ~ the table mettre la table
seven sept
seventeen dix-sept
seventy soixante-dix
seventy-one soixante et onze
seventy-two soixante-douze
she *pron.* elle
sheet (of paper) feuille *f.*
shh! chut!
shirt chemise *f.*
shoes chaussures *f.pl.*
shop *(clothing)* boutique *f.*
  tobacco ~ (bureau de) tabac *m.*

shopping courses *f.pl.*
  ~ center centre commercial *m.*
short petit(e)
shorts (pair of) short *m.*
shoulder épaule *f.*
show *v.* montrer
shower *n.* douche *f.*
shower *v.* se doucher
sick malade
since depuis
sincere sincère
sing chanter
singer chanteur/chanteuse *m./f.*
single célibataire
Sir Monsieur (M.)
sister sœur *f.*
sister-in-law belle-sœur *f.*
  (pl. belles-sœurs*)*
sit down s'asseoir
  ~ to eat se mettre à table
six six
sixteen seize
sixty soixante
skate patiner
skating rink patinoire *f.*
ski skier
skid déraper
skirt jupe *f.*
skis skis *m.pl.*
sleep dormir
sleepy: be ~ avoir sommeil
slice tranche *f.*
slippery glissant(e)
slow *adj.* lent(e)
slow down ralentir
slowly lentement
small petit(e)
smile *n.* sourire *m.*
smile *v.* sourire
smoke fumer
smoking (car) fumeur
  non- ~ non-fumeur
snail escargot *m.*
snow *v.* neiger
  it's snowing il neige
so alors, si
  ~ many tant
  ~ much tant
so-so comme ci comme ça
soap opera feuilleton *m.*
soccer football (foot) *m.*
socks chaussettes *f.pl.*
soda: lemon-lime ~ limonade *f.;*
  orange ~ orangina *m.*

sofa sofa *m.*
some *adj.* des, quelques; *pron.* en
someone quelqu'un
something quelque chose *m.*
sometimes quelquefois
son fils *m.*
song chanson *f.*
soon bientôt
sore: be ~ avoir mal (à)
sorry désolé(e)
  be ~ regretter
  feel ~ (for) avoir pitié (de)
sort of assez
soup soupe *f.*
Spain Espagne *f.*
Spanish espagnol(e)
speak parler
specify préciser
speed vitesse *f.*
  at top ~ à toute vitesse
spell épeler
  how do you ~ ...? comment
    est-ce qu'on écrit ...?
  ... is spelled ... ... s'écrit ...
spend (a year) passer (un an)
spinach épinards *m.pl.*
spoon cuiller *f.*
sportcoat veste *f.*
spring *n.* printemps *m.*
stamp timbre *m.*
stand up se lever
start commencer; démarrer
  it's starting to get cold il
    commence à faire froid
state état *m.*
statue statue *f.*
stay rester
steak steak *m.*
  ~ with French fries steak-
    frites *m.*
steering wheel volant *m.*
stepbrother demi-frère *m.*
stepfather beau-père *m.*
  (pl. beaux-pères*)*
stepmother belle-mère *f.*
  (pl. belles-mères*)*
stepparents beaux-parents *m.pl.*
stepsister demi-sœur *f.*
stereo stéréo *f.*
still encore; toujours
stomach estomac *m.*
stop *n.* arrêt *m.*
  bus ~ arrêt d'autobus *m.*
  ~ sign stop *m.*

stop *v.* (s')arrêter
store magasin *m.*
  department ~ grand
    magasin *m.*
  grocery ~ épicerie *f.*
story histoire *f.*
  detective ~ roman policier *m.*
stove cuisinière *f.*
straight ahead tout droit
strawberries fraises *f.pl.*
street rue *f.*
  one-way ~ sens interdit *m.*
stressed stressé(e)
student étudiant/étudiante *m./f.*
studies *n.* études *f.pl.*
study *v.* étudier
stupid stupide
stylish chic *adj. inv.*
succeed réussir
sugar sucre *m.*
suit *n.* complet *m.*
  bathing ~ maillot de bain *m.*
suitcase valise *f.*
summer été *m.*
sun soleil *m.*
Sunday dimanche *m.*
supermarket supermarché *m.*
  giant ~ hypermarché *m.*
supplement supplément *m.*
supposed: be ~ to devoir
surely certainement, sûrement
surprise surprise *f.*
  what a good ~! quelle bonne
    surprise!
swear jurer
  I ~ (to you) je te le jure
sweater pull-over (pull) *m.*
sweatshirt sweat-shirt *m.*
Sweden Suède *f.*
Swedish suédois(e)
swim nager
swimming pool piscine *f.*
swimsuit maillot de bain *m.*
Swiss suisse
  ~ cheese emmenthal *m.*
Switzerland Suisse *f.*

table table *f.*
  at the ~ à table
  set the ~ mettre la table
tablecloth nappe *f.*
tablet cachet *m.*
  aspirin ~ cachet d'aspirine *m.*

take prendre
  ~ a nap faire la sieste
  ~ a test passer (un examen)
  ~ a trip faire un voyage
  ~ a walk, a ride faire une
    promenade
  ~ place avoir lieu
talkative bavard(e)
tall grand(e)
taste *v.* goûter
tea thé *m.*
teach enseigner
teacher professeur *m.*
  ~ preparation pédagogie *f.*
team équipe *f.*
tee-shirt tee-shirt *m.*
telephone *n.* téléphone *m.*
  on the ~ au téléphone
  ~ number numéro de télé-
    phone *m.*
telephone *v.* téléphoner (à)
television télévision (télé) *f.*
tell indiquer, raconter, dire, parler
  can you ~ me ...? pouvez-vous
    me dire ...?
  ~ a story raconter une histoire
ten dix
tend to avoir tendance à
tennis tennis *m.*
  ~ shoes tennis *f.pl.*
  play ~ jouer au tennis
term paper dissertation *f.*
test examen *m.*
thank *v.* remercier
thanks merci
  yes, ~ je veux bien
that *adj.* ce/cet, cette, ces; *conj.*
  que; *pron.* ce, cela, ça; *relative*
  pron. qui, que
the le/la/les
theater théâtre *m.*
their leur(s)
them elles, eux; les, leur
then alors, ensuite, puis
there là, y
  over ~ là-bas
  ~ is (are) il y a; voilà
therefore alors; donc
they *pron.* ils, elles, on, eux
  ~ (these) are ce sont
thin mince
thing chose *f.*
think croire, penser, trouver
  do you ~ so? vous trouvez?
  I don't ~ so je ne crois pas

what do you ~ of ...? comment
  trouvez-vous ...?
**what do you ~ of it (of
  them)?** qu'en penses-tu?
thirsty: be ~ avoir soif
thirteen treize
thirty trente
this *adj.* ce/cet, cette, ces
  ~ way par ici
those *adj.* ces
thousand mille *inv.*
three trois
throat gorge *f.*
throughway autoroute *f.*
Thursday jeudi *m.*
ticket billet *m.*
  one-way ~ aller simple *m.*
  round-trip ~ aller-retour *m.*
  traffic ~ contravention *f.*
tie *n.* cravate *f.*
time temps *m.*; heure *f.*; fois *f.*
  a long ~ longtemps
  at that ~ à cette époque
  on ~ à l'heure
  the last ~ la dernière fois
  ~ difference décalage horaire *m.*
  what ~ is it? quelle heure est-il?
tired fatigué(e)
to à
  ~ the side à côté
toast pain grillé *m.*
tobacco tabac *m.*
  ~ shop (bureau de) tabac *m.*
today aujourd'hui
together ensemble
tomato tomate *f.*
tomorrow demain
  day after ~ après-demain
tonight ce soir
too aussi
  ~ many trop (de)
  ~ much trop (de)
  you ~ vous aussi
tooth dent *f.*
toothbrush brosse à dents *f.*
toothpaste dentifrice *m.*
tour tour *m.*
  ~ bus autocar *m.*
towel serviette *f.*
tower tour *f.*
town ville *f.*
  ~ hall mairie *f.*
trade ... for échanger ... contre
traffic circulation *f.*
traffic light feu *m.* (*pl.* feux)

train train *m.*
~ **station** gare *f.*
travel voyager
traveler's check chèque de voyage *m.*
trip voyage *m.*
trout truite *f.*
true vrai(e)
truly vraiment
yours ~ amicalement
trumpet trompette *f.*
truth vérité *f.*
try essayer
may I ~ ...? puis-je ...?
Tuesday mardi *m.*
turn *n.* tour *m.*
turn *v.* tourner
~ **on** *(the TV)* mettre
~ **on the heat** mettre le chauffage
turnpike autoroute *f.*
tuxedo smoking *m.*
twelve douze
twenty vingt
twenty-one vingt et un
twenty-two vingt-deux
two deux

ugly laid(e)
unbelievable incroyable
uncle oncle *m.*
under sous
understand comprendre
understanding compréhensif/ compréhensive
United States États-Unis *m.pl.*
university université *f.*
unmarried célibataire
until *prep.* jusqu'à
unwise: be ~ avoir tort
up: get ~ se lever
us nous
useless inutile
usually d'habitude

vacation vacances *f.pl.*
have a good ~! bonnes vacances!
on ~ en vacances
vanilla vanille *f.*
~ **ice cream** glace à la vanille *f.*
vegetable légume *m.*
raw **vegetables** crudités *f.pl.*

very très; tout
violin violon *m.*
visit visiter
~ **someone** rendre visite à qqn
voyage voyage *m.*

wait (for) attendre
waiter garçon *m.;* serveur *m.*
waitress serveuse *f.*
wake up se réveiller
walk *n.* promenade *f.*
take a ~ se promener; faire une promenade
walk *v.* se promener
waltz valse *f.*
want vouloir, désirer, avoir envie de
war guerre *f.*
warning avertissement *m.*
wash laver; se laver
washing machine lave-linge *m.;* machine à laver *f.*
watch *n.* montre *f.*
watch *v.* regarder
water eau *f.* *(pl.* eaux)
mineral ~ eau minérale
way route *f.;* façon *f.*
by the ~ au fait
we nous
wear porter
weather météo(rologie) *f.;* temps *m.*
the ~ is bad il fait mauvais
what is the ~ like? quel temps fait-il?
wedding mariage *m.*
~ **anniversary** anniversaire de mariage *m.*
~ **dress** robe de mariée *f.*
Wednesday mercredi *m.*
week semaine *f.*
per ~ par semaine
two weeks quinze jours
weekend week-end *m.*
weight: put on ~ grossir
lose ~ maigrir
welcome: you're ~ de rien; je vous en prie; il n'y a pas de quoi
Welcome! Bienvenue!
well *adv.* bien
are you ~? vous allez bien?
fairly ~ assez bien
not very ~ pas très bien

Well! Tiens!
Well then ... Eh bien ...
what *pron.* qu'est-ce que/qu'est-ce qui, que; *adj.* quel(le)
~? comment?
~ **am I going to do?** comment je vais faire?
~ **day is it?** quel jour est-ce?
~ **(did you say)?** comment?
~ **is (are) ... like?** comment est (sont) ...?
~ **is there ...?** qu'est-ce qu'il y a ...?
~ **is this?** qu'est-ce que c'est?
~ **is your name?** comment vous appelez-vous?
~ **time is it?** quelle heure est-il?
~'s **new?** quoi de neuf?
~'s **the matter?** qu'est-ce qu'il y a?
wheel: steering ~ volant *m.*
weird bizarre
when quand
where où
~ **are you from?** vous êtes d'où?; d'où venez-vous?
~ **is (are) ...?** où se trouve (se trouvent) ...?
which *adj.* quel(le); *pron.* lequel
while pendant que
in a little ~ tout à l'heure
white blanc (blanche)
who qui
why pourquoi
~ **not?** pourquoi pas?
widower/widow veuf/veuve *m./f.*
wife femme *f.*
win gagner
~ **the lottery** gagner à la loterie
wind vent *m.*
it's windy il fait du vent
windbreaker blouson *m.*
wine vin *m.*
winter hiver *m.*
wish *v.* vouloir; souhaiter
with avec
without sans
witness témoin *m.*
Wolof *(language)* wolof *m.*
woman femme *f.;* dame *f.*
word mot *m.*

work *n.* travail *m.*
  manual ~ travail manuel *m.*
work *v.* travailler
world monde *m.*
worry *n.* souci *m.*
worry *v.* s'inquiéter
wounded *adj.* blessé(e)
wow! oh là là!
write écrire
wrong faux (fausse)
  be ~ avoir tort

year an *m.;* année *f.*
  school ~ année scolaire
yellow jaune
yes oui; si!
yesterday hier
yet encore
  not ~ pas encore
you *pron.* tu, vous; te, vous; toi, vous
young jeune

your *adj.* ton, ta, tes; votre, vos
  (here's) to yours! à la vôtre!
yuck! berk!
yum! miam!

zero zéro
zip code code postal *m.*

Index

In the following index, the symbol (v) refers to lists of vocabulary within the lessons. The symbol (g) refers to the sections titled *Il y a un geste* that explain gestures used with the indicated phrase.

Permissions and Credits

The authors and editors wish to thank the following persons and publishers for permission to include the works or excerpts mentioned.

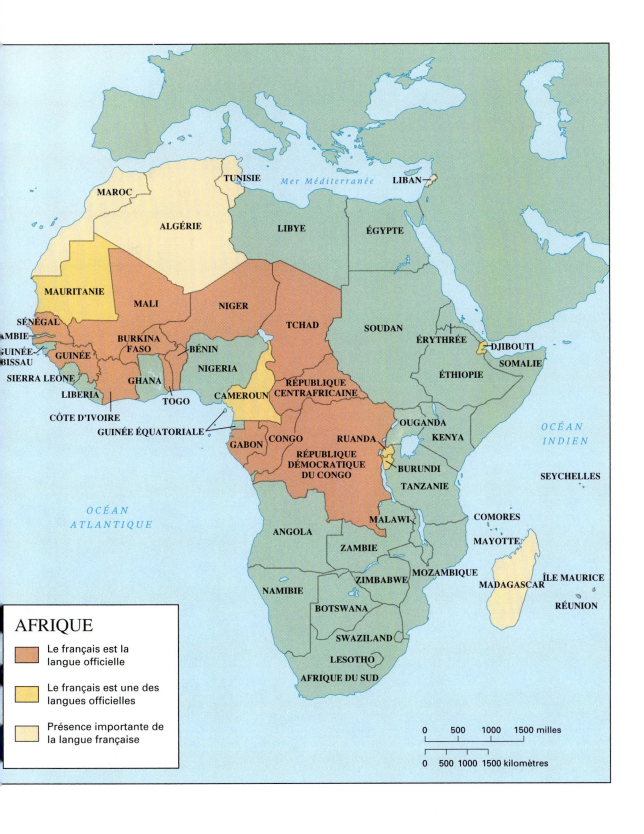

AFRIQUE

- ⬛ Le français est la langue officielle
- ⬛ Le français est une des langues officielles
- ⬛ Présence importante de la langue française

MAROC

TUNISIE

Mer Méditerranée

LIBAN

ALGÉRIE

LIBYE

ÉGYPTE

MAURITANIE

MALI

NIGER

TCHAD

SOUDAN

ÉRYTHRÉE

DJIBOUTI

SÉNÉGAL

AMBIE

GUINÉE-BISSAU

GUINÉE

BURKINA FASO

BÉNIN

SOMALIE

SIERRA LEONE

GHANA

NIGERIA

ÉTHIOPIE

LIBERIA

TOGO

CÔTE D'IVOIRE

CAMEROUN

RÉPUBLIQUE CENTRAFRICAINE

GUINÉE ÉQUATORIALE

OUGANDA

KENYA

GABON

CONGO

RUANDA

RÉPUBLIQUE DÉMOCRATIQUE DU CONGO

BURUNDI

TANZANIE

OCÉAN INDIEN

SEYCHELLES

MALAWI

COMORES

ANGOLA

MAYOTTE

OCÉAN ATLANTIQUE

ZAMBIE

MOZAMBIQUE

ZIMBABWE

ÎLE MAURICE

MADAGASCAR

RÉUNION

NAMIBIE

BOTSWANA

SWAZILAND

LESOTHO

AFRIQUE DU SUD

| 0 | 500 | 1000 | 1500 milles |

| 0 | 500 | 1000 | 1500 kilomètres |

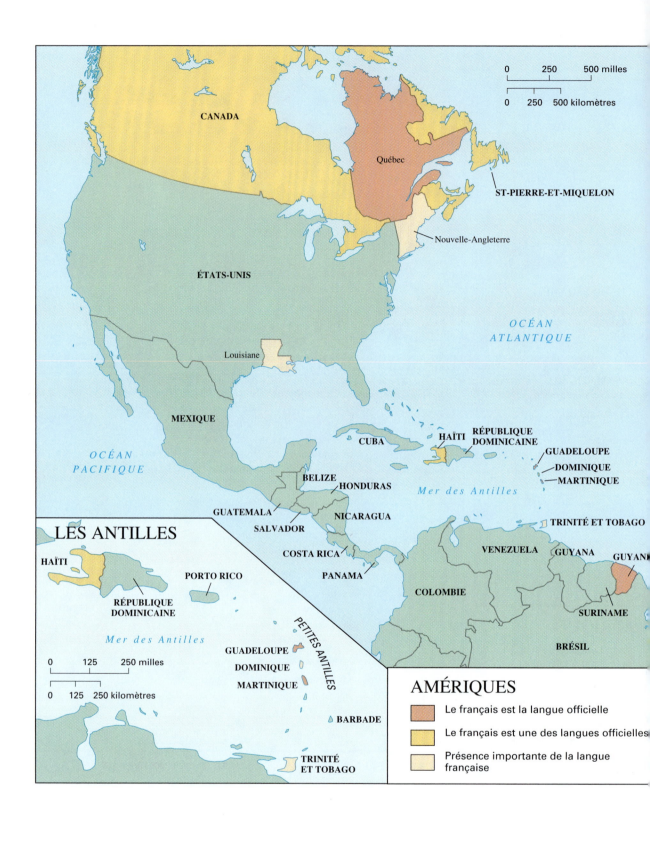

CANADA

Québec

ST-PIERRE-ET-MIQUELON

Nouvelle-Angleterre

ÉTATS-UNIS

*OCÉAN
ATLANTIQUE*

Louisiane

MEXIQUE

CUBA

HAÏTI

RÉPUBLIQUE
DOMINICAINE

GUADELOUPE

DOMINIQUE

MARTINIQUE

*OCÉAN
PACIFIQUE*

BELIZE

HONDURAS

Mer des Antilles

GUATEMALA

SALVADOR

NICARAGUA

TRINITÉ ET TOBAGO

COSTA RICA

PANAMA

VENEZUELA

GUYANA

GUYANE

COLOMBIE

SURINAME

BRÉSIL

LES ANTILLES

HAÏTI

PORTO RICO

RÉPUBLIQUE
DOMINICAINE

Mer des Antilles

PETITES ANTILLES

GUADELOUPE

DOMINIQUE

MARTINIQUE

| 0 | 125 | 250 milles |

| 0 | 125 | 250 kilomètres |

BARBADE

TRINITÉ
ET TOBAGO

| 0 | 250 | 500 milles |

| 0 | 250 | 500 kilomètres |

AMÉRIQUES

Le français est la langue officielle

Le français est une des langues officielles

Présence importante de la langue française

Contents

Video Worksheets   **257**

To the Student

The three sections of the Student Activities Manual (SAM)—the workbook, the lab manual, and the **Pas de problème!** video worksheets—are bound together for your convenience. The pages have been perforated so they can be handed in.

Workbook

The workbook contains a variety of activities intended to review and reinforce what has been presented in the classroom.

 A textbook icon next to an activity title refers you to the appropriate **But communicatif** in your textbook. When workbook exercises target specific grammar points presented in the text, a letter (A, B, C, etc.) accompanies the number.

 A blank textbook icon refers you to the **Coup d'envoi** conversation at the start of the chapter.

 A recycle textbook icon indicates a review activity.

 A pen and paper icon indicates a written composition (**Rédaction**).

The activities in the workbook have been created specifically to supplement the vocabulary and grammar activities in the text and to provide additional written practice for every point taught in each chapter. They range from simple, fill-in-the-blank exercises to personalized written tasks based on situations that you might face in the real world. All activities are designed so they can be done without the assistance of an instructor. Many are based on authentic documents and art. Each chapter ends with a **Rédaction,** related to the theme of the chapter. It constitutes the final stage of a writing process that begins with the **Début de rédaction** activity in the **Intégration** section of the textbook.

Lab Manual

The lab manual should be used in conjunction with the SAM (Lab) Audio CDs for *Entre amis,* Fifth Edition. The chapters of the lab manual are correlated to the chapters of the textbook. Part A contains speaking and pronunciation activities. Part B contains varied listening comprehension and speaking activities, using French as it is spoken in real life. Part C is new to the Fifth Edition and features contextualized listening comprehension and practice testing.

 A microphone icon indicates a speaking activity.

An audio icon indicates an activity involving listening and writing, but not speaking.

 A sound-off audio icon indicates a written activity that you do with the recording turned off.

Video Worksheets

The **Pas de problème!** video worksheets correspond to each of the fifteen chapters of *Entre amis.* They will help you to comprehend the French you will hear and the context in which each of the video modules takes place. Each worksheet begins with the **Vocabulaire à reconnaître** section, which consists of lists of expressions used in the video. We recommend that you consult these lists as needed to complete the activities while viewing the video module. This preparation will increase your passive vocabulary, your listening comprehension, and your cultural literacy.

Chapitre préliminaire *Au départ*

NOTE: If you have any questions about how to do an activity in the workbook section, consult the corresponding chapter in the *Entre amis* textbook, by looking at the chapter section identified by a number in the book-shaped icon.

A. En classe. What would you say to ask someone to . . .

1. sit down?   _____.

2. stand up?   _____.

3. go to the door?   _____.

4. open the door?   _____.

5. leave?   _____.

6. shut the door?   _____.

B. Les nombres. Spell out the following numbers.

❏ (2)   *deux* _____

1. (9) _____   7. (15) _____

2. (11) _____   8. (29) _____

3. (4) _____   9. (10) _____

4. (13) _____   10. (6) _____

5. (1) _____   11. (8) _____

6. (28) _____   12. (21) _____

C. Les mathématiques. Spell out the answers to these math problems.

❏ quatre + cinq =   *neuf* _____

   seize – trois =   *treize* _____

1. vingt-deux + quatre =   _____

2. dix-huit – deux =   _____

3. quatorze + six =   _____

4. cinq × cinq = _____

5. dix-sept – dix = _____

6. trois × cinq = _____

7. vingt-six – douze = _____

8. dix-neuf – quatre = _____

9. neuf × trois = _____

10. sept × deux = _____

D. Il est... Tell what time it is. Spell out the times given.

❏ 1 h 30   *Il est une heure trente.* _____

1. 2 h 30   _____

2. 3 h 10   _____

3. 6 h 15   _____

4. 10 h   _____

5. 4 h 30   _____

6. 5 h 20   _____

7. 11 h 30   _____

8. 12 h 45   _____

9. 10 h 45   _____

10. 12 h   _____

E. Quel temps fait-il? Look at each drawing and describe the weather.

❏   *Il pleut.* _____

1.   _____

2. _____

3. _____

4. _____

5. _____

F. La météo. Look at the symbol next to the name of each city and tell what the weather is like there today.

❏ Port-au-Prince   *À Port-au-Prince, il fait beau.* _____

1. Alger   _____

2. Dakar   _____

3. Québec   _____

4. Bruxelles   _____

5. Strasbourg   _____

Chapitre préliminaire: WORKBOOK

G. Expressions pour la classe. One of your classmates is trying to learn new expressions pertaining to classroom commands. S/he made a chart to help memorize the words and expressions. Can you help complete the chart?

This French word or expression . . .	means . . .
Pardon?	*Pardon?*
Comment?	
	Please repeat.
Encore.	*Again.*
En français.	
	Together.
Tout le monde.	
	Close the book.
Écoutez.	
Répondez.	
	How do you say "teacher"?
On dit «le professeur».	
Que veut dire «le tableau»?	
	That means "the chalkboard."
	I don't know.
Je ne comprends pas.	

Chapitre 1 *Bonjour!*

 A. À l'hôtel. Create a meaningful dialogue by matching the responses on the right with the appropriate questions or statements on the left.

1. Bonjour, Madame! _____
2. Vous permettez? _____
3. Vous êtes française? _____
4. Je m'appelle Lori Becker. _____
5. Excusez-moi, Madame. _____
6. Bonne journée! _____

a. Jacqueline Moreau. Enchantée.
b. Bonjour, Monsieur!
c. Merci, vous aussi.
d. Pas de problème.
e. Oui, je suis française.
f. Certainement.

B. Première rencontre. Write the questions that might elicit the following answers.

❏ — *Qui est-ce?* _____
—C'est Séverine.

1. —_____
—Je m'appelle Kristin Hoyt.

2. —_____
—Non, je suis américaine.

3. —_____
—J'habite près de Chicago.

4. —_____
—Non, je suis mariée.

5. —_____
—Pas de problème.

6. —_____
—Certainement. Asseyez-vous là.

C. Quelques personnes *(Some people).* The following sentences describe various people. Complete the sentences with the appropriate form of the verb **être**.

❏ Je _*suis*_____ américain.

1. Elle _____ française.
2. Nous _____ étudiants.
3. Tu _____ marié(e)?
4. Il _____ professeur.
5. Vous _____ célibataire.
6. Elles _____ à Paris.
7. Pierre Martin _____ français.
8. Ils _____ au restaurant.

D. En vacances (*On vacation*). Write complete sentences using pronouns to describe where these people are on vacation.

❑ Christophe / Saint-Tropez ___Il est Saint-Tropez.___

1. Marie-Claire / Cannes _____

2. Monsieur et Madame Pons / Bordeaux _____

3. Lori et Brooke / Lyon _____

4. Le professeur / Paris _____

5. Marielle et Jean-Luc / Biarritz _____

6. Mickey et Minnie / Disneyland Paris _____

7. Jacques Chirac / Strasbourg _____

8. Et vous? Où êtes-vous aujourd'hui (*today*)? _____

E. Fiches de voyageur (*Hotel registration forms*). Here are three registration forms for a hotel in Rouen. Yours is the form on the right. Fill in all the information requested on your form. Then, using the information on the forms, answer the questions that follow.

Fiche de Voyageur Nº _____	**Le Richelieu** 24, rue du Bac 76000 Rouen	Fiche de Voyageur Nº _____	**Le Richelieu** 24, rue du Bac 76000 Rouen	Fiche de Voyageur Nº _____	**Le Richelieu** 24, rue du Bac 76000 Rouen
Nom ___CUNIN___ (écrire en majuscules)		Nom ___McGRATH___ (écrire en majuscules)		Nom _____ (écrire en majuscules)	
Prénom(s) ___Sophie___		Prénom(s) ___Christopher___		Prénom(s) _____	
État civil ___veuve___		État civil ___divorc___		État civil _____	
Profession ___artiste___		Profession ___professeur___		Profession _____	
Domicile ___6, Bd de Brosses___ ___Dijon___ ___FRANCE___		Domicile ___12 Blake St.___ ___Londres___ ___ANGLETERRE___		Domicile _____	
Nationalité ___française___		Nationalité ___anglaise___		Nationalité _____	
Signature ___Sophie Cunin___		Signature ___Christopher McGrath___		Signature _____	

Questions:

1. Qui est veuve? _____

2. Qui est anglais? _____

3. Qui est français? _____

4. Qui est divorcé? _____

5. Qui habite à Dijon? _____

6. Qui habite à Londres? _____

7. Qui est professeur? _____

8. Qui est artiste? _____

F. Galerie de portraits. Write a complete sentence identifying each of the following famous persons' nationalities.

❑ George W. Bush *Il est américain.* _____

1. Rolling Stones _____

2. Gérard Depardieu _____

3. Elizabeth Taylor et Madonna _____

4. Vladimir Putin _____

5. votre professeur de français _____

6. Et vous? Quelle est votre nationalité? _____

G. Mais non! You and a friend are discussing the national origins of various international celebrities. Your friend seems to be getting everything wrong. Correct each statement by negating it, then give the correct nationality of the person in question. Make sure that the subject pronoun, the verb, and the adjective agree with the nouns they modify!

❑ Elvis Stojko / américain / canadien

— *Elvis Stojko est américain.* _____

— *Mais, non! Il n'est pas américain, il est canadien.* _____

1. Ravi Shankar / pakistanais / indien

— _____

— _____

2. Céline Dion / français / canadien

— _____

— _____

3. Condoleezza Rice / anglais / américain

— _____

— _____

4. Mel Gibson / anglais / australien

— _____

— _____

5. les Beatles / américain / anglais

— _____

— _____

H. Chassez l'intrus *(Chase out the intruder).* Cross out the word that does not belong with the others. Base your choice on gender or number.

1. jolie, belle, petite, beau

2. petite, laide, gros, belle

3. beau, petite, vieux, gros

4. minces, jeunes, jolis, grand

5. vieille, laide, grande, vieux

6. jolis, laides, minces, belles

7. grosses, vieilles, petits, belles

8. belles, grands, laids, beaux

I. Quelques descriptions. Combine each group of words into a complete sentence. Add the verb **être** and make all necessary agreements.

❑ Aurélie / grand / très mince _____Aurélie est grande et très mince._____

1. Mireille / vieux _____

2. Françoise / petit _____

3. Jean-Luc et Pierre / très grand _____

4. vous / célibataire _____

5. Michel et Delphine / marié _____

6. nous / fiancé _____

7. tu / grand / assez mince _____

8. Bernard et Ghislaine / divorcé _____

9. Béatrice / très mince / très beau _____

10. Alice / assez petit / très beau _____

J. Le Courrier du cœur *(Personal ads).* Read these personal ads and correct (or agree with) the statements made about the persons in them.

---

29 ans, 1 m 92 (6'3"), lieutenant dans l'armée, célibataire, adore le cinéma, la musique moderne, les sports, les voyages.

Tél. 80 73 65 04, Jacques.

Veuve, 40 ans, bonne situation, belle, mince, assez élégante, de caractère jeune. Appartement Île de la Cité (Paris).

Tél. 40 24 14 18, Monique.

Responsable financier, suisse, 75 ans, maison au bord du lac de Genève, chalet à Verbier. Cherche une dame cultivée et sociable.

Tél. 33 93 61 80, Georges.

❑ Jacques est vieux. _____Non, il est jeune._____

1. Monique est laide. _____

2. Georges est assez jeune. _____

3. Jacques est célibataire. _____

4. Monique est mince. _____

5. Jacques est petit. _____

6. Georges est français. _____

7. Jacques adore les sports. _____

8. Monique habite à Genève. _____

 K. Les mots apparentés *(Cognates).* Read this online application form for a credit card in France and answer the questions below. Then fill in this application as completely as possible using your own personal information (real or invented).

Demande de carte de crédit personnelle
Informations personnelles

| Civilité | ⚪ Monsieur ⚪ Madame |
| | ⚪ Mademoiselle |

Prénom [   ]

Nom [   ]

Date de naissance [▼] / [▼] /

Lieu de naissance [   ]

Adresse - Rue [   ]

Code postal [   ]

Adresse - Ville [   ]

Adresse - Pays [France]

Téléphone (Domicile) [00] – [33] – [   ]

Adresse e-mail [   ]

Informations professionnelles

Vous êtes : ⚪ Salarié ⚪ Indépendant ⚪ Retraité

Profession [   ]

Nom de votre employeur [   ]

[Je valide]

Guess what the English equivalents of the following expressions might be.

a. Date de naissance _____

b. Lieu de naissance _____

_____

c. Adresse—Rue _____

d. Code postal _____

e. Adresse—Ville _____

f. Téléphone (Domicile) _____

g. Salarié _____

h. Nom de votre employeur _____

_____

L. *Rédaction:* **Un dialogue au café.** In French cafés, it is not unusual for someone to sit at your table when all other tables are taken. Fill in the chart below with information about yourself and your table companion. Then write a short dialogue between you and this person. Before completing this activity, review the **Début de rédaction** activity on page 24 of your text.

Identités	*Moi*	*L'autre personne*
Nom:		
Adresse:		
Nationalité:		
État civil:		
Ville:		
Touriste:	Oui Non	Oui Non
Étudiant[e]:	Oui Non	Oui Non

Now, write your dialogue, taking the information above into consideration.

L'AUTRE PERSONNE: _____

MOI: _____

L'AUTRE PERSONNE: _____

MOI: _____

L'AUTRE PERSONNE: _____

MOI: _____

L'AUTRE PERSONNE: _____

MOI: _____

L'AUTRE PERSONNE: _____

MOI: _____

L'AUTRE PERSONNE: _____

MOI: _____

L'AUTRE PERSONNE: _____

Chapitre 2 *Qu'est-ce que vous aimez?*

A. À l'université. Create a meaningful dialogue by matching the questions on the left with their appropriate responses on the right.

1. Comment allez-vous? _____

2. Votre prénom, c'est Christine, je crois? _____

3. Est-ce que vous êtes américaine? _____

4. Voulez-vous boire quelque chose? Un

    coca? _____

5. Un kir, peut-être? _____

6. À votre santé, Christine! _____

a. À la vôtre!

b. Oui, je m'appelle Christine Alexander.

c. Oui, je veux bien.

d. Oui, je viens de Santa Clara en Californie.

e. Bien, merci.

f. Non, merci.

B. Une promenade. When Monsieur Noiret takes a walk in his neighborhood, he usually greets his neighbors. Look at the drawings and respond appropriately to Monsieur Noiret's questions.

❑ —Bonjour, Madame. Vous allez bien?

— _Oui, je vais (très) bien, merci._ _____

1. —Comment ça va, Christelle?

2. —Salut, Pierrot. Ça va?

3. —Bonjour, Mademoiselle. Comment allez-vous?

1. —_____

2. —Non, _____

3. —_____

4. —Bonjour, Monsieur. Vous allez bien?

5. —Bonjour, Madame. Comment allez-vous?

6. Et vous? Comment allez-vous?

4. —_____

5. —_____

6. —_____

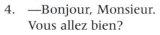 **C. Quelques activités.** Complete each sentence with the appropriate verb form.

❏ *(écouter)*   Nous __*écoutons*__ «France Inter» le matin.

1. *(travailler)*   Tu _____ beaucoup!

2. *(habiter)*   J'_____ près de l'université.

3. *(nager)*   Ma mère _____ comme un poisson.

4. *(parler)*   Mon père ne _____ pas bien le français.

5. *(aimer)*   _____-tu le coca?

6. *(manger)*   Nous ne _____ pas de pizza le matin.

7. *(trouver)*   Vous _____?

8. *(regarder)*   Mon amie Virginie _____ souvent la télévision.

9. *(aimer)*   Thibault et Marc n'_____ pas danser.

10. *(étudier)*   Mes amis _____ l'espagnol.

D. Une carte postale de Biarritz. Some verbs are missing from Marie-Laure's postcard. Insert the missing verbs from the following list. Be sure to conjugate them.

étudier	*parler*	*adorer*
jouer	*regarder*	*manger*
nager	*travailler*	*danser*
aller		

Chère Céline,

Biarritz est vraiment super! Benoît et Delphine _____ souvent au tennis. Jean est un vrai poisson. Il _____ le matin et le soir. Moi, j' _____ la biologie marine, et je _____ beaucoup avec ma grand-mère. Nous _____ souvent la télé ensemble. Quelquefois, Marc et moi, nous _____ des spécialités de Biarritz et nous _____ dans une discothèque. Ah! que j'_____ les vacances! Et toi? Ça _____ bien? Tu _____ au laboratoire de langues?

Ciao!

Marie-Laure

E. Compréhension. Reread Marie-Laure's postcard and answer these questions.

1. Qui est à Biarritz? _____

2. Qui danse dans une discothèque? _____

3. Benoît et Delphine aiment-ils le tennis? _____

4. Est-ce que Marie-Laure étudie l'anglais? _____

5. Qui nage beaucoup? _____

6. Et vous? Vous nagez bien? _____

7. Est-ce que vous aimez danser? _____

8. Est-ce que vous jouez au tennis? _____

9. Travaillez-vous beaucoup? _____

10. Voyagez-vous souvent? _____

F. Chez les Brunet. Monsieur and Madame Brunet are offering their guests something to drink. Write both the Brunets' questions and their guests' responses in the space below. Vary the responses as much as possible.

—*Qu'est-ce que vous voulez boire?*

—*Je voudrais une tasse de café, s'il vous plaît.*

ou

—*Voulez-vous une tasse de café?*

—*Oui, je veux bien. ou Non, merci.*

1.

2.

3.

4.

5.

6.

1. —_____
   —_____

2. —_____
   —_____

3. —_____
   —_____

4. —_____
   —_____

5. —_____
   —_____

6. —_____
   —_____

7. Et vous? Voulez-vous boire quelque chose?

   —_____

G. Quelles sont vos activités à l'université? You are explaining to a friend some of your college activities. Fill in the blank with the correct article as needed.

1. À notre université les professeurs écoutent _____ étudiants.

2. Les étudiants ne regardent pas souvent _____ télé, mais ils aiment regarder _____ sports.

3. Mes amis écoutent beaucoup _____ radio.

4. Mon camarade de chambre parle _____ allemand. Il parle bien _____ français.

5. Moi, j'étudie _____ français. Je parle mal _____ allemand.

H. Un sondage *(A survey).* Seynabou, a student from Sénégal, and Mahmoud, a student from Tunisia, have given their likes and dislikes in the chart below. Fill in the right-hand column with your likes and dislikes. Then, write eight sentences comparing the preferences of the three of you. Use **moi aussi** and **moi non plus** when possible.

	Seynabou (sénégalaise)	*Mahmoud (tunisien)*	*Et vous?*
étudier	bien	assez bien	
voyager	beaucoup	pas du tout	
danser	assez bien	pas du tout	
nager	pas du tout	bien	
regarder la télé	bien	beaucoup	
parler avec des amis	beaucoup	assez bien	
l'eau minérale	assez bien	pas du tout	
le citron pressé	assez bien	bien	
le coca	pas tu tout	beaucoup	

❏ *Seynabou aime beaucoup voyager, mais Mahmoud pas du tout. Moi aussi, j'aime*

   beaucoup voyager.

❏ *Seynabou aime bien étudier, et Mahmoud assez bien. Mais moi, je n'aime pas du*

   tout étudier.

1. _____

2. _____

3. _____

4. _____

5. _____

6. _____

7. _____

 I. Boissons fraîches (*Cold drinks*). Select five drinks from the menu below and write a sentence describing how you like (or don't like) each drink.

BOISSONS

		Express	1,30 €
Coca-cola	2,30 €	Café crème	1,60 €
Orangina	2,30 €	Thé	2 €
Vichy, Vittel, Perrier	2,10 €	Chocolat chaud	1,60 €
Limonade	2,10 €	Vins: rouge	
Jus de fruits	2,30 €	blanc	1 €
Bière	2,30 €	rosé	

❑ *J'aime beaucoup le jus de fruits le matin.* _____

  Je n'aime pas le Perrier. _____

1. _____

2. _____

3. _____

4. _____

5. _____

J. Une enquête (*An interrogation*). A detective is asking a suspect a series of questions. The detective's questions are missing. Write logical questions for the following answers.

❑ DETECTIVE: —*Vous êtes Madame Leblanc?* _____

  SUSPECT: —Oui, je suis Valérie Leblanc.

1. DETECTIVE: —_____

  SUSPECT: —Oui, j'habite à Boston.

2. DETECTIVE: —_____

  SUSPECT: —Non, je ne suis pas américaine. Je suis canadienne.

3. Detective: —_____

   Suspect: —Non, je ne suis pas mariée; je suis veuve.

4. Detective: —_____

   Suspect: —Non, je ne suis pas professeur de français.

5. Detective: —_____

   Suspect: —Oui, j'étudie le français.

6. Detective: —_____

   Suspect: —Oui, je parle très bien le français.

7. Detective: —_____

   Suspect: —Oui, je voyage souvent.

8. Detective: —_____

   Suspect: —Non, Monsieur. Je ne travaille pas.

K. Au café. The owner **(Le propriétaire)** of the café **Les Grands Ducs** often greets his regular customers and exchanges a few pleasantries with them. Select an appropriate expression from the list below to complete the dialogue.

j'aime beaucoup	vous voulez boire	vous aimez	vous êtes
s'il vous plaît	étudiante	pourquoi pas	assez bien

Le propriétaire: Ça va bien, Jérôme?

Jérôme: (1) _____, merci, Monsieur.

Le propriétaire: Un petit café?

Jérôme: (2) _____?

Le propriétaire: Vous travaillez toujours au laboratoire de langues?

Jérôme: Oui.

Le propriétaire: Et vous, Mademoiselle? Qu'est-ce que (3) _____?

Ashley: Un coca, (4) _____.

Le propriétaire: (5) _____ américaine, Mademoiselle?

Ashley: Non, je suis canadienne.

Le propriétaire: Vous êtes (6) _____, alors?

Ashley: Oui, à l'université de Bourgogne.

Le propriétaire: (7) _____ bien l'université?

Ashley: (8) _____ les cours. Les profs sont formidables.

L. *Rédaction:* **Des conversations au téléphone.** Imagine a phone conversation with each of these exchange students. Find out where s/he lives, what languages s/he speaks, what s/he studies, and what s/he likes or does not like. Include four questions and four answers in each dialogue. Before completing this activity, review the **Début de rédaction** activity on page 51 of your text.

❑ —*Comment vous appelez-vous?*

—*Je m'appelle Toundi.*

—*Comment est-ce qu'on écrit «Toundi»?*

—*T.O.U.N.D.I.*

—*Vous étudiez le français?*

—*Non, mais je parle bien le français.*

—*J'étudie la géographie.*

—*Vous aimez le café, n'est-ce pas?*

—*Oui, j'aime beaucoup le café!*

_____

_____

_____

_____

_____

_____

_____

_____

_____

_____

_____

_____

_____

_____

_____

_____

_____

_____

_____

_____

_____

_____

Chapitre **3** *Chez nous*

A. À la gare. Create a meaningful dialogue by matching the answers on the right with the appropriate questions on the left.

1. Vous êtes bien Monsieur Masson? _____   a. Pas trop.

2. Vous êtes fatigué, sans doute? _____   b. Laure et Céline.

3. Vous avez de la famille ici? _____   c. Deux.

4. Combien de sœurs avez-vous? _____   d. Oui, elles sont mariées et elles ont des enfants.

5. Comment s'appellent-elles? _____   e. Oui. Bonjour, Monsieur.

6. Sont-elles mariées? _____   f. Oui, des sœurs.

B. Couples *(Pairs).* Write the masculine or the feminine form to complete the pair.

❑ un père / *une mère* _____

1. une fille / _____

2. un cousin / _____

3. un frère / _____

4. une grand-mère / _____

5. un beau-frère / _____

6. une tante / _____

7. un mari / _____

8. une nièce / _____

9. une belle-mère / _____

10. une amie / _____

C. La famille de Marc Dupin. Identify the relationship of the following people in Marc Dupin's family to each other. Follow the model.

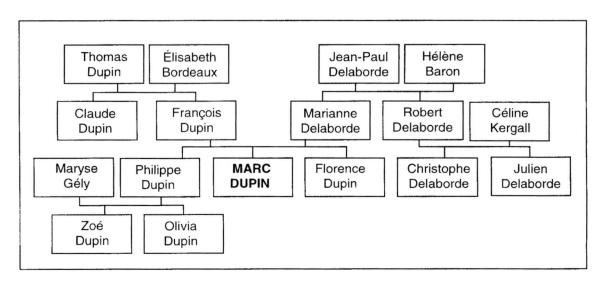

❑ Olivia Dupin / Zoé Dupin ___*Olivia Dupin est la sœur de Zoé Dupin.*___

1. Marianne Delaborde / Marc Dupin _____

2. Jean-Paul Delaborde / Marianne Delaborde _____

_____

3. Christophe Delaborde / Julien Delaborde _____

_____

4. Hélène Baron / Jean-Paul Delaborde _____

5. Claude Dupin / Philippe Dupin _____

6. Élisabeth Bordeaux / Florence Dupin _____

7. Philippe Dupin / Maryse Gély _____

8. Jean-Paul Delaborde / Florence Dupin _____

_____

9. Christophe et Julien Delaborde / Hélène Baron _____

_____

10. François Dupin / Maryse Gély _____

D. Les boissons des amis. Marie-France has invited her friends over. She is making sure that everyone has something to drink. Complete her sentences using **un, une,** or **des.**

1. Jacqueline a _____ tasse de thé.

2. Didier a _____ café.

3. Benoît a _____ tasse de chocolat chaud.

4. Mireille et Robert ont _____ cocas.

5. Paulette et François, _____ oranginas.

6. Et moi, j'ai _____ kir; j'adore le cassis!

E. Les liens de parenté *(Family ties).* Complete the following sentences using the appropriate forms of **avoir.**

❑ Élisabeth _____*a*_____ deux frères.

1. Tu _____ des frères ou des sœurs?

2. J'_____ un frère.

3. _____-vous des enfants?

4. Nous n'_____ pas d'enfants.

5. Mais on _____ des nièces et des neveux.

6. Deux étudiants de français _____ des enfants.

F. Un dialogue avec la concierge. Monique introduces her fiancé, Scott, to the concierge at her building. Decide which form of **avoir** or **être** is appropriate to complete the dialogue.

MONIQUE: Madame Duhamel, voici mon fiancé.

SCOTT: Permettez-moi de me présenter, Madame. Je m'appelle Scott Miller.

LA CONCIERGE: Ah! vous (1) _____ un beau fiancé, Mademoiselle. Vous

(2) _____ d'où, Monsieur?

SCOTT: Je (3) _____ américain. J'habite à San Diego dans l'état de Californie.

LA CONCIERGE: La Californie. C'(4) _____ là où se trouve Hollywood?

SCOTT: Vous aimez sans doute les films américains?

LA CONCIERGE: Oh oui! Ils (5) _____ très beaux. Mon mari (6) _____ des

neveux qui habitent au Texas. Ils (7) _____ un grand ranch près de San

Antonio. Ah! Ils aiment bien le Texas!

G. La famille Lejeune-Philippot. Study the following family tree, then complete the descriptions of the various family members by supplying the correct family relationships and the correct ages (spelled out in letters) in the spaces provided.

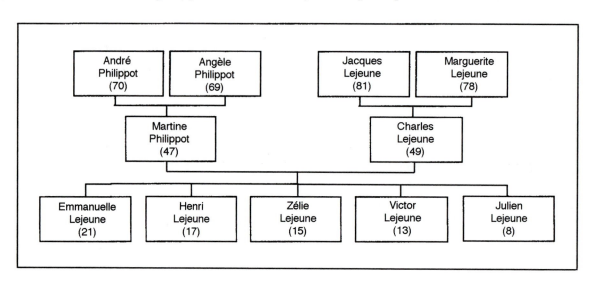

❏ Le petit _frère_____ de Victor s'appelle Julien. Il a _huit_____ ans.

1. _____ de Victor s'appelle André Philippot. Il a _____ ans.

2. Angèle Philippot est _____ d'Henri. Elle a _____ ans.

3. _____ de Victor s'appelle Martine. Martine Philippot a

   _____ ans.

4. Henri a deux _____, Emmanuelle, _____ ans, et Zélie,

   _____ ans.

5. Jacques Lejeune est _____ de Charles. Il a _____ ans.

6. Les deux _____ de Victor s'appellent Henri et Julien. Ils ont

   _____ et _____ ans.

7. _____ des enfants s'appelle Charles. Il a _____ ans.

8. Jacques et Marguerite Lejeune sont _____ d'Emmanuelle. Marguerite

   a _____ ans.

H. Nous sommes en 1789. How old are these famous people at the beginning of the French Revolution in 1789? Follow the model.

❏ George Washington (né en 1732)   _George Washington a cinquante-sept ans._

1. Napoléon Bonaparte (né en 1769)   _____

2. le marquis de Lafayette (né en 1757)   _____

3. Georges-Jacques Danton (né en 1759) _____

4. Maximilien de Robespierre (né en 1758) _____

5. Honoré-Gabriel de Mirabeau (né en 1749) _____

6. Louis XVI (né en 1754) _____

7. Marie-Antoinette (née en 1755) _____

8. Thomas Jefferson (né en 1743) _____

2D **I. L'album de photos d'Anne.** Zélie does not know Anne's boyfriend, Marc Dupin, or his family. Anne is showing her pictures of Marc's family from her photo album. Fill in the missing words (**il y a** or **voilà**) in this description of Marc Dupin's family.

ANNE: (1) _____ la famille de Marc. (2) _____ deux grands-pères et deux

grand-mères. Regarde cette photo: (3) _____ les parents de son père, Monsieur et

Madame Dupin. Ici *(Here)* (4) _____ les parents de sa mère, Monsieur et Madame

Delaborde. Dans la famille du père de Marc, (5) _____ deux fils, Claude et

François. Dans la famille de la mère de Marc, (6) _____ un fils et une fille, Robert

et Marianne.

2E **J. La famille de Marc Dupin** *(continued).* Marc is now introducing his family in an unusual way. Examine Marc's family tree on page 22 and complete his description of his family, following the model.

❏ Olivia est la fille de mon frère. C'est ___*ma nièce*_____.

1. Robert est le frère de ma mère. C'est _____.

2. Hélène est la mère de ma mère. C'est _____.

3. Jean-Paul est le père de ma mère. C'est _____.

4. Philippe est le fils de mon père. C'est _____.

5. Maryse est la mère de ma nièce. C'est _____.

6. Thomas et Élisabeth sont les parents de mon père. Ce sont _____.

7. Céline est la femme de mon oncle. C'est _____.

8. Florence est la fille de mon père. C'est _____.

9. Christophe et Julien sont les fils de ma tante. Ce sont _____.

10. Zoé est la fille de mon frère. C'est _____.

K. L'inondation *(The flood).* The Fignons' house was flooded and their belongings have been placed outside to dry. Identify each of the items numbered, using **un, une,** or **des** in front of the item as needed.

1. *une télévision*   5. _____   8. _____

2. _____   6. _____   9. _____

3. _____   7. _____   10. _____

4. _____

L. Contrastes. The Delille family likes modern conveniences, but the Pagnols live more simply. Use the information on the chart and write five sentences contrasting the two families.

Les Delille	Les Pagnol
une maison	un appartement
un garage	—
2 grosses voitures	une petite voiture
2 télévisions	une télévision
un grand réfrigérateur	un petit réfrigérateur
un lave-vaisselle	—
Jean-Luc Delille *(le fils)*	**Pierre Pagnol** *(le fils)*
un ordinateur	—
une moto	une mobylette
Sophie Delille *(la fille)*	**Gisèle Pagnol** *(la fille)*
une stéréo	une radio
des amis qui habitent à Saint-Tropez	une cousine qui habite à Rouen

❏ *Les Delille ont deux grosses voitures, mais les Pagnol ont une petite voiture.*

1. _____

2. _____

3. _____

4. _____

5. _____

3G

M. C'est à qui? Write a sentence stating the owner of each item. Follow the model.

❏ chien / Jean-Luc

C'est le chien de Jean-Luc.

1. maison / Thérèse

_____

2. voitures / Monsieur et Madame Morel

_____

3. calculatrices / les étudiants

_____

4. télévision / le frère de Jean-Luc

_____

5. vélo / Laure

_____

6. amis / Patrick

_____

7. ordinateur / ma camarade de chambre

_____

8. mobylette / l'oncle de Didier

_____

9. cousins / Madame Richard

_____

10. bureau / le professeur

_____

N. Louise n'est pas d'accord *(Louise does not agree).* Mireille identifies the owner of each item but Louise disagrees. Write a two-sentence exchange between Mireille and Louise using possessive adjectives. Follow the example.

❑ radio / Liliane / mère

MIREILLE: *C'est la radio de Liliane.*

LOUISE: *Non, c'est la radio de sa mère.*

1. calculatrice / Raphaëlle / sœur

   MIREILLE: _____

   LOUISE: _____

2. ordinateur / Fabien et Jacques / père

   MIREILLE: _____

   LOUISE: _____

3. stéréo / Marinette et Delphine / tante

   MIREILLE: _____

   LOUISE: _____

4. voiture / père de Nathalie / grands-parents

   MIREILLE: _____

   LOUISE: _____

5. photo / sœurs de Madeleine / cousines Isabelle et Julie

   MIREILLE: _____

   LOUISE: _____

O. Tartuffe. Look at the playbill of Molière's comedy *Tartuffe*, then answer the questions about the relationships of the characters. Use possessive adjectives whenever possible.

TARTUFFE

MME PERNELLE, *mère d'Orgon*

ORGON, *mari d'Elmire*

ELMIRE, *femme d'Orgon*

DAMIS, *fils d'Orgon*

MARIANE, *fille d'Orgon et amante de Valère*

VALÈRE, *amant de Mariane*

M. LOYAL, *sergent*

FLIPOTE, *servante de Mme Pernelle*

❑ Combien d'enfants y a-t-il dans la famille d'Orgon? *Il y a deux enfants dans sa famille.*

1. Est-ce que Mariane est la fille d'Orgon? _____

2. Est-ce qu'Orgon est le père d'Elmire? _____

3. Est-ce qu'Elmire est la mère de Damis et de Mariane? _____

4. Est-ce qu'Orgon et Elmire sont les parents de Damis et de Mariane? _____

5. Comment s'appelle la belle-mère d'Elmire? _____

6. Orgon a-t-il un beau-père? _____

P. *Rédaction:* Chez moi. Bruno, your pen pal from Geneva, is interested in your daily life. Where do you live? Do you live near or in a major city? Do you live with your parents? Do you have a dog? a computer? a bicycle? etc. Before completing this activity, review the **Début de rédaction** activity on page 81 of your text. Then follow the steps outlined below.

• List the items that can be found in your room.

_____   _____

_____   _____

_____   _____

_____   _____

- List a few things you do not have, but wish you had.

  _____   _____

  _____   _____

- Answer the following questions.

  a. Où habitez-vous?

  _____

  b. Habitez-vous dans une maison ou dans un appartement?

  _____

  c. Habitez-vous avec vos parents?

  _____

- Compose a three-paragraph letter incorporating the information above. If you need more room, attach extra sheets of paper.

  Cher Bruno,

  Bonjour. Comment vas-tu? Moi, je ... _____

  Chez moi, il y a ... _____

  _____

  _____

  _____

  Mais ... _____

  _____

  _____

  _____

  _____

  _____

  _____

  _____

  _____

  _____

NOM _____ DATE _____

Chapitre 4 *L'identité*

 A. Qu'est-ce que c'est? Identify each item of clothing. Use **c'est** or **ce sont** as appropriate in your answer.

☐ *C'est une veste.* ☐ *Ce sont des chaussures.*

 1.

 2.

3.

 4.

5.

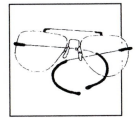 6.

 7.

 8.

1. _____

2. _____

3. _____

4. _____

5. _____

6. _____

7. _____

8. _____

B. Les amies de Kelly. Kelly is showing photos of some of her friends to a French exchange student in Michigan. Complete their conversation by inserting the adjectives from the list below where appropriate. Be sure to make the adjectives agree with the nouns.

ennuyeux	généreux	discret	bavard	actif
bon	sportif	intelligent	gentil	travailleur

KELLY: Voici mes amies, Christa et Nicole. Elles sont _____ et charmantes.

Nicole est _____ et _____: elle aime

beaucoup parler au téléphone, et elle fait beaucoup de choses. Christa est très

_____: elle nage tous les jours. Elle ne parle pas beaucoup; elle est

très _____. Elle aime donner; elle est _____.

BENOÎT: Et sur cette photo, qui est-ce?

KELLY: Ce sont Brian et Andrew. Ils sont très _____ en français! Brian est

_____: il étudie beaucoup. Andrew est _____: il a

des notes excellentes.

C. C'est Véronique. Véronique is quite different from everybody else. Describe how other people compare to her by replacing the italicized expression with a *contrasting* word. Make all necessary changes.

❑ Véronique est *toujours* bavarde. Et son amie Jacqueline?

  Jacqueline n'est jamais bavarde.

1. Véronique est *souvent* impatiente. Et son amie Bérangère?

   _____

2. Véronique *n'est jamais* méchante. Et son petit frère?

   _____

3. Véronique est *rarement* généreuse. Et son petit ami?

   _____

4. Véronique porte *toujours* un jean. Et ses deux sœurs?

   _____

5. Véronique regarde *souvent* la télévision. Et vous?

   _____

6. Véronique écoute *quelquefois* la radio. Et vous?

   _____

7. Véronique est *généralement* paresseuse. Et vous?

_____

8. *D'habitude*, Véronique est nerveuse le jour d'un examen. Et vous?

_____

D. Exprimez-vous! Using the lists below, write five sentences that apply to you, your teacher, and/or your family and friends. Make sure you conjugate the verb and make all the necessary changes.

je	(ne ... pas)	avoir	un	pantalon	chic
mon père		porter	une	veste	blanc
mes parents		aimer	des	chemise	gris
ma mère			le/la	cravate	vert
mon professeur de français			les	complet	bleu
mon frère			de	jupe	beige
mon ami(e)				chapeau	élégant
mes ami(e)s				chaussures	confortable
				robe	bizarre
					noir

❏ *Mon professeur de français porte toujours des robes élégantes.*

   Elle n'aime pas les chapeaux bizarres.

   Elle porte des chaussures noires.

1. _____

2. _____

3. _____

4. _____

5. _____

E. Faire du lèche-vitrines *(Window-shopping).* Julie is "window-shopping" in a fashion magazine. Complete her sentences by adding appropriate demonstrative adjectives (**ce, cet, cette,** or **ces**).

❏ Mon père aime _____*cette*_____ cravate bon marché, mais pas _____*ce*_____ foulard chic.

1. Ma mère aime _____ gants simples, mais pas du tout _____ lunettes noires.

2. Mon grand-père adore _____ veste bizarre, mais pas _____ sweat-shirt confortable.

3. Fabienne et moi, nous aimons bien _____ ceinture, mais pas _____ bottes ordinaires.

4. Mes cousins aiment _____ imperméable, mais pas _____ pantalon.

5. Mes neveux aiment _____ baskets chères, mais pas _____ chaussures simples.

6. Ma nièce aime bien _____ tee-shirt, mais pas _____ short.

7. Aïcha et Gaëlle adorent _____ chemisiers élégants, mais pas _____ blousons.

8. Moi, j'aime tous _____ vêtements.

F. Tel *(Like)* **père, tel fils: une exception.** Read Lori Becker's letter home describing an unusual family she has met. Then answer the questions.

Je trouve la famille Renaud assez intéressante. Monsieur Renaud est médecin. Il est grand, assez gros et un peu chauve. Madame Renaud est professeur d'anglais. Elle est petite, blonde, et a les yeux bleus. C'est un couple élégant. Madame Renaud porte d'habitude des robes chic. Monsieur Renaud porte toujours des complets gris ou noirs avec des foulards élégants. Les enfants, eux, ne sont pas du tout comme leurs parents. Ils s'habillent à l'américaine: ils portent des jeans, des tee-shirts ou des sweat-shirts, et toujours des tennis. En plus, ils n'ont pas les cheveux blonds et les yeux bleus de leur mère. Karine, qui a 13 ans, a les cheveux roux et les yeux verts. Les jumeaux *(twins)*, Arnaud et Christian, 11 ans, ont les yeux bruns et les cheveux noirs. Les trois jeunes Renaud sont très sportifs. Ils aiment nager, skier et jouer au tennis. Les garçons sont un peu paresseux aussi. Ils aiment regarder la télévision, mais n'aiment pas faire leurs devoirs.

Questions:

1. Comment s'appellent les enfants des Renaud?

   _____

2. Quel âge ont-ils?

   _____

3. Quels vêtements est-ce que les enfants portent d'habitude?

   _____

4. De quelle couleur sont les cheveux de Madame Renaud?

   _____

5. Et ses yeux?

   _____

6. Karine a-t-elle les cheveux blonds comme sa mère?

   _____

7. De quelles couleurs sont les cheveux et les yeux des deux fils?

   _____

8. Le père a-t-il beaucoup de cheveux?

   _____

G. Les vêtements. Combine the following words into complete sentences. Make all necessary changes. Be careful where you place the adjectives.

❑ elles / porter / jupes / rouge

Elles portent des jupes rouges.

❑ je / ne ... pas / avoir / chaussures / nouveau

Je n'ai pas de nouvelles chaussures.

1. vous / ne ... pas / avoir / chemisiers / bleu

_____

2. elle / avoir / imperméable / gris

_____

3. ils / ne ... pas / avoir / pull-overs / beau

_____

4. les professeurs / ne ... jamais / porter / shorts / bizarre

_____

5. il / avoir / ceinture / grand

_____

6. tu / avoir / tennis / nouveau

_____

7. je / ne ... pas / avoir / chaussettes / rose

_____

8. nous / avoir / robes / joli / rouge

_____

9. mes amis / ne ... pas / porter / vêtements / chic

_____

10. ma cousine / détester / les personnes qui / porter / vêtements / sale

_____

H. Au camping. Every camper is scheduled for chores. First, read the assignment sheet, then write five complete sentences describing what each person is to do, and then answer questions 6–8.

	le ménage à 7 h	la cuisine à 8 h	la vaisselle à 8 h 30	les courses à 10 h	la cuisine à midi	la vaisselle à 2 h
Olivia	X					
Hervé et Mehmet				X		
Yann		X				
Nicole			X			
Robert et Loïc					X	
Patricia et Isabelle						X

❑   *Olivia fait le ménage à 7 heures du matin.*

1. _____

2. _____

3. _____

4. _____

5. _____

6. Et vous? Faites-vous quelquefois le ménage?

    _____

7. Est-ce que vous faites souvent la sieste? Quand?

    _____

8. D'habitude, que faites-vous le soir?

    _____

I. Vous êtes journaliste. What questions are you asking Gérard Duval, a Canadian exchange student, whom you are interviewing for the school paper? Begin your questions with **qui, que, qu'est-ce que,** or **quel(le)s.**

VOUS: _Quel est votre nom?_____

GÉRARD: Gérard Duval.

VOUS: _____

GÉRARD: Je suis français.

VOUS: _____

GÉRARD: Je suis étudiant.

VOUS: _____

GÉRARD: J'étudie les maths.

VOUS: _____

GÉRARD: Moi? Je voudrais être homme d'affaires ou banquier.

VOUS: _____

GÉRARD: Mon père est comptable et ma mère travaille chez un médecin. Elle est infirmière.

VOUS: _____

GÉRARD: D'habitude, c'est ma mère qui fait le ménage.

J. Les stéréotypes. What are the people described below most likely to wear?

❑ Anne-Marie / 19 ans / étudiante / gentille / active

Elle porte un sweat-shirt, un jean et des baskets.

1. Madame Dupont / 40 ans / secrétaire / travailleuse / discrète

_____

2. Éric / 25 ans / employé de banque / élégant / gentil

_____

3. Viviane de Bois Laurey / 35 ans / avocate / chic / snob

_____

4. Monsieur Lemaire / 45 ans / cadre / veuf / travailleur / ambitieux

_____

K. *Rédaction:* **Les présentations** *(Introductions).* Bruno, your Swiss pen pal, would like to know more about your family. Write him a letter in which you describe your family members, what they look like, and what they usually wear. Follow the outline provided. Before completing this activity, review the **Début de rédaction** activity on page 116 of your text.

- List some members of your family (four maximum). What are their names? How old are they?

1. _____   3. _____

2. _____   4. _____

- List two to three descriptive adjectives that apply to each one. (Be sure to include physical as well as psychological attributes.)

1. _____ 2. _____ 3. _____ 4. _____

   _____   _____   _____   _____

   _____   _____   _____   _____

- List what your family members typically wear on a daily basis.

1. _____ 2. _____ 3. _____ 4. _____

   _____   _____   _____   _____

   _____   _____   _____   _____

- Answer the following questions about yourself.

a. Comment êtes-vous physiquement? De quelle couleur sont vos yeux? vos cheveux? Êtes-vous grand(e)? petit(e)? etc.

YEUX: _____

CHEVEUX: _____

DESCRIPTION PHYSIQUE: _____

b. Comment êtes-vous psychologiquement?

_____

_____

_____

c. Qu'est-ce que vous portez d'habitude?

_____

_____

_____

- Now, compose a letter incorporating the information above. First, introduce your family members (names, ages, etc.). Then, use the information about their description (physical, psychological, usual clothing preferences). Finally, write a paragraph about yourself. Be sure to begin and end your letter appropriately.

_____

_____

_____

_____

_____

_____

_____

_____

_____

_____

_____

_____

_____

Chapitre 5 *Quoi de neuf?*

A. Un projet de cinéma. Choisissez la bonne réponse.

1. Quoi de neuf?

   _____ a. Cela m'est égal.

   _____ b. Pas grand-chose.

2. Qu'est-ce que tu fais ce soir?

   _____ a. Je vais passer deux heures à la bibliothèque.

   _____ b. D'accord.

3. Tu as envie d'aller au cinéma?

   _____ a. Ça va bien.

   _____ b. Quand ça?

4. Demain soir?

   _____ a. Je suis libre.

   _____ b. Pas grand-chose.

5. Est-ce qu'il y a un bon film au Mirador?

   _____ a. Tu vas voir quel film?

   _____ b. Il y a deux bons films, un film espagnol et un film américain.

6. Alors, quel film allons-nous voir?

   _____ a. Cela m'est égal.

   _____ b. C'est parfait.

7. Moi, j'ai envie de voir le film américain.

   _____ a. Moi aussi.

   _____ b. Sans doute.

8. À quelle heure?

   _____ a. Je ne suis pas libre.

   _____ b. À neuf heures et demie.

9. Rendez-vous devant le cinéma.

   _____ a. D'accord.

   _____ b. Merci. Au revoir.

B. Chassez l'intrus. Les listes suivantes représentent des catégories d'endroits. Mais dans chaque liste il y a un endroit qui n'appartient pas *(does not belong)* à la catégorie. Rayez *(Cross out)* cet endroit.

1. boulangerie / épicerie / cafétéria / église

2. salle de classe / épicerie / gymnase / bibliothèque

3. toilettes / bureau de poste / librairie / bureau de tabac

4. restaurant / bistro / piscine / cafétéria

5. couloir / centre commercial / banque / pharmacie

C. Des destinations. Indiquez où chaque personne va.

❑ nous / bibliothèque _*Nous allons à la bibliothèque.*_____

1. Monsieur Barbezot / banque _____

2. Laure / aéroport _____

3. mes petits cousins / école _____

4. tu / piscine _____

5. je / musée _____

6. vous / gare _____

7. ma mère / centre commercial _____

8. les étudiants / restaurant universitaire _____

9. mon frère / campus _____

D. Qu'est-ce que tu vas faire? Complétez les phrases avec la préposition **à** + l'article défini (**à la, à l', au** ou **aux**).

1. CORINNE: Tout à l'heure, je vais aller (1) _____ piscine, puis (2) _____

    bibliothèque pour faire mes devoirs. Ce soir, je vais dîner avec des amis

    (3) _____ *Petite Auberge.* Après le dîner, on va aller (4) _____

    cinéma Rex voir un film. Et toi, Gilles?

2. GILLES: Moi? Dans une heure, je vais faire des courses: je vais aller (5) _____ banque,

    (6) _____ pharmacie, (7) _____ bureau de poste et (8) _____

    grands-magasins pour acheter des vêtements. Ce soir? Je vais aller (9) _____

    café *Les Grands Ducs* avec des amis. Mimi, Didier, qu'est-ce que vous allez faire?

3. MIMI ET DIDIER: À midi, nous allons manger ensemble (10) _____ restaurant

universitaire. Et cet après-midi, nous allons passer quelques heures

(11) _____ bibliothèque. Ce soir, nous avons rendez-vous avec Marc

et François pour aller danser la salsa (12) _____ *Club Rio (masculine)*.

4. Et vous? Qu'est-ce que vous allez faire samedi prochain?

_____

_____

E. Quelle heure est-il? Donnez une réponse possible à la question **Quelle heure est-il?**
Écrivez vos réponses en toutes lettres.

❑

Il est quatre heures moins le quart. (Il est quinze heures quarante-cinq.)

1. _____

2. _____

3. _____

4. _____

5. _____

6. _____

F. Une soirée à Montréal. Lisez ces annonces de spectacles et décidez, d'après l'exemple, où ces personnes vont aller ce soir et à quelle heure. Utilisez l'heure officielle.

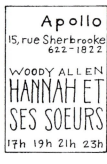

❑   Madame Bonot aime beaucoup les films de Woody Allen.

Ce soir, elle va voir «Hannah et ses sœurs» au cinéma Apollo à 19 heures.

1. Patrick Sertin aime les films de science-fiction.

   _____

2. Anne-Marie et Jean Richard adorent le reggae et la musique afro-antillaise.

   _____

3. Gabrielle Herriot aime beaucoup les chansons populaires, l'humour et la poésie.

   _____

4. Germaine LePage aime le théâtre.

   _____

5. Benoît Vuitton adore le jazz.

   _____

6. Martine et Nathalie aiment danser.

   _____

7. Et vous? Où est-ce que vous allez samedi soir?

   _____

G. Votre emploi du temps. Répondez aux questions suivantes sur votre emploi du temps de la semaine.

1. Quels cours suivez-vous ce semestre? (regardez la liste dans *Entre amis,* page 136).

    _____

2. Quels jours de la semaine allez-vous au cours de français? De quelle heure à quelle heure?

    _____

    _____

3. Quels jours n'allez-vous pas en cours?

    _____

4. Avez-vous l'habitude d'aller à la bibliothèque? Pourquoi? Pourquoi pas?

    _____

    _____

5. Combien d'heures par semaine étudiez-vous?

    _____

    _____

6. Avec qui avez-vous l'intention de sortir ce soir? Où allez-vous? Si vous ne sortez pas, pourquoi pas?

    _____

    _____

7. Avez-vous souvent envie de regarder la télé? À quelle heure regardez-vous la télé?

    _____

    _____

8. Écoutez-vous souvent la radio? Si oui, quand? Si non, pourquoi pas?

    _____

H. Ce qu'on doit faire chez les Martin. Madame Martin explique que sa famille doit faire beaucoup de choses cette semaine. Utilisez le verbe **devoir** pour faire des phrases d'après l'exemple.

lundi	faire la cuisine / David et Sylvie	*Lundi, David et Sylvie doivent faire la cuisine.*
mardi	faire la lessive / Sylvie et Céline	
mercredi	faire la cuisine / moi	
jeudi	faire la vaisselle / les enfants	
vendredi	aller au gymnase / mon mari	
samedi	faire le ménage / Lori Becker	
dimanche	déjeuner en famille / nous	

I. Le centre-ville. Regardez le plan de cette ville imaginaire et indiquez où se trouvent les endroits suivants en utilisant les prépositions de lieu de la liste suivante. Utilisez chaque préposition une fois.

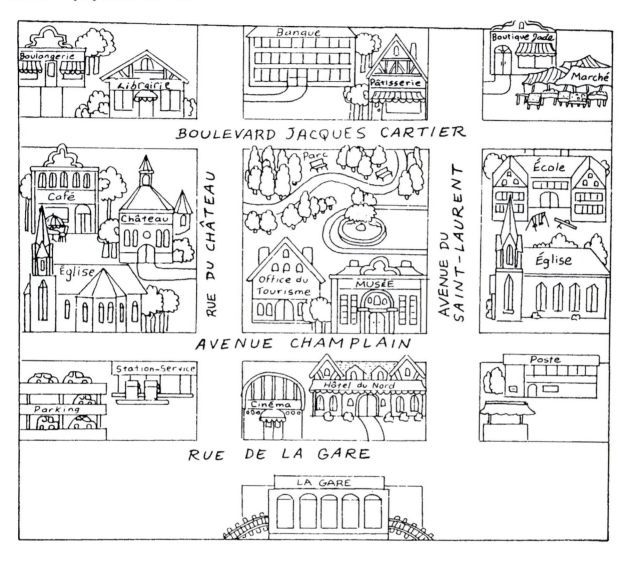

à côté de	loin de	près de	à droite de
à gauche de	devant	derrière	

☐   la banque   *Elle est loin de la gare.* _____

1.   la boulangerie   _____

2.   le café   _____

3.   le cinéma   _____

4.   la librairie   _____

5.   l'école   _____

6.   la boutique *Jade*   _____

7.   la pâtisserie   _____

J. Le diable et votre conscience. Pour chaque expression, indiquez: (1) ce que votre conscience propose; (2) ce que le diable propose.

		votre conscience	*le diable*
❏	parler français en classe	*Parle français en classe!*	*Ne parle pas français en classe!*
1.	arriver en classe avant le professeur		
2.	faire attention en classe		
3.	écouter quand le professeur parle		
4.	aller à la bibliothèque		
5.	porter des vêtements propres		
6.	téléphoner à tes parents		
7.	étudier beaucoup		

K. Testez votre connaissance du monde *(Test your global awareness).* Complétez les phrases en ajoutant *(by adding)* le pays et la langue (ou les langues) de ces personnes.

❏ Jacques Chirac habite à Paris, ___*en France*___, où on parle ___*français*___.

1. Juan Carlos de Bourbon habite à Madrid, _____, où on parle

   _____.

2. Mohamed VI habite à Rabat, _____, où on parle _____ et

   _____.

3. Vladimir Putin habite à Moscou, _____, où on parle _____.

4. Albert II habite à Bruxelles, _____, où on parle _____ et

   _____.

5. Hillary Clinton habite à New York, _____, où on parle _____.

6. Vicente Fox habite à Mexico, _____, où on parle _____.

7. Karl XVI Gustaf habite à Stockholm, _____, où on parle _____.

8. L'empereur Akihito habite à Tokyo, _____, où on parle _____.

9. Élisabeth II habite à Londres, _____, où on parle _____.

L. Testez vos connaissances en géographie! *(Test your knowledge of geography!)* Toutes les personnes suivantes habitent dans la capitale de leur pays. Indiquez la ville et le pays où elles habitent. Suivez l'exemple.

Les capitales de quelques pays

Capitales	Pays
Alger	Algérie
Berlin	Allemagne
Berne	Suisse
Bruxelles	Belgique
Dakar	Sénégal
Londres	Angleterre
Madrid	Espagne
Mexico	Mexique
Paris	France
Pékin	Chine
Rabat	Maroc
Rome	Italie
Stockholm	Suède
Tokyo	Japon

❑ María et Pedro sont espagnols. *Ils habitent à Madrid, en Espagne.*

1. Gina est italienne. _____

2. Heidi et Hanspeter sont suisses. _____

3. Ali est algérien. _____

4. Marcel et Anna sont belges. _____

5. Notre professeur est français. _____

6. Ces étudiants sont chinois. _____

7. Mon camarade de chambre est japonais. _____

8. Mary est anglaise. _____

M. Au campus. À vous d'écrire les questions qui correspondent aux expressions soulignées.

❑   J'habite au <u>23, rue du Saint-Laurent</u>.
    Où habites-tu?

1. Je vais <u>au campus</u>.

    _____

2. Ce soir, je vais à la bibliothèque <u>pour étudier</u>.

    _____

3. La bibliothèque est <u>près de la résidence universitaire, en face du resto U</u>.

    _____

4. J'ai un test <u>vendredi après-midi</u>.

    _____

5. Ma camarade de chambre travaille <u>maintenant</u>.

    _____

6. Le week-end prochain, nous allons faire <u>un voyage</u>.

    _____

7. En France, on achète du pain <u>à la boulangerie</u>.

    _____

N. _Rédaction:_ L'emploi du temps. Votre amie Caroline, de Montréal, vous parle de son nouvel emploi du temps. Répondez à votre amie Caroline et parlez de votre emploi du temps.

*   Faites votre emploi du temps:

	lundi	*mardi*	*mercredi*	*jeudi*	*vendredi*	*samedi*	*dimanche*
8–9							
9–10							
10–11							
11–12							
12–13							
13–14							
14–15							
15–16							
16–17							
17–18							
Le soir							

- Répondez aux questions suivantes.

    a. Où dînez-vous généralement? À quelle heure dînez-vous?

    _____

    b. Quand étudiez-vous? Où?

    _____

- Maintenant, écrivez votre lettre. Indiquez où vous allez et expliquez pourquoi vous allez à ces endroits. Avant d'écrire la lettre, révisez (*review*) **Début de rédaction** à la page 147 de votre livre.

_____

_____

_____

_____

_____

_____

_____

_____

_____

_____

_____

_____

_____

_____

Chapitre 6 Vos activités

 A. Une fille au pair. Complétez chaque phrase avec une des expressions suivantes.

à table	*différences*	*la salle de bain*	*tant de choses*
chez	*écrit*	*pour «chaud»*	*a remarqué*
fait le ménage	*garde*	*pour «froid»*	

1. Kristin a déjà passé trois mois en France. Elle travaille _____ les Louviot.

2. C'est une jeune femme très active. Elle a _____ à faire!

3. Elle n'a pas beaucoup de temps libre. Elle _____ et elle _____

    les enfants.

4. Chez les Louviot on mange bien et on passe beaucoup de temps _____.

5. Kristin _____ souvent des lettres à ses amis aux États-Unis.

6. Elle explique quelques _____ qui existent entre la France et les États-Unis.

7. Par exemple, elle _____ qu'en France, les toilettes ne se trouvent pas souvent

    dans _____ comme aux États-Unis.

8. Elle a aussi remarqué que les robinets sont marqués «C» _____ et «F»

    _____.

B. Les activités du week-end dernier. Complétez chaque phrase avec le verbe indiqué au passé composé.

❏ *(passer)* Nous ___*avons passé*___ une soirée agréable au bal samedi dernier.

❏ *(ne ... pas danser)* La plupart des étudiants américains ___*n'ont pas dansé*___ le tango.

1. *(téléphoner)* Est-ce que vous _____ à votre amie?

2. *(ne ... pas avoir)* Non, je _____ le temps.

3. *(faire)* Mes sœurs et moi, nous _____ la vaisselle, les courses et

    tout le ménage.

4. *(passer)* Et toi, tu _____ le week-end chez tes parents?

5. *(travailler)* Non, j'_____ samedi et dimanche.

6. *(regarder)*   Samedi après-midi, Serge et moi, nous _____ le Tour de

France à la télé.

7. *(jouer)*   Dimanche, les enfants _____ dans le parc avec des amis.

8. *(dîner)*   Dimanche soir, on _____ chez des amis.

9. *(avoir)*   Ma pauvre grand-mère, elle _____ une grippe terrible.

C. Un voyage exotique. Jean-Yves décrit les vacances de ses parents. Complétez le texte par les expressions suivantes.

pendant	*deux jours*	*dernière fois*	*le week-end dernier*
~~*ce matin*~~	*deux semaines*	*hier soir*	

_____Ce matin_____, mes parents ont téléphoné du Sénégal où ils passent des vacances. Le Sénégal

a beaucoup changé depuis la _____ que mon père a visité l'Afrique. Mon père a

traversé le Sénégal et l'Afrique du Nord _____ ce voyage-là. Il a beaucoup

aimé le Sénégal. Alors, il a invité ma mère à faire un voyage à travers ce beau pays. Ils ont passé

_____ à Dakar chez un ami de mon père qui travaille à l'Ambassade

américaine. Après Dakar, ils ont visité Saint-Louis où ils ont passé _____

dans un hôtel colonial, *La Résidence au Poste,* construit en 1895. _____ ils ont

fait de longues promenades dans les forêts tropicales de Casamance à l'intérieur du pays. Moi,

_____ j'ai rêvé *(dreamed)* de faire un voyage comme le voyage de mes

parents dans un pays exotique.

D. Trop tard *(Too late).* Répondez en employant le passé composé et les expressions suivantes pour indiquer qu'on a déjà fait les activités proposées.

ce matin	*dernier*	*il y a*
déjà	*hier soir*	*pendant*

❑ Tu vas faire tes devoirs maintenant?

   Non, j'ai fait mes devoirs hier soir. _____

1. Tu vas travailler à la bibliothèque ce soir?

   _____

2. Et Martine? Elle va jouer au tennis?

   _____

3. Alain et toi, vous allez faire la cuisine?

   _____

4. Est-ce que Sylvie et Nathalie vont nager à 5 heures?

   _____

5. Diane va-t-elle téléphoner à ce jeune homme?

   _____

6. Est-ce que Patrick et Suzanne vont regarder le match de foot à la télé?

   _____

7. Ta sœur va-t-elle faire du jogging ce matin?

   _____

8. Nous allons manger une pizza?

   _____

E. Le journal *(diary)* **de Paul.** Paul écrit ses activités dans son journal. Complétez le journal avec les verbes qui conviennent au passé composé. (Il est possible d'employer un verbe deux ou trois fois.)

avoir	*faire*	*passer*	*téléphoner*
écouter	*manger*	*regarder*	

1. Hier, j'_____ un samedi assez tranquille.

2. Je n'_____ le temps de faire les courses.

3. Et je n'_____ mes devoirs.

4. À midi, j'_____ un steak au *Bistro de la Gare*. C'est mon bistro favori!

5. L'après-midi, Bernard et moi, nous _____ des CD chez moi.

6. Ensuite, nous _____ une heure au centre commercial de Mériadeck.

7. À 3 heures, j'_____ la sieste.

8. Le soir, j'_____ à Martin pour l'inviter au cinéma, mais il n'aime pas

   aller au cinéma.

9. Alors, j'_____ un petit sandwich et

   j'_____ un film comique à la télévision.

F. Les plaisirs de la lecture. Voilà ce que les personnes suivantes aiment lire. Regardez le tableau *(chart)* suivant et puis complétez les phrases d'après l'exemple.

	romans	magazines	journaux	bandes dessinées	poèmes
Fabien et toi, vous ...				toujours	ne ... jamais
Robert ...	toujours		ne ... jamais		
Mimi et René ...		souvent		rarement	
Paul et moi, nous ...		quelquefois	régulièrement		
Toi, tu ...	ne ... jamais		toujours		
Moi, je ...		souvent		ne ... jamais	
Mylène et toi, vous ...	quelquefois				ne ... pas du tout

❑ Fabien et toi, vous *lisez toujours des bandes dessinées, mais vous ne lisez jamais de poèmes.*

1. Robert _____

2. Mimi et René _____

3. Paul et moi, nous _____

4. Toi, tu _____

5. Moi, je _____

6. Mylène et toi, vous _____

7. Et vous? Que lisez-vous souvent? toujours? quelquefois? jamais?

_____

_____

_____

_____

G. Qu'est-ce qu'on écrit? Complétez les phrases avec la forme convenable (au présent ou au passé composé) du verbe **écrire** ou avec une expression de la liste suivante.

journal	*poème*	*carte postale*
dissertation	*lettre*	*pièce*

❑ L'année dernière, le professeur ___*a écrit*___ un livre en français.

1. En ce moment, Robert _____ une _____ à ses parents. Hier

   soir, il _____ une longue _____ à sa petite amie.

2. Le semestre dernier, Joël et toi, vous _____ une longue _____

   pour le cours de philosophie.

3. Sophie et Marie-Louise (ne ... jamais) _____ de

   _____ en français.

4. Le week-end dernier, Paul et moi, nous _____ une petite _____

   pour le cours de théâtre. J' _____ trois scènes et Paul _____

   une seule scène.

5. Chaque lundi, Gisèle et Alice _____ un éditorial dans le _____

   des étudiants.

6. Et vous? Est-ce que vous écrivez souvent des lettres? À qui?

   _____

7. Est-ce que vous avez déjà écrit une longue dissertation en français?

   _____

8. Écrivez-vous des poèmes à vos ami(e)s?

   _____

9. Écrivez-vous beaucoup de messages électroniques?

   _____

H. Un adolescent difficile. Pierre est un adolescent qui répond toujours négativement aux questions de ses parents. Répondez aux questions en utilisant **ne ... rien.** Attention aux temps et à l'utilisation des prépositions!

❑   Pierre, tu as fait tes devoirs?

   Non, je n'ai rien fait.

1. Pierre, qu'est-ce que tu regardes?

   _____

2. Qu'est-ce que tu fais d'intéressant à l'école?

   _____

3. Qu'est-ce que tu as lu aujourd'hui?

   _____

4. Qu'est-ce que tu as écrit dans ton cours d'anglais?

   _____

5. Et qu'est-ce que tu vas faire ce soir?

   _____

I. Quelques questions personnelles. Répondez.

1. Combien d'heures avez-vous étudié hier soir?

   _____

2. Est-ce que vous avez dîné tard hier soir?

   _____

3. Combien de temps avez-vous passé à table?

   _____

4. Combien de temps passez-vous à faire vos devoirs d'habitude?

   _____

5. Combien de temps avez-vous passé à la bibliothèque la semaine dernière?

   _____

6. Est-ce que vous vous levez tôt d'habitude?

   _____

7. Combien de fois par mois allez-vous au cinéma?

_____

8. Combien de fois par mois vous levez-vous tard?

_____

9. Sortez-vous souvent?

_____

10. Est-ce que vous vous amusez beaucoup?

_____

3F   **J. Au contraire.** Répondez aux questions d'après l'exemple. Faites attention à l'emploi des prépositions **à** et **de.**

❑   Vous avez joué de la guitare chez les Martin? *(basket)*

    Non, nous avons joué au basket (chez les Martin). _____

1. Nadège a-t-elle joué du piano cet après-midi? *(tennis avec Alice)*

_____

2. Vas-tu jouer de la batterie avec Jean-Luc ce soir? *(foot)*

_____

3. Daniel et Luc vont-ils jouer au hockey ce week-end? *(accordéon et saxophone)*

_____

4. Est-ce que tes nouveaux amis américains vont jouer au basket samedi? *(cartes avec nous)*

_____

5. Monique aime jouer au bridge, n'est-ce pas? *(échecs)*

_____

6. Et Suzanne, a-t-elle joué du piano hier soir? *(violon)*

_____

7. Est-ce que Tiger Woods a joué à la pétanque? *(golf)*

_____

8. Et vous? De quoi jouez-vous?

_____

    Chapitre 6: WORKBOOK

K. Où sont-ils? Complétez les phrases et utilisez des pronoms accentués. Suivez les exemples.

❑ François est chez ___*lui*___.

❑ Les étudiants sont chez ___*eux*___.

1. Lisette est chez Henriette. Elle passe l'après-midi chez _____.

2. Le professeur est chez _____.

3. Tu as invité Guillaume et Marcel. Ils sont chez _____.

4. Vous êtes chez _____.

5. Je suis chez _____.

6. Hier soir tu as dîné chez tes parents. Tu as dîné chez _____.

7. Nous sommes chez _____.

8. Les filles de Madame Garnier sont chez _____.

L. Les conformistes. Répondez aux questions suivantes d'après les exemples. Utilisez un pronom accentué pour répondre à la question.

❑ Paul porte toujours un jean, un tee-shirt et des baskets. Et ses camarades? ___*Eux aussi.*___

❑ Paul ne porte jamais de chapeau. Et son ami Roland? ___*Lui non plus.*___

1. Charlotte aime les comédies. Et sa meilleure amie? _____

2. Mais elle n'aime pas du tout les films d'action. Et son petit ami? _____

3. Pour aller danser, Charlotte porte souvent une robe courte. Et ses camarades? _____

4. Charlotte et Bernard ne font jamais de camping. Et Thierry et Chantal? _____

5. Charlotte et Bernard détestent le rock. Et leurs parents? _____

6. Mais ils adorent le reggae et la musique afro-antillaise. Et leurs camarades? _____

7. Le père de Charlotte n'aime pas la bière hollandaise. Et son oncle? _____

8. La mère de Charlotte aime beaucoup le citron pressé. Et sa tante? _____

3H **M. Que font-ils ce week-end?** Complétez les phrases suivantes avec le verbe entre parenthèses au présent.

1. *(sortir)* —Ce soir, je _____ avec Christophe. Nous allons voir un film. Et vous, qu'est-ce que vous faites plus tard?

2. *(sortir)* —Nous _____ dîner avec Éric et Leila.

3. *(dormir)* —Le samedi matin, vous _____ tard, en général?

4. *(dormir)* —Oui, d'habitude nous _____ tard.

5. *(partir)* —Mais demain, nous _____ en voyage.

6. *(partir)* —À quelle heure _____ -vous?

7. *(partir)* —Le train _____ à huit heures du matin.

8. *(dormir)* —Et toi, est-ce que tu _____ tard le samedi matin?

9. *(partir)* —D'habitude, oui, mais demain je _____ aussi en voyage.

3I **N. Questions sur votre vie privée.** Répondez en faisant particulièrement attention à la conjugaison des verbes en **-yer.**

1. Qui nettoie la maison chez vos parents? Qui nettoie votre chambre?

_____

2. Est-ce que vous et vos amis nettoyez votre chambre dans votre résidence universitaire?

_____

3. Quand avez-vous nettoyé votre chambre pour la dernière fois?

_____

4. À qui envoyez-vous des lettres? À vos amis? À votre famille?

_____

5. Envoyez-vous beaucoup de messages électroniques? À qui?

_____

6. Est-ce que les étudiants dans votre université envoient beaucoup de messages électroniques? Et les professeurs?

_____

7. Quand avez-vous envoyé votre dernier message électronique? À qui?

_____

O. Le Club Med. Regardez le tableau des activités du *Club Med* dans des endroits différents puis répondez aux questions par des phrases complètes.

ACTIVITÉS ÉTÉ MER	MALABATA MAROC · P 78	LES MALDIVES RÉP DES MALDIVES · P 182	MARRAKECH MAROC · P 78	OTRANTO ITALIE · P 94	PAKOSTANE YOUGOSLAVIE · P 134	PALAIS MANIAL ÉGYPTE · P 146	PLAYA BLANCA MEXIQUE · P 178	POMPADOUR FRANCE · P 128	PUERTO MARIA ESPAGNE · P 114	PUNTA CANA RÉP. DOMINICAINE · P 165	LES RESTANQUES FRANCE · P 126	ROUSSALKA BULGARIE · P 138	SANTA GIULIA CORSE · P 119	SMIR MAROC · P 68
piscine	✓	✓	✓			✓	✓	✓	✓		✓			✓
tennis	✓		✓	✓			✓	✓	✓	✓	✓	✓		✓
voile	✓	✓		✓	✓		✓		✓	✓	✓	✓	✓	✓
équitation	✓			✓			✓	✓						
yoga	✓		✓		✓		✓	✓			✓		✓	✓
judo					✓								✓	✓
basket, football, aérobique	AÉRO-BIQUE		AÉRO-BIQUE	FOOT AÉRO-BIQUE	AÉRO-BIQUE		BASKET AÉRO-BIQUE	AÉRO-BIQUE	AÉRO-BIQUE	AÉRO-BIQUE	AÉRO-BIQUE	AÉRO-BIQUE	AÉRO-BIQUE	AÉRO-BIQUE
restaurant annexe	✓		✓	✓								✓		✓
arts appliqués	✓			✓	✓		✓	✓	✓			✓	✓	✓
location de voitures	✓		✓						✓				✓	✓
promenades et location de bicyclettes	✓							✓	✓		✓			
enfants (sans moniteur) à partir de		6 ANS	6 ANS			12 ANS	6 ANS				6 ANS			
Baby-Club à partir de												1 AN		

Questions:

1. Dans quel pays se trouve le *Club Med Pompadour*?

   _____

2. Combien de clubs y a-t-il au Maroc?

   _____

3. Où est le *Club Med Playa Blanca*?

   _____

4. Nommez le *Club Med* où on fait du yoga, de l'équitation et de la voile.

   _____

5. Quel club propose un *Baby-Club* à partir d'un an?

   _____

6. Vous aimez faire du sport pendant les vacances?

_____

7. Quelles activités du *Club Med* aimez-vous?

_____

P. *Rédaction:* La vie en dehors *(outside)* **de la classe.** Bruno vous a envoyé la lettre suivante. Répondez à sa lettre par deux paragraphes où vous décrivez vos activités en dehors de la classe. [Note: You may not know all the words Bruno is using; try to guess their meaning from the context.]

> *Genève, le 20 mars 20...*
>
> *Cher (Chère) ami(e),*
>
> *Je suis très heureux d'avoir reçu ta dernière lettre. Aujourd'hui, je vais te raconter* (tell) *ce que je fais d'habitude, et quand j'ai du temps libre.*
>
> *Le lundi, je n'ai cours que jusqu'à 2 heures; alors après, je vais travailler dans un magasin de sport «Décathlon». Je travaille de 3 heures à 7 heures, et aussi le samedi toute la journée. Cela fait seulement 12 heures par semaine, mais je dois aussi étudier beaucoup; alors c'est suffisant!*
>
> *Après le travail, le samedi, je sors avec mes amis: nous allons souvent au cinéma ou à la patinoire. Nous nous amusons beaucoup. Le reste de la semaine, je n'ai pas beaucoup de temps libre. J'étudie à la bibliothèque (souvent avec un groupe d'amis), ou je joue de la guitare dans ma chambre pour pratiquer et me relaxer.*
>
> *Le dimanche est mon seul vrai jour de repos. Je me lève vers midi, je prends mon petit déjeuner et je regarde un peu la télévision. Quelquefois, mon ami Antoine me téléphone pour me demander de jouer au football avec lui. C'est toujours avec plaisir que je réponds «Oui!», et nous allons ensemble au stade.*
>
> *Et toi? Qu'est-ce que tu fais? Dans ta prochaine lettre, raconte-moi ta vie en dehors de la classe, s'il te plaît!*
>
> *J'espère que tu vas bien. À bientôt de te lire!*
>
> *Ton ami,*
>
> *Bruno*

• Répondez aux questions suivantes.

a. Travaillez-vous? Où? Combien d'heures par semaine?

_____

_____

b. Sortez-vous souvent? Quand? Avec qui?

_____

_____

c. Est-ce que vous vous amusez beaucoup? Quelle est votre activité préférée?

_____

_____

d. Où allez-vous généralement le week-end?

_____

_____

e. Vous levez-vous tôt ou tard le dimanche matin?

_____

_____

f. Jouez-vous d'un instrument de musique? Jouez-vous souvent aux cartes? etc.

_____

_____

• Maintenant, écrivez une lettre de deux paragraphes avec les informations que vous avez notées. Dans le premier paragraphe, parlez de votre travail ou de vos études. Dans le second paragraphe, écrivez au sujet de vos loisirs *(leisure activities)*. Avant d'écrire la lettre, révisez **Début de rédaction** à la page 177 de votre livre.

_____

_____

_____

_____

_____

_____

_____

_____

_____

_____

_____

_____

_____

Chapitre 7 *Où êtes-vous allé(e)?*

 A. Au téléphone. Séverine Thévenot vient de descendre du train à la gare de Laval. Elle téléphone aux Renaud pour qu'ils viennent la chercher. Complétez la conversation.

1. Allô? _____

2. Qui est à l'appareil? _____

3. Vous êtes arrivée? _____

4. Vous devez être fatiguée,

   Mademoiselle. _____

5. Restez à la gare. Ma femme est déjà

   partie vous chercher. _____

a. Non, pas trop.

b. C'est très gentil à vous de vous occuper de moi.

c. Monsieur Renaud?

d. Je viens de descendre du train.

e. Bonjour, Monsieur. C'est Séverine Thévenot.

B. À la gare. Complétez les phrases suivantes avec les verbes entre parenthèses au passé composé.

❑ (arriver) Est-ce qu'elle ___*est arrivée*___ à la gare en retard?

❑ (ne ... pas partir) Non, elle ___*n'est pas partie*___ à l'heure.

1. (aller) Aline et Marc, est-ce que vous _____ à la gare hier?

2. (arriver) Oui, et nous _____ en avance, à 15 heures.

3. (entrer) Le train _____ en gare à 15 heures 40.

4. (rester) Est-ce que Laure _____ avec vous au café de la gare?

5. (rentrer) Oui. Après le café, nous _____ à la maison.

6. (tomber; aller) Laure _____ malade pendant les vacances; elle

   _____ chez le médecin à Laval.

7. (ne ... pas revenir) Ses parents _____ de Vancouver.

8. (sortir) Marc, Laure et toi, vous _____ hier soir?

9. (descendre) Oui, nous _____ en ville pour dîner.

C. Quel week-end! Sandrine écrit a son amie Stéphanie. Utilisez le passé composé des verbes indiqués pour compléter la lettre de Sandrine. Répondez ensuite aux questions. Attention au choix entre **être** et **avoir**!

Chère Stéphanie,

Samedi soir, Arnaud, Antoine, Delphine et moi, nous (aller) _____

au cinéma. Comme d'habitude, Arnaud (ne pas arriver) _____

à l'heure. Il (arriver) _____ un quart d'heure en retard parce qu'il

(avoir) _____ des problèmes avec ses parents. Nous (partir)

_____ de chez moi vers 8 heures 20. Mais heureusement nous

(arriver) _____ au cinéma avant le début du film. J'(trouver)

_____ le film très intéressant. Après le film, nous (aller)

_____ manger des glaces au Mont Royal où nous (parler)

_____ longtemps de nos vacances d'été. Je (rentrer) _____

vers minuit. J'(bien dormir) _____! Je (ne pas dormir)

_____ tard dimanche matin. Je (se lever) _____

très tôt et je (aller) _____ à l'église avec mes parents; après j'(faire)

_____ quelques devoirs. L'après-midi, j'(jouer) _____ au

tennis. Et toi, qu'est-ce que tu (faire) _____ ce week-end?

    J'attends ta lettre.

    Tchao,

    Sandrine

Questions:

1. Qu'est-ce que Sandrine a fait samedi soir?

    _____

2. Comment est-ce qu'elle a trouvé le film?

    _____

3. Pourquoi Arnaud est-il arrivé en retard?

    _____

4. À quelle heure Sandrine et ses amis sont-ils partis?

    _____

NOM _____ DATE _____

5. Qu'est-ce qu'ils ont fait après le film?

_____

6. À quelle heure est-ce que Sandrine est rentrée?

_____

7. Et vous? Est-ce que vous vous êtes bien amusé(e) le week-end dernier?

_____

8. Est-ce que vous êtes allé(e) au cinéma?

_____

9. Est-ce que vous vous êtes levé(e) tôt dimanche matin?

_____

10. Est-ce que vous avez écrit une lettre ou un message électronique la semaine dernière? À qui?

_____

D. Quelle coïncidence! Les personnes suivantes ont fait les mêmes choses. Décrivez ce qu'elles ont fait d'après l'exemple. Faites attention à l'accord du participe passé!

❑ Brigitte est allée au concert. Et Marc?

 Lui aussi, il est allé au concert.

1. Danielle est rentrée vers minuit. Et Christine?

_____

2. Didier est retourné à Montréal. Et Marianne et sa sœur?

_____

3. Je suis sorti(e) samedi soir. Et toi, Monique?

_____

4. Arnaud et toi, vous êtes partis à 8 heures pour aller en ville. Et les autres étudiants?

_____

5. Mes amis se sont amusés le week-end dernier. Et ton frère?

_____

6. Tu es resté(e) dans ta chambre ce week-end. Et Sylvie et Suzanne?

_____

Copyright © Heinle, Cengage Learning. All rights reserved. **Chapitre 7: WORKBOOK** **67**

7. Thierry s'est levé à 7 heures du matin. Et toi, Adèle?

   _____

8. Votre ami est descendu du train de Québec. Et vous, Antoine et Albert?

   _____

9. Mes parents sont revenus hier après-midi. Et tes parents?

   _____

10. Le professeur est allé au théâtre jeudi soir. Et ses étudiants?

    _____

E. Est-ce qu'ils y vont? Remplacez l'endroit indiqué par le pronom **y.** Attention au temps des verbes!

❑ Le professeur va souvent <u>en Louisiane</u>.

   Il y va souvent.

1. Je vais quelquefois <u>à la bibliothèque</u>.

   _____

2. Nous ne passons pas deux heures <u>au labo</u> chaque jour.

   _____

3. Ma sœur travaille <u>à la bibliothèque universitaire</u>.

   _____

4. Mes parents ont fait un voyage <u>au Sénégal</u> il y a cinq ans.

   _____

5. La plupart des étudiants ont écrit leurs dissertations <u>au resto U</u>.

   _____

6. Je vais poster une lettre <u>en ville</u>.

   _____

7. Elles ne sont pas restées <u>à la gare</u>.

   _____

8. Mon frère a habité <u>en France</u> pendant cinq ans.

   _____

9. Vous allez <u>à l'église</u> le dimanche?

   _____

F. L'emploi du temps de Sabine. Sabine écrit toujours sur son agenda les choses à faire. Vendredi soir, sa camarade de chambre examine sa liste et demande à Sabine si elle a fait toutes ces choses. Posez des questions d'après l'exemple et répondez en utilisant le pronom **y.** S'il n'y a pas de marque √ devant l'activité, répondez **non** et mettez le verbe à la forme négative.

Vendredi 9 novembre

9 h	√	aller en classe
11 h	_____	descendre en ville trouver un pull
12 h 30	√	déjeuner avec Mathilde au bistro du coin
14 h	_____	aller au bureau de poste
14 h 30	√	rentrer chez moi
17 h	√	étudier à la bibliothèque
19 h	√	dîner au restaurant

❑ — *Tu es vraiment allée en classe à 9 heures?* _____

— *Oui, j'y suis allée.* _____

❑ — *Tu es descendue en ville trouver un pull?* _____

— *Non, je n'y suis pas descendue.* _____

1. — _____

— _____

2. — _____

— _____

3. — _____

— _____

4. — _____

— _____

5. — _____

— _____

G. D'où viennent-ils? Complétez les phrases suivantes d'après l'exemple.

❑ _Je viens de la bibliothèque._

1.

2.

3.

4.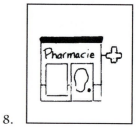

5.

6.

7.

8.

1. Hélène _____

2. Liliane et Arnaud _____

3. Vous _____

4. Éric _____

5. Tu _____

6. Mes parents _____

7. Marion et moi, nous _____

8. Vous _____

H. Une collection philatélique. Maryline collectionne les timbres *(stamps)*. Elle a des timbres de beaucoup de pays. Suivez l'exemple et indiquez la date et le pays d'origine de ses timbres. (Suggestion: Révisez *Entre amis,* pages 18 et 66.)

❑   17/4/89; Strasbourg (F)

On a posté cette lettre   *de France le 17 avril mille neuf cent quatre-vingt-neuf.*

1.   21/1/76; Munich (D)

On a posté cette lettre _____

2.   18/8/79; Berne (CH)

On a posté cette lettre _____

3.   26/6/46; Casablanca (MA)

On a posté cette lettre _____

4.   9/11/59; Indianapolis (USA)

On a posté cette lettre _____

5.   12/11/11; Montréal (CDN)

On a posté cette lettre _____

6.   2/2/22; Londres (GB)

On a posté cette lettre _____

 I. Les fêtes en France. Lisez le calendrier des jours de fermeture *(closing)* des banques en France. Ensuite, écrivez des phrases d'après l'exemple.

> ### Les jours de fermeture des banques en France
> ### pour l'année 2006
>
> | 1er janvier | *Jour de l'An* | 5 juin | *Lundi de Pentecôte* |
> |---|---|---|---|
> | 14 avril | *Vendredi Saint* | 14 juillet | *Fête nationale* |
> | 15 avril | *Veille de Pâques* | 15 août | *Assomption* |
> | 17 avril | *Lundi de Pâques* | 1er novembre | *La Toussaint* |
> | 1er mai | *Fête du Travail* | 11 novembre | *Armistice*** |
> | 8 mai | *Armistice** | 25 décembre | *Noël* |
> | 25 mai | *Ascension* | | |

*Fin de Seconde Guerre mondiale *(WWII)*   **Fin de Première Guerre mondiale *(WWI)*

❑   01/01/06   Les banques sont fermées   *le 1er janvier 2006 (Jour de l'An).*

1.   14/04/06   Les banques sont fermées _____

2.   15/04/06   Les banques sont fermées _____

3.   01/05/06   Les banques sont fermées _____

4.   15/08/06   Les banques sont fermées _____

5. 25/05/06 Les banques sont fermées _____

6. 08/05/06 Les banques sont fermées _____

7. 14/07/06 Les banques sont fermées _____

8. 01/11/06 Les banques sont fermées _____

9. 11/11/06 Les banques sont fermées _____

10. 25/12/06 Les banques sont fermées _____

2E   **J. Le temps chez vous.** Répondez aux questions suivantes par des phrases complètes.

1. En quelle saison êtes-vous né(e)?

_____

2. Quel mois?

_____

3. Quel temps fait-il généralement à ce moment-là?

_____

4. Quel mois est-ce qu'il commence à faire froid chez vous?

_____

5. En quelle saison est-ce qu'il pleut chez vous?

_____

6. Pendant quel(s) mois est-ce que vous allez partir en vacances?

_____

7. Quel mois commence la saison de basket-ball?

_____

8. Quelle est votre saison préférée? Pourquoi?

_____

3F

K. C'est vrai ou ce n'est pas vrai? Répondez avec **Oui** ou **Si** aux questions en utilisant **venir de.** (Suggestion: Révisez *Entre amis,* page 74.)

❑ C'est vrai, tu as déjà lu la carte postale de ton amie?

   Oui, je viens de lire sa carte postale.

❑ C'est vrai, tu n'as pas fait les courses?

   Si, je viens de faire les courses.

C'est vrai, ...

1. tu as lu le journal?

   _____

2. tu n'as pas téléphoné à tes parents?

   _____

3. vous deux, vous avez joué aux échecs?

   _____

4. ton ami et toi, vous êtes allés à la gare?

   _____

5. les étudiants n'ont pas joué au basket?

   _____

6. ta camarade de chambre et toi, vous avez fait vos devoirs de maths?

   _____

7. tu n'as pas expliqué pourquoi tu n'es pas sorti(e)?

   _____

8. tes amis n'ont pas téléphoné?

   _____

L. *Rédaction:* **Qu'est-ce que vous avez fait le week-end dernier?** Vous voulez raconter à votre amie Caroline ce que vous avez fait le week-end dernier. Avant d'écrire, révisez **Début de rédaction** à la page 204 de votre livre.

1. Faites une liste de vos activités du week-end dernier.

	Quoi?	Quand?	Avec qui?
❑	aller au cinéma	vendredi soir	avec mes amis

2. Répondez aux questions suivantes.

- Avez-vous étudié? Pendant combien de temps?

   _____

- Avez-vous envoyé des messages électroniques? À qui?

   _____

- Avez-vous lu des journaux? des magazines? un livre?

   _____

- Êtes-vous sorti(e)? Avec qui? Quand?

   _____

- Vous êtes-vous levé(e) tôt/tard dimanche matin? Pourquoi?

   _____

3. Maintenant, utilisez ces réponses dans votre lettre.

   _____

   _____

   _____

   _____

   _____

   _____

   _____

   _____

   _____

   _____

   _____

Chapitre 8 *On mange bien en France*

A. Qu'est-ce qu'il y a dans la cuisine de Stéphanie? Identifiez les choses suivantes et commencez vos phrases par **il y a,** puis **du, de l', de la** ou **des.**

  1.  2.

❑ _Il y a du poulet._

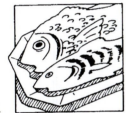 3.  4.  5.

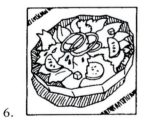 6.  7.  8.

1. _____

2. _____

3. _____

4. _____

5. _____

6. _____

7. _____

8. _____

B. Des catégories. Soulignez *(Underline)* l'expression qui n'appartient pas *(doesn't belong)* à la catégorie.

1. de l'emmenthal / du camembert / du brie / du poulet

2. des haricots verts / des épinards / du chèvre / des petits pois

3. de la tarte / de la viande / du gâteau / de la glace

4. de la salade / du bœuf / du poulet / du porc

5. de la truite / du poisson / du saumon / du pain

6. des pâtisseries / de la truite / du gâteau / des fruits

C. À la Soupière gourmande. Regardez la carte du restaurant *La Soupière gourmande* et devinez le choix de trois de vos camarades de classe en précisant un hors-d'œuvre, un plat principal (avec des légumes), un dessert et une boisson pour chacun(e). Variez vos choix.

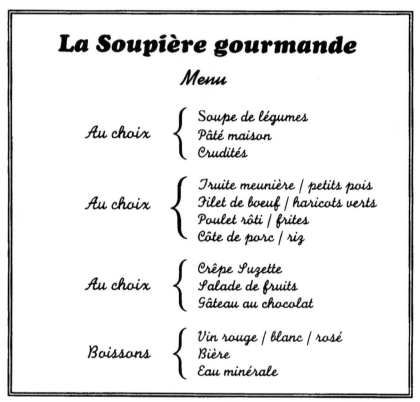

> *Hervé va prendre des crudités, du poulet rôti, des frites et de la salade de fruits.*
>
> *Comme boisson, il va prendre de la bière.*

1. _____

_____

2. _____

_____

3. _____

_____

4. Et vous? Qu'est-ce que vous allez prendre?

Moi, _____

_____

1A **D. Un repas spécial.** Dimanche, c'est l'anniversaire de Nadège. Sa maman va préparer un repas spécial. Complétez le menu qu'elle compose avec l'article partitif qui convient.

D'abord, nous allons commencer par un apéritif: _____ kir. Ensuite, comme hors-d'œuvre:

_____ pâté et _____ crudités. Puis, comme plat principal, nous allons avoir _____

poisson—_____ truite ou _____ saumon. Et _____ légumes, c'est sûr: _____

haricots verts, _____ épinards et _____ carottes. Il faut aussi, bien sûr, _____

fromage, oui, un plateau de fromages variés: _____ camembert, _____ emmenthal,

_____ brie et _____ chèvre. Enfin, les desserts: _____ gâteaux au chocolat,

_____ fruits et _____ glace aux framboises. Ah! j'ai oublié les boissons, _____ vin

blanc avec le poisson et _____ eau minérale, une grande bouteille d'Évian.

1B **E. Le pauvre serveur!** Parce que beaucoup de touristes ont visité le restaurant *Château du Pray,* il y reste peu de choses à manger et à boire. Composez de petits dialogues entre les clients qui commandent les repas suivants et le serveur qui suggère d'autres choix. Suivez l'exemple.

❏ poisson / viande

— *Vous avez du poisson?* _____

— *Je regrette, nous n'avons plus de poisson, mais nous avons de la viande.* _____

1. salade verte / salade de tomates

— _____

— _____

2. saumon / truite

— _____

— _____

3. petits pois / haricots verts

— _____

— _____

4. jus de pomme / jus d'orange

— _____

— _____

5. chèvre / brie

— _____

— _____

6. tarte aux pommes / fruits

— _____

— _____

F. Au salon de thé. Lisez la carte de ce salon de thé et indiquez par des phrases qui contiennent le verbe **prendre** ce que les personnes suivantes ont commandé. Suivez l'exemple.

Aux Délices d'Italie

Les Boissons Chaudes

1	Café express	1,40 €
2	Café crème	1,70 €
3	Café alsacien	4,50 €
4	Cappuccino	2,25 €
5	Chocolat	2,15 €
6	Thé nature	1,70 €
7	Thé à la menthe	1,70 €
8	Irish coffee	8,40 €
9	Thé au lait	2,00 €
10	Vin chaud	2,25 €

«Choisissez, selon votre envie du moment.»

Gourmandises

11	Croissant aux amandes	1,70 €
12	Pain au chocolat	1,80 €
13	Tartelette aux pommes	1,80 €
14	Truffe	2,40 €
15	Forêt noire	2,90 €

Glace

16	Coupe glacée: 3 boules	3,35 €
17	Coupe glacée: 4 boules	4,50 €
18	Pêche melba	4,25 €
19	Banana split	4,85 €
20	Poire Belle Hélène	4,85 €

❑ Les Laronde (#7 + #20) _prennent du thé à la menthe et une poire Belle Hélène._

1. Ma belle-mère (#4) _____

2. Les enfants de ma belle-sœur (#19) _____

3. Marc et moi, nous (#1 + #11) _____

4. Et toi, Hélène? Tu (#9) _____

5. Mes nièces (#5 + #12) _____

6. Et vous? Qu'est-ce que vous prenez? Moi, _____

_____

NOM _____ DATE _____

G. Apprendre pour comprendre. Complétez chaque phrase avec (1) le pays où on trouve les villes indiquées et (2) la forme convenable des verbes **apprendre** et **comprendre.**

❑ Roland va bientôt aller travailler comme informaticien à Berlin, _en Allemagne._

Il _apprend_____ l'allemand.

1. Wendy a étudié trois ans à Bruxelles, _____. Alors elle

_____ le français et un peu le flamand.

2. Julio et Manuel, vous venez de passer un an à Montréal, _____, n'est-ce

pas? Alors vous _____ assez bien le français et l'anglais, non?

3. Bruno et son cousin vont travailler six mois cet hiver chez IBM à Madrid,

_____. Alors maintenant ils _____ l'espagnol.

4. Au printemps, des amis français vont faire un voyage à San Francisco,

_____. Alors ils _____ l'anglais.

5. Mes parents et moi, nous venons d'aller voir une tante à Tokyo, _____.

Mais nous ne _____ pas du tout le japonais.

6. Madame Robert, vous avez passé une année à Pékin, _____, n'est-ce pas?

Alors, vous _____ le chinois?

7. Et vous? Quelle(s) langue(s) apprenez-vous?

_____

8. Comprenez-vous très bien la grammaire? Qu'est-ce que vous ne comprenez pas bien?

_____

_____

H. Quelle quantité? Faites le choix convenable pour compléter les questions suivantes.

une assiette	*une tasse*	*des*	*un verre*
la boîte	*une bouteille*	*trop*	*un morceau*
une tranche			

❑ Vous voulez ___*un verre*___ de bière?

1. Encore _____ de vin?

2. Voulez-vous _____ de jambon?

3. Y a-t-il _____ de crudités sur la table?

4. Voulez-vous encore _____ frites?

5. Y a-t-il _____ de champagne pour le dessert?

6. Vous prenez _____ de café?

7. Où est _____ de bonbons?

8. Tu as mangé _____ de chocolat, hein? Maintenant tu es malade!

I. La gastronomie et les saisons. Souvent, on choisit des boissons et des plats différents selon le temps qu'il fait. Complétez les phrases avec des choix de boissons et de plats qui conviennent au climat de la saison. Utilisez les verbes **boire** et **manger** dans chaque phrase.

❑ Quand il fait chaud ... la plupart des étudiants ___*boivent de la bière et (ils) mangent de la*___

___*pizza.*___

Quand il fait froid ...

1. mes parents _____

2. ma sœur _____

Quand il fait très chaud ...

3. mes amis et moi, nous _____

4. mon (ma) camarade de chambre _____

Quand il fait beau et pas trop chaud ...

5. nos voisins _____

6. la plupart des étudiants américains _____

7. Et vous? Qu'est-ce que vous buvez et qu'est-ce que vous mangez quand il fait très froid? Quand il

fait très chaud? _____

_____

_____

J. Qu'en pensez-vous? Donnez vos opinions sur les choses suivantes.

Que pensez-vous ...

❑ du chèvre?

Miam! C'est excellent. ou _Berk! C'est affreux._ ou _Je l'aime assez._

Que pensez-vous ...

1. du chocolat suisse?

_____

2. des Big Macs?

_____

3. du vin de Californie?

_____

4. de la bière mexicaine?

_____

5. des escargots *(snails)*?

_____

6. de la cuisine italienne?

_____

7. de la pizza aux anchois?

_____

K. C'est logique! Complétez les phrases avec les expressions suivantes.

avoir peur	*avoir raison*	*avoir tort*	*avoir soif*
avoir faim	*avoir froid*	*avoir sommeil*	*avoir chaud*

❑ En été, quand je joue au tennis et qu'il fait chaud, je bois souvent du coca parce que _j'ai soif._

1. Pierre _____ parce qu'il n'a rien mangé.

2. En hiver je porte beaucoup de vêtements parce que j'_____.

3. Les coureurs *(runners)* du marathon boivent beaucoup d'eau parce qu'ils _____.

4. Mon petit frère regarde un film d'horreur. Qu'est-ce qu'il _____!

5. Si vous allez au Club Med à Marrakech en été, vous allez _____.

6. Thierry dit que Bruxelles est la capitale de la Belgique; il _____.

7. Par contre, David dit que Genève est la capitale de la Suisse; il _____.

8. Nous _____ parce que nous n'avons pas bien dormi hier soir.

L. Quelques préférences. Répondez négativement aux questions suivantes. Utilisez le verbe **aimer** avec un pronom d'objet direct, suivi d'un verbe de préférence. Suivez l'exemple.

❏ Tu aimes le champagne? (kir)

   Non, je ne l'aime pas beaucoup. Je préfère le kir.

1. Tu aimes la salade de tomates? (la laitue)

   _____

2. Est-ce que tu aimes le poisson? (la viande)

   _____

3. Bernard aime la viande? (les légumes)

   _____

4. Tes parents aiment le saumon? (la truite)

   _____

5. Tu penses que le professeur aime le camembert? (le brie)

   _____

6. Ton neveu aime la pizza? (le steak-frites)

   _____

7. Est-ce que les étudiants aiment beaucoup l'orangina? (le coca)

   _____

8. Est-ce que tu aimes les épinards? (les carottes)

   _____

9. Maurice et toi, vous aimez les crêpes? (les gâteaux)

   _____

M. *Rédaction:* **Vos préférences.** Pour continuer le dialogue avec votre ami suisse, Bruno, vous écrivez une lettre sur vos préférences.

- D'abord, répondez aux questions suivantes.

1. **Les choses à manger:** Qu'est-ce que vous préférez manger d'habitude?

   - De la viande ou du poisson?

     Je préfère manger de la viande. J'aime beaucoup le poulet.

   - De la soupe ou des crudités?

     _____

   - De la glace au chocolat ou de la glace à la vanille?

     _____

   - Un sandwich au jambon ou un sandwich au beurre d'arachide?

     _____

2. **Les boissons:** Quelles boissons préférez-vous?

   - Le Coca Classique ou le Pepsi?

     _____

   - Le vin rouge ou le vin blanc?

     _____

   - Le thé ou le café?

     _____

3. **Les loisirs** *(Leisure activities):* Que préférez-vous faire quand vous avez un peu de temps libre?

   - Faire des devoirs à la bibliothèque ou faire du sport?

     _____

   - Parler avec des amis ou faire une promenade seul(e)?

     _____

   - Lire un roman ou regarder la télévision?

     _____

- Maintenant, composez votre lettre à Bruno. Commencez par lui demander comment il va, s'il a beaucoup de travail, etc. Ensuite, parlez-lui de vos goûts: (1) la nourriture; (2) les boissons; (3) vos activités de loisir. Avant d'écrire la lettre, révisez **Début de rédaction** à la page 234 de votre livre.

_____

_____

_____

_____

_____

_____

_____

_____

_____

_____

_____

Chapitre préliminaire *Au départ*

Partie A: Prononciation

Activité 1: Masculin ou féminin?

After reading the pronunciation section on page 4 of *Entre amis*, decide whether the following words are masculine or feminine and place an X in the appropriate column.

	Masculin	*Féminin*
❑	X	
1.		
2.		
3.		
4.		
5.		
6.		
7.		
8.		
9.		
10.		

Activité 2: Les nombres et l'alphabet français

After reviewing the French numbers and alphabet in the **Chapitre préliminaire,** say and spell the names below and say the phone numbers in French.

1. Bruno
2. 03–25–30–28–17

3. Caroline
4. 03–15–12–06–21

Partie B: Compréhension

Activité 1: Ici on parle français

People in many parts of the world speak French as their native language. In this activity, you will hear native speakers of different languages say a few words about themselves. You do *not* need to understand what each person is saying; your task is simply to decide whether or not the language spoken is French. There are pauses after each speaker so that you can think before marking your answers. You can also listen to the samples more than once if it will help you to decide.

Chapitre préliminaire: LAB MANUAL

On parle français?

	oui	non			oui	non			oui	non
1.	_____	_____		4.	_____	_____		7.	_____	_____
2.	_____	_____		5.	_____	_____		8.	_____	_____
3.	_____	_____		6.	_____	_____				

Activité 2: Le monde francophone

A. Take time to look over the following four maps. Of the French-speaking areas you see highlighted, which two would you most like to visit?

Premier choix: _____

Deuxième choix: _____

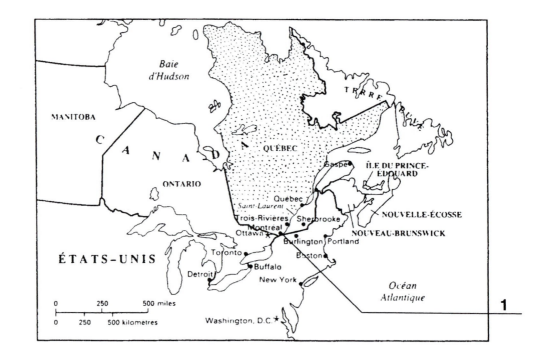

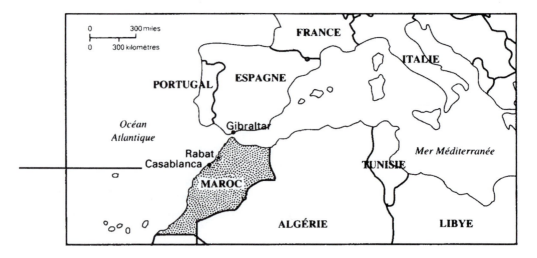

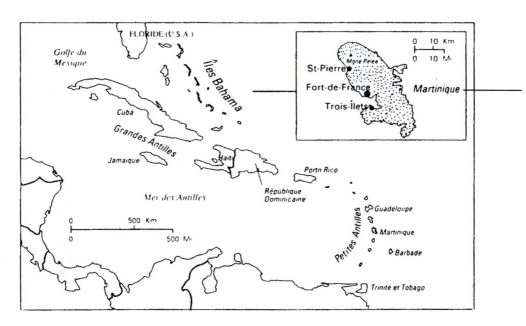

 B. Listen to the following native speakers as they introduce themselves to you in French and tell you where they are from. You will hear each greeting twice. First, locate the country and city on the maps above. Then, write the number of the speaker on the line next to each city. The first one is filled in for you.

1. Georgette

2. Françoise

3. Pierre

4. Monsieur Patou

Chapitre préliminaire: LAB MANUAL   **161**

Activité 3: Quel temps fait-il?

You have friends from around the world. When you listen to global weather reports on the radio, you're curious about how weather in their regions compares to your part of the world.

 A. Four cities are mentioned in the following weather report. Choose from the following list and write the names of the locations you hear in the spaces provided below.

Montréal   Bruxelles   Genève   Paris   Nice   Casablanca

1. _____   3. _____

2. _____   4. _____

 B. Listen again and circle the weather condition that is described for each city.

1. il fait du vent   il fait du soleil   3. il pleut   il neige

2. il neige   il fait froid   4. il fait beau   il fait chaud

 C. Listen once more. After each city and weather condition there will be a pause. Repeat the weather condition you hear, then listen as the speaker says the response.

Activité 4: Deux plus deux

Math is math in any language. For example:

huit	**moins**	**trois**	**font**	**cinq**
8	**–**	**3**	**=**	**5**

 A. For each of the following addition and subtraction problems, one number in the equation is written in for you. First, look at each problem and pronounce the number given. Notice whether you will be adding or subtracting.

1.   6   + _____ = _____   4.   13   + _____ = _____

2. _____ – 14 = _____   5. _____ – 10 = _____

3.   4   + _____ = _____   6. _____ – 11 = _____

 B. When you've finished looking over the problems, start the audio. You will hear the given number and one of the other numbers in the equation. Write the new number that you hear in the appropriate space.

 Now solve the problems and write the remaining number for each equation in activity A.

C. Start the audio. Listen as each equation is read with the answer. Did you get the right answers?

Partie C: En contexte

In this activity, you will take part in brief exchanges that might occur in social situations in French-speaking countries. There may be different ways of responding to the same question or comment. Notice the intonation the speakers use to convey their meaning and try to imitate them. For example, in English you might hear,

—*Wow, that's a nice chair! Is it new?*
—*Yes. I'm glad you like it.* OR
—*Wow, that's a nice chair! Is it new?*
—*Yeah, it's O.K., but I don't really like the color.*

Here's an example in French.

—Comment dit-on «*the door*»?
a.   En français? OR
b.   On dit «la porte».

Now it's your turn. Look over the questions and responses, then turn on the audio. When you hear the question and the first response, repeat the first response in the pause, using the same intonation to convey meaning. When you hear the questions again with the second response, repeat the second response. When you hear the tone, it's up to you to ask the question. Circle the answer you hear.

1. a.   —Quelle heure est-il?
            —Il est dix heures vingt.

            —_____.

    b.   —Quelle heure est-il?
            —Je ne sais pas.

            —_____.

    c.   —_____?
            —Il est dix heures vingt. / —Je ne sais pas.

2. a.   —Donnez-moi la craie.
            —Pardon?

            —_____.

    b.   —Donnez-moi la craie.
            —Répétez, s'il vous plaît.

            —_____.

    c.   —_____.
            —Pardon? / —Répetez, s'il vous plaît.

Chapitre préliminaire: LAB MANUAL

3. a. —Vous comprenez?
   —Non, je ne comprends pas.

   —_____.

   b. —Vous comprenez?
   —Comment?

   —_____.

   c. —_____?
   —Non, je ne comprends pas. / —Comment?

Chapitre 1 *Bonjour!*

Partie A: Prononciation

Activité 1: L'accent et le rythme

Contrast the following pairs of French and English words by underlining the syllable that receives the main accent. Repeat the words after the example. After you repeat the word, you will hear it one more time.

	English		*French*
❑ You underline:	A<u>mer</u>ican	You underline:	améri<u>cain</u>
You say:	American	You say:	américain
You hear:	American	You hear:	américain
		You repeat:	américain

1.	equally	également
2.	Canadian	canadien
3.	comparable	comparable
4.	administration	administration
5.	journalism	journalisme

Activité 2: Les consonnes finales

Listen to the following words and place an X in the appropriate column to indicate the final written letter.

	Ends with a pronounced consonant	*Ends with a silent consonant*	*Ends with a silent e*
❑		X	
1.			
2.			
3.			
4.			
5.			
6.			
7.			
8.			
9.			
10.			

Partie B: Compréhension

Activité I: Quelques descriptions

 A. Listen to the words that follow and decide whether they are masculine or feminine. Check the appropriate column. If you can't tell, check **je ne sais pas.**

	masculin	*féminin*	*je ne sais pas*
1.	_____	_____	_____
2.	_____	_____	_____
3.	_____	_____	_____
4.	_____	_____	_____
5.	_____	_____	_____
6.	_____	_____	_____

 B. As you sit in a café, you hear bits of conversation as people walk by your table. Using the blanks provided, fill in the words that describe physical appearance, nationality, or marital status. Don't worry if you don't understand all the other words.

1. [_]_ _ r _ c _ _ _

2. j _ _ _ [_]_ i _

3. [_]r _ n _ _

4. [_]a _ _

5. f _[_]_ _ é _

6. _ _ _ l [_]_ _ n _

7. c _ _ _ _ _ _ _ i _ _[_]

8. _ i[_]_ _ l _

 C. Using the bracketed letters from activity B, fill in the blanks provided.

_ _ _ _ _ _ _ _

Can you tell the gender and number of this adjective of nationality?

Activité 2: Je peux vous aider?

A. On a flight from New York to Montpellier, Pierre Bouveron is seated next to Martine Cheynier, a young mother who is busy taking care of her two small children. A half-hour before arrival, the flight attendant passes out the landing cards for passengers to fill out. Before listening, fill in each blank by selecting the appropriate word or expression from the list below.

assez
canadienne
certainement
comment vous appelez-vous?
deux
donnez-moi
excusez-moi

Madame
où habitez-vous?
oui
prénom
profession
suis
voilà

MARTINE CHEYNIER: _____, Monsieur.

PIERRE BOUVERON: Oui, _____? Je peux vous aider?

MARTINE CHEYNIER: _____ le problème: je voudrais remplir (*fill out*)

la carte, mais avec mes _____ bébés, c'est

_____ difficile.

PIERRE BOUVERON: Ah! _____, je comprends! Alors,

_____ la carte.

Numéro un: _____?

MARTINE CHEYNIER: Cheynier. C-H-E-Y-N-I-E-R.

PIERRE BOUVERON: _____?

MARTINE CHEYNIER: Martine.

PIERRE BOUVERON: Alors, _____?

MARTINE CHEYNIER: À Québec.

PIERRE BOUVERON: Vous êtes donc _____?

MARTINE CHEYNIER: Oui, c'est ça.

PIERRE BOUVERON: Vous avez une _____?

MARTINE CHEYNIER: _____! Je _____ mère

(*mother*) de famille! En voilà l'évidence!

B. Now listen to the dialogue and check the answers you gave in activity A, above.

Chapitre 1: LAB MANUAL

C. You will hear the dialogue again. Pretend you are Pierre, who is helping Martine complete her landing card. Fill it in for her.

Carte de débarquement

1. Nom: _____

   Prénom: _____

2. Date de naissance: _____ 25/05/64 _____

3. Lieu de naissance: _____ Québec _____

4. Nationalité: _____

5. Profession: _____

6. Domicile: _____ 2276, rue des Érables _____

   _____ Québec (Québec) _____

   _____ G1R 2HR Canada _____

7. Aéroport ou port d'embarquement: _____ NY _____

Activité 3: Permettez-moi de me présenter ...

A. You are sharing a breakfast table in the salon of the *hôtel de Noailles*. A man arrives and introduces himself to the gentleman seated across from you. As you overhear their conversation, first concentrate on Monsieur Martin. How does he describe himself? Check off your choices.

	Monsieur Martin	
touriste:	_____ oui	_____ non
profession:	_____ médecin	_____ pharmacien

B. Listen to the dialogue again. This time, check off the choices that describe Monsieur Legrand.

	Monsieur Legrand	
profession:	_____ professeur	_____ mécanicien
nationalité:	_____ belge	_____ suisse
domicile:	_____ Suisse	_____ Belgique
état civil:	_____ marié	_____ veuf
touriste:	_____ oui	_____ non

NOM _____ DATE _____

Activité 4: Quelle chambre? Quelle surprise!

A. You are part of a tour group that has stopped for the night at the *hôtel de Noailles* in Montpellier. You offer to help when the tour director calls out the names of group members and tells them their room assignments. Use the check-off column on the left below to mark each name that the tour director calls. Note that not all of the people on the list will be staying at this hotel.

Liste des voyageurs		
Nom		*Numéro*
_____	Carron, Claude	_____
_____	Charvier, Évelyne	_____
_____	Delombre, Françoise	_____
_____	Dupont, Marc et Caroline	_____
_____	Duvalier, Georges	_____
_____	Hamel, Oreste	_____
_____	Laval, Jeanne	_____
_____	Martin, Étienne et Chantal	_____

B. Listen again as the tour director repeats the names and room numbers. This time, indicate on the form the number of the room each traveler is assigned to occupy.

C. This time, when the tour director repeats the room assignments, people aren't paying attention—or are they? Listen and check your form against the tour director's assignments. Were *you* paying attention?

Partie C: En contexte

Activité 1: Vignette

Thomas Johnson is attending a luncheon at the *Alliance française* in Paris. He mistakenly believes he recognizes Mrs. Cardin.

A. Avant d'écouter *(Before listening)*. Try to give at least one French expression for each of the following.

1. What could Thomas say to break the ice?

   _____

2. What might he say to find out the woman's identity?

   _____

3. How would he introduce himself?

   _____

Chapitre 1: LAB MANUAL

B. À l'écoute. First, listen to the conversation once or twice without writing. Keep in mind who the characters are, where they are, and what they are doing. This will increase your ability to predict what they will say and therefore to understand them better. Then, write the parts that are missing in the blank spaces provided. Finally, reread what you have written to check spelling and grammar.

THOMAS: Bonjour, _____.

MME LECLAIR: Bonjour, _____.

THOMAS: Excusez-moi _____.

_____ Madame Cardin?

MME LECLAIR: Non, _____. Je _____ Cardin.

Je _____ Madame Leclair.

THOMAS: Mais _____?

MME LECLAIR: Non, _____. Je _____.

J'_____ Montréal. Et vous, _____?

THOMAS: Non, _____.

_____.

_____ Thomas Johnson.

Activité 2: À vous

 Close your text before doing this activity. Respond orally and in writing. You will hear each question twice. After the question is repeated, you will have time to respond. When you finish, check your comprehension of the questions on page 24 of your text.

1. _____

2. _____

3. _____

4. _____

5. _____

6. _____

7. _____

8. _____

9. _____

10. _____

Chapitre 2 *Qu'est-ce que vous aimez?*

Partie A: Prononciation

Activité 1: Comment est-ce qu'on écrit ... ?

Read the pronunciation section for Chapter 2 of *Entre amis*. Spell the words below. Then listen to hear the correct spelling.

❑   You see: nom
       You say: **«nom» s'écrit N–O–M**
       You hear: N–O–M

1. prénom
2. adresse
3. âge
4. profession
5. nationalité

Activité 2: [e] ou [ɛ]?

Listen to the following words and place an X in the appropriate column.

	[e]	[ɛ]
1.		
2.		
3.		
4.		
5.		
6.		
7.		
8.		
9.		
10.		

Partie B: Compréhension

Activité 1: Comment allez-vous?

 A. When greeting others, remember that the expressions **salut!** and **ça va?** or **comment ça va?** are only used with familiar relationships, for example, with family and friends or with other students. Listen to the following exchanges and decide if the greeting and question are correctly matched. Follow the models.

	correct	*incorrect*
❑	_____	___X_____
❑	___X_____	_____
1.	_____	_____
2.	_____	_____
3.	_____	_____
4.	_____	_____
5.	_____	_____
6.	_____	_____

 B. Write a more socially acceptable exchange for any of the items you marked as incorrect in part A, above.

❑ _*Bonjour, Madame. Comment allez-vous?*_ _____

_____

_____

_____

_____

Activité 2: Vous trouvez?

 Listen as the following people give and receive compliments. You will hear two responses to each compliment. Circle the letter of the response you feel is more polite.

1. a.   b.   4. a.   b.

2. a.   b.   5. a.   b.

3. a.   b.   6. a.   b.

Activité 3: Au Café de l'Esplanade

 A. Look over the menu from the *Café de l'Esplanade.* Write your answers to the following questions.

Café de l'Esplanade

boissons		**plats**	
café express	1€	salade	1,80€
café au lait	1,50€	croque-monsieur	2€
café crème	1€	omelette	2,10€
thé	1,50€	pizza	2,10€
lait froid	1,70€		
Vichy, Vittel, Perrier	2€		
avec sirop de citron	2,40€		
jus d'orange	2€		
coca, coca light	2€		
limonade	1,80€		
orangina	2€		
orange ou citron pressé	2€		
demi-pression	2€		
bière allemande	2,20€		
vin blanc ou rouge	1,80€		
vin de Californie	2,75€		

1. C'est l'après-midi. Qu'est-ce que vous voulez boire?

_____

2. Vous avez 7,50 €, et vous désirez manger quelque chose. Qu'est-ce que vous mangez?

_____

 B. While you are relaxing at the *Café de l'Esplanade,* you hear the waiter take orders from three other tables. As you listen to these conversations, use the lists of menu items below to check off the food and drinks ordered by the people at each table. Note that not all of the choices will be ordered.

Table #1	*Table #2*	*Table #3*
_____ vin blanc	_____ omelette	_____ lait
_____ vin rouge	_____ pizza	_____ limonade
_____ vin de Californie	_____ Perrier citron	_____ orangina
_____ café au lait	_____ jus d'orange	_____ citron pressé
_____ thé	_____ coca	_____ bière allemande
_____ eau minérale	_____ coca light	_____ coca

C. Turn off the audio and look again at the lists above. List below all the food and drink items actually ordered.

	Table #1	Table #2	Table #3
café au lait			

D. Listen again to the three conversations. Write the *quantity* of each item ordered by the different parties in the spaces provided above. You may want to listen to the conversations more than once.

E. Look over the menu on page 173. Listen to the server who comes to your table and asks for your order. Since the *Café de l'Esplanade* is very noisy and the tables are close together, your server has trouble hearing you. Order a drink that costs 1 euro and a food item that costs 2 euros. Speak your part in the conversation below.

—Vous désirez?

—_____

—Pardon?

—_____

—Bien.

Activité 4: Les rendez-vous au resto U

Several groups of students have met for lunch in the resto U. They are discussing their activities, studies, and favorite foods and drinks. As you hear each conversation, cross out the item that is *not* mentioned.

1.	le tennis	le football	le basket-ball	le football américain
2.	chercher	pleurer	danser	regarder
3.	le vin blanc	le vin rouge	le vin rosé	la bière
4.	l'anatomie	les maths	la physique	la biologie
5.	une orange	une salade	un sandwich	une omelette

Partie C: En contexte

Activité 1: Vignette

At a dance, two French speakers have just met.

A. Avant d'écouter. Before listening, try to give at least one French expression for each of the following.

1. What might they say to each other prior to dancing?

    _____

2. What might they say while dancing?

    _____

B. À l'écoute. First, listen to the conversation once or twice without writing. Keep in mind who the characters are, where they are, and what they are doing, to predict what they will say and understand them better. Then, write the missing parts in the blank spaces provided. Finally, reread what you have written to check spelling and grammar.

ALAIN: Vous _____?

SYLVIE: Non, je _____.

ALAIN: Eh bien, _____.

SYLVIE: J'_____.

ALAIN: Vous _____.

SYLVIE: _____?

ALAIN: _____ oui, _____.

Activité 2: À vous

Close your text before doing this activity. Respond orally and in writing. You will hear each question twice. After the question is repeated, you will have time to respond. When you finish, check your comprehension of the questions on page 51 of your text.

1. _____

2. _____

3. _____

Chapitre 2: LAB MANUAL **175**

4. _____

5. _____

6. _____

7. _____

8. _____

9. _____

10. _____

Chapitre 3 *Chez nous*

Partie A: Prononciation

Activité 1: L'accent et le rythme

Read the pronunciation section for Chapter 3 of **Entre amis.** Then listen to the model and pronounce the following short sentences, paying particular attention to the rhythm and accent. After you repeat each sentence, you will hear it again.

1. Qui sont-ILS?
2. Ils s'appellent Jean et Marie DuBOIS.
3. Ils sont maRIÉS.
4. Ils sont canaDIENS.
5. Ils habitent à MontréAL.

Activité 2: [e], [ε] ou [ə]?

Listen to the following words and place an X in the appropriate column.

	[e]	[ε]	[ə]
1.			
2.			
3.			
4.			
5.			
6.			
7.			
8.			
9.			
10.			

Partie B: Compréhension

Activité 1: Les deux familles de Lori Cooper

 A. Before you listen to the conversation, how would you answer the following questions about your own family?

1. Est-ce que votre mère a des sœurs?

   _____

2. Combien de cousines avez-vous?

   _____

3. Vos grands-parents ont-ils un chat?

   _____

B. Now listen to Lori describe her families. Stop the audio as needed to fill in the missing words in the sentences below. Some letters will fall in the bracketed spaces; you will be using these letters later.

MARC: __ __ -tu une __ __ __ [__] __ __ __ nombreuse?

LORI: Non, pas exactement, mais j'__ __ deux petites __ __ __ __ __ __ __ __ .

MARC: Comment?

LORI: Mes __ __ __ __ [__] __ __ sont __ __ __ __ __ [__] __ __ . Mon __ __ __ __ s'est remarié *(is remarried)*, et il habite à Los Angeles avec ma __ __ __ __ [__] - __ __ __ __ et mes deux

   __ __ __ __ __ __ .

MARC: Eh bien ... deux __ __ __ __ __ __ ? Quel âge ont-ils?

LORI: Voyons ... __ __ __ __ __ a vingt-deux ans et __ [__] __ __ __ __ a dix-huit ans. J'ai aussi un

   __ __ __ __ - __ __ __ __ __ ; il s'appelle __ __ __ [__] et il a six ans.

MARC: Ta mère s'est remariée, aussi?

LORI: Non, elle habite seule près de chez moi.

MARC: Alors, tu n'__ __ pas de __ __ __ [__] __ __ ? C'est tout?

LORI: Non ... pas exactement ...

C. Unscramble the bracketed letters above to discover one more member of Lori's family.

J'ai __ __ __ __ __ __ __ aussi.

NOM _____ DATE _____

Activité 2: Un faux numéro

A. Bernard is trying to reach his friend Georges. He's in a phone booth, holding some packages, and he has some trouble dialing. Read the questions before listening to the conversations.

1. What number is Bernard trying to reach?   ___ – ___ – ___ – ___ – ___

2. What number did Bernard reach?   ___ – ___ – ___ – ___ – ___

3. What is Georges's number at work?   ___ – ___ – ___ – ___ – ___

B. Listen to Georges's answering machine and the message Bernard has left for him. Circle the number that Bernard leaves.

05–56–37–82–21   05–56–99–74–66

C. You are over at Georges's place when he gets home and listens to his messages. He accidentally deletes Bernard's message before he writes down his number. You can help by telling him the number you heard.

GEORGES: —Zut! Quel est son numéro?!

VOUS: —_____.

Activité 3: Parle-moi de ta maison

Andrew Martin, a student in Aix-en-Provence, is showing a classmate some photos of his home in Detroit. First, look over the following list of possessions, then listen to the conversation. If Andrew mentions a particular item that he or his family has in Detroit, put a check in the column labeled *À Detroit*. If he describes an item that he has in Aix, check the *À Aix* column.

		À Detroit	*À Aix*
1.	un appartement	_____	_____
2.	une maison	_____	_____
3.	un garage	_____	_____
4.	un chien	_____	_____
5.	un vélo	_____	_____
6.	une moto	_____	_____

Activité 4: Quel désordre!

 A. Tante Sylvie and oncle Alain receive a letter with pictures from their niece Marie-Claire, who is away at the university of Montréal. Look carefully at the pictures of Marie-Claire's apartment. List three possessions that you recognize.

1. _____

2. _____

3. _____

 B. Before listening to Marie-Claire's letter, look over the following list of possessions. Then, listen to tante Sylvie read the letter to oncle Alain. In the spaces to the *left* of the list, check off each item that you hear mentioned.

_____	un appartement	_____
_____	un sofa	_____
_____	deux chiens	_____
_____	un chat	_____
_____	un lit	_____
_____	un ordinateur	_____
_____	une radio	_____
_____	une télé	_____
_____	un bureau	_____
_____	une calculatrice	_____
_____	une stéréo	_____

C. Now listen to Marie-Claire's letter again. In the space to the *right* of each possession that you hear mentioned in Marie-Claire's letter, write the initials of the roommate(s) who own(s) it.

Partie C: En contexte

Activité 1: Vignette

Mme Dupont spots Valérie, whom she knows, and inquires about the two-year-old girl who is with her.

A. Avant d'écouter. Before listening, try to give at least one French expression for each of the following.

1. What would Mme Dupont ask to find out how Valérie and the child are related?

   _____

2. Who might the child be?

   _____

3. What might Valérie say to identify the child?

   _____

B. À l'écoute. First, listen to the conversation once or twice without writing. Keep in mind who the characters are, where they are, and what they are doing, to predict what they will say and understand them better. Then, write the missing parts in the blank spaces provided. Finally, reread what you have written to check spelling and grammar.

MME DUPONT: Tiens! _____ Valérie. _____.

VALÉRIE: _____.

MME DUPONT: Est-ce que c'est _____?

VALÉRIE: Non, _____. Elle _____ Jeanne et

_____.

MME DUPONT: _____ sœurs?

VALÉRIE: Elle a _____.

MME DUPONT: Et _____?

VALÉRIE: Michelle.

MME DUPONT: Ah, _____ qui s'appelle Michelle _____.

Activité 2: À vous

Close your text before doing this activity. Respond orally and in writing. You will hear each question twice. After the question is repeated, you will have time to respond. When you finish, check your comprehension of the questions on page 81 of your text.

1. _____

2. _____

3. _____

4. _____

5. _____

   _____

6. _____

   _____

7. _____

   _____

8. _____

   _____

9. _____

   _____

Chapitre **4** *L'identité*

Partie A: Prononciation

Activité 1: [ɛ̃], [ɑ̃] et [ɔ̃]

Read the pronunciation section for Chapter 4 of *Entre amis*. Then listen to the following words and place an X in the appropriate section.

	[ɛ̃]	[ɑ̃]	[ɔ̃]
1.			
2.			
3.			
4.			
5.			
6.			
7.			
8.			
9.			
10.			

Activité 2: Nasal ou non?

Listen to the words and decide whether or not they contain a nasal sound.

	Nasal	*Pas nasal*
1.		
2.		
3.		
4.		
5.		
6.		
7.		
8.		
9.		
10.		

Partie B: Compréhension

Activité 1: Comment sont-ils?

 You will hear descriptions of several people. As you listen to each description, circle the word in each pair that most accurately describes the person or persons.

1. ennuyeux   paresseux

2. naïves   pas gentilles

3. généreuse   travailleuse

4. bavards   sportifs

Activité 2: Madame Amour et vous

 A. Personal ads usually include vital statistics such as sex, age, and height or size. Sometimes people mention likes and dislikes and how they spend their free time. Your friend Annie has already filled out the following form, which will be the basis of a personal ad. Now it's your turn to fill out the form, describing both yourself and your "ideal partner."

	Annie	*Vous*	*Votre partenaire idéal(e)*
sexe	f.		
âge	28 ans		
taille/physique	pas très grande		
j'aime	le tennis, la musique classique		
je déteste	le rock, le ski nautique		
autre	un enfant (18 mois)		

 B. Once in a while, you tune in to a radio program that advertises single people who are looking for companions. You will now hear this week's edition of *Madame Amour et vous.* Use the following forms to take notes about the single people Madame Amour describes. Replay the descriptions as many times as you need to write something on every line on each form. The information may not be given in the order of the categories that appear on the form.

Identité Numéro Un
sexe:
âge:
taille/physique:
il/elle aime:
il/elle déteste:
autre:

Identité Numéro Deux
sexe:
âge:
taille/physique:
il/elle aime:
il/elle déteste:
autre:

Identité Numéro Trois
sexe:
âge:
taille/physique:
il/elle aime:
il/elle déteste:
autre:

Identité Numéro Quatre
sexe:
âge:
taille/physique:
il/elle aime:
il/elle déteste:
autre:

 C. Decide whether you consider the information you've written in part B to be a positive (+), negative (−), or neutral (=) feature of the person. Mark the appropriate symbol on the lines provided, or in the margin next to them.

 D. Keeping in mind the judgments you made in part C, answer the following questions.

1. Avec quelle personne désirez-vous passer du temps? Pourquoi?

_____

_____

2. Qui est le (la) partenaire idéal(e) pour un(e) de vos profs? Pourquoi?

_____

_____

Activité 3: Paulette cherche du travail

A. Look over the list of occupations that follows. Based on your knowledge of the world and your personal opinions, estimate the following items for an entry-level position in each profession:

- how many years of college study are required
- the average starting salary
- the probability that you would enjoy this position

Profession	Préparation académique	Salaire au début	Probabilité de satisfaction
professeur	6–8 ans	35.000 $ U.S.	67%
infirmier(-ière)			
cuisinier(-ière)			
pharmacien(ne)			
programmeur(-euse)			
journaliste			
athlète			
assistant(e) social(e)			

B. Paulette is reading the classified ads in the newspaper. Before you listen to her conversation with a friend, look over the following questions and notice the kind of information you will be listening for. Then listen to the conversation and answer the questions. Play the conversation as many times as you need to in order to answer the questions in your lab manual.

1. Est-ce que Paulette travaille en ce moment?

_____

2. Qu'est-ce que Paulette cherche dans son travail?
   a. de la variété et un gros salaire
   b. de la variété et un bon emploi du temps
   c. de la variété et de la stabilité

3. Nommez trois professions que Paulette et son amie mentionnent dans le dialogue.

_____

_____

_____

Activité 4: Au marché aux puces *(At the flea market)*

A. If you were going on a shopping spree, buying one of each of these items, what colors would you select? (Be sure that the colors you write agree in number and gender with the article of clothing.)

une ceinture	_____	un pantalon	_____
un chapeau	_____	un short	_____
des chaussettes	_____	un sweat-shirt	_____
un foulard	_____	des tennis	_____
des lunettes	_____	une veste	_____

B. Look at this man all dressed up! Identify the items of clothing he's wearing on the lines provided, using the appropriate article (**un, une, des**). Note: two lines are provided for each item. The second line of each pair will be used for part C, below.

1. _____

   _____

2. _____

   _____

3. _____

   _____

4. _____

   _____

5. _____

   _____

6. _____

   _____

7. _____

   _____

8. _____

   _____

C. The friends will be discussing many of the same clothing items you identified on the man in part B, above. Listen to the conversation and write on the second line the colors that are mentioned with each article of clothing.

Activité 5: Qu'est-ce qu'on fait?

 A. You will hear the sounds of some ordinary, everyday activities. Look over the list of activities on the right. Only five of them will correctly match the sounds you hear. Write the appropriate letters next to the corresponding numbers.

1. _____

2. _____

3. _____

4. _____

5. _____

a. On fait des provisions.

b. On fait la sieste.

c. On fait la cuisine.

d. On fait les devoirs.

e. On fait la vaisselle.

f. On fait le ménage.

g. On fait une promenade.

B. You will hear the same sounds in the same order. After you hear the sound, answer the question and say what you are doing. Then listen to check your answers.

1. Qu'est-ce que vous faites?

   _____

2. Qu'est-ce que vous faites?

   _____

3. Qu'est-ce que vous faites?

   _____

4. Qu'est-ce que vous faites?

   _____

5. Qu'est-ce que vous faites?

   _____

Partie C: En contexte

Activité 1: Vignette

Jean-Pierre has just moved into a student residence in Strasbourg. He goes to the main desk to ask if there is any mail for him.

A. Avant d'écouter. Before listening, try to give at least one French expression for each of the following.

1. What will Jean-Pierre say to the man at the desk?

    _____

2. What information will the man at the main desk need?

    _____

    _____

B. À l'écoute. First, listen to the conversation once or twice without writing. Keep in mind who the characters are, where they are, and what they are doing, to predict what they will say and understand them better. Then, write the missing parts in the blank spaces provided. Finally, reread what you have written to check spelling and grammar.

JEAN-PIERRE: Bonjour, _____. Vous _____ une lettre _____?

L'EMPLOYÉ: Comment _____?

JEAN-PIERRE: Jean-Pierre Schloenhoffen.

L'EMPLOYÉ: Comment _____?

JEAN-PIERRE: ____.____.____. ...

L'EMPLOYÉ: Non, non, _____. _____ nom de famille,

_____.

JEAN-PIERRE: S.C.H.L.O.E.N.H.O.F.F.E.N.

L'EMPLOYÉ: Schloenhoffen. Ah, _____.

_____.

Activité 2: À vous

Close your text before doing this activity. Respond orally and in writing. You will hear each question twice. After the question is repeated, you will have time to respond. When you finish, check your comprehension of the questions on page 116 of your text.

1. _____

2. _____

3. _____

4. _____

5. _____

6. _____

7. _____

8. _____

9. _____

Chapitre 5 *Quoi de neuf?*

Partie A: Prononciation

Liaisons

Read the pronunciation section for Chapter 5 of *Entre amis* and listen to the following short sentences. Then: (a) mark all the liaisons you hear by placing a ‿ under the words that need to be connected; and (b) repeat after the audio, trying to reproduce all the liaisons you hear. After you repeat each sentence, you will hear it again.

❑	You hear:	/z/ /z/ Nous‿allons‿à la plage.
	You write:	Nous‿allons‿à la plage.
	You say:	/z/ /z/ **Nous‿allons‿à la plage.**

1. Vous avez faim, les enfants?

2. Est-elle arrivée en avance?

3. Ils ont rendez-vous à deux heures.

4. Je vais au cinéma avec mon ami Étienne.

5. En Amérique, la voiture est très importante.

Partie B: Compréhension

Activité 1: Connaissez-vous la ville?

Study the map on page 192. Then listen to the statements about the city. Check the appropriate response.

	vrai	faux		vrai	faux
1.	_____	_____	4.	_____	_____
2.	_____	_____	5.	_____	_____
3.	_____	_____	6.	_____	_____

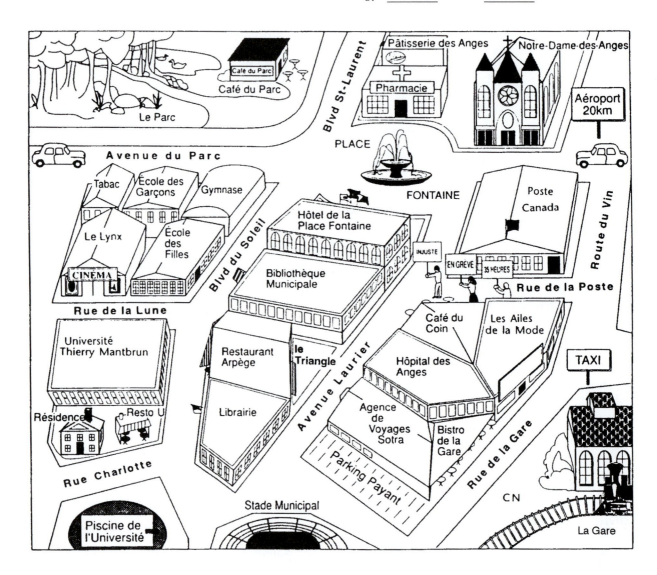

Activité 2: Es-tu libre vendredi après-midi?

 A. Answer the questions you will hear about your college experiences. Stop the audio after each question to write your answers.

1. _____

2. _____

3. _____

B. Three friends intend to study together for their midterm exam. They need to find a day and a time when they are all free. Listen to their conversation. Put an X in the box for any time when a person is *not* free.

	Philippe	*Véronique*	*Claudine*
jeudi matin			
jeudi après-midi			
jeudi soir			

C. Listen to the conversation again. Now you will hear three questions based on the conversation. Answer the questions aloud during the pauses. You can refer to the chart in part B to help. Then listen as the speaker repeats the correct answers.

Activité 3: Votre vol *(flight)* arrive

A. You are at Charles de Gaulle airport in Paris, waiting for your friend to arrive from Rome. Listen as various flights are announced, and complete the "board of arrivals" below.

heure	*arrivées*	*numéro de vol*
19 h 37		vol 36
	Dakar	vol 52
20 h 20	Bruxelles	
	Montréal	vol 27
	Rome	

B. Now indicate whether the statements you hear are true or false, based on the table you have just completed.

    vrai   *faux*

1. _____   _____

2. _____   _____

3. _____   _____

4. _____   _____

5. _____   _____

    Chapitre 5: LAB MANUAL

Activité 4: On y va?

Listen to each conversation, and circle the logical choice of locations.

1. au cinéma   au théâtre
2. au gymnase   à la piscine
3. à la librairie   à la bibliothèque
4. à la maison   dans un hôtel
5. à la gare   à l'aéroport

Activité 5: Fais ce que tu dois

Check the appropriate column to indicate whether each statement expresses obligation, probability, or debt.

	obligation	*probabilité*	*dette*
1.			
2.			
3.			
4.			
5.			
6.			

Partie C: En contexte

Activité 1: Vignette

Two Québécois are discussing a trip one of them is going to take.

A. Avant d'écouter. Before listening, try to give at least one French expression for each of the following.

1. Where might the person be going?

_____

2. Once the location is known, what other questions might be asked?

    _____

    _____

3. What would one say to find out where the city of Gray is located?

    _____

 B. À l'écoute. First, listen to the conversation once or twice without writing. Keep in mind who the characters are, where they are, and what they are doing, to predict what they will say and understand them better. Then, write the missing parts in the blank spaces provided. Finally, reread what you have written to check spelling and grammar.

MARIE:	Alors, _____?
GUY:	Je _____ France.
MARIE:	Quand _____ tu _____?
GUY:	Dans _____.
MARIE:	Et _____ France?
GUY:	Je _____ et
	je _____.
MARIE:	Où _____, ton ami?
GUY:	À Gray.
MARIE:	Et _____ Gray?
GUY:	C'_____ Dijon.
MARIE:	Eh bien, bon voyage!

Chapitre 5: LAB MANUAL   **195**

Activité 2: À vous

Close your text before doing this activity. Respond orally and in writing. You will hear each question twice. After the question is repeated, you will have time to respond. When you finish, check your comprehension of the questions on page 147 of your text.

1. _____

2. _____

3. _____

4. _____

5. _____

6. _____

7. _____

8. _____

Chapitre **6** *Vos activités*

Partie A: Prononciation

A. [y] ou [u]? Read the pronunciation section for Chapter 6 of *Entre amis*, and listen to the words to determine whether they contain a [y] or a [u] sound.

	[y]	[u]
❏		X
1.		
2.		
3.		
4.		
5.		
6.		
7.		
8.		
9.		
10.		

B. Listen to the following sentences and repeat them as faithfully as possible. After you repeat each sentence, you will hear it again.

Partie B: Compréhension

Activité 1: Un week-end actif

A. In this activity, you will find out how three roommates spent their weekend. Pay attention to their names, how late they slept, and what they read. Listen and fill in the blanks. You may want to listen to the recording more than once.

1. Chantal n'a pas lu de _____.

2. La personne qui a dormi jusqu'à *(until)* _____ a lu _____.

3. Caroline ne lit jamais de _____.

4. La personne qui a dormi jusqu'à _____ n'a pas lu de roman.

5. Caroline s'est réveillée *(woke up)* avant _____.

6. Catherine trouve le théâtre extraordinaire. Elle _____ beaucoup de pièces pour sa classe de Shakespeare.

Chapitre 6: LAB MANUAL   **197**

7. La personne qui a lu _____ déteste se lever tard.

8. _____ a passé la matinée à lire de la fiction.

9. _____ a consulté son horoscope samedi matin.

10. _____ s'est réveillée après Catherine.

 B. Here is a different way of looking at the information you heard in part A. Review the sentences in part A and study the charts below. Then use this information to decide whether the statements below are true or false.

	7 h 40	9 h 45	12 h 00
Chantal	x	x	✓
Caroline	✓	x	x
Catherine	x	✓	x

	roman	pièce	journal
Chantal	✓	x	x
Caroline	x	x	✓
Catherine	x	✓	x

	7 h 40	9 h 45	12 h 00
roman	x	x	✓
pièce	x	✓	x
journal	✓	x	x

Vrai ou faux?

_____ 1. La personne qui a lu un roman a dormi jusqu'à midi.

_____ 2. La personne qui aime se réveiller très tôt a lu le journal.

_____ 3. Catherine, qui a dormi jusqu'à 9 h 45, a lu une pièce.

Activité 2: Où est mon tuba?

 A. Listen to the following French definitions of the word **tuba**. Note that both meanings of the word are pronounced the same. Can you give their English equivalents?

un tuba: un instrument à vent

En anglais, c'est un _____.

un tuba: un instrument pour respirer

En anglais, c'est un _____.

NOM _____ DATE _____

 B. Listen to the following conversation and fill in the missing words.

MARC: Qu'est-ce que tu fais?

PHILIPPE: Je vais à la plage *(beach)* avec _____.

MARC: Mais où est _____?

PHILIPPE: Mon masque? Pour _____?

MARC: Mais oui! Et tu ne vas pas faire cela tout seul?

PHILIPPE: _____?

MARC: C'est dangereux!

 C. Refer to your notes in Activity B, above. Listen again to the recording. This time, when you hear Marc's lines, respond during the pause with Philippe's lines. Then listen as the speaker repeats Philippe's lines to check your answers.

 D. Can you imagine Philippe's final comment?

PHILIPPE: _____

Activité 3: Tu as vu Elvis?

 A. Some friends have decided to start a band. Listen to the conversation and circle the instrument needed to complete their group.

    un saxophone   une batterie   un piano   une guitare

 B. Listen carefully and then circle the name of the *last* member to join the group.

    Joe   Évelyne   Luc   Robert

 C. Listen further to find out which style of music the group hasn't tried yet. Circle your answer.

    le rock   le jazz   le reggae   le pop

Activité 4: Un vieux champion

 A. Read over the following statements and decide whether you agree or disagree.

1. Les athlètes professionnels pratiquent tous les jours.

    _____ d'accord   _____ pas d'accord

2. La plupart des sports sont des sports d'équipe *(team)*.

    _____ d'accord   _____ pas d'accord

3. L'âge typique d'un athlète professionnel est 25 ans.

    _____ d'accord   _____ pas d'accord

B. You are listening to a game show. Two panelists will ask questions to determine in which game the contestant, Monsieur Delardier, won his championship. Listen carefully and take notes. You may want to listen to this conversation more than once.

_____

_____

_____

_____

_____

C. Listen to the following questions and circle the correct answers.

1. (a) vrai   (b) faux

2. (a) vrai   (b) faux

3. (a) une personne   (b) une équipe   (c) les deux: (a) *et* (b)

4. (a) aux échecs   (b) à la pétanque   (c) à l'un *ou* à l'autre: (a) *ou* (b)

Partie C: En contexte

Activité 1: Vignette

One man is explaining to another why he is tired.

A. Avant d'écouter. Before listening, try to give at least one French expression for each of the following.

1. How would a friend ask what you did?

_____

2. What are some typical things one might have done at home?

_____

_____

B. À l'écoute. First, listen to the conversation once or twice without writing. Keep in mind who the characters are, where they are, and what they are doing, to predict what they will say and understand them better. Then, write the missing parts in the blank spaces provided. Finally, reread what you have written to check spelling and grammar.

PAUL: Tu _____, hein?

JEAN: Oui, _____.

PAUL: Qu'_____ fait?

JEAN: J'_____. Ce matin _____

_____ électroniques et _____. Puis

_____ et _____ mangé. Ensuite

_____.

Enfin, _____.

PAUL: Mon dieu! Tu _____.

JEAN: Oui, mais _____, et

demain je _____.

Chapitre 6: LAB MANUAL   **201**

Activité 2: À vous

Close your text before doing this activity. Respond orally and in writing. You will hear each question twice. After the question is repeated, you will have time to respond. When you finish, check your comprehension of the questions on page 177 of your text.

1. _____

2. _____

3. _____

4. _____

5. _____

6. _____

7. _____

8. _____

Chapitre 7   *Où êtes-vous allé(e)?*

Partie A: Prononciation

 A. [ɔ] ou [o]? Read the pronunciation section for Chapter 7 of *Entre amis* and listen to the words to determine whether they contain an [ɔ] or an [o] sound.

	[ɔ]	[o]
❑	X	
1.		
2.		
3.		
4.		
5.		
6.		
7.		
8.		
9.		
10.		

 B. Repeat the following pairs of words, paying particular attention to the [ɔ] / [o] difference. After you repeat each pair of words, you will hear them again.

1. bol / beau
2. comme / Côme
3. motte / mot

4. votre / vôtre
5. hotte / haute

Partie B: Compréhension

Activité 1: Quel temps fait-il?

A. Look over the statements below. On the map on the next page, find the cities mentioned. Based on the weather today in each city, do you think the following statements are logical or not? Write **oui** or **non** before each statement.

1. _____ Marc vient de Nantes, où il faut porter un imperméable aujourd'hui.

2. _____ Nicolas vient de Paris, où on est obligé de faire attention à son chapeau aujourd'hui.

3. _____ Dominique vient de Grenoble, où on va nager dans l'océan aujourd'hui.

4. _____ Camille vient de Bordeaux, où on porte un tee-shirt quand on sort aujourd'hui.

5. _____ Laurence vient de Marseille, où on va skier et patiner aujourd'hui.

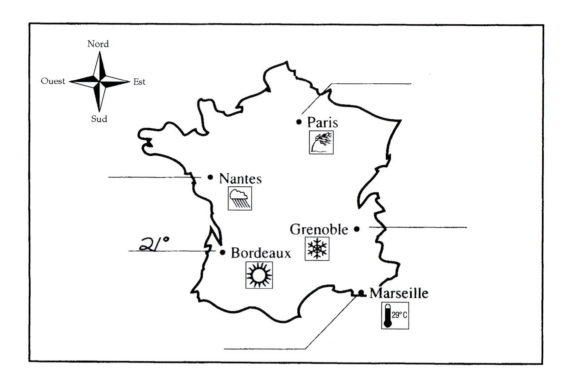

 B. Now listen to the weather report. It will be read rather quickly, as you would hear it on a radio program, so you may need to play it more than once. Write the temperatures next to each city on the map above. Do not write out the word, just the number. The first one is done for you as a model.

 C. For each of the cities you heard mentioned in the weather report, write the temperature in the Celsius column, below. Then, using the thermometer, spell out the corresponding Fahrenheit temperatures. The first one is done for you.

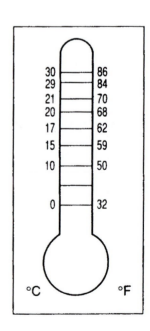

Ville	Celsius	Fahrenheit
❑ Bordeaux	21°	*soixante-dix degrés*
Marseille	_____	_____
Nantes	_____	_____
Grenoble	_____	_____
Paris	_____	_____

Activité 2: Connaissez-vous le monde?

 A. You are a journalist writing an article about a famous explorer for the newspaper *Le Figaro*. Sir Edmond Hill has just returned from a trip around the world when he agrees to be interviewed. Listen to the interview and take notes on all the significant information in the categories listed below.

Qui? _____

Quoi? _____

Où? _____

Pourquoi? _____

Quand? _____

Comment? _____

B. Read over the following article that you will submit to *Le Figaro*. Use your notes to fill in the missing information. You may want to listen to the interview again.

Sir Edmond complète son tour

Le célèbre explorateur, Sir Edmond Hill, vient de rentrer d'un _____ autour du

monde. Hill et ses guides sont partis le 26 _____ pour le Temple de Lao-Chung,

en Chine. Ils y ont passé seulement quelques jours avant d'aller _____. Ils y

_____ un mois. À la fin du _____, Hill a été obligé de

terminer son voyage parce que ses guides ne désiraient pas continuer.

Activité 3: Le chemin des suspects

 A. A private detective, Michèle Saitout, is working for three different clients. She follows the three people she has been hired to observe. Listen to her tape-recorded observations and, using the map on page 206, trace the path of each suspect through town.

Personne numéro un: use a dotted line (................) to trace this route on the map.

Personne numéro deux: use arrows (→ → → →) to trace this route on the map.

Personne numéro trois: use a solid line (_____) to trace this route on the map.

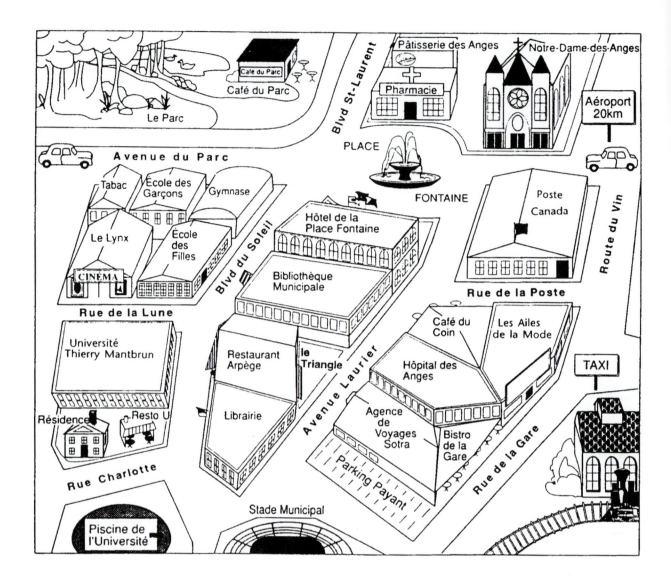

 B. Listen again to the detective's tape-recorded observations. This time, use the cards below to take notes.

Numéro Un	
Qui? _____	
Où? Point de départ _____	
Destination _____	
Quand?	Jour _____
	Heure _____
	Date _____

Numéro Deux

Qui? _____

Où? Point de départ _____

Destination _____

Quand?   Jour _____

              Heure _____

              Date _____

Numéro Trois

Qui? _____

Où? Point de départ _____

Destination _____

Quand?   Jour _____

              Heure _____

              Date _____

C. Imagine that you are the private detective. Refer to the card for the third suspect and leave a phone message for your client. Use all the information you noted on the third card, above. After you have finished your message, you will hear a model and have a chance to try your message again if you like.

MESSAGE: _____

_____

_____

_____

_____

Partie C: En contexte

Activité 1: Vignette

Sophie and Monique are discussing a new person in Sophie's life.

 A. Avant d'écouter. Before listening, try to give at least one French expression for each of the following.

1. How would Sophie say that she just had lunch?

   _____

2. Who might the new person be?

   _____

 B. À l'écoute. First, listen to the conversation once or twice without writing. Keep in mind who the characters are, where they are, and what they are doing, to predict what they will say and understand them better. Then, write the missing parts in the blank spaces provided. Finally, reread what you have written to check spelling and grammar.

SOPHIE: _____, Monique!

MONIQUE: _____, Sophie. _____?

SOPHIE: Je _____ homme charmant.

MONIQUE: Non?! Où _____?

SOPHIE: Dans _____ chinois.

J'_____ chinoise.

MONIQUE: Et qui _____ charmant?

SOPHIE: C'est _____ frère. Nous _____ déjà

_____ il y a _____.

MONIQUE: Alors, ça _____ sérieux?

SOPHIE: Je _____.

Activité 2: À vous

Close your text before doing this activity. Respond orally and in writing. You will hear each question twice. After the question is repeated, you will have time to respond. When you finish, check your comprehension of the questions on page 204 of your text.

1. _____

2. _____

3. _____

4. _____

5. _____

6. _____

7. _____

8. _____

Chapitre **8** *On mange bien en France*

Partie A: Prononciation

Activité 1: [s] / [z] et [ʃ] / [ʒ]

Read the pronunciation section for Chapter 8 of ***Entre amis.*** Listen to the words to determine which ones contain an [s] or a [z], a [ʃ] or a [ʒ] sound. *Attention!* Some words may contain more than one of these sounds!

	[s]	[z]	[ʃ]	[ʒ]
❑	X			
1.				
2.				
3.				
4.				
5.				
6.				
7.				
8.				
9.				
10.				

Activité 2: [g] ou [ʒ]?

Look at the following words and pronounce them for yourself. Then, listening to the same words, decide whether you were right or wrong.

❑ You see: regarder
You say: **regarder**
You hear: regarder

1. voyager
2. église
3. gymnase
4. gentille
5. guitare

6. grimper
7. partageons
8. Sénégal
9. ménage
10. gauche

Partie B: Compréhension

Activité 1: Quelle est la bonne réponse?

For each item, you see two choices. Listen to the question or statement and say the appropriate choice. Then listen to the speaker to check your answers.

1. a. Non, merci, je n'ai pas soif.

   b. Non, merci, je n'ai pas faim.

2. a. Oui, j'ai sommeil.

   b. Oui, vous avez très sommeil.

3. a. La température est de 32° C.

   b. La température est de 0° C.

4. a. D'accord, maman, tu as raison.

   b. Mais non, maman, tu as tort.

5. a. Je n'ai pas envie d'y aller—j'en ai peur.

   b. Je n'ai pas envie d'y aller—j'ai sommeil.

6. a. Je veux bien.

   b. Je vous en prie.

Activité 2: À la fortune du pot

Stacie, an American student in France, invites the members of her choir to a potluck supper at her house before their next concert. They offer to bring various dishes. Listen as the members of the choir discuss what they are going to make for the dinner.

Les hors-d'œuvre. Check off the ingredients that Pascale and Georges will *not* have to buy to prepare their appetizer.

_____ du brocoli

_____ des carottes

_____ du céleri

_____ des champignons

_____ des concombres

_____ des oignons

_____ des olives

_____ des tomates

Le plat principal. Check off the ingredients that Richard and Martin *need* to buy to prepare the main course.

_____ du lapin *(rabbit)*

_____ du beurre

_____ du thym

_____ de l'ail

_____ de la crème fraîche

_____ de la moutarde

Le dessert. What will Sam and Anne bring for dessert? Check the correct items.

_____ des bonbons

_____ du fromage

_____ des fruits

_____ de la glace

_____ de la pâtisserie

Le vin. What wine will be served with each course? Draw a line to match each wine with the course with which it will be served. NOTE: One of the wines is served with two different courses.

vin	*plats*
du beaujolais	des amuse-gueules *(cocktail snacks, such as nuts, chips, or crackers)*
du champagne	des hors-d'œuvre
du bordeaux	le plat principal
	le dessert

Activité 3: Vous en voulez combien?

 Listen to the descriptions of the following situations. Decide how much or how many of the items mentioned each person needs. Circle your answers.

1. trop de croissants   peu de croissants

2. une douzaine d'œufs   deux œufs

3. une tranche de jambon   une assiette de jambon

4. une bouteille de vin   un verre de vin

5. une boîte de petits pois   une douzaine de petits pois

Partie C: En contexte

Activité 1: Vignette

A lady is ordering a meal in a restaurant.

 A. Avant d'écouter. Before listening, try to give at least one French expression for each of the following.

1. What will the waiter probably say when he comes over to her table?

    _____

2. Name three kinds of vegetables that she might order.

    _____

B. À l'écoute. First, listen to the conversation once or twice without writing. Keep in mind who the characters are, where they are, and what they are doing, to predict what they will say and understand them better. Then, write the missing parts in the blank spaces provided. Finally, reread what you have written to check spelling and grammar.

LE SERVEUR:	Vous _____, Madame?
MME VERDIER:	Oui, je _____.
LE SERVEUR:	_____ aussi _____?
MME VERDIER:	_____, pas ce soir. Est-ce que _____?
LE SERVEUR:	_____ est _____.
MME VERDIER:	Alors, _____ aussi _____.
LE SERVEUR:	Et comme _____?
MME VERDIER:	Des _____ et des _____, s'il vous plaît.
LE SERVEUR:	_____.

Activité 2: À vous

Close your text before doing this activity. Respond orally and in writing. You will hear each question twice. After the question is repeated, you will have time to respond. When you finish, check your comprehension of the questions on page 234 of your text.

1. _____
2. _____
3. _____
4. _____
5. _____
6. _____
7. _____
8. _____
9. _____
10. _____
11. _____

Video Worksheets

Video Worksheets

The video worksheets provide lexical and cultural preparation for the **Pas de problème!** video. Since the video is not meant to be a replica of the text but rather a vibrant slice of life involving native speakers of French, the language is not limited to expressions students have learned to use in the classroom. Studying the **Vocabulaire à reconnaître** sections that begin each worksheet and then completing the short activities that follow will facilitate student comprehension and enjoyment of the video.

Text to Video Correlation	
Chapter 1	Introduction
Chapter 2	Module 1
Chapter 3	Module 1
Chapter 4	Module 2
Chapter 5	Module 2
Chapter 6	Module 3
Chapter 7	Module 4
Chapter 8	Module 5
Chapter 9	Module 6
Chapter 10	Module 7
Chapter 11	Module 8
Chapter 12	Module 9
Chapter 13	Module 10
Chapter 14	Module 11
Chapter 15	Module 12

MAP I: Paris

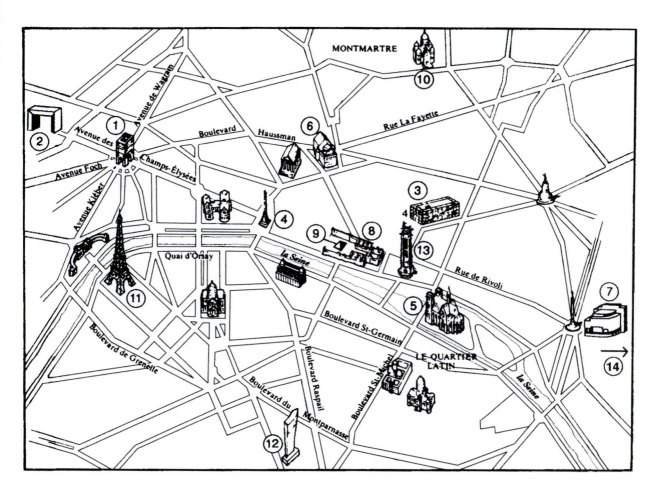

1. Arc de Triomphe
2. Arche de la Défense
3. Centre Pompidou
4. Place de la Concorde
5. Notre-Dame de Paris

6. Opéra de Paris
7. Opéra de la Bastille
8. Palais du Louvre
9. Pyramide du Louvre
10. Sacré-Cœur

11. Tour Eiffel
12. Tour Montparnasse
13. Tour Saint-Jacques
14. Bois de Vincennes

MAP 2: Pour aller chez Marie-Christine

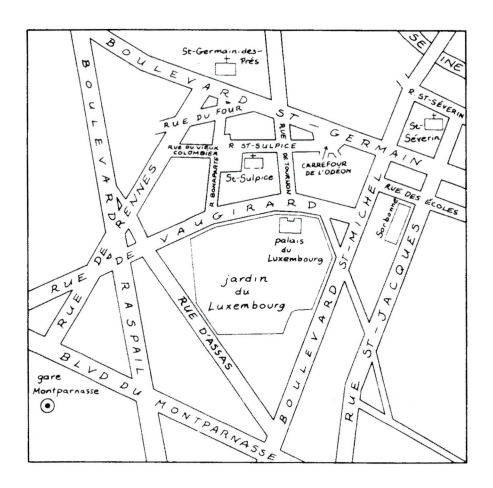

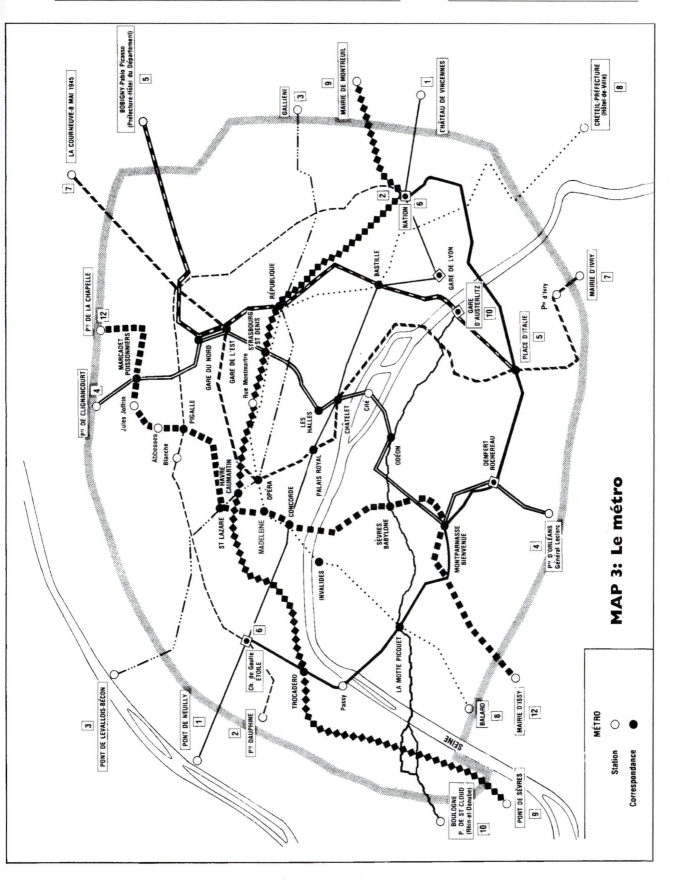

MAP 3: Le métro

LA COURNEUVE-8 MAI 1945 [5]

BOBIGNY-Pablo Picasso
(Préfecture-Hôtel du Département) [5]

[7]

MAIRIE DE MONTREUIL [9]

GALLIÉNI [3]

CHÂTEAU DE VINCENNES [1]

CRÉTEIL-PRÉFECTURE
(Hôtel-de-Ville) [8]

Pᵗᵉ DE LA CHAPELLE [12]

Pᵗᵉ DE CLIGNANCOURT [4]

MARCADET
POISSONNIERS

Jules Joffrin

Abbesses

Blanche

PIGALLE

GARE DU NORD

GARE DE L'EST

STRASBOURG
/ST DENIS

Rue Montmartre

RÉPUBLIQUE

BASTILLE

NATION [2] [6]

GARE DE LYON

GARE
D'AUSTERLITZ [10]

Pᵗᵉ d'Ivry

MAIRIE D'IVRY [7]

PLACE D'ITALIE [5]

LES
HALLES

Châtelet

Cité

ODÉON

DENFERT
ROCHEREAU

Pᵗᵉ D'ORLÉANS
Général Leclerc [4]

PALAIS ROYAL

CONCORDE

OPÉRA

MADELEINE

St LAZARE

HAVRE
CAUMARTIN

SÈVRES
BABYLONE

MONTPARNASSE
BIENVENÜE

INVALIDES

Ch. de Gaulle
ÉTOILE [6]

Pᵗᵉ DAUPHINE [2]

PONT DE NEUILLY [1]

PONT DE LEVALLOIS-BÉCON [3]

TROCADERO

Passy

LA MOTTE PICQUET

BALARD [8]

MAIRIE D'ISSY [12]

SEINE

PONT DE SÈVRES [9]

BOULOGNE
P. DE ST CLOUD
(Rhin-et-Danube) [10]

MÉTRO

Station ○

Correspondance ●

Chapitre **I**

Introduction

Vocabulaire à reconnaître

Endroits *(places)*	**Nationalités**
la France	française / français
la Martinique	martiniquaise / martiniquais
le Québec	canadienne/ canadien (québécoise / québécois)
la Réunion	réunionnaise / réunionnais
le Sénégal	sénégalaise / sénégalais
la Tunisie	tunisienne / tunisien

A. Connexion culturelle. Use the maps on the inside covers of *Entre amis* to locate the following French-speaking places. Then draw lines to connect them to the general geographic locations where they are found.

1. la France   a. les Antilles

2. la Martinique   b. le Canada

3. le Québec   c. l'Afrique

4. la Réunion   d. l'Europe

5. le Sénégal   e. l'Océan indien

6. la Tunisie

B. Identifications. Watch the introduction to the **Pas de problème!** video and then complete the sentences by selecting the appropriate name from the following: Alissa, Bruno, Jean-François, Marie-Christine, Moustafa, Yves.

1. Je suis canadien. Je m'appelle _____.

2. Je suis réunionnaise. Je m'appelle _____.

3. Je suis sénégalais. Je m'appelle _____.

4. Je suis tunisien. Je m'appelle _____.

5. Nous sommes français. Nous nous appelons _____ et

_____.

C. Nationalités. Give the nationality of each person.

❑ Quelle est la nationalité de Moustafa?
    Il est tunisien.

Quelle est la nationalité ...

1. de Jean-François? _____

2. de Marie-Christine? _____

3. de Bruno? _____

4. d'Alissa? _____

5. d'Yves? _____

D. Réflexion. Having examined the maps on the inside covers of your text, how many of the French-speaking areas can you recall from memory? How many English-speaking areas of the world can you name? Why is it that these two languages are spoken in so many different parts of the world?

_____

_____

_____

_____

_____

_____

_____

_____

Chapitre **2**

Module I: *Au tennis*

Vocabulaire à reconnaître

Au tennis *(at the tennis court)*

le tennis	*tennis*
la balle	*ball*
une faute	*an error; out of bounds*
la marque	*mark*
le service	*serve*

Invitations

Viens!	*Come!*
Viens voir.	*Come and see.*
Allons-y!	*Let's go!*
On y va?	*Shall we go?*

Au cinéma *(at the movies)*

le billet	*ticket*
le film d'aventures	*adventure film*
le mélodrame	*emotional film; tear-jerker*
une place	*a seat*
la salle de cinéma	*movie theater*
La salle est complète.	*The theater is full.*

Encouragement ou correction

C'est très bien.	*That's very good.*
Formidable!	*Great!*
Super!	*Super!*
Ce n'est pas vrai!	*That's not true!; No way!*
Tu ne fais pas attention.	*You aren't paying attention.*

Note culturelle

La Seine sépare Paris en deux parties. Elle coule d'est en ouest *(flows from east to west)* dans la direction de l'océan Atlantique. La partie au sud *(south)* de la Seine s'appelle **la Rive gauche** et la partie au nord *(north)* s'appelle **la Rive droite.**

A. Connexion culturelle. Locate each of these places on Map 1 (**Paris**) at the beginning of the video worksheets. Situate each place on **la Rive gauche** *(left bank* of the Seine: below the river) or on **la Rive droite** *(right bank*: above the river).

1. le Louvre   la Rive _____

2. la tour Eiffel   la Rive _____

3. la place de la Concorde   la Rive _____

4. le bois de Vincennes   la Rive _____

B. Identifications. Draw a line to connect each place with its appropriate description.

1. le Louvre

2. la tour Eiffel

3. la place de la Concorde

4. le bois de Vincennes

a. park where Jean-François played tennis

b. square at one end of the Champs-Élysées

c. world-famous museum; formerly a palace

d. best-known Parisian landmark; built in the nineteenth century

C. Sont-ils libres ce soir? *(Are they free this evening?)* Watch the video to determine what each person is doing this evening. Draw lines to match each person to an activity.

1. Jean-François   a. dîne en famille
2. Marie-Christine   b. est libre
3. Nathalie   c. travaille
4. René

D. Vrai ou faux? Decide if the following statements are true or false. If a statement is false, correct it.

1. Jean-François et René jouent au tennis.

   _____

2. Jean-François joue très bien.

   _____

3. Il regarde Nathalie.

   _____

4. Marie-Christine est la cousine de Nathalie.

   _____

5. Marie-Christine n'aime pas les mélodrames.

   _____

6. Les Français détestent les sports.

   _____

E. Réflexion. In video module 1 there are several examples of physical contact and gestures that are also depicted in your textbook (page numbers in parentheses). These include shaking hands (11), **la bise** (124), **voilà** (57), **bravo!** (91), and **oh là là! (quelle histoire!)** (380). Watch the video and check the text to identify each of these. Then decide if this body language is the same or different in your culture. How and when would you use equivalent gestures in your country?

Gesture	Same (S) or Different (D)	How and when would you use?
shaking hands		
la bise		
voilà		
bravo!		
oh là là!		

Chapitre 3

Module I: *Au tennis* (suite)

Vocabulaire à reconnaître

La nature

l'air — *air*
la mer — *sea*
la montagne — *mountain*
la rivière — *river*
la terre — *earth*

Quelques activités

le cinéma — *movies*
les devoirs — *homework*
la pétanque — *lawn bowling (see **Entre amis,** pages 154 and 171)*
le ski — *skiing*
le tennis — *tennis*
le vélo — *bicycling*

Les saisons

en été — *in summer*
en automne — *in the fall*
en hiver — *in the winter*
au printemps — *in the spring*
en toute saison — *in any season*

Style familier *(familiar style)*

Salut. — *Hi.*
Ouais. — *Yeah.*
T'as d' la chance! — *You're lucky.*
Hein? — *Right?*
Ben, non ... — *Well, no ...*

A. Familles de mots. You will recognize the following French words, since they have cognates in English. For each, select a word from the **Vocabulaire à reconnaître,** above, that is related to it and that would help to explain its meaning.

1. naturel _____

2. aéronautique _____

3. maritime _____

4. hibernation _____

5. montagneux _____

6. automnal _____

7. terrestre _____

8. cinématographie _____

B. En quelle saison? Choose the season or seasons most appropriate for each item listed under **Quelques activités** in **Vocabulaire à reconnaître,** above.

1. en été _____

2. en automne _____

3. en hiver *le ski* _____

4. au printemps _____

5. en toute saison _____

C. Identifications. Watch video module 1 and then complete the following sentences with the appropriate expression.

> *places*   *libres*
> *film d'aventures*   *mélodrame*

1. «Vive James Bond» est un _____.

2. «Cérémonie secrète» est un _____.

3. René et Nathalie ne sont pas _____ ce soir.

4. «Deux _____ pour Cérémonie secrète, s'il vous plaît.»

D. Qui est-ce? Answer the following questions.

1. Comment s'appellent les quatre personnes qui jouent au tennis?

   _____

2. Comment s'appelle l'amie de Marie-Christine?

   _____

3. Qui est la cousine de René?

   _____

4. Comment s'appelle le film d'aventures?

   _____

5. Comment s'appelle le mélodrame?

   _____

6. Quel film est-ce que Marie-Christine préfère?

   _____

E. Réflexion. The tennis term *love* comes from the French word **l'œuf** *(egg)*. Likewise, the word *tennis* itself comes from the French verb **tenir: vous tenez** *(you hold)*. Try to give a logical explanation for these two word derivations. What other French tennis terms heard in this module are similar to English expressions?

_____

_____

_____

_____

_____

_____

Chapitre 4   Module II: *Le coup de fil*

Vocabulaire à reconnaître

Quelques indications *(A few directions)*

la Rive gauche	*left bank (of the Seine)*
la Rive droite	*right bank (of the Seine)*
à gauche	*on the left*
à droite	*on the right*
dans la rue	*on the street*
vers la place	*towards the square*
par là	*that way*

Au 6ᵉ arrondissement *(In the 6th district of Paris)*

le quartier des librairies	*the bookstore area*
la rue du Four	*Du Four Street*
la rue Bonaparte	*Bonaparte Street*
la place Saint-Sulpice	*Saint Sulpice Square*
la rue de Tournon	*De Tournon Street*

L'impatience

Ce n'est pas possible!	*That's not possible!*
La porte ne s'ouvre pas!	*The door doesn't open!*
Il faut que je téléphone tout de suite!	*I've got to make a call right away!*

A. Connexion culturelle. Look at both Map 1 (**Paris**) and Map 2 (**Pour aller chez Marie-Christine**) at the beginning of the video worksheets to locate **rue de Tournon**. Decide whether it is on **la Rive droite** or **la Rive gauche.** Then explain how you made that decision.

_____

_____

_____

B. Les indications. Use Map 2 and the vocabulary under **Quelques indications,** above, to guide someone from **la gare Montparnasse** to: (1) **la Sorbonne** and (2) **la place Saint-Sulpice.**

1. _____

_____

_____

2. _____

_____

_____

C. À compléter. Watch video module 2 and then complete the following sentences by choosing the appropriate answer.

1. Aujourd'hui, Jean-François et Marie-Christine _____.
   a. jouent au tennis
   b. font un voyage
   c. font des courses

2. Marie-Christine habite _____, rue de Tournon.
   a. six
   b. seize
   c. soixante

D. La petite chanson. Listen to what the man in the phone booth is singing. What are the two French adjectives he uses to describe Françoise?

1. _____

2. _____

E. Chez Marie-Christine. Choose the most appropriate answer.

1. Marie-Christine habite dans la rue _____. (Bonaparte, Saint-Sulpice, de Tournon)

2. Elle habite _____. (dans une maison, dans un appartement)

3. Il faut _____ pour ouvrir la porte. (la clé, le code, la télécarte)

4. Jean-François est assez _____. (nerveux, calme)

5. _____ est nécessaire pour téléphoner dans une cabine téléphonique. (l'argent, le code, la télécarte)

F. Réflexion. Jean-François is helped by two people in this module. What specifically does each one do to help him? Can you name specific situations in your culture where a foreigner might need help?

_____

_____

_____

_____

_____

Chapitre **5**   Module II: *Le coup de fil* (suite)

Vocabulaire à reconnaître

Problèmes

Qu'est-ce qui se passe?	*What's happening?*
Qu'est-ce que je vais faire?	*What am I going to do?*
Où est-ce qu'on met l'argent?	*Where do you put the money?*
Comment est-ce que je peux ouvrir cette porte?	*How can I open this door?*
Où est-ce que je peux acheter une télécarte?	*Where can I buy a phone card?*

Le téléphone

une cabine	*a phone booth*
une télécarte	*a smart card for phoning*
une carte	*a card*
un coup de fil	*a phone call*

Pour ouvrir une porte

avec une clé	*with a key*
avec une carte	*with a card*
avec un code	*with a code*

A. Comment faire cela? Draw lines to identify each activity with the specific object required. More than one line may be acceptable.

1. acheter une télécarte
2. donner un coup de fil
3. faire des courses
4. ouvrir une porte

a. le code
b. l'argent
c. la clé
d. la carte de crédit
e. la télécarte

B. Dans quel ordre? Watch video module 2 to determine the order in which the following activities are first heard. Number your answers.

_____ acheter une télécarte

_____ donner un coup de fil

_____ faire des courses

_____ ouvrir une porte

C. La nouvelle génération de cabines téléphoniques. Watch video module 2 and listen to the directions for using a **télécarte.** Then number the following sentences in the order in which they occur in the video.

_____ Suivez les instructions.

_____ Commencez par introduire la télécarte.

_____ À la fin, n'oubliez pas d'enlever votre carte.

_____ Le message apparaît sur l'écran digital.

D. Beaucoup de questions. Answer the following questions.

1. Qu'est-ce que Jean-François et Marie-Christine vont faire aujourd'hui?

_____

2. Est-ce que Marie-Christine habite la Rive gauche ou la Rive droite?

_____

3. Quelle est son adresse?

_____

4. Pourquoi est-ce que Jean-François ne téléphone pas tout de suite *(right away)* à Marie-Christine?

_____

5. Où est-ce qu'on va pour trouver des télécartes?

_____

6. Quel est le code pour la porte de chez Marie-Christine?

_____

E. Réflexion. The **télécarte** is a smart card (see *Entre amis,* page 186). When and where are smart cards used in your country? What are the advantages and disadvantages of this technology?

_____

_____

_____

_____

_____

_____

_____

Chapitre **6**   **Module III:** *Le métro*

Vocabulaire à reconnaître

Quelques indications

dans la vitrine	*in the shop window*
en face	*across the street*
là	*here; there*
là-bas	*over there*
un peu loin	*a bit far away*

Pour parler des transports

la circulation	*traffic*
prendre une correspondance	*to change (metro or bus) direction*
les transports en commun	*public transportation*
une ligne de métro	*metro line*
une station de métro	*metro stop*
un arrêt d'autobus	*bus stop*
le funiculaire (à Montmartre)	*cable car (in Montmartre)*
le batobus (sur la Seine)	*boat for public transportation (on the Seine)*
un taxi	*taxi*

Pour attirer l'attention de quelqu'un *(to get someone's attention)*

Écoute.	*Listen.*
Mais attention.	*Watch out.*
Tiens, ...	*Hey, ...*

Note culturelle

> Pour le métro ou l'autobus, on utilise des **tickets**. Il est aussi possible d'utiliser **la carte orange**, qui est une carte magnétique valable pour une semaine ou pour un mois. Dans le métro on introduit la carte orange dans la machine de contrôle, comme un ticket. Mais attention: dans l'autobus, il ne faut pas introduire la carte orange dans la petite machine! Cette machine est réservée aux tickets. On doit simplement montrer sa carte orange au chauffeur.

A. Les transports en commun. Draw lines to match the following places with the corresponding means of public transportation.

1. une gare   a. le bus

2. une station   b. le train

3. un arrêt   c. le métro

B. Quelques stations de métro à Paris. Locate the following metro stations on Map 3 (**Le métro**) at the beginning of the video worksheets. Are they on the **Rive droite** or the **Rive gauche**? On which metro lines are they found? (Note: The line number is given in a square box at each endpoint of a line.)

Station	*Rive (gauche / droite)*	*Ligne de métro*
Créteil-Préfecture		
Madeleine		
rue Montmartre		
Opéra		
Porte de la Chapelle		

C. Ça va. Watch video module 3 to identify the gesture Jean-François makes when he is asked his opinion by Marie-Christine about the item of clothing in the shop window (see also *Entre amis,* page 35). What does this gesture imply?

_____

_____

D. Comment passent-ils la journée? Choose the correct word or expression to complete the following sentences.

1. Aujourd'hui, Jean-François et Marie-Christine font des _____.
   (provisions, courses, devoirs)

2. Ils sont aux _____.
   (Nouvelles Galeries, Galeries Lafayette)

3. Marie-Christine admire _____ dans la vitrine.
   (un foulard, une carte, un pull)

4. Jean-François et Marie-Christine traversent la ville de Paris pour

   _____.
   (jouer au tennis, aller au magasin, prendre *(take)* un autobus)

5. Ils ont pris *(took)* _____ ensemble.
   (un autobus, le métro, un taxi)

6. Le métro ferme à _____.
   (minuit, une heure de l'après-midi, une heure du matin)

7. Jean-François a mis *(put)* _____ dans la petite machine.
   (son ticket, sa carte orange)

E. Réflexion. Public transportation in France is readily available, relatively inexpensive, and partially government subsidized. Compare this with your experience with public transportation in your own country. What specific advantages and disadvantages are there in each country with respect to public transportation?

_____

_____

_____

_____

_____

_____

_____

Chapitre 7   Module IV: *La boulangerie*

Vocabulaire à reconnaître

La politesse (see *Entre amis,* page 10)

S'il vous plaît.	*Please.*
Excusez-moi.	*Excuse me.*
Pourriez-vous m'indiquer ... ?	*Could you tell me where there is ... ?*
Est-ce que vous auriez ... ?	*Would you (possibly) have ... ?*
Je suis navré(e).	*I'm so sorry.*

À la boulangerie

Le boulanger chauffe son four.	*The baker heats his oven.*
Le pâtissier prépare des croissants.	*The pastry chef is making croissants.*
du pain	*bread*
des pâtisseries	*pastries*
des pains aux raisins	*raisin buns (cinnamon-raisin rolls)*
des œufs	*eggs*
de la farine	*flour*
du beurre	*butter*

À Montmartre

dans le quartier	*in the neighborhood*
(le) Sacré-Cœur	*Sacred Heart*
la rue des Abbesses	*Des Abbesses Street*
la rue des Mannes	*Des Mannes Street*
en bas des escaliers	*at the foot of the stairs*

A. La Basilique. Use Maps 1 (**Paris**) and 3 (**Le métro**) at the beginning of the video worksheets to locate the **Basilique du Sacré-Cœur.** At which station should one get off the metro in order to visit the Basilica?

_____

B. Des mots de remplissage *(Filler words).* Watch video module 4, where the following filler words (see *Entre amis,* page 59) are heard in the conversation between Jean-François and the artist. Make a check mark next to these words each time you hear them. Which word is heard the most often?

ben	_____	hein?	_____
bon	_____	oui	_____
euh	_____	voilà	_____

C. À compléter. Watch video module 4 and then complete the following sentences.

1. Jean-François trouve que le _____ au café est très cher.
   a. petit déjeuner *(breakfast)*
   b. déjeuner
   c. dîner

2. La boulangerie de la rue des Abbesses est _____.
   a. ouverte *(open)*
   b. fermée

3. Quand Jean-François dit «Ça commence à prendre forme, votre dessin», l'artiste répond

   _____. (see also *Entre Amis,* page 31)
   a. Vous trouvez?
   b. Merci beaucoup.

4. La boulangerie de la rue des Mannes est _____.
   a. ouverte
   b. fermée

D. Que fait Jean-François? Complete the following sentences.

1. Jean-François a l'intention d'acheter *(buy)* _____.
   (du pain, des croissants, des pâtisseries)

2. Il est _____ quand Jean-François parle avec l'artiste pour la première fois.
   (9 h 15, 9 h 45, 8 h 45)

3. L'artiste se trouve _____.
   (à Montparnasse, au Quartier latin, à Montmartre)

4. L'artiste dessine *(is drawing)* _____.
   (Notre-Dame, le Sacré-Cœur, la Sainte-Chapelle)

5. Jean-François parle _____ fois avec lui.
   (deux, trois, quatre)

6. C'est _____.
   (mercredi, vendredi, dimanche)

7. L'homme qui entre dans la boulangerie avant Jean-François veut _____ croissants.
   (deux, trois, quatre)

E. Réflexion. What are Jean-François and Marie-Christine planning for breakfast? Compare breakfast in France with breakfast in your country. You may wish to consult *Entre amis,* pages 227 and 236.

_____

_____

_____

_____

_____

_____

_____

Chapitre 8

Module V: *Au café*

Vocabulaire à reconnaître

Les premiers contacts

Bienvenue.	*Welcome.*
Bonjour.	*Hello.*
Enchanté(e).	*Very pleased (to meet you).*
Je suis content(e) de vous connaître.	*I'm happy to meet you.*
Salut.	*Hi.*

Possibilités pour un long week-end

faire un voyage	*to take a trip*
prendre le train	*to take the train*
partir à la mer	*to leave for the seashore*
partir à la campagne	*to leave for the countryside*
visiter une cathédrale	*to visit a cathedral*
visiter un château	*to visit a castle*

Note culturelle

> **«Faire le pont»** (lit: *to make the bridge*): Si la fête du Premier mai est un jeudi (ou un mardi), on ne travaille pas le vendredi (ou le lundi) non plus. Comme ça, il y a quatre jours de vacances: le week-end plus jeudi et vendredi (ou lundi et mardi).

A. Combien de bises? Watch video module 5 and count the number of times that the cheeks touch when Marie-Christine kisses Bruno and Alissa (see also *Entre amis,* page 124).

_____

B. Bonjour. Watch video module 5 to identify the expressions Jean-François and his new acquaintances use when they greet each other.

_____   _____

_____   _____

C. Qu'est-ce qu'ils boivent? Watch video module 5 and draw lines to identify what each person orders at the café. (see also *Entre amis,* page 47).

1. Alissa

2. Bruno

3. Jean-François

4. Marie-Christine

a. un café crème

b. un café noir

c. un chocolat chaud

D. Qui va voyager? Watch video module 5 to learn which person is going to do each of the following:

1. faire un voyage: _____

2. jouer au tennis: _____

3. travailler: _____

E. L'horaire des trains *(Train schedule).* At the end of video module 5, the train chosen only runs on Sundays and holidays. See *Entre amis,* page 343, and find out the number of the train that runs only on Sundays and holidays.

_____

F. Écoutez bien.

1. Quelle est la nationalité de Bruno?

   _____

2. Qu'est-ce que les quatre jeunes personnes commandent au café?

   _____

   _____

3. Quel temps fait-il?

   _____

4. Quels sont les quatre jours mentionnés par Marie-Christine pour expliquer le mot «pont»?

   _____

5. Qui a un ami qui s'appelle Noël?

   _____

6. Pourquoi est-ce qu'ils ne partent pas en voiture?

   _____

7. Comment vont-ils voyager?

   _____

8. Qui ne va pas voyager? Pourquoi pas?

   _____

   _____

G. Réflexion. In this video module, the French holiday of May Day falls on a Thursday, allowing for a four-day weekend (see the **Note culturelle** above). What possibilities are there for four-day weekends in your country?

_____

_____

_____

_____

_____

Chapitre 9   Module VI: *Le château Saint-Jean*

Vocabulaire à reconnaître

Un château médiéval

du Moyen Âge	*medieval*
une construction solide	*solid construction*
des remparts	*ramparts, outer walls*
sur une colline	*on a hill*
une tour	*tower*
la salle des gardes	*castle guards' room*
une cheminée	*fireplace*
du chauffage	*heat*
se réchauffer	*to warm oneself*
un feu de bois	*a wood fire*

Pour dire qu'on admire quelque chose

Ça valait la peine!	*That was worth it!*
Ça vaut bien une photo!	*That's really worth (taking) a picture!*
C'est beau!	*That's beautiful!*
C'est magnifique!	*That's magnificent!*
C'est pas mal ça, hein?	*It's not bad, huh?*
Qu'est-ce qu'elle est grande!	*How big it is!*

La photographie

un appareil	*camera*
une pellicule	*roll of film*
une photo	*photograph*

A. Comment les décrire? Watch video module 6 and then draw lines to connect the words on the left with the adjectives used to describe them in the video.

1. une chaleur *(warmth)*

2. un château

3. une cheminée

4. une construction

5. des merles *(blackbirds)*

6. une vue

a. belle

b. spectaculaire

c. bonne

d. beaux

e. médiéval

f. solide

B. Où se trouvent ces châteaux? Watch video module 6 and then draw lines to match the types of castle and the regions where they are found, according to the video.

Châteaux

1. du Moyen Âge

2. de la Renaissance

3. du dix-septième siècle *(17th century)*

4. du dix-huitième siècle *(18th century)*

Régions

a. dans la vallée de la Loire

b. dans le Midi *(in the south)*

c. dans la région de Bordeaux

d. le long de *(along)* la Seine

e. en Alsace

f. près de Paris

C. Où se trouvent ces régions? Use the maps on the inside covers of your text. How many of the regions of France mentioned above can you locate?

_____

_____

_____

_____

D. Au château. Choose the correct answer.

1. Bruno rend visite à _____.
   (Alissa, Nogent, Noël)

2. Avec ses amis, il visite le château _____.
   (Sainte-Jeanne, Saint-Jean, Nogent)

3. Le château se trouve en _____.
   (Normandie, Picardie, Alsace)

4. Dans la salle des gardes, ils admirent _____.
   (la fenêtre, la forêt, la cheminée)

5. La maison de Noël se trouve là-bas _____ derrière la forêt.
   (à droite, à gauche, tout droit)

E. Réflexion. The French often describe their castles and monuments as «**les vieilles pierres**». What are the "old stones" in your country? What would you point out to a tourist who wanted to visit your region?

_____

_____

_____

_____

_____

_____

_____

Chapitre 10

Module VII: *La poste*

Vocabulaire à reconnaître

À la poste

une carte postale	*postcard*
un colis	*parcel; package*
un paquet	*parcel; package*

Quelques indications

à côté du Monoprix	*next to the Monoprix department store*
à peu près _____ mètres	*about _____ meters*
dans la rue piétonne	*on the pedestrian street*
en bas	*down*
jusqu'au feu	*up to the light*
juste en face	*right opposite*
juste là	*right there*
là-bas	*down there*

Qu'est-ce qu'on vend dans les petits magasins?

de la porcelaine	*porcelain*
des articles pour tous les jours	*everyday articles*
de la bijouterie	*jewelry*
des cadeaux	*gifts*
de l'électroménager	*appliances*

A. Pour trouver un endroit. Study the list **Quelques indications,** above. Then, looking at the map on page 270 of *Entre amis,* give directions to the following places.

1. la pharmacie _____

_____

_____

2. la poste _____

_____

_____

B. Qu'est-ce qu'ils font? Watch video module 7 and then draw lines to indicate which person is associated with the following actions.

1. Alissa

2. Bruno

a. a acheté une pellicule

b. veut envoyer un paquet

c. a acheté des cartes postales

d. va traîner *(hang out)* dans les magasins

e. demande où est la poste

C. Dans les pharmacies. Watch video module 7 (see also *Entre amis,* page 246) and identify the three items that are specifically mentioned with respect to pharmacies.

_____

_____

_____

D. À la poste. Complete the following sentences.

1. Quand Alissa dit que les cartes sont jolies, Bruno répond _____.
   («Merci.», «Tu trouves?», «Tu as raison.»)

2. Bruno veut envoyer _____ à sa mère.
   (un cadeau, une carte postale, une lettre)

3. Une femme explique à Bruno que la poste se trouve à _____ mètres.
   (100, 500, 50)

4. On vend de la porcelaine _____.
   (dans les boutiques, dans les petits magasins, à la pharmacie)

5. Bruno a acheté _____ carte(s) postale(s).
   (une, deux, douze)

E. Réflexion. Compare what you have learned in this video module about shopping in France with shopping in your country.

_____

_____

_____

_____

_____

_____

Chapitre **11**

Module VIII: *En panne*

Vocabulaire à reconnaître

La Normandie

les champs	*fields*
les collines	*hills*
les fermes	*farms*
le paysage	*countryside*

Les Français et leur voiture (see *Entre amis,* page 272)

Ils sont amoureux de leur voiture.	*They are in love with their cars.*
Ils ont la passion de la vitesse.	*They have a passion for speed.*
L'automobile reste reine.	*The car remains queen.*
Le chauffeur se croit roi.	*The driver thinks that he's king.*
malgré les embouteillages	*in spite of traffic jams*
malgré le prix élevé de l'essence	*in spite of the high price of gas*

La voiture ne marche pas (The car is not working)

une panne d'essence	*out of gas*
tomber en panne	*to break down*
ouvrir le capot	*to open the hood*
acheter une nouvelle batterie	*to buy a new battery*
griller le système électrique	*to burn out (a wire)*
pousser la voiture	*to push the car*

A. Qu'est-ce qui se passe? Draw lines to connect each expression on the left with its most logical match on the right.

1. Tout le monde dehors *(out)*.

2. La voiture ne marche pas.

3. On entend un bruit.

4. Tu ouvres le capot.

5. Ça coûte cher.

6. Elle est en panne d'essence.

   a. Je vais regarder le moteur.

   b. Le plein *(fill it up)*, s'il te plaît.

   c. Le prix est élevé!

   d. On pousse.

   e. Elle est tombée en panne.

   f. Tu viens de griller ton système électrique.

B. Quelles marques de voiture? Watch video module 8 to identify the three types of French cars that are mentioned.

_____

_____

_____

C. La voiture tombe en panne. Complete the following sentences.

1. Noël vient d'acheter _____.
   (une nouvelle voiture, une nouvelle batterie, un nouveau système électrique)

2. Émile va regarder. Il faut qu'il ouvre _____.
   (le capot, le système électrique, la batterie)

3. La voiture ne démarre pas parce que _____ ne marche pas.
   (le capot, le système électrique, la batterie)

4. Émile peut la réparer _____.
   (tout de suite, ce soir, demain)

5. Sur l'autoroute, la vitesse est limitée à _____ kilomètres à l'heure.
   (300, 130, 103)

6. Sur les routes nationales, la vitesse est limitée à _____ kilomètres à l'heure.
   (70, 80, 90)

D. Réflexion. «**La vitesse tue**» *(Speed kills)* is often cited to explain the large number of fatal car accidents in France (see *Entre amis,* pages 408, 410, and 427). What are the speed limits in your country? How do they compare with those of France?

_____

_____

_____

_____

_____

_____

_____

Chapitre 12   Module IX: *Au Centre Pompidou*

Vocabulaire à reconnaître

Pour faire des recherches

un sujet à rechercher	*a research subject*
un dictionnaire	*a dictionary*
une encyclopédie	*an encyclopedia*
faire un rapport sur quelque chose	*to write a report about something*

Le français familier

hein?	*right?, huh?*
chouette	*swell*
un truc	*a thing*
pas mal	*not bad*
ouais	*yeah*

A. Connexion culturelle. Locate the **Centre Pompidou** and the **Pyramide du Louvre** on Map 1 (**Paris**) at the beginning of the video worksheets. Are they on the **Rive droite** or the **Rive gauche**?

Centre Pompidou: _____

Pyramide du Louvre: _____

B. Deux des lieux les plus visités de Paris. Watch video module 9 and then draw lines to connect the two famous places mentioned with the descriptions given of them in the video.

1. C'est le Musée national d'art moderne.

2. C'est la nouvelle entrée du musée.

3. C'est un édifice ultramoderne.

4. C'est dans le cœur de Paris.

5. C'est une construction nouvelle.   a. la Pyramide du Louvre

6. Il y a un escalator extérieur.   b. le Centre Pompidou

7. Son architechte s'appelle I. M. Pei.

8. C'est dans la rue Beaubourg.

9. C'est fermé le mardi.

10. Il y a une bibliothèque publique.

C. Une visite virtuelle. Use the *Entre amis* Web Site to "visit" the **Centre Pompidou** and the **Louvre.** Then indicate, for each museum, how much it costs to get in and when it is open.

	Entry fee	*Hours of operation*
Centre Pompidou		
Louvre		

D. Comment dit-on ... ? Choose an expression from **Le français familier,** on the previous page, to match each of these expressions.

1. formidable _____

2. une chose _____

3. oui _____

4. n'est-ce pas? _____

5. bien _____

E. Les recherches de Moustafa. Complete the following sentences.

1. D'abord, Yves et Moustafa faisaient des recherches _____.
   (au musée, à la librairie, à la bibliothèque)

2. Moustafa faisait une étude sur _____.
   (la lecture, l'agriculture, l'architecture)

3. Le Louvre est aujourd'hui _____.
   (un musée, un château, une pyramide)

4. La Pyramide du Louvre est fermée _____.
   (le lundi, le mardi, le mercredi)

5. Moustafa a décidé de faire une description de _____ de la Pyramide.
   (l'intérieur, l'extérieur)

6. Le passant a expliqué à Yves et à Moustafa que l'entrée du musée était _____.
   (à côté d'eux, devant eux, derrière eux)

F. Réflexion. The **Centre Pompidou,** the **Pyramide du Louvre,** and the **Tour Eiffel** were all criticized when they were first built. Why do you think this was so? What are examples of modern architecture in your country? Do you think that reaction to new architecture differs from one culture to another? Explain your answer.

_____

_____

_____

_____

_____

_____

_____

Chapitre 13   Module X: *Au marché, rue Mouffetard*

Vocabulaire à reconnaître

Les poissons

des truites	*trout*
des filets de saumon	*salmon fillets*
des tranches de thon	*(slices of) tuna steak*

La préparation des poissons

à la poêle	*fried*
au barbecue	*barbecued*
au four	*baked*

Les fromages

le fromage de chèvre	*goat cheese*
le fromage de vache	*cow cheese*
le fromage de brebis	*ewe (sheep) cheese*

A. Comment les faire cuire *(cook)*? Watch video module 10 and then draw lines between the types of fish and the preparation methods recommended in the video.

1. des filets de saumon

2. des tranches de thon

3. des truites

a. à la poêle

b. au barbecue

c. au four

B. À compléter. Watch video module 10 and then complete the following sentences by choosing the appropriate answer.

1. Aujourd'hui il fait _____.
    a. mauvais
    b. beau

2. Yves se rend au _____ de la rue Mouffetard.
    a. supermarché
    b. magasin
    c. marché

3. Yves veut acheter du poisson pour _____ personnes.
    a. 4
    b. 5
    c. 6

4. À la fin, Yves veut acheter du _____.
    a. rôti
    b. brie
    c. riz

C. Une recette pour le saumon. Watch video module 10 and then number the following steps in the order in which they occur in the video.

_____ Poivrez. *(Add pepper.)*

_____ Mettez un verre de vin blanc.

_____ Mettez à four moyen une dizaine de minutes. *(Bake at a moderate temperature about ten minutes.)*

_____ Mettez les filets dans un plat en terre beurré. *(Put the fillets in a buttered earthenware dish.)*

_____ Salez. *(Salt.)*

D. À table! Watch video module 10 to observe the table setting in the middle of the video (see also *Entre amis,* pages 348 and 350). What similarities and/or differences do you notice with respect to the way a table is set in your country?

_____

_____

_____

_____

_____

E. Écoutez bien! Watch video module 10 and check off below the food items you hear mentioned.

_____ les anchois	_____ le fromage de brebis	_____ le porc
_____ les artichauts	_____ le fromage de chèvre	_____ le poulet
_____ les bananes	_____ le fromage de vache	_____ les radis
_____ le bifteck	_____ les fruits	_____ le riz
_____ les champignons	_____ le gâteau	_____ la salade
_____ la charcuterie	_____ la glace	_____ les sardines
_____ les concombres	_____ les légumes	_____ les saucisses
_____ les cornichons	_____ les melons	_____ le saumon
_____ les croissants	_____ les œufs	_____ la soupe
_____ les desserts	_____ le pain	_____ la tarte
_____ les épinards	_____ le pâté	_____ le thon
_____ les fraises	_____ la pâtisserie	_____ les tomates
_____ les framboises	_____ les petits pois	_____ la truite
_____ les frites	_____ le poisson	_____ la viande
_____ le fromage	_____ les pommes de terre	

F. Réflexion. The open-air market and fresh produce are common in France. How does this compare with your country? How do France and your country compare with respect to when and where food is purchased?

_____

_____

_____

_____

_____

_____

_____

_____

Chapitre **14**   Module XI: *Le papillon*

Vocabulaire à reconnaître

Il s'agit de la voiture

se garer	*to park*
un parcmètre	*a parking meter (see Activity D, next page)*
une contravention	*a ticket; fine (see **Entre amis,** page 410)*
un papillon	*parking ticket (lit. butterfly)*
le stationnement	*parking*
sous l'essuie-glace	*under the windshield wipers*
acheter un timbre fiscal	*to buy a stamp (for paying a fine)*
coller le timbre sur le papillon	*to stick the stamp on the ticket*

Au bureau de tabac

des timbres-poste	*stamps (for mailing)*
des timbres fiscaux	*stamps (for paying fines)*
des allumettes	*matches*
des briquets	*lighters*
des bonbons	*candy*
des billets de loto	*lottery tickets*

A. Au tabac. Study the list **Au bureau de tabac,** above. Identify three additional articles that are also sold in a **tabac** (see *Entre amis,* pages 243 and 246).

_____

_____

_____

B. À compléter. Watch video module 11 and then complete the following sentences by choosing the appropriate answer.

1. Le conducteur a _____ sa voiture.
   a. loué
   b. acheté
   c. vendu

2. Le conducteur est embarrassé d'entrer au tabac parce qu'il ne _____ pas.
   a. boit
   b. fume
   c. conduit

3. Un passant cherche la poste, mais elle est fermée depuis _____.
   a. une heure
   b. une demi-heure
   c. un quart d'heure

C. Un papillon! Complete the following sentences.

1. Dans ce contexte, le mot «papillon» veut dire _____.
   (une cravate, un insecte, une contravention)

2. Il dit qu'on lui a donné un papillon pour _____ minutes de stationnement.
   (5, 10, 15)

3. L'homme qui a eu la contravention est de nationalité _____.
   (française, suisse, belge)

4. D'après cette vidéo, il faut que cet homme aille _____ pour acheter un timbre fiscal.
   (à la poste, au tabac, à la gare)

D. Réflexion. In France, the **parcmètre** is a machine (distributed one or two per city block) where you purchase tickets indicating the time you can legally park. Explain to a foreign visitor how the parking meter works in your country. How is a fine paid for a parking ticket in France, according to the video, and how does this compare with the paying of fines in your country?

_____

_____

_____

_____

_____

_____

_____

_____

Chapitre 15   Module XII: *La Fête de la Musique*

Vocabulaire à reconnaître

À la Fête de la Musique

On fait la fête.   *We have a great time.*
On danse et on voit des concerts.   *We dance and see concerts.*
On consulte le programme pour savoir à   *We check the program to find out what*
   quelle heure les concerts ont lieu.   *time the concerts take place.*

Dans quel endroit?

ailleurs	*elsewhere*
dans le coin	*in this area*
là-bas	*over there*
juste à côté	*nearby*
partout	*everywhere*

Quelques expressions pour dire *au revoir* (see *Entre amis*, page 125)

à bientôt	*see you later*
bisous	*kisses*
On s'appelle?	*We'll speak on the phone, OK?*
tchao	*bye*

Note culturelle

Une fois par an, au mois de juin, la France célèbre la **Fête de la Musique.** Pendant deux jours, il y a de la musique de toute sorte.

A. Qu'en pensez-vous? Draw lines to indicate your personal reaction to the various types of concerts available at the **Fête de la Musique.**

1. de l'opéra

2. de la musique classique

3. de la musique folklorique   a. C'est vraiment super!

4. du jazz   b. C'est sympa *(nice)*!

5. du rock   c. Ça ne m'intéresse pas.

6. de la musique d'Amérique latine

7. du flamenco

B. Qu'est-ce qu'ils disent? Watch video module 12 and then draw lines to identify the people who make the following statements.

1. Alissa
2. Betty
3. Jean-François
4. Moustafa
5. Yves

a. Tu connais la Fête de la Musique?
b. Alors, il y a Joe Cocker à la République ...
c. Il faudrait qu'on aille trouver Betty.
d. Si on allait leur dire qu'on a aimé leur concert?
e. Allez, bisous. Tchao, les mecs *(guys)*!

C. Où sont ces concerts? Watch video module 12 and then draw lines to indicate where each concert takes place, according to the video.

1. du flamenco
2. du jazz
3. du rock
4. Joe Cocker
5. de la musique d'Amérique latine

a. à l'hôtel de Sully
b. partout
c. à la République
d. juste à côté
e. au musée Picasso

D. À la Fête de la Musique. Complete the following sentences.

1. Jean-François invite _____ à la Fête de la Musique.
   (Alissa, Betty, Marie-Christine)

2. La Fête de la Musique est au mois de _____.
   (mai, juin, juillet)

3. La copine qu'ils vont retrouver à un autre concert s'appelle _____.
   (Alissa, Betty, Marie-Christine)

4. Moustafa a consulté son _____ pour savoir à quelle heure chaque concert devait avoir lieu.
   (livre, programme, ticket)

5. Les jeunes guitaristes vont faire _____.
   (une émission, un disque, une excursion)

E. Réflexion. The **Fête de la Musique** involves amateur musicians as well as professionals. What are the advantages and disadvantages of such a nationwide cultural celebration? Are there any similar cultural events in your country? Why or why not?

_____

_____

_____

_____

_____

_____

_____